무료 동영상 강의 보고!
학점까지 따고!

SMAT 1급(컨설턴트) 10학점, SMAT 2급(관리자) 6학점 인정

※ 위 학점은 학점은행제 학점입니다.

SMAT Module B 무료 동영상 강의 커리큘럼

구 분	강좌명
1	OT
2	서비스 세일즈의 이해와 전략
3	서비스 세일즈 성공법칙
4	고객유형 및 고객상황별 상담기법
5	MOT 분석 및 관리
6	고객관계의 이해
7	고객관계관리의 이해
8	고객경험관리의 이해
9	고객포트폴리오 관리와 고객가치측정
10	VOC 관리 시스템
11	Complain의 이해
12	Complain의 대응 원칙 및 해결방안
13	서비스 유통경로의 이해
14	서비스 유통경로의 설계
15	서비스 유통 촉진 및 물리적 환경 이해
16	성인교육과 성인학습의 이해
17	교육훈련
18	코칭과 코칭스킬
19	리더십과 멘토링 및 내부마케팅
20	제1회 고공행진 모의고사

※ 강의의 구성 및 내용은 변경될 수 있습니다.

2025

유튜브 선생님에게 배우는

유선배

편저 한국서비스경영연구소

SMAT 모듈B
│서비스 마케팅·세일즈│
합격노트

제1회 실제경향 모의고사 │ 제2회 실제경향 모의고사 │ 정답 및 해설

본 도서는 **항균잉크**로 인쇄하였습니다.

시대에듀

실제경향 모의고사

SMAT Module B 서비스 마케팅·세일즈

제1회 실제경향 모의고사   02
제2회 실제경향 모의고사   24
정답 및 해설   44

제1회 실제경향 모의고사

SMAT Module B

일반형 24문항

01 고객의 구매 결정 단계별 서비스 세일즈맨의 전략에서 불안 처리 원칙에 대해 가장 바르게 설명한 것은?

① 고객에게 결정을 강요한다.
② 결과에 대한 고객의 불안을 무시하지 않는다.
③ 고객이 느끼는 불안의 중요성을 최소화 및 부정한다.
④ 고객에게 자신의 아이디어 및 해결책, 조언 등을 강하게 촉구한다.
⑤ 고객만이 결과에 대한 불안을 해결할 수 있으므로 고객들이 직접 두려움을 해결할 수 있도록 한다.

02 특정 회사의 제품이나 서비스를 지속적으로 이용하는 고객을 충성고객이라 한다. 충성고객 중 '편의적 로열티 충성고객'의 특징적인 행동을 제시한 것으로 가장 적절한 것은?

① '자동차보다 너 싸세'라는 저가 전략을 제시한 S항공회사를 이용한다.
② '평균 15%, 최고 38%까지 싸다'고 하는 D온라인 자동차 보험에 가입한다.
③ 압도적으로 시장 점유율 1위 사업자인 M회사의 소프트웨어를 선택의 여지없이 사용하게 된다.
④ 후발주자인 A통신회사의 요금제도가 더 합리적임에도 불구하고 단지 옛날부터 사용하고 있다는 이유로 B통신회사의 서비스를 이용한다.
⑤ 주유소를 통해 적립한 마일리지를 이동전화 요금에 결제하는 등 개방형 마일리지 시스템이 적용된 H회사의 신용카드 서비스를 이용한다.

03 CRM 활용에 대한 기대 효과를 설명한 내용 중 적절하지 않은 것은?

① 고객 충성도를 유지함으로써 우수고객을 유치하고, 이탈고객을 줄일 수 있다.
② 틈새시장을 개척함으로써 가망고객을 탐색하고 잠재고객을 활성화시킬 수 있다.
③ 자료 분석을 통해 향상된 영업망을 형성함으로써 판매액 증가 가능성을 높일 수 있다.
④ 품질 개선과 고객 만족 증대를 동시에 달성할 수 있으며 재구매 가능성을 높일 수 있다.
⑤ 교차 판매의 가능성은 낮아지지만 고객 가치를 쉽게 파악하여 판촉 효율을 증가시킬 수 있다.

04 미국 최대의 할인점이었던 'K마트'의 몰락은 성의 없는 고객서비스, 불성실한 최저가격 보장정책, 이름뿐인 고객중심 정책 등의 이유가 주요 원인이라고 한다. 이런 현상을 적절히 표현한 것은?

① MOT관리
② 고객 불만관리 시스템
③ 고객 서비스에 대한 오만
④ 고객의 기대 수준 뛰어넘기
⑤ 고객만족도에 직원 보상 연계

05 다음 중 최근 활용도가 높아지고 있는 VOC에 대한 설명으로 적절하지 않은 것은?

① 정성적 자료와 정량적 자료를 모두 활용함으로써 고객이 원하는 요구사항을 정리할 수 있다.
② 고객 요구사항을 친화도(Affinity Diagram)로 정리하면 체계적으로 고객가치를 정리할 수 있다.
③ VOC자료는 인터뷰나 설문을 활용하여 직접 고객이 응답한 자료만 수집하여야 가치를 유지할 수 있다.
④ 고객의 소리를 활용하면 기업의 비전도 정립시킬 수 있고, 기업의 효과적인 운영에도 기여할 수 있다.
⑤ VOC를 통해 얻은 자료는 빅데이터 분석을 통해 고객의 원하는 요구사항을 정리하여 전략에 반영한다.

06 전자적 유통경로에 대한 설명으로 옳지 않은 것은?

① 인적유통보다 더 효율적인 제공수단이다.
② 직접적인 인간접촉을 요구하지 않는 서비스 유통 형태이다.
③ 인적상호작용과 마찬가지로 제공되는 서비스마다 다르게 바뀌어 전달된다.
④ 고객이 원하는 때와 원하는 장소에서 언제나 기업의 서비스에 접근할 수 있다.
⑤ 서비스 제공자로 하여금 많은 최종소비자 및 중간상과 상호작용할 수 있게 해준다.

07 다음 중 기업의 서비스 회복 전략에 대한 설명으로 올바르지 않은 것은?

① 조직은 서비스 회복을 통한 경험적 학습이 가능하다.
② 소비자의 불평, 불만 사항은 최대한 빨리 해결해야 한다.
③ 서비스 실패 자체가 처음부터 발생하지 않도록 주의를 기울여야 한다.
④ 소비자의 서비스 관련 불평, 불만 사항, 발생과정 등을 복합적으로 이해하고 이를 해결해야 한다.
⑤ 서비스 회복 행위는 고객, 서비스, 시간 등의 중요한 정도에 따라 차등하여 적용하는 편이 좋다.

08 목표관리(MBO)에서 바람직한 목표의 조건인 SMART에 해당하지 않는 것은?

① 전략적(Targeted) 목표
② 구체적인(Specific) 목표
③ 달성가능한(Achievable) 목표
④ 측정가능한(Measurable) 목표
⑤ 결과지향적(Result-oriented) 목표

09 직원들이 열심히 일하도록 고무하기 위해서는 노력에 대응하는 보상을 해 주어야 한다. 주로 직원들이 자신의 처우가 적절한지를 판단하는 기준은 동종 타 기업에서 나와 비슷한 일을 하는 사람이다. 여기서 동종 타 기업과 비교하여 공정하다고 인식하는 과정을 ( ) 확보라고 한다. 괄호 안에 들어갈 적절한 단어는?

① 내부 공정성
② 외부 공정성
③ 절차 공정성
④ 내용 공정성
⑤ 종업원 공정성

10 다음 중 성인학습자의 심리적 특징을 고려한 내용으로 가장 옳지 않은 것은?

① 성인학습자들에게는 충분한 학습시간이 고려되어야 한다.
② 성인학습자는 자신감을 높여주는 촉진적인 자세가 필요하다.
③ 교육 중에 성인학습자에게 익숙한 상황과 도구를 활용해야 한다.
④ 성인학습자는 자기중심적, 내향성 등의 경향이 있음을 고려해야 한다.
⑤ 성인학습자는 사회적 책임을 이행해야 할 의무가 있음을 고려해야 한다.

11 다음 코칭을 컨설팅, 카운슬링, 멘토링, 심리 치료 요법과 비교한 내용 중 적절한 것은?

① 카운슬링은 고객의 감정적, 개인적 문제를 해결하기 위하여 과거에만 초점을 맞추지만 코칭은 미래에만 초점을 맞춘다.
② 심리 치료 요법은 자격증을 가진 전문가가 고객의 감정에 초점을 맞추어 치료하고, 코칭은 비전문가가 감정적인 문제를 치료한다.
③ 일반적으로 멘토링(Mentoring) 관계는 비공식적인 장기적 관계를 가지지만, 코칭 관계는 코치와 피코치자가 단기적인 계약관계를 가지는 경우가 많다.
④ 멘토(Mentor)는 일반적으로 나이가 많은 사람이 나이가 적은 사람을, 또는 경험이 많은 사람이 경험이 적은 사람을 조언을 해주며, 코칭도 이와 비슷한 관계를 유지한다.
⑤ 컨설팅은 특정 분야에 정통한 전문가가 목적 달성을 위해 필요한 방법론 혹은 접근 방법을 제공하는 역할을 하고, 코칭도 전문적 지식에 의존하여 문제를 해결하기 위한 답을 제시해준다.

12 서비스 세일즈의 특징으로 적절하지 않은 것은?

① 서비스 세일즈의 핵심은 서비스직원이다.
② 직원에게 투자하는 행위는 상품 개발과 같다.
③ 서비스직원은 고객의 판매촉진 수단이 될 수도 있다.
④ 서비스직원은 서비스라는 상품을 바로 생산해 내기도 한다.
⑤ 서비스 세일즈는 판매 전 활동과 판매 시의 활동까지만 포함한다.

13 다음 중 고객 상황별 상담 기법에 대한 설명으로 적절하지 않은 것은?

① 고객이 말이 없을 때는 편안한 분위기를 조성한다.
② 동행인에게도 상품의 설명이나 고객에 대한 칭찬 등으로 어필한다.
③ 가격이 비싸다고 할 때는 먼저 고객의 말을 인정하고 할인 정책을 설명한다.
④ 고객이 망설이고 있을 때는 고객의 기호를 정확하게 파악하고 자신감 있게 권한다.
⑤ 고객이 어린이를 동반했을 때는 어린이의 특징을 재빨리 파악하여 칭찬을 하는 편이 좋다.

14 고객의 생각을 바꾸기 위한 방법으로 적절하지 않은 것은?

① 고객을 만족시킬 수 있는 창조적 대안을 제시한다.
② 고객의 결정 기준을 파악하고, 그에 잠재된 니즈를 이끌어낸다.
③ 고객이 중요한 기준을 충족할 때 발생하는 제한이나 불이익을 설명한다.
④ 고객의 중요한 기준을 충족시키기 어려울 때는 그 기준이 중요하지 않다고 설득한다.
⑤ 고객이 중요하게 생각하는 기준의 중요성을 부각시켜 가격보다 핵심적인 기준으로 만든다.

15 장기적이고 지속적인 거래관계가 기업에게 주는 이점으로 가장 적절하지 않은 것은?

① 고객화 서비스 제공
② 마케팅 비용의 감소
③ 고객에 대한 이해 증가
④ 서비스 요청 단계의 간소화
⑤ 교차판매나 Up-sales를 통한 거래관계의 확대

16 고객관계관리(CRM)에 대한 설명으로 가장 적절하지 않은 것은?

① 전사적인 차원에서 접근해야 한다.
② 가치 있는 고객을 분별하고 세분화한다.
③ 고객가치 향상을 통한 기업 수익성의 극대화가 목적이다.
④ 새로운 정보 가치를 발견하는 방식으로 순간순간의 고객 정보를 취한다.
⑤ 회사 전체의 관점에서 통합된 마케팅, 세일즈 및 고객 서비스 전략을 통하여 개별 고객의 평생가치를 극대화하는 것이다.

17 CRM(고객관계관리)의 일반적인 실패 원인이 아닌 것은?

① 고객중심 사고의 부족
② 데이터통합의 과소평가
③ 최고경영층의 적절치 못한 지원
④ 빅데이터의 방대한 양이 주는 정보
⑤ CRM을 기술에 기반을 둔 방법론이라고 보는 시각

18 다음 중 컴플레인 발생 원인이 아닌 것은?

① 전문가 해설 판매
② 약속에 따른 불이행
③ 상품 관리의 부주의
④ 성의가 없는 접객 서비스
⑤ 해피콜을 통한 예약 확인 서비스

19 고객 불만 관리의 성공 포인트로 적절하지 않은 것은?

① 고객의 기대 수준을 뛰어넘어라.
② 고객 불만 관리 시스템을 도입하라.
③ 고객 만족도와 직원 보상을 연계하라.
④ 진실의 순간(Moment of Truth)을 관리하라.
⑤ 스스로 가장 뛰어난 고객 서비스를 제공하고 있다는 생각을 가져라.

20 다음 중 MTP 기법에 대한 설명으로 옳은 것은?

① 고객에게 이성적으로 생각할 수 있는 시간을 준다.
② 고객에게 컴플레인 발생에 대한 자세한 설명을 계속한다.
③ 고객의 불만은 담당직원이 해결할 때까지 개입하지 않는다.
④ 담당직원이 상황에 대해 잘 알기 때문에 책임자는 개입하지 않는다.
⑤ 불만은 발생한 장소에서 끝까지 해결하는 것이 일관성 있는 행동이다.

21 다음 중 물리적 환경이 미치는 영향에 관한 설명으로 가장 적절한 것은?

① 서비스의 비분리성을 극복하도록 도움을 준다.
② 서비스 기업에 대한 이미지 형성에 미치는 영향이 크다.
③ 특정 서비스 기업에 대한 고객의 충성도를 향상시킬 수 있다.
④ 외부고객에게 주로 영향을 미치며, 내부직원에 대한 영향은 매우 적다.
⑤ 서비스 기업의 분위기에 영향을 미치지만, 고객의 구매결정에 영향을 미치지 않는다.

22 브로커와 에이전트에 관한 설명 중 옳은 것은?

① 브로커는 구매자와 판매자를 지속적으로 대리한다.
② 판매에이전트는 일반적으로 하나의 서비스 공급자만을 대행한다.
③ 브로커는 자금 조달과 같은 거래에 따른 위험부담을 지지 않는다.
④ 브로커는 기업이나 고객 중 한쪽을 대신해 기업과 고객 간의 거래를 활성화시키는 역할을 한다.
⑤ 에이전트는 구매자와 판매자 간의 협상을 돕고 이들 간의 거래 관계를 맺어주는 역할을 수행하는 중간상이다.

23 다음 중 관리자 교육훈련에 대한 설명으로 적절한 것은?

① 광범위한 경영 문제와 관련한 교육훈련
② 직업생활상의 공통적 일반지식에 관한 교육훈련
③ 조직에 존재하는 규칙 및 규범에 관한 교육훈련
④ 상위 관리자로부터 지시받은 직무의 성공적인 수행을 위한 교육훈련
⑤ 직장생활을 통한 장래의 발전가능성에 대한 희망부여를 위한 교육훈련

24 집단수준의 임파워먼트(Empowerment)에 대한 설명으로 가장 거리가 먼 것은?

① 핵심은 구성원 간의 상호작용이다.
② 상대방의 저항을 극복하는 능력과 관련된 개념이다.
③ 두 사람 이상의 상호관계가 있을 때 존재하는 개념이다.
④ 조직 내 무력감을 제거하는 파워의 생성, 발전, 증대에 초점을 둔다.
⑤ 무력감에 빠진 조직구성원들이 자기효능감을 가지도록 하여 무력감을 해소하는 과정이다.

O/X형 5문항

[25~29] 다음 문항을 읽고 옳고(O), 그름(X)을 선택하시오.

25 서비스의 가장 민감한 현장인 MOT에서는 곱셈의 법칙이 적용되지 않는다.

(① O ② X)

26 고객포트폴리오 관리는 시장과 고객에 대한 분석과 기업이 지닌 서비스 역량을 분석하여 불량고객을 찾아내기 위하여 시행한다.

(① O ② X)

27 서비스 실패로 인해 불만족한 경험을 한 고객이라도 특별한 이해관계가 없는 한 주변의 잠재고객에게 영향을 미치지 않는 것으로 나타난다.

(① O ② X)

28 서비스는 눈에 보이지 않기 때문에 물리적 증거를 통해 기업의 인상과 서비스 품질을 고객에게 전하려 한다.

(① O ② X)

29 매슬로(Maslow)의 욕구단계이론 중 가장 상위의 욕구는 존경욕구이다.

(① O ② X)

연결형 5문항

[30~34] 다음 설명이 의미하는 적합한 단어를 각각 선택하시오.

① 불만고객 ② 롤모델 ③ 사업 형태 프랜차이징 ④ MTP 기법 ⑤ ERG 이론

30 고객의 컴플레인을 처리하는 기법 중 하나로 사람(Man), 시간(Time), 장소(Place)를 바꾸어 컴플레인을 처리하는 방법

( )

31 알더퍼(Alderfer)가 인간 행동의 동기가 되는 욕구를 존재욕구, 관계욕구, 그리고 성장욕구로 구분한 동기부여이론

( )

32 사회적 규범 내에서 자신의 의견을 적극적으로 개진하는 고객으로 기업은 이들을 활용하여 서비스 회복 개선의 기회를 가질 수 있다.

( )

33 본부가 서비스, 등록상표, 운영방식, 지속적인 경영지도 등 사업에 필요한 모든 요소를 가맹점에게 제공하는 프랜차이징 형태

( )

34 조직에서 주어진 바를 직접 행동으로 보여주는 역할을 하면서 직원들에게 기업문화에 적합한 리더십을 보여주는 사람을 지칭하는 말

( )

📰 **사례형 10문항**

35 다음은 '저돌적인 고객'이 변호사 사무실에 전화하여 사무장과 통화하는 장면이다. 이 상황에서 사무장의 고객 응대 방법으로 적절하지 않은 것은?

> 고　객 : 변호사님과 상담하고 싶습니다.
> 사무장 : 죄송합니다만 변호사님은 재판 준비 때문에 바빠서 전화 상담까지 일일이 하실 수가 없습니다.
> 고　객 : (짜증나는 말투로) 그럼 누구와 상담해야 합니까?
> 사무장 : 사무장인 저와 상담하시면 됩니다. 고객님의 알고 싶으신 법률적인 정보를 저도 얼마든지 제공해 드릴 수 있습니다.
> 고　객 : 그래도 저는 사무장님이 아니라 변호사님과 직접 상담하고 싶은데요. 사무장님을 못 믿어서가 아니라, 제가 전에 변호사가 아닌 다른 분하고 상담하고 소송 진행하다가 낭패를 본 경험이 있어서 그럽니다.
> 사무장 : 그렇다면 한번 저희 사무실을 방문해 주시겠습니까?
> 고　객 : (약간 흥분한 어조로) 제 기분이 좀 나쁘네요. 변호사 사무실이 여기만 있는 것도 아닌데, 왜 그렇게 까다롭습니까?

① 고객이 충분히 말할 수 있도록 기회를 준다.
② 부드러운 분위기를 유지하며 정성스럽게 응대한다.
③ 침착함을 유지하고 자신감 있는 자세로 정중하게 응대한다.
④ 흥분한 고객이 감정 상태를 스스로 조절할 수 있도록 유도한다.
⑤ 자신의 법률적 지식이 부족하지 않음을 사례로 선보이며 고객이 신뢰할 수 있도록 유도한다.

36 다음은 컴퓨터 세일즈맨이 신규거래처를 공략하기 위하여 노력한 사례다. 이 사례는 서비스 세일즈 단계별 상담전략의 어느 단계에 해당하는가?

> 대기업 L사에서 사용 중인 컴퓨터를 1년 후에 대대적으로 교체할 것이라는 첩보를 입수한 컴퓨터 세일즈맨인 H과장은 가슴이 뛰기 시작했다. 예상 물량을 대략 추정해 보니 자신의 연간 판매목표량에 이르는 엄청난 양이다. 그는 L사의 구매팀장이 어떤 사람이고, 특히 그가 가장 좋아하는 운동이 무엇인가를 파악했다. 알고 보니 구매팀장은 학생 때부터 볼링을 쳤고 지금도 시간만 나면 볼링을 즐긴다는 사실을 알아냈다. 처음에 H과장은 초보 수준의 볼링 실력을 가지고 있었지만 6개월간 틈틈이 노력하여 실력을 키웠다.
> 컴퓨터 제안 상담을 본격적으로 시작하기 전에 팀장에게 넌지시 "팀장님, 혹시 즐기는 운동 있으세요?"라고 물었더니 예상대로 볼링이라는 대답을 했다. "저도 볼링을 무척 즐기는데 시간 되면 언제 저와 게임 한 번 하시죠?" 라고 말했다. 이렇게 해서 어느 날 첫 게임을 함께 하고 난 이후 두 사람의 관계는 돈독해졌다.

① Needs 파악
② Closing(상담 마무리)
③ Approaching(고객 접근)
④ Presentation(상품 설명)
⑤ Prospecting(잠재 고객 발굴)

37 다음은 국내 취업포털 기업의 서비스 마케팅 사례다. 고객관계관리 측면에서 이 회사의 성공 요인과 거리가 먼 것은?

> J사는 150만 기업회원과 1,000만 여명의 개인회원, 60%의 시장 점유율을 확보하고 있는 국내 취업 포털 1위 기업이다. 하루 평균 33만여 명의 방문과 1일 평균 채용공고 등록건수가 1만 건 이상으로 경쟁사와는 비교되지 않을 정도로 가장 많은 채용정보를 제공하고 있다. 이처럼 막강한 경쟁력의 기반에는 높은 서비스 상품 품질과 차별화된 고객관계관리 등이 자리 잡고 있다. 고객 니즈를 파악하는 데 상당한 투자를 하여 고객이 진정으로 원하는 새로운 서비스 상품을 경쟁사보다 한 발 앞서 선보임으로써 고객들의 좋은 반응을 얻고 있다.
> 고객이 가려운 곳을 찾아내 긁어주어 시원하게 해주니 반응은 항상 기대 이상이며 긍정적 구전 효과가 빠르게 나타난다. 그래서 이 회사가 새롭게 선보이는 서비스 상품마다 '업계 최초'라는 수식어가 붙는다. 경쟁사들은 J사의 구축된 서비스를 모방하는 데 급급한 실정이다. J사의 경영진에서는 고객관계관리의 중요성을 실감하고 고객과 상호 만족하는 관계 형성을 하는 데 자원을 집중하고 있다. 그 결과 J사의 충성 고객은 오늘도 계속 증가하고 있다.

① 불만고객들의 컴플레인을 새로운 마케팅 기회로 삼은 점
② 고객 니즈 파악을 위하여 상당한 투자를 아끼지 않은 점
③ 경쟁사보다 우월한 서비스 상품을 한 발 앞서 출시한 점
④ 시장 선도자답게 업계 최초를 지향하는 마케팅 활동을 추진한 점
⑤ 고객의 기대 이상 반응으로 긍정적 구전효과가 빠르게 나타난 점

38 다음은 초등학교 6학년 학생의 학부모인 고객이 학습지 회사 지점장에게 교사 문제로 컴플레인을 제기하는 전화 내용이다. 지점장의 컴플레인 대응 방법 중 적절하지 않은 것은?

> 고　객 : 우리 애를 가르치는 선생님이 한 달밖에 안 되었는데 곧 그만둔다면서요? 중학교 진학을 앞둔 6학년인데 선생님이 이렇게 자주 바뀌면 어떻게 합니까?
> 지점장 : 죄송합니다. 입이 열 개라도 드릴 말씀이 없습니다.
> 고　객 : 이전에는 안 그랬는데 무슨 특별한 이유가 있나요?
> 지점장 : 요즘 젊은 선생님들이 입사해서 조금만 힘들면 그만두고 다른 직장을 찾기 때문에 선생님들의 이직이 빈번해서 그렇습니다.
> 고　객 : 저는 학습지 업계 1위 기업이라 안심했는데, 매우 실망스럽네요.
> 지점장 : 구조적인 문제라 저로서도 지금 당장은 명쾌한 답을 드릴 수가 없습니다. 죄송합니다.
> 고　객 : 그렇다고 손 놓고 기다릴 수만은 없죠. 다른 학습지 회사를 알아봐야겠네요.
> 지점장 : 조금만 참고 기다려 주시면 조만간 본사 차원의 획기적인 대책이 있을 것입니다.
> 고　객 : 지점장님 말을 믿을 수 있나요?
> 지점장 : 네, 한 번만 저를 믿고 기다려주세요.

① 현재 가르치고 있는 교사를 설득하여 이직을 최대한 막아본다.
② 지점의 조직구성원들과 이 문제 해결을 위하여 방안을 모색한다.
③ 경쟁사에서 사직한 교사 중에서 입사 가능성이 있는 사람을 알아 본다.
④ 구조적인 문제이기에 본사가 문제를 해결해 줄 때까지 독촉하면서 계속 기다린다.
⑤ 본사 차원의 대안 제시가 있을 때까지 교사 출신인 지점장 자신이 직접 나서서 교사 역할을 수행하는 적극성을 보인다.

39 다음은 신차를 계약한 40대 남성 고객이 세일즈맨인 박과장에게 출고 지연에 대한 컴플레인을 제기하는 장면이다. 이 상황에서 박과장의 적절하지 못했던 컴플레인 대응 방법은?

> 고 객 : (화난 말투로) 박과장님, 어떻게 된 거예요? 늦어도 15일 정도면 차를 탈 수 있게 해준다고 했는데 벌써 계약한 지 1개월이 지났어요.
> 박과장 : (진심어린 표정으로) 죄송합니다. 저도 최선을 다하고 있지만 워낙 계약 차량이 많이 밀려 있어서 그렇습니다. 저도 피가 마릅니다.
> 고 객 : 오죽 답답하면 제가 여기까지 와서 과장님을 직접 만나 이런 이야기를 하고 있을까요? 제 입장도 이해해 주세요.
> 박과장 : 저도 사장님 마음 잘 압니다. 다시 한 번 사과드립니다.
> 고 객 : 저도 참을 만큼 참았어요. 그럼 언제까지 가능하겠어요?
> 박과장 : 딱 일주일만 여유를 주시면 무슨 수를 써서라도 반드시 해결하겠습니다.
> 고 객 : 그게 가능하겠어요?
> 박과장 : (자신 있는 목소리로) 네, 가능합니다. 제 이름을 걸고 약속합니다.
> 고 객 : 과장님 이름을 거신다고 하니 저도 마지막으로 믿어 보겠습니다.
> 박과장 : (목소리 톤이 높아지면서) 네, 저를 믿어주셔서 감사합니다!

① 자신의 노력만으로는 어쩔 수 없다는 상황을 이해시킴
② 진심어린 마음으로 고객의 흥분을 가라앉히려고 노력함
③ 고객과의 약속을 지키지 못한 것에 대하여 정중히 사과함
④ 난처한 상황에서 벗어나려고 지나치게 과장된 약속을 성급하게 함
⑤ 고객 입장에서 접근하는 역지사지의 원칙을 지키려고 노력하며 공감하려 함

40 다음은 고객이 먼저 관심을 보이며 연락을 취해 온 상담의 경우이다. 대화에 관한 내용 중 옳지 않은 것은?

> 고 객 : 할인 조건만 좋으면 구매하려고 합니다.
> 상담자 : 지금은 본사 지침이 내려오지 않아서 할인 조건이 구체적으로 정해지지 않았습니다. 혹시 연락처를 남겨주시면 조건이 정해지는 대로 연락 드려도 괜찮을까요?

① 상기 대화는 고객이 먼저 관심을 보이며 연락을 취해 온 인바운드 상담의 경우로 이때 반드시 연락처를 받아놓는 것이 중요하다.
② 상담자는 우연적 변수로 인해 구매결정을 내리지 못하고 있는데 이를 실패로 규정하기보다는 잠재고객을 확보한 것으로 보는 태도가 필요하다.
③ 고객은 스스로 구매결정을 내리기보다 상담자에 의해 구매결정하는 것을 선호하므로 상담자는 보다 적극적으로 고객을 설득해야 한다.
④ 상기 대화에서 고객이 연락처를 순순히 말하는 경우 이후 언제든지 구매권유를 다시 할 수 있으므로 상담자는 절반의 성공을 한 것이다.
⑤ 상담자는 고객이 단번에 구매결정을 내리지 않더라도 실망할 필요가 없으며, 위 대화에서도 고객이 구매할 수 있는 길을 열어놓았으므로 긍정적이다.

41 아래의 사례에서 의존도의 관계와 파워원천을 잘 나타낸 것은?

> 고객인 A사의 홍길동 씨는 갑자기 기업비전과 관련된 프로젝트를 진행하라고 대표이사로부터 지시를 받았다. A사와 홍길동 씨는 한 번도 기업비전과 관련된 프로젝트를 실시해 본 경험이 없는 상황이다. 난처한 홍길동 씨는 B사의 최○○ 컨설턴트가 조직가치와 관련된 프로젝트 성공 경험이 많고, 프로젝트를 수행한 회사들이 매우 만족하고 있다는 정보를 입수했다.

① A > B, A의 조직가치 프로젝트 수행 제공능력
② A < B, B의 조직가치 프로젝트 수행 제공능력
③ A = B, A와 B의 조직가치 프로젝트 공동 수행능력
④ A > B, B의 조직가치 프로젝트 요구 능력
⑤ A < B, A의 조직가치 프로젝트 요구 능력

42 어느 자동차 회사에서 컴플레인 유형별 분류와 해결방법에 대한 교육을 받은 직원의 노트를 보니 여러 가지 사항이 기록되어 있었다. 다음의 내용 중에서 '성격이 급하고 신경질적인 유형의 고객'에 대한 응대요령에 해당되는 사항들로만 구성된 것은?

> 가. 그 어느 유형보다 인내심이 요구되므로 "참는 자에게 복이 온다."라는 심정으로 참는다.
> 나. 고객 자신이 혼자 생각할 수 있는 시간적 여유를 주고 결과가 있을 때까지 기다린다.
> 다. 다른 제품과 비교 설명하면서 무엇이 잘못된 것인지 고객 스스로 이해할 수 있게 한다.
> 라. 고객의 감정이 더 이상 고조되지 않도록 말씨나 태도에 주의하면서 신속하게 처리한다.
> 마. 불필요한 대화를 줄이고 회사규정과 같은 원리원칙만 내세우지 않고 유연하게 응대한다.

① 나 – 다 – 라
② 가 – 다 – 마
③ 가 – 나 – 다
④ 가 – 나 – 라
⑤ 가 – 라 – 마

43 여러 멀티마케팅 전략들 중 다음 사례들에 등장하는 전략은?

> • A정유는 주유소 내에 B마트를 두어 간단한 자동차 용품에서 패스트푸드에 이르기까지 다양한 종류의 상품을 판매하고, 택배, 사진현상, 복사 등의 다양한 서비스를 제공하는 등 보조서비스를 추가하였으며, 자동차 정비소를 설치해 핵심서비스를 추가하였다.
> • 미국의 C신문사는 독자들이 신문을 읽고 난 후 관심 있는 연극이나 영화가 있으면 그 티켓을 구입할 수 있도록 하는 온라인 시스템을 운영하였고, 또 다른 신문사인 D사는 신문 광고에 실린 비디오, 여행, 오락 등을 온라인상에서 구매할 수 있도록 시스템을 설계해 놓았다.

① 복수 점포 전략
② 복수 시장 전략
③ 복수 서비스 전략
④ 복수 점포 / 복수 서비스 전략
⑤ 복수 서비스 / 복수 시장 전략

44 다음은 ○○은행의 신입사원 고객 상담 스킬 향상을 위한 교육훈련 시간에 대한 안내문이다. 괄호 안에 들어갈 교육훈련법과 그 의미를 잘 설명한 것은?

〈고객 상담 스킬 향상을 위한 (　) 〉
목　　　적 : 지점에서 고객 상담 시 직접 수행해야 할 업무의 상황을 사전에 이해하고 연습함
주　　　제 : 신규 은행 통장 개설 고객에게 적금 상품을 권유, 안내함
누　　　가 : 교육생 전원 2인 1조로 직원, 고객 역할을 수행함
준 비 물 : 단상 앞에 책상과 의자 두 개. 메모지와 펜 준비
유의사항 : 연습시간 20분 이후 전원 직원과 고객의 역할을 한 번 이상씩 수행함. 교육 중에 중단하지 않고 약 5분간 진행함. 연습시간에 기본적인 대본을 준비함

① 시청각 훈련 – 설정된 상황을 비디오나 영상 매체로 간접적으로 경험할 수 있는 훈련법
② 사례 연구법 – 특정한 주제에 대한 사례를 함께 공유하고 이에 대해 토론하면서 다양한 서비스 현장을 이해하는 훈련법
③ 멘토 시스템 – 멘토가 피교육자의 행동을 지도하고 후원하며, 조직 내 의사결정자들에게 피교육자의 존재를 알려주는 역할을 하는 제도
④ 브레인스토밍 – 다수의 피교육자가 회의를 열어 자유로운 분위기에서 아이디어를 창출하여, 교육적 효과와 함께 많은 아이디어를 도출하도록 하는 훈련법
⑤ 역할연기법(롤플레잉) – 실제 현장과 동일한 상황을 가정하여 연출해 봄으로써 공감과 체험을 통해 서비스 현장과 고객에 대해 학습하고, 대응법을 연습할 수 있는 훈련법

통합형 6문항

[45~46] 다음은 패밀리 레스토랑에서의 고객과 점원 간의 대화이다. 읽고 물음에 답하시오.

> 고객 : (메뉴판을 보며) 이것도 맘에 들고, 저것도 맘에 드네요. 도대체 어떤 것을 골라야 할지 모르겠어요. 아, 요것도 괜찮겠네요.
> 점원 : 네, 고객님. 우리 레스토랑에서 가장 잘 나가는 메뉴는 A세트와 B세트 메뉴입니다. 다만, A세트 메뉴는 지금 할인이 되어 가격이 저렴하고, B세트 메뉴는 할인이 되지 않고 있습니다.
> 고객 : 할인이 되는 A세트 메뉴는 어떤 장점이 있나요?
> 점원 : A세트 메뉴는 할인이 되면서도 장점이 많습니다. B세트 메뉴에는 음료수가 포함되어 있지 않은데, A세트 메뉴는 음료수가 한 잔 제공됩니다. 하지만 고객님이 원하시는 메뉴를 고르는 게 중요하죠.
> 고객 : A세트 메뉴는 가격할인도 되고 여러모로 장점도 많네요. 사실 처음에는 B세트 메뉴가 더 맘에 들었는데, 설명해주시는 것을 들으니 A세트 메뉴가 낫겠네요. A세트 메뉴로 하겠습니다.
> 점원 : 선택 잘 하셨습니다. B세트 메뉴는 다음 달에 할인 예정이니 한 번 더 오세요.
> 고객 : 그래요? 한 번 더 와야겠습니다.
> 점원 : 어떠세요. 좋은 메뉴를 선택하셔서 기분이 좋으시죠?
> 고객 : 아, 네. 그렇습니다.
> 점원 : A세트 메뉴에 나오는 음료수는 콜라로 하시겠습니까?
> 고객 : 글쎄요. 그건 잠시 생각해보고 정하겠습니다.
> 점원 : 감사합니다. 그 밖에 다른 하실 말씀이 있으십니까?
> 고객 : 물수건을 주시겠습니까?
> 점원 : 물론이죠. 바로 가져다 드리겠습니다.

45 상기 점원의 대응을 서비스 세일즈 관점에서 해석할 때 가장 적절하지 않은 것은?

① 역동적 상호작용을 통한 고객 유치(메뉴의 선택)의 사례로 볼 수 있다.
② 점원은 이중질문을 통해 고객이 메뉴 선택을 함에 있어 혼란스럽지 않도록 도움을 주고 있다.
③ 점원은 고객의 말을 경청하면서 고객이 관심 가질 만한 부분에 대해 지나치게 앞서가지 않으면서도 반 발짝 정도 앞서가며 질문하며 고객과의 대화를 진행하고 있다.
④ 고객은 점원이 자신의 마음을 잘 파악하고 있다고 여겨 안심한 고객은 자신도 궁금한 점을 질문하게 되는데, 이때 가장 핵심적인 부분인 메뉴의 장점을 질문하고 있다.
⑤ 점원은 고객과의 상담 작업 자체를 하나의 설득작업으로 보고 대화를 진행 중이다. 원하는 정보를 얻고 싶어 하는 고객에게 점원이 다양한 정보를 제공하면서 욕구를 만족시키고 있으며, 이를 통해 고객에게는 신뢰가 생기면서 고객 스스로 레스토랑의 메뉴를 선택하게 되었다.

46 상기 점원의 대응을 서비스 세일즈 관점에서 해석할 때 가장 적절하지 않은 것은?

① "감사합니다. 그 밖에 다른 하실 말씀이 있으십니까?"는 직접 질문의 반대인 간접 질문이다.
② 점원은 적극적 질문을 통해 고객의 관심사를 파악하고 있는데, 이를 질문의 자기탐색 기능이라고 한다.
③ "어떠세요. 좋은 메뉴를 선택하셔서 기분이 좋으시죠?"는 개방적인 질문의 반대인 폐쇄적인 질문(Closed Question)이다.
④ "A세트 메뉴에 나오는 음료수는 콜라로 하시겠습니까?"는 폐쇄형 질문의 예로서 고객에게 특정한 답변을 요구하거나 그런 답변을 유도하는 데 종종 사용한다.
⑤ 모든 고객이 자신의 관심사를 말하는 것은 아니며 또한 어떤 고객은 관심사를 정확히 설명하지 못하는 경우도 있는데 이때는 질문보다는 경청이 고객 욕구를 파악하기에 유리하다.

[47~48] 다음은 어느 고객의 고객 불만 상담 내용 중 일부이다. 읽고 물음에 답하시오.

저는 지난 8월에 ○○지역으로 여행을 다녀온 사람입니다. 들뜬 마음으로 시간을 내고 경비를 들여서 다녀온 여행인데 아쉬움이 많이 남아 이렇게 글을 올립니다. 우선, 호텔 객실이 사진에서 보였던 것과는 너무 달랐습니다. 어느 정도 다를 수 있다는 것은 상식적으로 알고 있었지만 화가 나고 기분이 상할 만큼 다르다면 문제가 있는 것 아닌가요? 일단 여기까지는 어쩔 수 없어서 기분 좋게 여행을 계속하고 싶었지만 제 불만 사항을 들은 여행 가이드의 반응 때문에 기분이 더 나빠졌네요. 원래 다 그런 거라는 식으로 이야기하니 무시당하는 기분까지 들어서 당황스러웠습니다. 뭔가 해결해 달라고 이야기한 것도 아닌데 그런 반응을 보이는 이유는 무엇인가요? ○○여행사의 가이드는 여행객들이 얼마나 소중한 시간을 내서 설레는 마음으로 여행을 하는지 모르는 건가요? 이미 마음이 상한 저는 이후 여행 스케줄 내내 기분이 잘 풀리지 않았습니다.
여행을 다녀오자마자 여행사에서 계약을 진행해 준 담당자에게 이야기를 하려고 했지만 흔히들 한다는 해피콜조차 한번 없네요. 굳이 기분 나쁜 여행을 떠올리며 전화하려니 업무 시간 중에는 망설여지고 저녁에는 여행사도 통화가 안 되니 이렇게 게시판에 남깁니다. 여행사에서는 어떻게 보상해 주실 건가요? 제가 다시 이 여행사를 이용하지 않으면 되는 거겠죠?

47 다음 중 위 사례의 고객 컴플레인에 대한 설명으로 적절하지 않은 것은?

① 고객이 기대했던 수준에 못 미치는 서비스 제공으로 인하여 서비스 실패가 발생하게 되었다.
② 고객 서비스 실패의 가장 큰 원인은 고객 불만족을 즉각 해결할 수 있는 현실적이고 구체적인 방법이 없었던 점에 있다.
③ 고객은 실제와 다른 사진이 게시된 것은 판매만을 목적으로 하고 있을 거라는 생각으로 이어져 여행사에 대한 불만이 커지게 된 것이다.
④ 고객 컴플레인이 1차적인 서비스 현장에서 해소 혹은 완화될 수 있는 기회가 있었으나, 가이드의 서비스 응대 실패로 인해 고객 컴플레인은 더욱 강화되고 말았다.
⑤ 이 고객에게 여행은 매우 귀중한 시간에 대한 투자였으므로 특별히 더 큰 의미가 있었으며, 이러한 고객의 상황이 더욱 강한 컴플레인을 유발하게 된 계기가 되었다.

48 고객 컴플레인에 대한 담당자의 응대에 대한 설명이다. 효과적이지 않은 응대는?

① 고객의 상황에서는 불만스러울 수 있었음을 인정하고 경청, 공감하는 것이 우선이다.
② 여행사 입장에서 사정상 불가피했던 부분을 설명하여 고객이 상황을 이해할 수 있도록 한다.
③ 불만족 고객의 부정적 구전을 사전에 예방할 수 있는 기회로, 고객의 불만족을 최소화할 수 있는 방안을 강구해야 한다.
④ 불만 사항을 알려준 데에 대해 감사의 뜻을 전하고 고객에게 여행사의 서비스 개선 노력에 대해 추후 조치 결과를 신속하고 자세하게 알려준다.
⑤ 고객이 제시한 불만 사항을 향후 고객 서비스 개선에 적용하여 해피콜 제도의 도입, 가이드 서비스 응대 지침 전달 등의 방법을 도입한다.

[49~50] 다음은 ○○가구회사의 세미나에서 신규 대리점주들에게 전달할 본사의 정책을 정리한 내용이다. 읽고 물음에 답하시오.

---

1. 본사 현황 및 역사, 미래 비전
   - ○○가구점의 유통 및 제품 개발의 철학 – 비전에 대한 공유
   - Win-Win의 파트너십에 대한 약속

2. 각종 제도에 대한 안내
   - 정찰제 안내 : 본사의 정찰제 제도에 대한 의의 및 시행 방식 안내
   - 성과 보상 정책 : 기본 유통 마진을 제외한 추가 인센티브 등 안내
   - 고객 만족 지수 평가제도 : 본사의 고객 해피콜 등을 통한 고객 만족 지수 조사 안내, 항목별 체크사항 안내, 고객 만족 지수 우수 대리점 포상제도 안내
   - 각종 유의사항 안내 : 대리점 유통 계약서상에 금지, 유의사항 발생 시 조치 내용의 안내(공정성, 명확성)

3. 지원 제도 안내
   (   )

4. 기 타
   - 신제품 개발 및 품질 개선 자문단 활동(대리점주 및 현장 판매원)
   - 주요 제도, 정책 변경 시 사전 협조 시스템 구성
   - 향후 정기적인 제품 및 서비스 품질 관련 지역별 회의 확대 및 상시 정보 공유 기구 창설

---

49 ○○가구회사는 유통 채널을 성공적으로 관리하기 위한 다양한 제도, 메시지를 준비하고 있다. 성공적인 유통 채널을 확보하기 위한 활동으로 옳지 않은 것은?

① 중간상인 대리점이 기업 경영에 효과적인 의견을 개진하고 주인 의식을 가지기 위한 다양한 권한을 제공한다.
② 고객 만족 및 서비스 품질에 대한 책임감, 의무 등을 명확하고 공정한 통제 시스템을 활용하여 통제하도록 한다.
③ 회사가 추구하는 고객 지향성 및 유통의 철학을 대리점 현장에서 고객에게 효과적으로 전달하기 위해 다양한 제도를 활용한다.
④ 파트너쉽을 성공적으로 구성하기 위해 회사는 공동의 목표를 설정하고 이를 각자의 이익에 부합할 수 있음을 전달해야 한다.
⑤ 대리점주는 독립적인 사업주이므로 자체적인 유통 전략을 수립하고 이를 통해 경쟁력을 확보, 본사의 매출에 기여할 수 있도록 한다.

50 ○○가구점이 대리점 중간상의 효과적인 서비스 전달을 위해 다양한 지원제도를 통해 권한을 부여하고자 한다. 빈칸에 들어갈 지원 제도와 그 필요성이 적절하지 않은 것은?

① 대리점의 신규 채용 판매사원의 신입사원 교육을 본사 집합교육으로 지원한다.
② 본사는 시장 조사 및 판매 마케팅에 관련한 다양한 연구를 통해 대리점을 지원한다.
③ 대리점별 판매 목표를 월별로 부여하여 이를 통해 대리점의 매출과 수익 향상을 촉진한다.
④ 업무를 효율적으로 전개할 수 있는 재고 확인, 주문, 출고 등의 온라인 시스템을 지원한다.
⑤ 대리점주 및 대리점 판매 사원의 효과적인 고객 응대를 위한 정기적인 교육 프로그램을 진행한다.

제2회 실제경향 모의고사

SMAT Module B

일반형 24문항

01 고객과의 올바른 상담 원칙에 해당하지 않는 것은?

① 고객의 말을 끝까지 듣고 경청한다.
② 중요 포인트마다 간단히 메모하고 반복하여 확인한다.
③ 상담 중에 수시로 칭찬하고 공감하여 고객을 신명나게 만든다.
④ 고객의 주장에 논리적으로 설득하면서 자신의 입장을 명확히 한다.
⑤ 감정적인 말에도 미소로 응대하며 고객이 원하는 것이 무엇인지 파악한다.

02 다음 중 우유부단한 고객을 상담하는 기법으로 가장 적절한 것은?

① 상대를 높여주고 친밀감을 조성한다.
② 고객의 말에 지나치게 동조하지 않는다.
③ 질문법을 활용하여 고객의 의도를 이끌어낸다.
④ 몇 가지 선택사항을 전달하고, 의사결정 과정을 안내한다.
⑤ 감정 조절을 잘 하여 고객의 의도에 휘말리지 않도록 주의한다.

03 다음 중 잠재고객 발굴을 위한 방법으로 적절하지 않은 것은?

① 만나고 싶은 사람들을 정한다.
② 첫 만남 후 24시간 이전에 연락을 한다.
③ 그들로부터 어떤 정보를 얻고 싶은지 리스트를 정한다.
④ 만남이 끝난 이후 주고받은 명함을 자신의 스타일로 분류한다.
⑤ 학연, 지연, 업종 등의 공통점으로 친구가 되려고 하지 않는다.

04 '고객관계관리(CRM)'는 단순히 제품을 팔기보다는 '고객과 어떤 관계를 형성해 나갈 것인가?' 혹은 '고객들이 어떤 것을 원하는가?' 등에 주안점을 둔 방법론이다. 이러한 CRM을 기업에 성공적으로 도입하기 위한 전략으로 가장 적절하지 않은 것은?

① CRM 활동은 정보기술을 담당하는 조직과 마케팅을 담당하는 관련 부서에서만 관심을 가져서는 곤란하며, 회사 전체에 대한 관심과 지원하에 이루어져야 한다.
② 소매유통점을 통한 간접판매가 많은 부분을 차지하는 제조 기업에 비해 고객정보를 직접적으로 수집할 수 있는 서비스 기업이 CRM을 도입하는 데 용이한 편이다.
③ CRM 전담조직 전문가에 의한 CRM 전략의 실행은 다른 조직의 구성원들로부터 무관심을 유발할 수 있으므로, 기업의 전종업원이 참여하는 회사 전체의 CRM 활동으로 확대해야 한다.
④ 어느 서비스 기업이 소매 유통점과의 수직적 통합에 의한 공동의 통합 CRM 전략을 실행할 수 있는 환경이 준비되어 있다면, 고객과의 장기적 관계를 발전시킬 수 있는 CRM의 실행이 용이할 것이다.
⑤ CRM은 우선적으로 회사 자체의 내부 목표, 즉 수수 증대, 영업 생산성 향상, 영업 프로세스 개선 등에 도움을 주도록 설계되어야 하며, 고객이나 자사 영업사원에 대한 고려는 CRM 구축 완료 이후 반영하면 된다.

05 서비스 실패를 체계적으로 분석하기 위해 보다 중요하게 고려해야 하는 실패 요소는?

① 서비스 제공 시간의 실패, 서비스 제공 방법의 실패
② 서비스 제공 과정의 실패, 서비스 제공 결과의 실패
③ 서비스 제공 시간의 실패, 서비스 제공 종업원의 실패
④ 서비스 제공 과정의 실패, 서비스 제공 환경 조성의 실패
⑤ 서비스 제공 상황의 실패, 서비스 제공 요소의 구성 실패

06 다음 중 고객 불만을 야기하는 직원의 태도로 볼 수 없는 것은?

① 정당화하기
② 고객 무시하기
③ 고객 의심하기
④ 고객과 같이 흥분하기
⑤ 고객의 이야기 경청하기

07 다음 중 기업 측의 서비스 실패 원인으로 적절한 것은?

① 고객의 기억 착오로 인한 마찰
② 거래를 중단하거나 바꾸려는 심리
③ 고객의 고압적인 자세와 감정적 반발
④ 충분하지 않은 설명이나 의사소통의 미숙
⑤ 제품, 상표, 매장, 회사 등에 대한 잘못된 인식

08 다음 중 고객의 불평과 불만을 피드백받기 위한 VOC의 성공조건으로 가장 적절하지 않은 것은?

① 고객 만족 관리 임원들만 VOC 이용
② 고객으로부터의 피드백 발생 시 반드시 기록
③ 고객 불평의 추세판단을 위한 통계보고서 작성
④ 고객으로부터의 피드백을 분류하여 신뢰성 제고
⑤ 제품과 서비스의 수명주기를 통해 적극적으로 추구

09 다음 중 멀티마케팅 전략에 관한 설명으로 가장 적절한 것은?

① 복수 점포 전략은 전문적인 서비스에 적합하지 않다.
② 가격은 멀티마케팅 전략의 중요한 다양화 대상에 포함된다.
③ 복수 서비스 전략은 기존 서비스에 새로운 서비스를 추가하는 전략이다.
④ 멀티마케팅 전략에 포함된 전략들을 혼합하여 사용하는 전략은 바람직하지 않다.
⑤ 현재의 설비를 충분히 활용하지 못하고 있는 기업에게는 복수 점포 전략이 적합하다.

10 유통채널 간에 마찰이 발생했을 때 이를 해결하기 위해 지켜야할 원칙으로 적절하지 않은 것은?

① 중복 투자를 막기 위해서 하나의 채널에 집중해야 한다.
② 채널별 수익 / 비용을 분석한 객관적 자료를 기반으로 결정한다.
③ 비용이 수익을 초과한다면 신중하게 디마케팅 전략을 고려한다.
④ 채널 간 갈등 발생 시에는 수익성을 기준으로 의사결정을 해야 한다.
⑤ 일반적으로 비용 측면에서는 전자 채널이 유리하나, 수익 측면에서는 오히려 기존 채널이 우수한 경우가 많다.

11 피코치의 행동의 변화를 지원할 수 있는 코치의 코칭스킬로 적절하지 않은 것은?

① 점검해야 할 사항을 명확하게 한다.
② 피코치가 가장 필요로 하는 지원이 무엇인지를 확인한다.
③ 코치는 항상 피코치에게 도움을 줄 수 있는 곳에 있어야 한다.
④ 코치의 분야가 아닌 문제에 대한 지원은 코칭의 범위에서 제외한다.
⑤ 직접 피코치를 지도할 수도 있고, 구체적인 역할모델이 되어 줄 수도 있다.

12 다음 중 직장 내 교육훈련의 장점에 대한 설명으로 가장 거리가 먼 것은?

① 비용이 감소한다.
② 교육훈련과 업무가 직결되어 있다.
③ 상사나 동료 간의 이해와 협동 정신이 강화된다.
④ 직무수행과 동시에 실시하므로 내용이 현실적이다.
⑤ 참가자 간 선의의 경쟁을 통해 교육효과가 증대된다.

13 다음 문장의 (A)에 들어갈 용어로 적절한 것은?

> 어떤 마케터들은 같은 광고 테마를 반복하면서 다른 배경, 다른 인쇄 양식, 다른 광고 모델 등과 같은 표면적인 변형을 이용한다. 예를 들어, 수십 년이 된 A보드카 캠페인은 미국과 전 세계에 걸쳐서 제품을 휴일, 트렌드, 문화적 상징과 관련시키는 매우 창조적이고 다양한 배경으로 같은 테마를 사용한다. 이렇게 광고 메시지를 다양화하면서 조절하는 노력은 (A)을(를) 극복하기 위한 전략의 하나이다.

① 반복(Repetition)
② 포지셔닝(Positioning)
③ 자극 일반화(Stimulus Generalization)
④ 제품 차별화(Product Differentiation)
⑤ 광고의 마모효과(Advertising Wear-out)

14 '진실의 순간(MOT ; Moment of Truth)'이란 고객이 기업조직의 어떤 한 측면과 접촉하는 순간이며, 서비스의 품질에 관한 인상을 얻을 수 있는 순간이다. MOT에 대한 설명으로 가장 적절한 것은?

① 고객접점에 있는 서비스 요원들에게 주어진 권한을 최소화해야 한다.
② 고객접점에 있는 서비스 요원들을 효과적으로 관리하기 위한 명찰패용을 비롯한 서비스실명제는 개인정보보호 차원에서 절대 허용하지 않는다.
③ 고객으로부터 고객 불만으로 지적된 직원에게는 경고카드를, 고객 만족 직원으로 추천된 직원에게는 상응하는 인센티브를 부여하는 제도는 기업의 서비스 능력을 강화시키는 방법 중 하나이다.
④ 고객과 상호작용에 의하여 서비스가 순발력 있게 제공될 수 있는 서비스 전달시스템을 갖추는 것 이상으로 중요한 것은 서비스 요원이 상사에게 결재받을 시간을 고객에게 양해받는 것이다.
⑤ 백화점에서 만족스러운 쇼핑을 하고 셔틀버스를 타고 집으로 돌아갈 때, 셔틀버스의 출발이 약속된 시간보다 지연되거나, 버스기사가 불친절하고 용모나 유니폼도 불량하며, 난폭 운전을 했다고 전체 서비스가 제로(0)가 된다고 보는 것은 타당하지 않다.

15 고객 상담 전략에 있어 Approaching(타깃 고객에게 다가가기) 단계에서 필요한 방법으로 가장 적절한 것은?

① 질 문
② FABE 화법
③ Rapport(라포) 형성
④ 충성도에 따른 고객 분류
⑤ 와우팩터(Wow Factor) 찾기

16 고객관계관리에서 장기적이고 지속적인 거래관계가 주는 이점이 아닌 것은?

① 기업의 입장에서 마케팅 비용을 줄일 수 있다.
② 고객의 입장에서 탐색의 비용을 줄일 수 있다.
③ 고객의 입장에서 특별대우의 편익을 누릴 수 있다.
④ 기업의 입장에서 서비스 제공 단계를 간소화할 수 있다.
⑤ 기업의 입장에서 고정고객이 확보되어 있으므로 고객 확보를 위한 추가 노력이 필요 없다.

17 고객 경험은 기업과 고객의 상호작용을 통해 고객이 직접 보고 듣고 겪으면서 그 기업의 제품이나 서비스가 어떠하다고 느끼고 알게 되는 모든 것을 의미한다. 아래의 문장은 그 중 어떤 경험을 설명한 것인가?

> 기업이 응대를 하는 데 친절한 표정과 몸짓, 목소리와 내용은 모두 이 경험의 대표적인 것이다.

① 감성적 경험
② 중립적 경험
③ 수동적 경험
④ 물리적 경험
⑤ 능동적 경험

18 다음 중 경제적 교환관계를 설명한 것 중 적절하지 않은 것은?

① 고객은 기업에게 비용을 지불하고 서비스를 제공받는다.
② 기업은 종업원의 능력과 시간을 서비스 생산에 활용한다.
③ 종업원은 기업에게 시간과 능력을 제공하고 보상을 받는다.
④ 기업 - 고객, 기업 - 종업원의 관계는 경제적 교환관계이며 사회적 교환관계이다.
⑤ 기업은 고객이 지불한 비용에 합당한 서비스를 공급하기 위해 서비스자원을 사용하여 서비스를 생산한다.

19 다음 중 불만고객 응대 후 자기관리 방법이라고 볼 수 없는 것은?

① 자기만족하기
② 자신에게 보상하기
③ 부정적 기억 지우기
④ 고객에게 반론 제기하기
⑤ 객관적으로 자신 들여다보기

20 VOC를 수동적인 고객의 의견수렴이라 하면 능동적인 의견수렴인 고객만족도 조사와 무엇이 차이가 있는지 비교한 결과로 적합하지 않은 것은?

① 고객 만족도 조사는 목적이 명확한 조사이고, VOC는 조사되기 전까지는 어떠한 내용인지 알 수가 없다.
② 고객 만족도 조사는 서비스 전략을 수립한 후 이에 적합한 조사 대상과 조사 범위를 선정할 수 있다.
③ 고객 만족도 조사는 고객 개개인의 특성을 조사 설계에 반영하여 결과에 반영할 수 있다.
④ VOC 정보는 수집할 자료의 목적과 범위를 미리 선정한 후 조사하여 전략에 반영하게 된다.
⑤ VOC 자료를 수집하는 과정에서 고객 불만족 여부를 확인하여 불만족의 원인을 분석할 수 있다.

21 다음 중 상황 분류와 고객의 불만 사항이 바르게 연결되지 않은 것은?

	상황 분류	불만 사항
①	물리적 상황	외형, 인테리어, 매장의 위치 조건, 설비, 재질 등에 대한 컴플레인
②	시간적 상황	매장 운영시간, 고객 상담 시간, 지연 시간 등에 대한 컴플레인
③	인적 상황	종업원의 복장, 접객 태도, 상담 태도, 대화 정도에서의 컴플레인
④	절차적 상황	결제조건, 멤버십 유무에 따른 금전적 부담, 우대사항 등에 대한 컴플레인
⑤	감각적 상황	음악, 주변의 소음, 인테리어 색감, 지나친 방향제 사용 등에 대한 컴플레인

22 성공적 유통채널의 특성으로 볼 수 없는 것은?

① 공동의 목표를 갖는 고객 지향성
② 독자노선 확립으로 유통채널 단일화
③ 효과적이고 효율적인 커뮤니케이션 확보
④ 보상 제도를 포함하는 명확한 통제시스템
⑤ 공동목표 달성을 위한 유통관련 기업 간의 협조

23 중간상을 이용한 서비스 유통경로로 적절하지 않은 것은?

① 프랜차이징(Franchising)
② 에이전트(Agent)
③ 브로커(Broker)
④ 직영점(Direct-Channel)
⑤ 전자채널(E-Business)

24 다음 중 코칭의 기본자세로 옳지 않은 것은?

① 코칭은 자기 책임을 요구한다.
② 코치는 업무성과와 인간관계를 구분하여 코칭해야 한다.
③ 코칭은 객관적인 사실과 데이터를 기반으로 수행해야 한다.
④ 코칭은 상호 간의 대화를 잘 이해하여 서로에게 배움의 과정을 갖도록 한다.
⑤ 코치는 상대방에 대한 개방적인 분위기를 유도하여 겸허한 자세로 응대해야 한다.

O/X형 5문항

[25~29] 다음 문항을 읽고 옳고(O), 그름(X)을 선택하시오.

25 소비자가 고관여 상황에서 구매의사를 결정하기 위해 시간이 필요한 경우, 주변 색상은 따뜻한 색이 적절하다.

(① O ② X)

26 고객의 소리를 청취하려면 고객의 소리를 모니터링할 수 있는 여러 방법이 필요하게 되며 이 중 미스터리 쇼퍼는 직접적으로 고객의 소리를 청취할 수 있는 좋은 방법이다.

(① O ② X)

27 MOT(Moment of Truth)의 법칙 중 하나인 곱셈의 법칙에 의하면 서비스 중 어느 한 항목에서 0점을 받았다 하더라도, 다른 항목들의 점수를 우수하게 받았다면 결과적으로 고객에게 만족할 만한 서비스라고 평가한다. 따라서 잘못된 서비스에 대해 고민하기보다는 나머지 서비스에 관심을 집중하여 고객 만족도를 올리는 것이 타당하다는 것을 뒷받침하는 말이기도 하다.

(① O ② X)

28 고객경험관리는 접점에서 고객에게 형성되는 다양한 경험이 고객의 구매의사결정에 영향을 미치기 때문에 필요하다.

(① O ② X)

29 내부마케팅 성공전략은 직원만족으로부터 시작되어야 한다.

(① O ② X)

연결형 5문항

[30~34] 다음 설명이 의미하는 적합한 단어를 각각 선택하시오.

① 해피콜 ② Rapport ③ 고객관계관리 ④ 탈중간상화 ⑤ 긍정질문

30 코치는 피코치의 가능성을 끌어내기 위해 여러 가지 질문스킬을 사용할 수 있다. 그 중 부정질문은 ( )으로 바꾸는 것이 바람직하다.

( )

31 인터넷을 통한 전자적 유통경로가 확산됨에 따라 기업과 고객 모두 수익/비용 측면에서 중간상을 배제하고 싶은 니즈를 가지는 현상

( )

32 신규고객을 획득하고 기존고객을 유지하기 위해 고객요구와 행동을 분석하여 개별고객의 특성에 맞춘 마케팅을 기획하고 실행하는 경영관리기법

( )

33 특별한 목적이나 판매 권유 없이 고객 서비스 만족을 위하여 고객에게 전화를 거는 아웃바운드 형태의 전화를 말하며, 고객이 서비스를 이용한 후 전화를 걸어 만족도를 체크하는 등 고객만족의 증진을 목적으로 진행되는 마케팅 방식

( )

34 친밀한 관계라는 뜻으로, 상호 간에 신뢰하며 감정적으로 친근감을 느끼는 인간관계이며, 서비스 세일즈 관점에서는 고객과의 첫 만남에서 친근감과 공감대를 형성하는 것을 말한다.

( )

사례형 10문항

35 다음 사례의 질문별로 적절한 질문 유형은?

> 가. 현재 사용하시는 상품에 만족하십니까?
> 　　상품 특징에 대한 효과는 어느 정도입니까?
> 　　그동안 우리 제품을 사용하시면서 불편했던 점은 무엇입니까?
> 나. 현재 마음에 들지 않은 부분은 어디입니까?
> 　　어느 정도 가격을 생각하고 계십니까?
> 　　현재 사용하고 계신 컴퓨터에 대한 문제점을 질문해도 되겠습니까?
> 다. 그런 문제로 인해 향후 예상되는 손실은 얼마나 될까요?
> 　　시스템 안정이 품질상승뿐만 아니라 원가절감에도 도움이 되겠지요?
> 　　가벼워서 장기간 작업해도 피로감이 줄어 생산성 향상에 도움이 되겠지요?
> 라. 시스템 효율을 증가시킨다면 생산과 품질에는 어떤 영향을 줄까요?
> 　　부장님은 A상품이 왜 더 좋다고 생각하십니까?
> 　　여러 가지 문제를 일시에 해결할 수 있다면 재검토하시겠습니까?

구 분	가	나	다	라
①	상황질문	문제질문	해결질문	확대질문
②	문제질문	상황질문	확대질문	해결질문
③	상황질문	문제질문	확대질문	해결질문
④	확대질문	해결질문	문제질문	상황질문
⑤	해결질문	확대질문	상황질문	문제질문

36 다음은 맛집으로 소문난 식당에 가서 식사 후 나누는 친구 간의 대화 내용이다. 대화 마지막 부분에서 영민이가 궁금해 하는 바를 지칭하는 용어는?

> 영민 : 이 집 삼계탕 맛 어때?
> 철수 : 끝내주는데! 소문대로 맛이 일품이야. 네가 나를 여기까지 데리고 온 이유를 알겠어.
> 영민 : 나는 내심 걱정했어. 일부러 시간 내서 오자고 했는데 네가 맛이 없다고 하면 어떻게 하나 하고 말이야.
> 철수 : 삼계탕집이 가까운 곳에도 많은데 굳이 먼 곳까지 가서 먹을 필요가 있을까 하는 생각이 들기도 했어.
> 영민 : 5년 전 나도 이 집에 처음 올 때 네가 한 말과 똑같은 생각을 했었기 때문에 충분히 공감이 가.
> 철수 : 이 집은 직접 나서서 광고하지 않아도 왔던 손님들이 적극적으로 입소문을 많이 내줄 것 같은데…….
> 영민 : 사실 입소문의 효과가 광고보다도 훨씬 큰 경우가 많다. 이처럼 긍정적 입소문으로 제품이나 서비스를 구매하게 되어 마케팅 활동 전개 없이 확보된 신규고객의 가치를 의미하는 것을 뭐라고 하지?

① 공헌 마진
② 고객 점유율
③ 고객 구매력
④ 고객 추천가치
⑤ 고객들의 간접적 기여 가치

37 다음 건강식품회사인 K사의 고객관계관리에 대한 내용으로 가장 적절하지 않은 설명은?

> 창업 20주년을 맞이한 건강식품회사인 K사는 '회원제'라는 남다른 고객관계관리를 하고 있어서 주목받고 있다. 경쟁사들이 일반 유통채널을 활용하여 마케팅 활동을 하고 있는 데 반해 이 회사는 회원을 대상으로 하는 직접 판매를 고수하고 있다. 현재 K사는 40~60대 연령층의 80만 여명의 회원을 확보하고 있는데, 그 숫자는 계속 늘어나고 있다.
> 그 중에서 70만 명 정도가 구매활동을 활발히 하고 있다. 회원들의 재구매율이 90%에 이르고, 매출과 영업이익 모두 동종업계 선도자 위치를 차지하고 있다. 회원제는 동질적 욕구를 가진 집단으로 형성되기 때문에 고객관리가 쉽고 다른 유통 단계를 거치지 않아서 효율이 높다.
> 물론 이 회사도 설립 후 5년간 상당히 고전한 적이 있다. 경쟁사에 비해 인지도가 낮아 회원 확보가 제대로 되지 않았던 것이다. 회사 내에서는 회원제만 고집할 것이 아니라 경쟁사와 같이 백화점, 대형마트 등과 같은 일반 유통채널을 이용하자고 했지만 사장의 의지는 확고했다. 건강식품은 결국 재구매가 성패를 좌우하는데, 이를 위해서는 회원제가 가장 좋은 방법이라고 믿고 사장이 직접 나서서 직원들을 설득했다.
> K사의 회원제는 회원들에게 주는 혜택이 매우 크기 때문에 거의 이탈하지 않고 있으며 회원들을 통한 구전마케팅은 시간이 지날수록 빛을 발하고 있다. 앞으로도 K사는 회원제를 통한 직접 판매 방식만을 고집스럽게 이어나갈 계획이다.

① 회원제는 회원들의 정보수집과 활용이 가능해서 밀착관리가 쉽다.
② 회원제는 타사에 비해 제품력이 부족할 때, 재구매율을 높이기 위해 활용된다.
③ 회원제는 타사 대비 강력한 브랜드 파워를 가지고 있을 때 더 효율성이 높다.
④ 일반 유통 채널을 활용할 경우 여러 유통 단계를 거치므로 제품 가격이 오를 수 있다.
⑤ K사는 구매 사이클의 '인지 단계'의 벽을 넘는데 5년 정도 투자하여 회원 확보에 공을 들였다.

38 다음은 서비스 직원 대상 '컴플레인 처리 스킬 향상 교육'에서 강사가 서비스 실패의 원인에 대하여 설명한 내용이다. 이 중에서 '고객 측 원인'에 해당되는 사항으로만 구성된 것은?

> 가. 서비스 직원이 고객 감정을 제대로 살펴서 배려를 잘 해야 하는데, 그렇게 하지 않으면 서비스 실패가 되기 쉽습니다.
> 나. 매일 반복되는 일을 하다보면 자칫 고객응대를 무성의하게 해서 고객의 기분을 상하게 하는 경우가 있습니다.
> 다. 거래를 중단하거나 바꾸려는 심리로 의도적인 불만 제기를 하는 경우도 간혹 있습니다.
> 라. 매출목표 압박으로 인하여 무리하게 판매를 권유하게 되면 후유증이 나타날 수 있습니다.
> 마. 구매 전의 지나친 기대심리나 자신의 기억 착오로 직원과 마찰이 생겨서 서비스가 나쁘다고 하는 경우도 많습니다.

① 가, 나
② 나, 다
③ 다, 마
④ 다, 라
⑤ 라, 마

39 다음은 어느 보험회사의 서비스 품질 향상을 위한 워크숍에서 서비스 회복에 대한 토론을 했던 주요 내용이다. 이 중에서 '서비스 회복' 현상과 거리가 먼 것은?

> 가. 우리가 이번 기회에 불만족한 고객을 만족한 고객으로 전환시켜 우리 회사 아군의 숫자를 늘려 보면 어떨까요?
> 나. 서비스 회복은 우리 회사의 경쟁우위확보와 그다지 상관관계가 없으니 크게 신경 쓰지 않아도 될 것 같습니다.
> 다. 신규 고객 확보가 기존 고객 유지보다 5배 이상 어렵다고 한다고 하니 우리가 기존 고객 관리에 좀더 신경을 씁시다.
> 라. 고객 유지율을 20% 향상시키면 10%의 비용절감 효과가 있다고 하니 이 점에 특히 주목합시다.
> 마. 서비스 회복은 고객을 우리 회사의 의사소통에 참여시킴으로써 충성도를 강화시키는 좋은 기회가 될 수 있습니다.

① 가
② 나
③ 다
④ 라
⑤ 마

40 다음은 서울에 위치한 L백화점 본점과 K지점에서 동일한 제품의 가격이 다르게 팔리고 있음을 알게 된 A고객의 항의 내용과 백화점의 대응이다. 다음 중 고객 불만을 줄이기 위해 적절한 현장 서비스 전략은?

> A고객은 넥타이가 본점과 지점에서 다른 가격으로 팔리고 있음을 우연히 알게 됐다. A고객은 다른 모든 고객들을 기만하는 행위일수도 있음을 강력하게 주장하며, 고객 서비스 차원에서 문제를 해결하도록 요구하였다.
> 서비스 직원은 장소에 따라 가격을 달리하는 정책은 백화점 고유 권한임을 말하며 백화점의 가격 정책을 합리화하고자 했다. 그리고 차후에 이런 문제가 재발하지 않도록 신경을 써보겠다는 피상적이고 형식적인 태도만 계속 보이고 있다.

① 규정대로 이행하였기 때문에 물러설 이유가 없다.
② 고객의 대응 강도에 따라 차별화된 서비스로 다가간다.
③ 문제를 제기한 고객에게 차액을 돌려주고 마무리짓는다.
④ 경쟁 업체 및 동종 업계의 관행에 따라 그에 적합한 서비스를 제공한다.
⑤ 모든 고객에게 알리고 사과문을 게시함과 동시에 명확한 보상처리를 행한다.

41 A씨는 불만고객 대응전략을 수립한 뒤에 1달 동안 서비스 현장에 적용하려고 한다. 상사는 코칭을 통하여 A씨의 전략을 보완하고 싶다. 다음 코칭 내용을 GROW 코칭 모델의 단계별 순서대로 적절하게 배열한 것은?

> A. 아직 미흡한 부분이 남아있는 것으로 보이는데 또 다른 개선책은 무엇이라고 생각하나요?
> B. 1달 동안 불만고객 대응전략을 현장에 적용하는데 불만고객 해결건수를 몇 건이나 해결할 수 있죠?
> C. 여러 가지 추가적인 개선책을 이야기했는데 가장 우선적으로 실행할 것은 무엇인가요?
> D. 추가적인 개선책을 수행하는 데 장애물은 무엇이 있을까요?

구 분	G	R	O	W
①	A	B	C	D
②	B	C	D	A
③	B	A	C	D
④	A	B	D	C
⑤	B	A	D	C

42 다음 제시된 사례에서 활용되고 있는 유통전략에 적합한 서비스 종류는?

> 대부분의 시중은행들은 점포의 수를 늘려서 많은 고객들이 은행서비스에 대해 접근하기 쉽게 하고자 한다. 각 은행들은 소비자들이 찾기 쉬운 곳에서 여러 개의 지점을 설치하고, 출장소라는 형태의 소규모의 지점을 운영하고 있기도 하다. 현금자동지급기도 고객의 이용가능성과 접근가능성을 높여 자사의 유통망을 확대하기 위한 수단이다.

① 핵심서비스 ② 선매서비스
③ 편의서비스 ④ 부가서비스
⑤ 전문서비스

43 아래의 각 사례에 해당되는 고객 분류가 적절하게 나열된 것은?

> ㄱ. 홍○○ 씨는 S기업의 제품의 추종자이다. S기업 제품을 주변 사람들에게 적극 홍보하고 있다.
> ㄴ. 김○○ 씨는 S기업의 할인행사에 관심을 갖고 참여하여 처음으로 제품을 구매하였다.
> ㄷ. 박○○ 씨는 S기업의 판촉사원과의 몇 차례 상담을 통해 S기업의 제품에 대해 매우 흥미를 갖게 되었고 김○○ 씨에게 궁금한 것을 물어오고 있다.
> ㄹ. 최○○ 씨의 사는 지역은 최근 건축하여 입주한 최고급 전원주택 단지이다. S자동차의 직원은 이 단지에 판촉을 하려고 준비하고 있다.
> ㅁ. 나○○ 씨는 지난번 구매한 S사의 타이어가 마음에 들어 스노타이어도 S사에서 구매하려고 한다.

① ㄱ. 유망고객 ㄴ. 고객   ㄷ. 옹호자   ㄹ. 잠재고객 ㅁ. 사용자
② ㄱ. 사용자   ㄴ. 고객   ㄷ. 옹호자   ㄹ. 잠재고객 ㅁ. 유망고객
③ ㄱ. 옹호자   ㄴ. 사용자 ㄷ. 유망고객 ㄹ. 잠재고객 ㅁ. 고객
④ ㄱ. 유망고객 ㄴ. 사용자 ㄷ. 옹호자   ㄹ. 잠재고객 ㅁ. 고객
⑤ ㄱ. 옹호자   ㄴ. 고객   ㄷ. 유망고객 ㄹ. 잠재고객 ㅁ. 사용자

44 다음과 같은 고객의 반응에 서비스 제공자는 어떤 태도로 임해야 하는가?

> 고객은 피트니스 센터 연간 이용권을 구입하기 위해 고객 센터를 방문하였다. 고객은 최종 결정을 앞두고 다음과 같이 이야기한다.
> "시설도 마음에 들고 운동을 해야 하기는 하는데… 제가 매번 가입만 하고 잘 이용하지 않아서 이번에는 좀 더 신중히 결정해야 할 것 같아 좀 주저하게 되네요. 이번에도 비용만 지불하고 이용하지 않으면 너무 아깝지 않을까요?"

① 고객의 불안은 의사 결정 이후에는 사라지므로 빠른 결정을 유도한다.
② 고객의 불안은 일시적이므로 시설과 운동의 필요성을 강조하는 편이 좋다.
③ 고객의 문제이므로 고객이 스스로 잘 결정할 수 있도록 기다리는 편이 최선이다.
④ 위의 반응은 피트니스 센터 고객들의 보편적인 불안 내용과 유사하므로 큰 문제가 없음을 강조하여 불안을 최소화한다.
⑤ 고객의 불안 요소를 무시하지 않고 공감대를 형성하여 고객과 함께 불안 요소를 해결하기 위한 방법을 모색하도록 한다.

통합형 6문항

[45~46] 결혼을 앞둔 예비 신랑인 김철수 씨는 예식장 예약을 수소문하던 중 두 군데의 예식장을 소개받았다. 두 예식장 홈페이지의 홍보 문구는 다음과 같았다. 읽고 물음에 답하시오.

〈A웨딩홀〉	〈B웨딩홀〉
• 15년 전통의 전문 웨딩홀 • 화려한 샹들리에와 우아한 좌석 • 넓은 로비라운지와 대기실 • 3호선과 2호선 환승역에 위치 • 일 인당 최소 3만 원부터 선택 가능한 경제적인 식사 메뉴 구성 • 두 시간의 넉넉한 예식 시간	• 올 봄 리모델링! 예식의 격조와 세련미가 넘칩니다. • 신부의 아름다움과 신랑의 패기를 돋보이게 하는 멋진 샹들리에와 화려한 조명이 예식의 품격을 높여줍니다. • 하객들의 마음을 넉넉하게 하는 넓은 로비 라운지와 대기 공간 • 지하철에서 바로 연결! 하객 초대를 좀 더 편안한 마음으로

45 A웨딩홀의 밑줄 친 부분은 장점 위주의 홍보 문구이다. 이를 고객 이점을 강화한 문장으로 가장 적절하게 표현한 것은?

① 타 웨딩홀보다 1.5배가 긴 예식시간
② 두 시간 동안 멋진 예식을 진행할 수 있습니다.
③ 타 웨딩홀에 비해 넉넉한 예식 시간을 드립니다
④ 쫓기거나 서두르지 않고 예식을 진행할 수 있습니다.
⑤ 인생의 단 한 번뿐인 축복의 자리! 신랑신부에게는 잊지 못할 추억을! 하객에게는 넉넉한 축하를 해 줄 수 있는 여유를 드립니다!

46 상기 두 웨딩홀의 홈페이지상의 홍보 문구를 특성, 장점, 이점의 형태로 구분하여 설명한 것으로 옳지 않은 것은?

① A웨딩홀의 '15년 전통의 전문 웨딩홀'은 고객이 해당 특성으로 어떤 혜택과 이점을 얻을 수 있는가를 설득하기 어렵다.
② B웨딩홀의 '지하철에서 바로 연결된다.'는 특성을 하객을 편안한 마음으로 초대할 수 있다는 이점으로 연결하여 표현하고 있다.
③ B웨딩홀의 '올 봄 리모델링! 예식의 격조와 세련미가 넘칩니다.'는 리모델링 공사를 격조와 세련미의 근거(증거)로 제시하고 있다.
④ B웨딩홀의 '하객들의 마음을 넉넉하게 하는 넓은 로비 라운지와 대기 공간'은 넓은 로비 라운지와 대기 공간이라는 특성을 안내함과 동시에, 하객들의 마음을 넉넉하게 한다는 이점과 연결하는 표현이다.
⑤ A, B웨딩홀의 두 번째 항목은 공통적으로 화려함, 우아함, 세련미 등으로 이점을 표현하고 있다.

[47~48] 패스트푸드 점포에서 일어난 아래 상황을 살펴보고 문제에 답하시오.

(점심시간이 조금 지난 한산한 패스트푸드 점포에서 고객과 나누는 대화의 내용이다.)

- 점원 : 손님 어떤 햄버거를 주문하시겠습니까?
- 고객 : A세트 메뉴 세 개 주십시오. 그런데 음료 대신 다른 품목으로 대체하면 안 되나요?
- 점원 : 그건 곤란합니다. 규정상 바꾸어 드릴 수가 없네요.
- 고객 : 그래도 세 세트나 구매하는데 한 품목이라도 바꾸어 주세요.
- 점원 : 어렵습니다.
- 고객 : 테이크아웃이기 때문에 음료 김빠져서 못 먹어요.
- 점원 : 그렇게 할 수 없어서 유감입니다.
- 고객 : 어떡하나, 여기서 음료수 3잔이나 먹을 수도 없고, 버리고 가자니 아깝고. 큰일이네!
- 점원 : 자, 어떻게 주문하실 겁니까?
- 고객 : 할 수 없지요. 그냥 그렇게 포장해 주세요.

47 고객이 요구하고 있는 서비스에 대해 점원이 적극적으로 대응할 수 있는 방법은?

① 회사 규정대로 대응한다.
② 주문을 빠르게 받아 업무 효율을 높인다.
③ 고객의 무리한 요구를 과감하게 거절한다.
④ 단골고객에게는 별도로 특별한 서비스를 제공한다.
⑤ 되도록이면 고객의 요청을 수용할 수 있는 방법이 있는지 알아본다.

48 다음 중 사례와 같이 서비스 접점에서 일정부분 권한이행이 필요한 사항은?

① 과도한 요구의 고객은 쫓아낸다.
② 할 수 없음의 당위성을 자세히 설명한다.
③ 고객이 자기주장을 포기하도록 유도한다.
④ Black Customer은 점포에 기록해 놓도록 한다.
⑤ 간단한 요구사항은 과감하게 받아들이고 책임도 스스로 진다.

[49~50] 다음은 ○○통신사의 고객 센터에서의 고객 불만 접수 상담 내용이다. 읽고 물음에 답하시오.

고객 : 인터넷을 신규로 가입했는데 계속 끊어지고 ARS로 고장 접수를 하려고 해도 전화 연결도 잘 안 되고요. 계속 단말기를 재부팅해야 하는데 불편해서 어떻게 사용하죠?

상담원 : 네... 고객님 죄송합니다. 인터넷 사용 중에 자꾸 끊어지시면 많이 불편하셨을 것 같은데 저희가 신속히 조치해 드리지 못해 죄송합니다. 게다가 전화 연결도 잘 안 되었으니 더 불편하셨을 것 같습니다.

고객 : 빨리 고쳐주시거나 해지해 주세요.

상담원 : 죄송합니다. 빠르게 조치할 수 있도록 방법을 찾아 보겠습니다.

고객 : ARS는 정말 문제가 많은 것 같아요. 고장 접수는 고객이 불편한 상황인데 계속 안내 멘트만 나오면 어떡합니까?

상담원 : 죄송합니다. 말씀하신 것처럼 고장 접수만큼은 가장 신속하게 처리될 수 있어야 하죠. 이 부분에 대해서 개선점을 찾아보겠습니다. 문제점을 지적해 주셔서 감사합니다. 우선 고장 관련 문제는 오늘 가장 가까운 기사님께서 30분 이내에 전화 드리고 두 시간 내에 찾아뵙게 해드릴 것입니다. 특별히 고객님 상황을 기사님께도 전달해서 빠르게 서비스받으실 수 있도록 해두겠습니다.

고객 : 알겠습니다.

상담원 : 고객님 다시 한번 죄송하다는 말씀을 드리고 우선 이후 인터넷 서비스에 동일한 문제가 재발하지 않는지에 대해 저희가 기사님 방문 이후에 점검을 위해 확인 전화를 다시 한번 드리겠습니다. ARS를 이용하시지 않더라도 혹시 그때 문제가 있으시면 저희에게 바로 말씀하실 수 있도록 하기 위해서입니다. 괜찮으시겠습니까?

고객 : 네 그렇게 알겠습니다.

상담원 : (   )

49 위의 상담원의 고객 불만의 처리 과정에 대한 내용으로 적절하지 않은 것은?

① 고객의 불만 사항에 대해 정중한 사과와 경청과 공감을 통해 적절히 응대하였다.
② 고객이 제시한 불만과 문제점 제시에 대해 감사의 표현을 하여 고객 존중을 극대화하였다.
③ 상담원이 직접 수행할 수 없는 서비스 품질 개선에 대해 언급하는 것은 적절치 않은 대응이다.
④ 불만 사항의 처리에 대한 사후 확인 절차를 안내하여 고객 불만의 확대를 사전에 예방하고자 했다.
⑤ 사과와 함께 신속하게 해결 방안을 찾아서 안내하고 고객에게 특별한 조치를 시행하였음을 알려, 최선의 지원을 하고 있음을 표현하였다.

50 고객 불만 처리 과정의 응대 마무리인 괄호 안에 들어갈 수 있는 응대 화법으로 적절하지 않은 것은?

① 고객님께서 말씀해 주신 사항이 사실인지 확인 후 사실이라면 조치해 드리겠습니다.
② 다시 한번 죄송하다는 말씀 드리고 같은 불편을 또 다시 겪지 않으실 수 있게 최선을 다해 조치하도록 하겠습니다.
③ 이해해 주셔서 감사합니다. 최대한 불편하신 점을 빠르게 조치하도록 하겠습니다. 혹시 그 밖에 다른 불편 사항은 없으십니까?
④ 감사합니다. 그리고 오늘 말씀 주신 ARS 건에 대해서는 저희 회사 서비스 품질 개선에 반영하여 원인을 찾아서 재발되지 않도록 조치하겠습니다.
⑤ 감사합니다. 저는 상담원 ○○○이었습니다. 혹시 조치 사항이 제대로 이행되지 않으시면 제 직통전화 ○○○-○○○○으로 직접 전화 주시면 제가 직접 빠르게 해결해 드리겠습니다.

제1회 정답 및 해설

SMAT Module B

1	②	2	④	3	⑤	4	③	5	③	6	③	7	⑤	8	①	9	②	10	⑤
11	③	12	⑤	13	③	14	④	15	④	16	④	17	④	18	⑤	19	⑤	20	①
21	②	22	③	23	①	24	⑤	25	②	26	②	27	②	28	①	29	②	30	④
31	⑤	32	①	33	③	34	②	35	⑤	36	③	37	①	38	④	39	④	40	③
41	②	42	⑤	43	③	44	⑤	45	②	46	⑤	47	②	48	②	49	⑤	50	③

01 ① 불안한 고객은 결정을 내리기 힘든 상태이므로, 강요하면 구매를 포기할 가능성도 있다.
③ 고객이 느끼는 불안이 구매결정에 중요한 부분이므로, 서비스 세일즈맨은 그 부분을 중요하게 받아들이고 최대한 불안을 해소하기 위해 노력해야 한다.
④ 고객은 원하는 제품을 원하는 형태로 구매하고자 하기 때문에 이 심리를 잘 맞추어 고객이 원하는 것을 제공하는 데 가장 힘써야 한다.
⑤ 고객만이 결과에 대한 불안을 해결할 수 있으므로, 고객들이 자신들 스스로 두려움을 해결할 수 있도록 고객이 불안을 해소할 수 있는 조건을 마련해서 제공해야 한다.

02 ④ 관성적(편의적) 로열티
①·② 가격 로열티
③ 독과점적 로열티
⑤ 인센티브 로열티

03 교차 판매의 가능성은 높아지며, 고객 가치를 쉽게 파악하여 판촉 효율을 증가시킬 수 있다.

04 성의 없는 고객서비스, 불성실한 최저가격 보장정책, 이름뿐인 고객중심 정책 등은 고객 서비스에 대한 오만에 해당한다. 기업들은 자사의 서비스 및 제품의 수준이 실제 고객이 인지하는 수준과 차이가 존재한다는 사실에 주목해야 한다.

05 VOC는 인터뷰, 설문 등을 통해 고객이 직접 응답한 자료 외에도 SNS, 블로그, 카페, 주요 언론의 댓글, 계약취소, 반품 등에서 자료를 수집할 수 있다.

06 인적상호작용과 달리 서비스를 바꾸지 않는다.

07 고객을 차별 없이 공정하게 대해야 한다.

08 **SMART 기법**
- S(Specific) : 구체적
- M(Measurable) : 측정가능한
- A(Achievable, Action-oriented) : 달성가능한, 행동지향적인
- R(Realistic, Result-oriented) : 현실적, 결과지향적인
- T(Time Specific, Time-bound) : 주어진 기한, 시간제한적인

09 ② 타 기업에서 자신과 유사한 업무를 하는 다른 사람과의 공정성 비교이다.
① 회사 내에서 자신과 유사한 업무를 하는 다른 사람과의 공정성 비교이다.
③ 자신의 처우가 결정되는 과정(절차)에 대한 공정성 개념이다.
④ 공정성 개념이 아니다.
⑤ 회사 내에서 다른 사람(연령, 직무수행능력 등)과의 공정성 비교이다.

10 성인학습자의 사회적 특성에 해당하는 내용이다.

11 ① 카운슬링은 과거와 현재에 초점을 맞추고, 코칭은 현재와 미래에 초점을 맞춘다.
② 코칭은 감정적인 문제를 치료하기보다 현재 사실적인 행동을 치료하는 데에 목적이 있다. 주로 정신적으로 건강한 사람이 대상이 된다.
④ 멘토링에 비해 코칭은 1:1 수평적 관계를 유지한다.
⑤ 코칭은 전문적 지식에 의존하지 않고 문제를 해결하기 위한 답을 제시해준다.

12 서비스 세일즈는 판매 전, 판매 중, 판매 후에 모두 행해진다.

13 가격이 비싸다고 할 때는 우선 고객의 말을 인정한다. 이후 할인 정책을 설명하기보다는 다른 제품과의 차이점을 설명하여 해당 제품의 기능이 돋보일 수 있도록 한다.

14 고객의 중요한 기준을 중요하지 않다고 설득할 시 대부분 서비스 실패로 끝나게 되며, 오히려 고객의 기준을 강화하는 결과를 초래한다.

15 고객에게 주는 이점에 해당한다. 서비스 제공 단계의 간소화가 기업에게 주는 이점이다.

16 ④ DB마케팅에 대한 설명이다.

17 **CRM의 실패 원인**
- CRM을 기술에 기반한 것이라 판단
- 고객중심 사고의 부족
- 고객생애가치에 대한 이해 불충분
- 최고경영자층의 적절치 못한 지원
- 관련 사업부서 간 협업의 부족
- 비즈니스과정 재설계의 실패
- 데이터통합의 과소평가

18 해피콜은 고객이 서비스를 이용하면 고객에게 전화를 걸어 만족도를 체크하는 등 고객만족 증진을 목적으로 진행되는 마케팅이다. 해피콜을 통해 예약을 확인해주는 등의 서비스는 좋은 서비스에 해당하므로 컴플레인 발생 원인이 아니다.

19 스스로 가장 뛰어난 고객 서비스를 제공하고 있다는 생각은 기업들의 오만이다. 이러한 오만을 버리고 자신들이 생각하는 자사의 제품과 실제로 고객들이 인지하는 수준 간의 차이가 존재한다는 사실에 주목해야 한다.

20 **MTP 기법**
Man(사람), Time(시간), Place(장소)를 바꾸어 컴플레인을 처리하는 기법이다.
② 고객에게 계속적으로 설명을 하기보다는 사람, 시간 혹은 장소를 바꾸어 고객이 진정할 수 있도록 잠시 휴지를 주는 것이 필요하다.
③·④ 담당직원보다 직급이 높은 책임자가 개입하여 응대하게 되면 컴플레인 처리가 보다 매끄러워진다.
⑤ 차분하게 이야기를 나눌 수 있는 곳으로 장소를 바꾸어 컴플레인을 처리한다.

21 ① 서비스의 무형성을 극복하도록 도움을 준다.
③ 서비스 기업에 대한 충성도에 직접적인 영향을 미치지 않는다.
④ 바람직한 물리적 환경은 내부직원의 생산성, 직무만족 등에 긍정적인 영향을 미친다.
⑤ 서비스 기업의 분위기에 영향을 미치며, 고객의 구매결정에도 영향을 미친다.

22 ①·④ 에이전트에 대한 설명이다.
② 판매에이전트는 여행, 보험, 금융 서비스 등의 다양한 서비스 공급자를 대행한다.
⑤ 브로커에 대한 설명이다.

23 ②·③·⑤ 신입사원 교육훈련에 대한 설명이다.
④ 작업자 교육훈련에 대한 설명이다.

24 ⑤ 개인수준의 임파워먼트에 대한 설명이다.

25 서비스의 전체적인 만족도는 MOT 각각의 곱에 의해 결정된다.

26 불량고객이 아니라 최적의 고객을 찾아내기 위한 것이다.

27 불만족을 경험한 고객은 주변인들에게 불만을 확산하여 평판에 영향을 미치게 되므로 잠재고객의 상실이 발생할 수 있다.

28 서비스는 눈에 보이지 않기 때문에 물리적 증거를 통해 기업과 서비스 품질을 고객에게 전하려 한다.

29 매슬로의 욕구단계이론 중 가장 상위 욕구는 자아실현욕구이다.
매슬로(Maslow)의 욕구단계이론
• 1단계 : 생리적 욕구
• 2단계 : 안전욕구
• 3단계 : 사회적 욕구
• 4단계 : 존경욕구
• 5단계 : 자아실현욕구

30 MTP 기법
Man(사람), Time(시간), Place(장소)를 바꾸어 컴플레인을 처리하는 방법

31 ERG 이론
알더퍼가 매슬로의 욕구단계이론이 직면한 문제점들을 극복하고자 실증적인 연구에 기반을 두어 제시한 수정이론
• E : Existence(존재욕구)
• R : Relatedness(관계욕구)
• G : Growth(성장욕구)

32 불만고객의 컴플레인 내용을 분석하여 새로운 제품, 서비스, 마케팅 등 회복 개선의 기회를 가질 수 있다.

33 본부(프랜차이저)가 서비스, 등록상표, 운영방식, 지속적인 경영지도 등 사업에 필요한 모든 요소를 가맹점(프랜차이지)에게 제공하는 프랜차이징 형태를 사업 형태 프랜차이징이라 한다.

34 역할에 따른 코치의 종류
- 후원자 : 직원들이 개인적인 성장과 경력상 목표를 달성하는 데 도움이 되는 업무가 무엇인지 결정하는 것을 돕는 사람
- 멘토 : 어떤 분야에서 존경받는 조언자이며, 기업의 정치적 역학관계에 대처하는 방법 및 영향력을 행사해서 파워를 형성하는 방법을 아는 사람
- 평가자 : 특정한 상황하에서 직원의 성과를 관찰하여 적절한 피드백이나 지원을 하기로 직원과 약속한 사람
- 롤모델 : 맡은 바를 행동으로 보여주는 역할을 수행하며, 직원들의 기업문화에 적합한 리더십 유형을 제시하는 사람
- 교사 : 직원들이 자신의 업무를 효과적으로 수행할 수 있도록 업무상 비전, 전략, 서비스 및 제품, 고객 등에 관한 정보를 제공하는 사람

35 저돌적인 고객은 본인의 생각만이 유일한 답이라고 생각하는 경향이 있으므로, 사무장이 자신의 법률적 지식이 부족하지 않음을 선보일수록 흥분하는 모습을 보일 것이다. 따라서 고객 스스로 감정조절을 할 수 있도록 유도하는 것이 중요하다.

36 세일즈 7단계 프로세스
- 잠재고객 발굴하기 : 세일즈를 하기 위해서는 고객분류를 이해하고 잠재고객을 발굴하여 다양한 방법을 통해 고객을 개발할 필요가 있다.
- 고객에게 다가가기 : 잠재고객을 발굴한 후에는 고객에게 친밀도를 높여 다가간다.
- 니즈 파악 : 고객의 말에 경청하고 숨은 니즈를 파악하기 위한 질문기법들을 활용한다.
- 상품 설명하기 : 상품 설명을 하는 상황에도 다양한 설득방법과 화법 등이 필요하므로 적절하게 활용한다.
- 반론 극복하기 : 고객들의 이견에 대해 서비스 세일즈맨이 당면하는 반론·저항에는 어떠한 것들이 있는지 알아두고 이에 적절한 자세를 취한다.
- 상담 마무리하기 : 서비스 세일즈를 위한 모든 단계를 마무리할 때에도 이에 적절한 세일즈 기법들이 있으므로 성공적인 세일즈를 위한 노하우를 잘 익혀둔다.
- 고객과의 관계 유지하기 : 구매고객에 대한 지속적 관심과 연락을 통해 네트워크 및 고객과의 관계를 유지해야 한다.

37 보기에는 불만고객들의 컴플레인에 관한 내용이 언급되지 않았다.

38 구조적인 문제는 해결이 어렵지만 문제를 해결해 줄 때까지 기다리기만 하는 것은 올바른 대응 방법이 아니다.

39 상황을 모면하고자 한 과장된 약속은 이후 문제가 해결되지 못할 시 더욱 큰 컴플레인으로 번질 수 있다.

40 고객은 상담자에 의해 구매결정을 하는 것보다 스스로 구매결정을 내리는 것을 선호한다.

41 A는 기업비전에 관련된 프로젝트를 실시해 본 적이 없는 상황이므로, 조직가치와 관련된 프로젝트 성공 경험이 많은 B에 의존하게 된다. 이때 파워원천은 조직가치 프로젝트 수행 제공능력이다.

42 나·다. 신중하고 꼼꼼한 유형의 고객에 대한 응대요령이다.

43 복수 서비스 전략은 기존 서비스에 새로운 서비스를 추가하는 것이다. A, C, D 모두 기존의 서비스 외에 새로운 서비스를 추가하였으므로 복수 서비스 전략에 해당한다.

44 역할연기법을 사용하면 실습에 의한 학습을 강조할 수 있으며, 훈련의 결과를 즉시 알 수 있다. 또한 피훈련자들의 관심과 몰입이 높다.

45 이중질문은 혼란을 야기할 수 있는 질문법으로, 보기에서는 사용되고 있지 않다.

46 고객이 자신의 관심사를 말하지 않거나 관심사를 정확히 설명하지 못하는 경우 경청보다는 적절한 질문을 통해 고객의 욕구를 파악하는 것이 좋다.

47 해당 사례에서 고객 서비스가 실패하게 된 원인은 고객 감정에 대한 공감 및 배려의 부족이다.

48 고객의 컴플레인이 더욱 거세지는 대응 중 하나이다.

49 대리점주는 중간상에 해당하며 중간상을 통한 서비스 유통채널 관리의 이슈는 일관성과 통일된 품질 통제에 있다.

50 일종의 통제 전략에 해당하며, 본사의 강력한 파워를 활용하는 것이다.

제2회 정답 및 해설

SMAT Module B

1	④	2	④	3	⑤	4	⑤	5	②	6	⑤	7	④	8	①	9	③	10	①
11	④	12	⑤	13	⑤	14	③	15	③	16	⑤	17	①	18	④	19	④	20	④
21	④	22	②	23	④	24	②	25	②	26	②	27	②	28	①	29	①	30	⑤
31	④	32	③	33	①	34	②	35	③	36	⑤	37	②	38	③	39	②	40	⑤
41	③	42	③	43	③	44	⑤	45	⑤	46	⑤	47	⑤	48	⑤	49	③	50	①

01 고객의 주장을 경청하면서 공감하고 고객의 입장을 탐색하면서 파악한다.

02 ① 전문가적인 고객
② 같은 말을 장시간 되풀이하는 고객
③·⑤ 빈정거리는 고객

03 학연, 지연, 업종 등 공통 관심사로 흥미를 유도하여 친구가 되는 것이 좋다

04 CRM은 회사의 내부 목표, 수익 증대, 영업생산성 향상, 영업 프로세스 개선 등에 도움이 되도록 설계되어야 하며 고객이나 자사의 영업사원도 동시에 고려되어야 한다.

05 서비스 실패의 체계적인 분석을 위해서는 서비스 제공 과정의 실패와 서비스 제공 결과의 실패 모두를 분석해야 한다.

06 고객의 이야기를 경청하는 것은 고객의 만족도를 높인다.

07 ①·②·③·⑤ 고객 측에서 발생하는 서비스 실패 원인이다.

08 모든 임원들이 VOC를 이용할 수 있다.

09 ① 복수 점포 전략은 전문적인 서비스에 적합하다.
② 멀티마케팅의 중요한 다양화 대상에는 서비스, 점포, 표적시장 등이 포함된다.
④ 필요한 경우 멀티마케팅 전략에 포함된 다양한 전략을 혼합하는 것이 필요하다.
⑤ 복수 점포 전략이 아닌 복수 시장 전략이 적합하다.

10 특정 산업군이 아닌 이상 복수의 채널을 고려하여야 한다.

11 코치의 분야가 아닌 문제를 해결하거나 지원을 얻기 위해서는 피코치와 코치가 파트너가 되어 해결방안을 함께 모색하여야 한다.

12 ⑤ 직장 외 교육훈련(Off-JT ; Off the Job Training)의 장점에 해당한다.

13 광고의 마모효과(Advertising Wear-out)
인간의 어떤 측면이 다량의 노출에 싫증을 느끼는 것으로, 광고를 많이 반복하여 노출하게 되면 오히려 주의와 유지를 감소시키는 것을 말한다.

14 ① 고객접점에 있는 서비스 요원들에게 권한을 위임하여야 한다.
② 명찰패용은 서비스 기업의 특성상 허용될 수 있다.
④ 서비스 요원에게 권한을 위임하여 서비스가 순발력 있게 제공될 수 있어야 한다. 고객은 서비스 요원이 상사에게 결재받는 시간을 기다려주지 않는다.
⑤ 곱셈의 법칙에 의하여 각 서비스 중 어느 하나라도 고객의 마음에 들지 않는다면 전체 서비스는 제로(0)가 된다.

15 ① 니즈 파악하기(Needs Grasp) 단계이다.
②·⑤ 상품 설명하기(Presentation) 단계이다.
④ 잠재고객 발굴하기(Prospecting) 단계이다.

16 고정고객이 확보되어 있더라도 신규고객 확보를 위한 추가적인 노력이 필요하다.

17 감성적 경험은 기업이 제공하는 물리적 경험에서 동시에 발생하는 것으로 감성적인 반응을 말한다.

18 기업 ↔ 고객, 기업 ↔ 종업원의 관계는 경제적 교환관계에 해당한다. 종업원 ↔ 고객의 관계가 사회적 교환관계에 해당한다.

19 불만고객 응대 후 자기관리
- 자기만족을 가져라.
- 자신에게 보상하라.
- 스트레스 등 부정적 기억은 지워라.
- 자신을 객관적으로 들여다보라.

20 VOC 정보는 수집 이후 자료의 목적과 범위에 맞게 분류하여 전략에 반영할 수 있다.

21
- 절차적 상황에 대한 컴플레인 : 회원가입 절차, 구매 절차 등
- 금전적 상황에 대한 컴플레인 : 결제조건, 멤버십 유무에 따른 금전적 부담, 우대사항 등

22 원만한 유통채널관리를 위해서는 적절한 유통파트너의 선정과 서로 긴밀한 관계를 유지함으로써 상생의 모습을 보여야 한다.

23
- 전통적 서비스 유통경로 : 직영점(다이렉트 채널)
- 중간상을 이용한 서비스 유통경로 : 프랜차이징, 에이전트, 브로커, 전자채널

24 코치는 업무성과와 인간관계의 균형과 조화를 갖추어 코칭해야 한다.

25 소비자가 저관여 상황에서 구매의사를 결정하기 위해 시간이 필요한 경우, 주변 색상은 따뜻한 색이 적절하다. 따뜻한 색은 빠른 의사결정, 충동구매 등을 유도한다.

26 미스터리 쇼퍼는 손님인 척 가장하여 매장이나 상품의 서비스를 체크하는 것으로, 직접적으로 고객의 소리를 청취하는 방법은 아니다.

27 MOT(Moment of Truth)의 법칙 중 하나인 곱셈의 법칙은 어느 한 항목에서 0점을 받으면 전체적인 서비스가 0이 된다는 법칙이다.

28 모든 접점에서 고객에게 형성되는 다양한 경험은 제품·서비스에 대한 고객의 인식을 형성하고, 고객의 구매의사결정에 직접적인 영향을 미친다.

29 직원만족은 고품질의 서비스로 이어지며, 이러한 고품질의 서비스는 바로 고객만족과 직결된다.

30 피코치의 잠재력을 끌어올리는 질문스킬
- 특정질문 → 확대질문
- 과거질문 → 미래질문
- 부정질문 → 긍정질문
- 폐쇄형질문 → 개방형질문

31 탈중간상화(Disintermediation)
인터넷을 통한 유통경로가 구성됨에 따라 기업과 고객은 모두 중간상을 배제하고 싶은 욕구를 갖는데, 이를 탈중간상화라고 한다.

32 고객관계관리(CRM ; Customer Relationship Management)에 대한 설명이다.

33 해피콜은 고객과의 원만한 인간관계를 지속적으로 유지함으로써 고객관리가 수월해지는 장점이 있다.

34 라포(Rapport)에 대한 설명이다. 라포 형성의 5가지 요소에는 태도, 보디랭귀지, 목소리, 대화의 기술, 고객의 감각요소가 있다.

35
- 상황질문 : 배경사실과 자료를 수집하는 질문
- 문제질문 : 고객의 문제, 어려움, 불만 등을 밝혀내는 질문
- 확대질문(시사질문, 문제확대질문, 해결확대질문) : 고객의 문제의 시사점이나 그것이 야기하는 결과를 탐색하는 질문
- 해결질문 : 문제 해결의 가치나 유용성을 탐색하는 질문

36 충성고객의 긍정적 입소문이나 추천행위로 기업의 제품이나 서비스를 구매하게 되어, 마케팅이나 영업활동의 전개 없이 확보된 신규고객의 가치이다.

37 회원제는 회원들의 정보수집과 활용이 가능해서 밀착관리가 가능하다. 타사에 비해 제품력이 좋다면 재구매율을 높이는 것이 어렵지 않다.

38 서비스 실패는 고객 측 원인보다 기업 측 원인이 훨씬 많지만 고객 측 원인도 무시할 수 없다. 고객 측 원인 중에서 거래 중단과 바꾸려는 심리로 의도적인 불만 제기를 하게 되면 담당 직원은 매우 난감해진다. 또한 구매 전의 지나친 기대나 자신의 기억 착오로 직원과 마찰이 생겨서 서비스가 나쁘다고 하는 경우도 의외로 많다.

39 서비스가 실패한 상황에서 서비스 회복 활동이 성공할 경우에는 서비스가 처음부터 성공적으로 전달된 경우보다 전체적인 고객충성도가 더욱 높아진다. 서비스 회복 활동을 통해 회사의 경쟁우위확보가 가능하므로, 신경을 써야 한다.

40 서비스의 시작은 잘못된 부분을 인정하고 모두에게 알리는 용기에서부터 출발함을 인지해야 한다. 보상보다 자성하려는 태도가 훨씬 더 강력한 서비스 전략이다.

41 **GROW 코칭모델**
- Goal(목표) : 목표설정, 코칭주제 설정
- Reality(현실) : 현실점검, 변화를 위한 현재위치 파악
- Option(선택) : 목표 달성을 위한 구체적인 세부방법 삭성
- Will / Wrap-up(의지 / 결론) : 미래지향적 의지와 결론 도출

42 단순한 예금·인출과 같은 은행서비스는 소비자가 많은 시간과 노력을 소비하려고 하지 않는 사진현상, 우편배달 등과 같은 서비스 종류이다. 이를 편의서비스라고 하며, 이러한 편의서비스에는 개방적 유통전략이 적합하다.

43
- 옹호자 : 브랜드 충성도가 가장 높으며, 기업의 매출 비중에서 핵심적인 비율을 차지하는 사람들
- 사용자 : 자사의 상품·서비스를 최소 한 번 이상 구매하였으며 할인쿠폰, 판촉, 경영대회 등에 참가한 사람들로 각종 제안을 통해 반복구매를 유도할 필요가 있는 계층
- 유망고객 : 가까운 장래에 서비스·상품을 구매할 것이 어느 정도 확실한 사람들
- 잠재고객 : 고객이 될 가능성이 높은 사람들
- 고객 : 동일한 브랜드를 반복구매하는 사람들

44 고객의 불안을 존중하고 함께 공유하여 해결해나가는 것이 좋다.

45 고객의 입장에서 어떤 이점을 얻을 수 있을지를 한눈에 볼 수 있게 표현하였다.

46 화려함, 우아함, 세련미 등은 장점에 해당한다. 이점은 B웨딩홀의 신부의 아름다움과 신랑의 패기를 돋보이게 하는 등으로 발전되어야 한다.

47 고객 접점에서는 반드시 회사의 규정대로만 대응할 수는 없다. 융통성을 발휘하여 되도록 고객의 요청을 수용하는 것이 중요하다.

48 서비스 현장에서 필요한 작은 부분은 과감하게 권한을 이행받아 시행하고 책임도 스스로 떠안는 적극적인 서비스 실행이 요구된다.

49 고객 불만 처리의 이상적인 모습으로 본 사례를 관련 부서 등에 공유하고 재발을 방지하는 것은 매우 중요한 불만 처리 프로세스의 일부이다.

50 사실 확인에 대한 응대는 고객에게 의심의 메시지로 전달되므로 피해야 한다.

계속 갈망하라.
언제나 우직하게.

– 스티브 잡스 –

SMAT 모듈 B
| 서비스 마케팅·세일즈 |
합격노트

실제경향 모의고사

※ SMAT은 문제은행 형식의 시험으로 기출문제 대신 샘플문제가 공개됩니다.
본 문제는 KPC(한국생산성본부) 자격 홈페이지에서도 확인하실 수 있습니다.

Study Diary

1일차	2일차	3일차	4일차	5일차	6일차	7일차
☺	☺	☺	☺	☺	☺	☺
학습진도	학습진도	학습진도	학습진도	학습진도	학습진도	학습진도
p ~ p	p ~ p	p ~ p	p ~ p	p ~ p	p ~ p	p ~ p

8일차	9일차	10일차	11일차	12일차	13일차	14일차
☺	☺	☺	☺	☺	☺	☺
학습진도	학습진도	학습진도	학습진도	학습진도	학습진도	학습진도
p ~ p	p ~ p	p ~ p	p ~ p	p ~ p	p ~ p	p ~ p

계획했던 학습을 완벽하게 완료하였다면 ☺
학습은 하였으나 미비했다면 ☺
학습을 미루었다면 ☺ 색으로 칠해보세요!

2025
유튜브 선생님에게 배우는

유선배

SMAT 모듈B
| 서비스 마케팅·세일즈 |
합격노트

시대에듀

머리말

2025 시대에듀 유선배 SMAT Module B 서비스 마케팅·세일즈 합격노트

'경영'은 '일정한 목적을 달성하기 위하여 인적·물적 자원을 결합한 조직, 또는 그 활동'을 의미합니다. 조직이 정한 목적과 목표를 달성하기 위해 해야 하는 노력은 먼저 모든 직원이 자신이 맡은 업무의 본질을 파악하는 것입니다. 내부적으로는 한 사람 한 사람이 각 직무의 전문성을 발휘하여 목표한 바를 이루는 것이며, 외부적으로는 변화하는 시장에 맞서 대응하는 모든 과정일 것입니다.

다양한 사람들이 모여 하나의 목표를 두고 일을 해나갈 때, 개인의 목표와 상황이 조직의 목표와 맞아 최선의 에너지를 쏟아 주면 조직 입장에서는 참 감사한 일입니다. 그러나 개인의 목표가 조직의 목표와 상이한 조직원, 업무를 대하는 태도·성향이 다른 조직원, 그 조직원들 간의 갈등으로 인한 경쟁과 업무 성과의 저조 등 여러 변수가 존재하는 것이 현실의 조직입니다.

서비스 산업 현장에서는 고객을 대응하는 직원의 업무 만족도, 목표가 곧 서비스업무의 질적 표현으로 나타납니다. 조직에서는 직원을 '내부고객'으로 간주하며, 이들의 업무 역량이 최선으로 발휘되어 첫 구매고객이 결국에는 충성고객이 되어 세월 속에서 함께 성장하고 살아나가는 것을 가장 바람직한 모형으로 생각합니다. '서비스'라는 무형성, 소멸성, 이질성, 동시성 등의 특징을 가진 까다로운 산업을 다루는 과정에서 전문화된 직원의 능력은 매우 중요한 일입니다.

서비스를 마케팅·세일즈하기 위해서는 중간관리자의 노련한 업무 스킬이 필요하며, 중간관리자는 고객과의 관계를 관리하고, 조직에 유입된 고객의 소리(VOC)와 컴플레인을 관리하며, 직원들을 교육·훈련·동기부여하는 중대한 업무를 전문적으로 수행해야 합니다. B모듈은 경영조직에 있어 중간관리자의 필수 업무역량을 기르기 위한 과목들로 구성되어 있고 특히 인적서비스가 주된 산업에서는 중간관리자의 역량이 조직의 분위기, 성과와 직결되기에 관리자 자격으로 이름을 붙이고 있습니다.

합격의 공식 **Formula of pass** | 시대에듀 **www.sdedu.co.kr**

고객을 대응하는 기초능력을 A모듈에서 습득하셨다면, B모듈은 다양한 직원들을 하나로 조직화하는 중간 리더로서의 역량, 다양한 고객들을 대응할 때 발휘할 수 있는 전문성 등을 평가하기 위한 모듈이라는 점을 기억하고 학습하신다면 합격에 도움이 되시리라 봅니다.

여러분의 합격을 기원하며

한국서비스경영연구소 SMAT 전문 연구원 일동

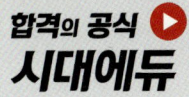

자격증·공무원·금융/보험·면허증·언어/외국어·검정고시/독학사·기업체/취업
이 시대의 모든 합격! 시대에듀에서 합격하세요!
www.youtube.com ➡ **시대에듀** ➡ **구독**

SMAT 시험안내

INFORMATION

2025 시대에듀 유선배 SMAT Module B 서비스 마케팅·세일즈 합격노트

◻ SMAT(서비스경영자격)이란?

서비스경영능력시험이라고도 하며 급증하는 인력수요를 보이는 서비스 산업의 핵심 성공요인을 선별하여, 서비스 직무의 현업 지식 및 역량을 평가하는 실무형 국가공인 자격시험

◻ 시행처

- 주무부처 : 산업통상자원부
- 주관/시행 : 한국생산성본부

◻ 응시자격 및 대상

자격	제한 없음
대상	• 서비스 산업의 관리자 및 기업(관) 실무 종사자 • 비즈니스 기초 소양을 쌓기 위한 예비 직장인 • 서비스 관련 학과 대학생, 교직원 및 특성화고 재학생

◻ 활용내용

- 기업(관) 신입사원 채용, 내부직원 교육 등 자체 HR 기준으로 SMAT 채택
- 산업별 대표협회 채택, 회원사 재직자 인사고과 반영 및 교육과정 개설
- 대학교 내 학점반영 및 직무역량 특강 개설
- 특성화고의 교육특강 및 자격취득 과정 개설

시험일정

- SMAT 시험은 짝수달 둘째 주 토요일 및 5·11월 넷째 주 토요일에 시행합니다(연 8회).
- 시험일정은 시행처의 사정에 따라 변경될 수 있습니다.
- 2025년 시험일정은 반드시 시행처 홈페이지(license.kpc.or.kr)를 확인하시기 바랍니다.

시험시간

국가공인 SMAT (서비스경영자격)	1교시	2교시	3교시
모듈 A 비즈니스 커뮤니케이션	09:00~10:10 (70분)	-	-
모듈 B 서비스 마케팅·세일즈	-	10:30~11:40 (70분)	-
모듈 C 서비스 운영전략	-	-	12:00~13:10 (70분)

시험접수 방법

- 온라인 접수 : 한국생산성본부 홈페이지(license.kpc.or.kr)
- 방문 접수 : KPC 자격지역센터 사전 연락 후 내방

응시료

1개 Module	2개 Module	3개 Module
20,000원	36,000원	50,000원

※ 부가가치세 포함 및 결제대행 수수료는 별도입니다.
※ 회차당 2개 이상 모듈 동시 응시 가능하며, 부분 과목의 취소는 불가합니다.

SMAT 시험안내
INFORMATION

2025 시대에듀 유선배 SMAT Module B 서비스 마케팅·세일즈 합격노트

🔲 평가체계

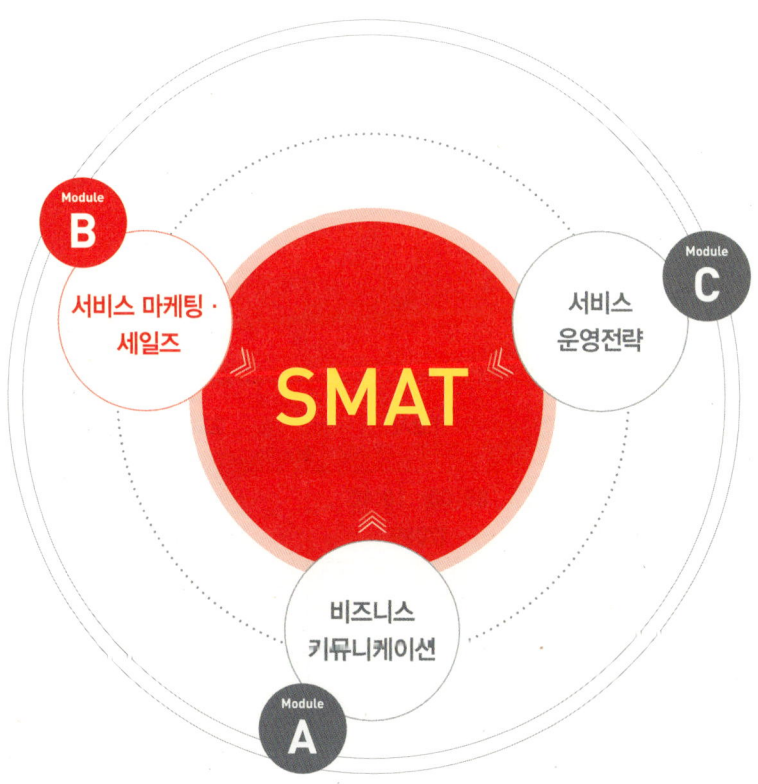

🔲 검정목표

Module A	현장 커뮤니케이션 실무자	고객 접점에서 올바른 비즈니스 매너와 이미지를 바탕으로 고객의 심리를 이해하고, 고객과 소통할 수 있는 현장 커뮤니케이션 실무자 양성
Module B	서비스 마케팅 관리자	서비스 현장에서 고객관계관리(CRM), 고객경험관리(CEM) 및 컴플레인 처리 기술을 바탕으로, 서비스 유통관리와 내부 코칭/멘토링을 통하여 세일즈를 높일 수 있는 마케팅 관리자 양성
Module C	서비스 운영전략 관리자	고객만족경영과 서비스 인적자원관리에 대한 이해를 바탕으로, 우수한 서비스 프로세스를 설계하고 공급 및 수요를 관리할 수 있는 서비스 운영전략 관리자 양성

등급부여 기준

※ SMAT(서비스경영자격)은 각 모듈별로 응시할 수 있으며, 합격한 모듈에 따라 자격등급을 부여합니다.
※ A모듈의 우선 취득을 권장합니다. B 또는 C모듈을 먼저 취득 시, A모듈을 취득해야 자격이 부여됩니다.

학점 인정 | 서비스경영분야 최대 학점 인정

등 급	학 점
1급(컨설턴트)	10학점
2급(관리자)	6학점

※ SMAT 1급 : 전문학사(경영, 관광경영), 학사(경영학, 관광경영학, 호텔경영학)일 경우, 전공필수 학점으로 인정
※ SMAT 2급 : 전문학사(경영, 관광경영)일 경우, 전공필수 학점으로 인정
※ 위에 제시된 전공이 아닐 경우, 일반선택 학점으로 인정

문제형식 및 합격기준 | 각 모듈별

문제형식	• PBT방식으로 진행 • 70분간 총 50문항(각 2점, 총 100점) • 5개 유형으로 복합출제(일반형, O/X형, 연결형, 사례형, 통합형)
합격기준	100점 만점 중 총 70점 이상 합격

※ 과목별 문항수는 모듈별로 10% 이내에서 변동될 수 있습니다.

SMAT 시험안내
INFORMATION

2025 시대에듀 유선배 SMAT Module B 서비스 마케팅·세일즈 합격노트

🔷 모듈별 서비스 체계도

SMAT 모듈 B는 중간관리자로서의 서비스 접점 직원들이 최고의 서비스가 제공될 수 있도록 직원을 돕는 중간 리더로서의 역할, 매출·성과를 표면화할 수 있는 주인의식을 가진 중간관리자, CEO나 최고관리자의 목표와 자신의 목표를 맞춰 조정할 수 있는 팔로워로서의 충성심과 조직관리 능력 등이 요구되는 핵심인재로의 출발과 미래의 리더를 만들어가는 과정이다.

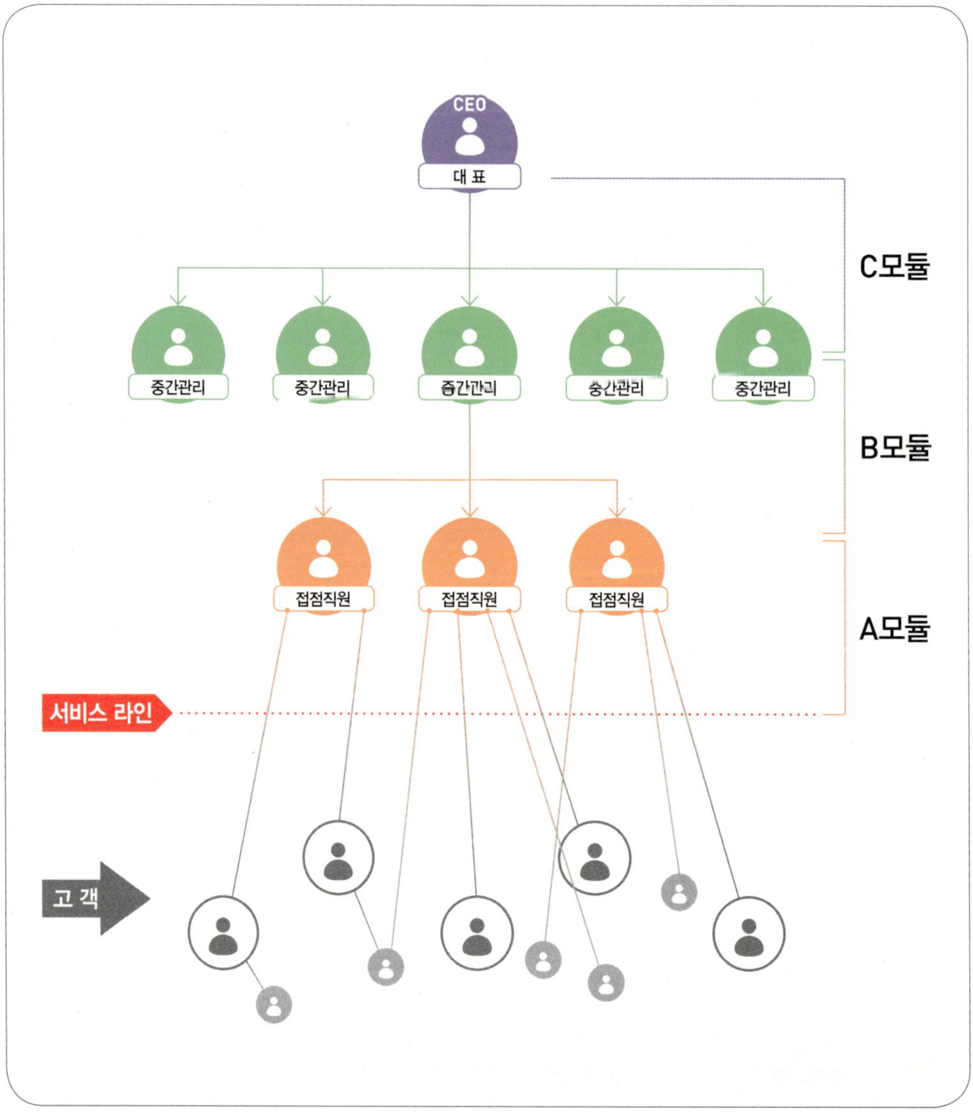

출제기준

모 듈	과 목	출제범위
A 비즈니스 커뮤니케이션	비즈니스 매너/에티켓	매너와 에티켓의 이해, 비즈니스 응대, 전화응대 매너, 글로벌 매너 등
	이미지 메이킹	이미지의 개념, 이미지 메이킹 주요이론, 상황별 이미지 메이킹, 인상/표정 및 상황별 제스처, Voice 이미지 등
	고객심리의 이해	고객에 대한 이해, 고객분류 및 계층론, 고객심리의 이해, 고객의 성격 유형에 대한 이해, 고객의 구매의사 결정과정 등
	고객 커뮤니케이션	커뮤니케이션의 이해, 효과적인 커뮤니케이션 기법/스킬, 감성 커뮤니케이션, 설득과 협상 등
	회의기획 및 의전실무	회의운영 기획/실무, 의전운영 기획/실무, 프레젠테이션, MICE의 이해 등
B 서비스 마케팅· 세일즈	서비스 세일즈 및 고객 상담	서비스 세일즈의 이해, 서비스 세일즈 전략분석, 고객상담 전략, 고객 유형별 상담기법, MOT 분석 및 관리 등
	고객관계관리(CRM)	고객관계 이해, 고객 획득-유지-충성-이탈-회복 프로세스, CRM 시스템, 고객접점 및 고객경험 관리, 고객포트폴리오 관리 등
	VOC 분석/관리 및 컴플레인 처리	VOC 관리시스템 이해, VOC 분석/관리법 습득, 컴플레인 개념 이해, 컴플레인 대응원칙 숙지, 컴플레인 해결방법 익히기 등
	서비스 유통관리	서비스 구매과정의 물리적 환경, 서비스 유통채널 유형, 서비스 유통 시간/장소 관리, 전자적 유통경로 관리, 서비스 채널 관리전략 등
	코칭/교육훈련 및 멘토링/동기부여	성인학습의 이해, 교육훈련의 종류 및 방법, 서비스 코칭의 이해/실행, 정서적 노동의 이해 및 동기부여, 서비스 멘토링 실행 등
C 서비스 운영전략	서비스 산업 개론	유형별 서비스의 이해, 서비스업의 특성 이해, 서비스 경제 시대 이해, 서비스 패러독스, 서비스 비즈니스 모델 이해 등
	서비스 프로세스 설계 및 품질관리	서비스품질 측정모형 이해, 서비스 GAP 진단, 서비스 R&D 분석, 서비스 프로세스 모델링, 서비스 프로세스 개선방안 수립 등
	서비스 공급 및 수요관리	서비스 수요 예측기법 이해, 대기행렬 모형, 서비스 가격/수율 관리, 서비스 고객기대 관리, 서비스 공급 능력계획 수립 등
	서비스 인적자원관리(HRM)	인적자원관리의 이해, 서비스 인력 선발, 직무분석/평가 및 보상, 노사관계 관리, 서비스인력 노동생산성 제고 등
	고객만족경영(CSM) 전략	경영전략 주요 이론, 서비스 지향 조직 이해, 고객만족의 평가지표 분석, 고객만족도 향상 전략 수립 등

2025 시대에듀 유선배 SMAT Module B 서비스 마케팅·세일즈 합격노트

"SMAT 모듈 A, B, C 합격!!"

2021년 4월 10일 응시

▶ SMAT 시험에 도전하게 된 계기가 있다면요?

직장에서 연 1회 실시하는 1박 2일 워크숍을 통해 알게 된 서비스 매너, 직원, 중간 관리자, 관리자의 역할을 조금 더 깊이 있게 공부해보고, 이왕이면 자격증도 취득할 수 있는 게 무엇일까 찾던 중 알게 된 것이 SMAT 자격증이었습니다.

▶ 준비기간은 얼마나 걸리셨나요?

직장생활과 자격시험을 병행하다 보니 시험 준비기간은 충분히 두진 못했고, 원서접수 후 20일 정도, 하루 2~3시간 정도 투자하였습니다.

▶ 체감 난이도는 어느 정도였나요?

문제 난이도는 다른 합격자들도 언급하였던 것처럼 책에 집중해서 정독하면 좋은 성적으로 자격증을 취득할 수 있는 정도의 수준입니다.

▶ 어떻게 공부하셨는지 공유해주실 수 있나요?

시대에듀 책의 내용을 1회 정독, 2회 숙지, 문제풀이 및 기출(샘플)문제는 5회 반복하였고 시대로~카페의 무료 강의 동영상을 1회 수강하였습니다.

합격의 공식 Formula of pass | 시대에듀 www.sdedu.co.kr

▶ 하루에 3가지 모듈을 응시하는 것이 어려우셨을 텐데 어떻게 시간을 활용하셨나요?

저는 1급 취득을 위해 모듈 A, B, C를 동시에 응시했습니다.
A 모듈 시험 시작 후 30분 뒤 퇴실 → B 모듈 기출(샘플)문제 암기 → B 모듈 시험 시작 후 30분 뒤 퇴실 → C 모듈 기출(샘플)문제 암기 → C 모듈 시험 응시와 같은 식으로 시간을 활용했습니다.

▶ 시험 이후 답안은 어떻게 확인을 하나요?

시험지는 반출이 금지되어 있습니다. 대신 가채점 답안이 시험을 치르고 2일 정도 후에 KPC 자격 홈페이지에 게시되기 때문에, 답을 적어오셔서 홈페이지에 공지된 답안과 맞춰보시면 좋습니다. KPC 자격 홈페이지 → 고객센터 → 자격시행 게시판을 이용하시면 됩니다.

▶ SMAT 예비 합격자들에게 한 마디 해주세요.

SMAT 시험은 알아두면 직장생활은 물론 자신의 내·외면에 큰 변화와 발전을 줄 수 있는 공부이니 자격증 취득여부에 관계없이 공부하시면 큰 도움이 되리라 생각합니다.
자격증 취득에 대한 부담감과 시험에 대한 두려움보다는 자기변화와 역량강화를 통한 자기발전의 기회라는 마음으로 공부하신다면, 시험에 응시하시는 모든 분들의 합격은 반드시 이루어질 것입니다.

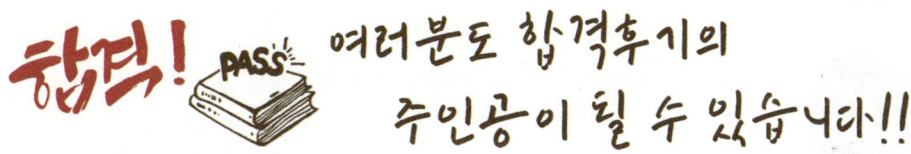

국가전문자격 시대로~   시대에듀 국가전문자격카페 '시대로~'에 남겨주신 수험후기를 바탕으로 구성하였습니다.

2025 시대에듀 유선배 SMAT Module B 서비스 마케팅·세일즈 합격노트

출제경향

이론부분

중간관리자로서 주어진 일만 하는 직원이 아니기에 '서비스'를 세일즈하고 마케팅하는 기본 원리를 이해하여, 직원들이 접점에서 어떻게 어려움 없이 서비스를 판매하는지에 대한 실제적인 전문지식을 갖출 수 있도록 하는 내용이다. 세일즈, 마케팅의 기본 이해, 서비스의 유통과정, VOC의 원활한 접수와 컴플레인 고객을 통해 얻을 수 있는 개선사항 등을 반영하는 방법, 서비스 제공의 일선에 있는 직원들을 교육하고 훈련하는 방법, 코칭을 통해 동기부여하고 목표 관리하는 전반적인 이론과 경영학적 공부를 해야 한다.

실무부분

서비스를 제대로 제공하기 위해 세일즈에 대한 방법, 마케팅에 대한 방법을 사례 등을 통하여 이해하고 유통되는 과정에서 발생하는 VOC에서 핵심언어를 찾아내는 방법 및 컴플레인에 대한 대응력을 기른다. 접점직원들을 훌륭한 서비스 전문가로 성장시키기 위한 중간리더로서의 역할을 이해하며 학습하도록 한다.

전체 학습전략

01 "서비스"의 특징을 이해하고 성과를 높이기 위한 "세일즈, 마케팅"에 대한 기본을 배운다.

02 고객관계관리(CRM)의 효용가치에 대해 이해하고, 사전에 고객의 정보를 활용하여 고객과의 오랜 "관계"를 통해 지속가능한 경영을 실현하는 기본을 익힌다.

03 기업은 고객이 원하는 것을 팔아야 한다. "고객의 소리"를 접수하는 다양한 방법과 서비스 유통과정에서 발생하는 컴플레인에 대한 대응력을 길러 빠르게 변화하는 산업현장에서 고객의 마음을 읽고 대응하여 "대인관계 능력"을 향상하는 방법을 익힌다.

04 훈련되지 못한 서비스 접점직원을 통해 고객은 "만족"과 "불만족"을 현장에서 느끼게 된다. 기본적인 서비스에 대한 이해를 어떻게 전달하여 훈련하고 교육하며, 환경에 따른 적합한 교육방법과 운영에 대한 기본을 학습한다.

과목별 학습전략

PART 01 서비스 세일즈 및 고객상담

- "서비스"를 세일즈하는 것은 제품을 세일즈하는 것보다 훨씬 어렵다. 무형성, 소멸성, 이질성, 비분리성 등 서비스의 특징을 이해해야만 좋은 서비스를 제공하고 세일즈, 마케팅으로 이어질 수 있음을 알고 기본체계를 익히도록 한다.
- 세일즈를 통해 고객과의 상담과정에서 충분히 설득하는 방법, 고객의 마음이 움직이는 모든 결정적 순간(MOT)에 대하여 분석하고 관찰하는 능력을 배운다.

PART 02 고객관계관리(CRM)

- 고객이 서비스를 지속적으로 이용하도록 "관계 맺기"가 되지 않으면 "지속가능경영"은 이루어질 수 없다. 고객을 단 한 번의 거래관계의 대상으로 보는 것이 아니라, 함께 오랜 세월을 같이 가며 비즈니스를 주고받는 사이가 되는 기본적인 방법을 익힌다.
- 고객을 관리하고, 정보를 미리 제공해 주어야 하며 고객 자신에게 도움이 되거나 보상심리가 채워지지 않으면 절대 움직이지 않는 심리를 가지고 있으므로, 고객과의 관계 맺음을 시작으로 어떠한 관리를 통해 오랜 지속관계를 유지할지에 대해 획득-유지-충성-이탈-회복 등의 전반적 Flow(흐름)를 통해 관리방법을 익힌다.
- 접점에서 경험하게 되는 고객의 경험을 관리하고 최선의 서비스 모델을 만들어 내어야 한다.
- 고객의 포트폴리오를 작성, 업데이트, 관리 등을 통해 고객 스스로가 기업으로부터 관리받고 있음을 느끼게 하고, 지속적인 거래관계에서 이탈하지 않도록 관리하는 방법을 익힌다.

출제경향 및 학습전략
ANALYSIS

2025 시대에듀 유선배 SMAT Module B 서비스 마케팅·세일즈 합격노트

PART 03 VOC 분석, 관리 및 컴플레인 처리

- 빠르게 변화하는 산업시장에서 고객이 원하는 것을 "알아차림"한다는 것은 매우 중요한 포인트이다. 다양한 채널을 통해 고객의 마음을 읽을 수 있는 장치인 VOC에 대한 학습을 한다.
- 다양한 채널을 통해 수집된 데이터에서 가장 우리 기업에 "유의미한 자료"를 추출하는 방법, 그 데이터를 공유하여 성장하는 방법 등을 학습한다.
- 고객의 기본 욕구나 심리가 채워지지 않을 경우에는 "컴플레인"이라는 것을 통해 표현하는데, 그 과정에서 접수와 해결을 통해 "문제 해결능력"을 향상시킬 수 있으며, 실수가 재발하지 않도록 하여 다른 고객이 느낄 수 있는 불만을 사전에 차단할 수 있도록 신속히 처리하고 전체에 공유하여 고른 서비스를 제공하는 방법을 익힌다.
- 다양한 성향의 고객을 응대하듯이, 다양한 방법을 가진 컴플레인을 이해하고 분류하여 성향에 맞는 적절한 대응방법을 익히는 과정이다.

PART 04 서비스 유통관리

- 서비스는 "비분리성"이라는 특성을 가지고 있어 현장에서 바로 그 만족도가 나타난다. "제품 유통"과 "서비스 유통"의 차이점을 통해 서비스 유통의 알맞은 방법 등을 학습하고 익힌다.
- 다양한 유통 채널을 통해 그 특성에 맞는 유통관리 체계와 경로관리에 대해 학습한다.

PART 05 코칭, 교육훈련 및 멘토링, 동기부여

- 서비스 접점직원들을 동기 부여하여 스스로 일할 수 있는 업무환경을 만들어 가기 위해 중간 리더로서 "코칭"하는 기본적인 방법과 코칭의 기술을 학습한다.
- 직무종사자는 성인학습자이기에 성인학습자로서의 특징을 이해하고, 사내에서 어떤 교육이 알맞은지 교육의 다양한 종류에 대해 익히고 학습한다.
- 정서 노동에 대한 이해를 통해 스트레스를 관리하는 방법과 서비스 멘토를 통해 성장하는 방법 등을 익힌다.

이 책의 목차

CONTENTS

책 속의 책 | 실제경향 모의고사

제1회 실제경향 모의고사	002
제2회 실제경향 모의고사	024
정답 및 해설	044

PART 01 | 서비스 세일즈 및 고객상담

Chapter 01 서비스 세일즈의 이해	003
Chapter 02 서비스 세일즈 전략	011
Chapter 03 서비스 세일즈 성공법칙	028
Chapter 04 고객유형 및 고객상황별 상담기법	033
Chapter 05 MOT 분석 및 관리	039
출제유형문제	046

PART 02 | 고객관계관리

Chapter 01 고객관계의 이해	053
Chapter 02 고객관계관리의 이해	061
Chapter 03 고객경험관리의 이해	067
Chapter 04 구매사이클과 충성고객	073
Chapter 05 고객포트폴리오 관리와 고객가치측정	078
출제유형문제	088

PART 03 | VOC와 컴플레인

Chapter 01 VOC 관리 시스템	095
Chapter 02 VOC 빅데이터 수집 방법과 데이터 마이닝	101
Chapter 03 컴플레인 개념 이해	110

Chapter 04	컴플레인 대응 원칙	115
Chapter 05	컴플레인 해결 방법	117
출제유형문제		134

PART 04 서비스 유통관리

Chapter 01	서비스 유통경로의 이해	141
Chapter 02	서비스 유통경로의 설계와 제품 유통경로 관리	146
Chapter 03	서비스 유통 촉진과 가격 결정, 경로특성	153
Chapter 04	전자적 유통경로 관리	160
Chapter 05	서비스 구매과정의 물리적 환경 이해	165
출제유형문제		170

PART 05 성인학습자의 교육훈련 및 코칭, 멘토링

Chapter 01	성인교육과 성인학습의 이해	177
Chapter 02	교육훈련(Education Training)	186
Chapter 03	코칭과 코칭스킬	195
Chapter 04	리더십과 멘토링	205
Chapter 05	감정노동과 직무스트레스	211
Chapter 06	동기부여의 이해	219
Chapter 07	서비스 마케팅과 내부마케팅	231
출제유형문제		236

부록 고득점 공략 행진 모의고사

| 제1회 고득점 공략 행진 모의고사 | 243 |

PART 1

서비스 세일즈 및 고객상담

01 서비스 세일즈의 이해
02 서비스 세일즈 전략
03 서비스 세일즈 성공법칙
04 고객유형 및 고객상황별 상담기법
05 MOT 분석 및 관리

교육은 우리 자신의 무지를
점차 발견해 가는 과정이다.

- 윌 듀란트 -

CHAPTER 01 | 서비스 세일즈의 이해

▶ 무료 동영상 강의가 있는 SMAT Module B 서비스 마케팅·세일즈

1 서비스 세일즈의 개념

(1) 서비스(Service) ★★ 중요

① 다른 사람을 위해 도움을 주거나 배려해주는 행위 또는 기술이다.
② 고객 또는 이용자의 편익을 위한 노력과 기능, 사업이다.
③ 물질적 재화 이외의 생산이나 소비에 관련한 모든 경제활동이다.
④ 서비스는 소유권 없이 편익을 제공하는 것으로서, 비소유라는 개념에서 서비스는 다음과 같다.

유형제품의 서비스임대	고객이 소유를 선호하지 않는 유형제품의 경우, 일시적으로 사용권을 가질 수 있도록 해줌 예 보트, 파티복, 건설 또는 기계중장비 등
공간과 장소임대	건물이나 교통수단 등의 일부분을 사용하고자 할 때, 다른 고객과 공간을 공유하는 경우가 많음 예 비행기의 좌석, 사무실 공간, 컨테이너 창고 등
노동력 및 전문성의 임대	고객이 할 수 없거나 원하지 않을 경우, 특정 직무수행을 위해 다른 사람을 고용하는 것을 의미함 예 청소대행, 자동차수리, 경영컨설팅 등
물리적 환경에 대한 접근	고객이 물리적인 환경을 공유할 권리로 임대하고자 할 경우임 예 테마파크, 박람회장, 유료도로 등
시스템 및 네트워크 사용	서비스 제공자는 고객의 욕구에 따라서 접근 및 사용에 대한 조건에 따라 임대함 예 통신 및 인터넷, 시설, 금융

⑤ 서비스는 판매 전, 판매 중, 판매 후에 각각 행해진다.

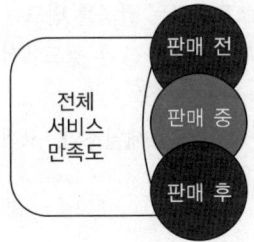

㉠ 사전서비스(BS ; Before Service)
  • 고객이 요청하기 전에 기업이 먼저 고객의 불만을 해결해 주려는 서비스
  • 상품을 기획하고 소개·광고하는 일과 같은 판매 이전의 활동
    예 카탈로그, 광고지, DM 등
㉡ 중간서비스(IS ; In Service)
  • 판매 중에 이루어지는 서비스
    예 설치서비스 실명제, 시공 및 설치, 사용만족도 점검 등

ⓒ 사후서비스(AS ; After Service)
- 상품을 효과적으로 판매하기 위한 판매 후의 서비스
- 초기에는 불평 및 항의에 따른 서비스가 중심이었으나, 최근에는 서비스 방법적인 부분에 접근하며, 소비자주의의 대두로 서비스 내용도 충실해지고 있음
    예 사용 및 조작법 교육, 서비스보증, 보상제도, 유지보수, 수선서비스 등

⑥ 서비스 세일즈 관점에서 '제품'과 구별되는 '서비스'의 특징은 다음과 같다.

특 성	내 용
무형성	경험을 통해서 고객이 느끼는 '만족감'
동질성(비분리성)	서비스가 제공되는 시점에 소비가 일어남
이질성	서비스 제공자의 숙련도, 전문성, 업무 능력에 따라 품질이 다를 수 있고 서비스 수혜자의 이용 빈도, 성격, 상황에 따라서도 만족도가 다르게 일어남
소멸성	특정 시간에 소비되지 않으면 가치가 상실되며, 저장 및 재판매가 불가능한 특성이 있음

⑦ 서비스는 때로 유형의 제품을 포함하지만 대부분 고객과 접촉하고 일련의 활동을 보고하며, 사후에 추가적으로 연락을 취함으로써 고객에게 제공되는 과정 등을 의미한다.

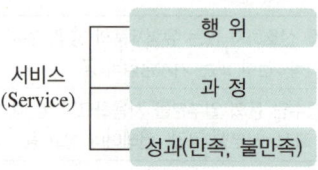

(2) 세일즈(Sales)

① 설득력 있는 커뮤니케이션을 통해 상호이익이 되는 계약을 성사시키는 일이다.
② 프레드허먼(Fred Herman)의 정의에 의하면 세일즈란 가르치는 것이며, 사람들이 원하는 것을 알아차리고 찾도록 도와주는 것이라고 한다. 사실 세일즈맨이 고객들을 가르친다고 생각하지는 않지만, 실제로 머릿속에서는 교육효과가 일어나고 있는 것이다.
③ 매출과 영업이익 등의 수치로 표현되는 결과를 만드는 일이므로, 계획을 세워 실행에 옮겨야 하는 전략적 업무이며, 마케팅 전략이 이루어진 후 필드에서 최종적으로 클로징에 이르게 되기까지 사용되는 전술이라고 할 수 있다.
④ 세일즈는 세일즈맨이 고객을 찾아가는 세일즈와, 고객이 세일즈 매장을 찾아오는 세일즈 2가지로 분류한다.

(3) 서비스 세일즈(Service Sales) ★★중요

① 고객에게 유·무형의 상품 및 서비스를 제공하면서 세일즈 토크를 통해 고객의 구매의사 결정을 자극하는 것이다.
② 고객이 상품을 사용하는 동안 지속적인 만족을 느끼게 하고, 재구매를 원하는 경우 기존의 서비스 세일즈맨을 상기할 수 있도록 고객충성도를 높이는 것이다.
③ 서비스 세일즈의 특징은 다음과 같다.
　㉠ 서비스 세일즈의 핵심은 서비스직원이다.
　　서비스라는 상품의 가치를 향상시키기 위해서 직원에게 투자하는 것은 상품개발의 일종으로 볼 수 있다.
　㉡ 서비스 세일즈의 마케팅 주체는 서비스직원이다.
　　서비스직원은 스스로 걸어 다니는 광고게시판이 되어 고객의 판매촉진 수단이 될 수도 있고, 서비스라는 상품을 바로 생산해 내기도 하는 마케팅의 주체이다.
　㉢ 서비스 세일즈의 활동은 판매 전과 판매 후를 모두 포함한다.
　　서비스 세일즈에서 가장 중요한 것은 고객을 관리하는 일이다. 그렇기 때문에 고객관리를 위한 사전활동과 사후활동이 모두 이루어져야 한다.

> **Tip** 고객의 구매결정을 돕는 5가지 원칙
> - 세일즈맨의 입장에서 생각하지 말고 고객의 입장에서 생각해야 한다.
> - 고객이 당신과 대화하고 싶어 하도록 만들어라.
> - 고객의 생각을 자극할 수 있는 질문을 해야 한다.
> - 고객에게 강요하는 분위기를 만들어서는 안 된다.
> - 고객에게 부담을 주지 않도록 해야 한다.

(4) 세일즈맨(Sales Man)

① 물품 또는 용역을 고객에게 직접 판매하는 판매원, 판매외교원 또는 상담사이다.
② 최종 수요자(End User)인 소비자에게 방문판매를 하는 외판원 또는 유통업에서의 영업 및 판매 상담원을 말한다.
③ 세일즈맨은 고객의 선정, 응대 및 호의의 획득과 유지에 뛰어나야 하고, 고객의 의향을 정보로 취하여 생산에 반영시키는 역할에도 적극적이어야 한다.
④ 세일즈맨에 대해서 일반적으로 기관별·지역별·제품별 등으로 세일즈 영역을 할당하고, 실적에 따라서 보수를 조절하는 경우가 많으며, 세일즈 효과를 올리기 위해 교육 및 훈련을 정기·비정기적으로 활발히 실시한다.
⑤ 세일즈맨의 능력은 KMR[지식(Knowledge), 메시지(Message), 관계구축(Relationship)]에 달려있다.

(5) 세일즈 엔지니어(Sales Engineer) ★★중요

① 판매기술뿐만 아니라 상당수준의 전문적 상품지식과 기술을 습득하고 있어, 고객에게 기술적 지도까지도 할 수 있는 판매원을 말한다. 혹은 판매원에게 기술적 지식과 조언을 베푸는 사람, 기술적 지식을 갖춘 전문적인 프로 세일즈맨을 총칭한다.
② 정보화시대의 새로운 판매 전략에서는 상품 정보에 대해 완전히 학습함으로써 고객에 대해 과학적으로 이해하는 것과 생산과 기술 그리고 판매를 일체화하는 것에 중점을 두는데, 세일즈 엔지니어는 바로 이 역할의 중요한 담당자가 될 수 있다.
③ 세일즈 엔지니어는 전자계산기, 각종 기계류 판매 등의 주체가 되며, 이러한 기계제품의 판매전문기술자를 말한다.

(6) 세일즈 토크(Sales Talk)

① 상품을 판매하기 위해 서비스 세일즈맨이 행하는 상담을 말한다.
② 고객의 요구를 듣고 상품을 소개하고 구입하도록 만드는, 판매촉진을 향한 세일즈맨의 주요업무이다. 즉, 상담력과 같은 의미이다.

(7) 세일즈 에이드(Sales Aids)

① 세일즈맨이나 점원이 행하는 판매활동을 효과적으로 하기 위한 자료와 도구의 총칭이다.
② 세일즈 에이드는 세일즈 매뉴얼, 카탈로그(Catalogue), 팸플릿(Pamphlet) 등 다양하다.
③ '백문이 불여일견(百聞不如一見)'이라는 말처럼, 회사나 제품 및 서비스에 대한 신문기사나 잡지, 광고 등의 '눈에 보이는 것'으로 신뢰나 긍정적인 반응을 끌어낼 수 있다. 이때 숫자로 된 정보는 한눈에 보기 쉽게 그래프나 도표로 나타내도록 하고, 신제품 및 신서비스는 실제로 전시함으로써 손으로 만져보거나 경험해볼 수 있도록 하여, 현실을 실감게 하는 것이 효과적이다.

(8) 세일즈 포인트(Sales Point)

① 판매 시 강조할 상품이나 서비스의 특징을 말한다.
② 판매자 측에서 구매자 혹은 소비자에게 상품에 관해 강조하고 싶은 점이다.
③ 상품이 지니고 있는 효용 중에서 특히 고객이 원하는 부분이다.
④ 세일즈 포인트를 정하기 위해서는 가장 먼저 상대방이 원하는 바를 정확히 파악해야 한다. 상대방으로부터 정보를 수집하고, 요구를 알아내어 설득과 공감에 성공하도록 해야 한다.

(9) 세일즈 프로모션(Sales Promotion)

① 세일즈 프로모션은 판매촉진활동이라고도 하는데, 이는 소비자의 구매를 자극하기 위해서 전개되는 광고 이외에 실행되는 여러 가지 마케팅 활동을 말한다.
② 세일즈 프로모션은 광고를 보완하는 기능을 한다. 즉, 광고를 통해 높아진 고객의 관심을 구매로 직결시키기 위한 의도를 지닌다.
③ 일반적으로 쿠폰, 경품행사, 콘테스트, 샘플제공, 가격할인, 1+1 보너스패키지 등이 있다.
④ 세일즈를 할 때 상대방의 기분이 좋아지게 하는 방법으로서, '선물하기'도 좋은 프로모션 활동이 될 수 있다. '물건'의 좋은 점은 그것을 볼 때마다 선물을 해 준 사람에 대한 기억을 유발한다는 것이다. 이때 너무 과한 선물보다는 달력, 수건, 필기구 등과 같이 작은 기념품이나 물품 등이 좋다.

(10) 세일즈 스킬(Sales Skill)

구매가능성이 있는 잠재고객을 발굴하여 그들이 이해할 수 있는 방법으로 상품 및 서비스의 가치를 설득하는 기술을 '세일즈 스킬'이라 한다.

(11) 세일즈 매너(Sales Manner)

세일즈맨은 고객에서 시작하고 고객에서 끝난다. 따라서 세일즈맨은 복장과 태도, 표정 및 사용하는 언어 등 모든 부분에서의 매너를 적절하게 연출할 수 있어야 한다.

Tip 고객 설득 스킬

- 이의 설득법 : 이의를 강조하고 도표와 자료를 제시하여 설득
- 사실 검증 설득법 : 실제 비교 또는 직접적인 특징을 제시하여 설득
- 사실 인용 설득법 : 사례 인용과 비밀 보장 주의
- 점진적 유도 설득법 : 단계적으로 설득
- 결과지적 설득법 : 결과의 사실을 구체적인 예를 들어 설득
- 냉각 해소 설득법 : 고객이 무관심할 경우에 시간을 둔 후 다시 설득
- 찬양 이용 설득법 : 고객의 장점을 찬양함으로써 우월감을 자극하여 설득
- 비판 긍정 설득법 : 고객의 비판을 긍정함으로써 우월감을 자극하여 설득
- 고객 참여 설득법 : 고객의 창의적인 생각을 첨가함으로써 우월감을 자극하여 설득
- 보증 설득법 : 기업의 신뢰도를 바탕으로 설득
- 인내적 설득법 : 대상 고객을 지속적으로 설득

2 서비스 세일즈의 기능

(1) 서비스 세일즈 모델
① 서비스 세일즈 활동은 생산현장과 고객을 서비스로 연결하는 일이다.
② 서비스 세일즈는 기업의 서비스 활동을 완결시켜 수익을 창출하는 근원적인 활동이다.

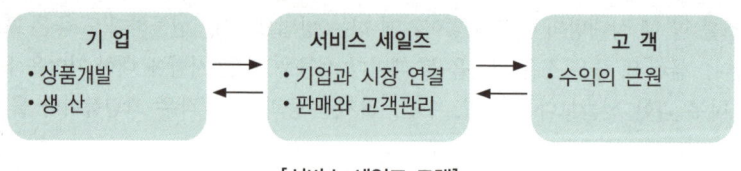

[서비스 세일즈 모델]

(2) 서비스 세일즈의 5가지 기능 ★★ 중요

① **기업과 고객을 연결하는 기능**
서비스 세일즈는 기업의 상품을 좀 더 가치 있게 포장하여 서비스상품을 고객에게 전달하는 것이며, 상품판매 전과 후에 발생하는 다양한 상황에 대해 적절한 서비스로 고객과 원활한 커뮤니케이션을 해야 한다.

② **고객창조의 기능**
서비스 세일즈는 고객의 상품에 대한 문의사항에 직접 대응하고, 고객의 욕구에 맞춰 다양한 정보를 적절하게 제공하기 때문에 고객을 보다 쉽게 유치할 수 있다.

③ **고객관리의 기능**
기업에게는 신규고객을 개척하는 판매활동도 중요하지만, 기존 고객과의 장기적인 신뢰관계를 토대로 고객을 유지하는 고객관계 관리도 매우 중요하다. 이때, 서비스 세일즈는 서비스상품을 통해 고객과의 유대관계를 창출하고 유지 및 강화함으로써 기업의 수익증대를 도모할 수 있다.

④ **기업브랜드 향상의 기능**
서비스 세일즈는 차별화된 서비스상품이 고객에게 인지, 전달되는 과정에서 기업에 대한 브랜드가 새롭게 제고되고 향상될 수 있는 기회를 제공할 수 있다.

⑤ **수익의 증대 기능**
개별화된 서비스상품의 제공은 고객참여를 통해 고객에게 가치를 증대시킬 수 있으므로, 기업의 상품 판매를 위한 촉진비용을 절약할 수 있다.

(3) 서비스 세일즈의 형태

직접서비스 세일즈	기업의 제품 및 서비스를 시장 최전선에서 고객과 직접 대면하고 판매로 연결한다. 서비스 세일즈의 핵심이라 할 수 있는 '판매'에 집중된 활동 형태이다. 예 현장판매, 매장판매, 방문판매
간접서비스 세일즈	직접서비스 세일즈에 고객창출 및 유지관리 등의 관리적 측면이 추가된 형태로, 대부분의 기업들이 간접서비스에 많은 부분을 집중하고 있다. 예 A/S, 고객관리, 해피콜
관리 및 지원 서비스 세일즈	세일즈 현장에서 발생되는 활동에서 수반되는 서비스 세일즈 인력관리, 세일즈 활동 비용관리, 세일즈 활동 평가 및 분석, 제품관리, 수·발주 관리, 매출분석, 매장관리 등의 '지원'을 하는 것으로 관리적 측면이 매우 부각된 형태이다.

(4) 서비스 세일즈의 다양한 방법

① 인적판매(대인판매)

직접적으로 고객을 만나서 세일즈를 하는 세일즈맨에 의해 이루어지는 것으로서, 고객이 세일즈맨을 찾아와 소매 또는 도매점포 내에서 이루어지는 '내부판매'와 세일즈맨이 고객을 방문하는 '외부판매'로 나뉜다. 이는 서비스 세일즈에서 매우 중요한 요소이며, 다음과 같은 특징을 가지고 있다.

㉠ 특정 고객의 욕구에 유연하게 대응할 수 있다.
㉡ 즉각적인 피드백을 받을 수 있다.
㉢ 판매의 대상이 되는 고객에게 선별적으로 접근할 수 있다.
㉣ 장기적인 관계를 구축할 수 있다.
㉤ 유능한 판매원의 선발, 교육, 훈련 등에 많은 비용이 든다.

② 텔레마케팅(TM ; Telemarketing)

전화 등의 통신수단을 이용한 상품이나 서비스 판매 활동으로, 다음 2가지의 방법이 있다.

㉠ 아웃바운드 TM(Out-bound Telemarketing) : 사업체 주도형 TM으로서, 사업자가 외부의 고객에게 전화를 걸어 신규고객 확보 또는 새로운 상품 및 서비스를 고객에게 권고하는 형태이다.
예 보험판매, 상품, 소비자조사, 고객만족도 조사, 연장권유 업무

㉡ 인바운드 TM(In-bound Telemarketing) : 사업체 비주도형 TM으로서, 외부로부터 걸려오는 불특정 다수의 고객으로부터 전화를 받아야 하는 형태이므로, 전화상담의 숙련과 전문성이 요구된다.
예 고장, 분실신고, 변경문의, 고객클레임, 주문접수

③ 구전마케팅(Word of Mouth Marketing) ★★ 중요
  ㉠ 미국마케팅학회에서는 '구전'을 사람들이 제품이나 프로모션에 대한 정보를 소비자 또는 친구, 동료, 지인 등과 공유하는 것이라고 정의하고 있다. 이러한 구전은 기업이 아니라 소비자나 개인에 의해 전파되는 정보이다.
  ㉡ 소비자들의 입소문을 통해 상품이 화젯거리로 자연스럽게 부상하게 되어 사전에 특별한 홍보나 광고 없이도 상품의 경쟁력을 키울 수 있다. 구전마케팅이 이루어질 때 광고와 미디어를 적절하게 활용하면 그 효과를 증대시킬 수 있다.
  ㉢ 구전마케팅은 마치 바이러스처럼 퍼져 나간다고 하여 '바이럴 마케팅(Viral Marketing)'이라고도 한다. 일반적으로 바이럴은 온라인 구전으로 취급되고 있다(Henke, 2011).
  ㉣ 바이럴 마케팅은 인터넷이 발달한 현대사회에서 활성화된 마케팅으로서 효율적인 비용으로 최대의 효과를 얻을 수 있게 하지만, 네티즌을 기반으로 확산되므로 무분별한 정보 확산의 위험성이 높다는 단점이 있다.
  ㉤ 바이럴 마케팅과 유사한 용어로 버즈(Buzz) 또는 버즈 마케팅(Buzz Marketing)이 있다. 벌의 앵앵거리는 소리에서 유래된 의성어로서, 구전의 밀도 있는 형태를 지칭하는 용어이다. 오래전부터 사용되어 오던 구전과 대비되는 정보화시대에 쓰이는 용어로 '바이럴'과 '버즈'라는 용어가 탄생했으며, 일반적으로 버즈는 실무에서 주로 사용되고 바이럴은 학술적으로 사용되는 것이라고 볼 수 있다.

④ 컨설팅 세일즈(Consulting Sales) ★★ 중요
  수요자를 지도하며 직접 상담에 응하면서 자기 회사의 상품을 판매하는 방법으로, 예를 들면, 인쇄회사가 상품화 계획에 참가하여 상담에 응하면서 자사의 발주를 촉진하거나 광고대행사가 마케팅 계획과 실시에 참여하는 등의 세일즈이다.

⑤ 캐치 세일즈(Catch Sales)
  판매 목적을 숨기고 주로 사람들이 많이 오가는 거리에서 설문조사나 캠페인 참여, 사은품 제공 등을 빙자해 소비자를 유인하는 세일즈를 하는 행위를 말하는 것으로, 도서 등의 교재 및 그릇세트 등 고가품의 판매에 주로 이용된다. 소비자를 낚아챈다는 의미에서 캐치 세일즈라는 명칭이 붙었다.

서비스 세일즈 전략

▶ 무료 동영상 강의가 있는 SMAT Module B 서비스 마케팅·세일즈

1 서비스 세일즈 전략의 변화

고전적인 세일즈는 고객에게 상품 설명을 통해서 판매를 제안하는 것에 중점을 두었지만, 21세기 현대의 세일즈는 고객과의 관계형성 및 관계강화에 더 많은 중점을 두고 있다. 고객과의 관계에서 신뢰감을 주는 세일즈맨이라는 인식은 고객의 마음을 더욱 쉽게 열게 하고 구매결정을 촉진한다.

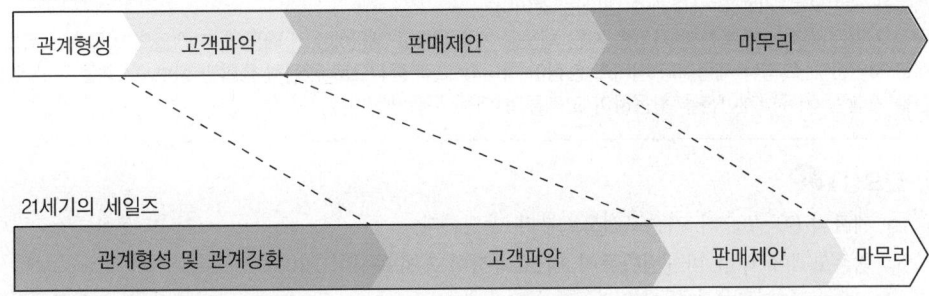

[서비스 세일즈 전략의 변화]

> **Tip** 치알디니 법칙(Laws of Cialdini)
> - 미국 애리조나 주립대학의 로버트 치알디니(Robert Cialdini, 1945~) 교수가 연구한 '치알디니 법칙'은 인간관계의 법칙으로 잘 알려져 있다.
> - 사람은 호의를 가진 사람의 요청을 받으면 그것에 대해 적극적으로 응하려고 한다는 법칙이다. 따라서 신뢰관계가 구축되어 있거나 믿고 좋아하는 상태가 되면, 굳이 설득하려 애쓰지 않아도 오히려 상대방이 호의적으로 의사를 표현해 온다는 것이다.
> - 이 법칙에 의하면, 사람은 '알고 있고', '느낌이 괜찮은' 좋은 사람과 거래하고자 하는 잠재적인 생각을 하기 때문에 세일즈에서 관계판매 시 관계형성이 매우 중요하다는 것을 알 수 있다.

2 관계판매 및 관계마케팅

(1) 관계판매(Relationship Sales) ★★중요

타깃 고객에게 경쟁사보다 차별화된 가치를 제공하여 고객의 이익과 회사의 이익을 함께 달성하고, 고객 로열티 강화를 통한 장기적 관계유지에 초점을 맞추는 새로운 세일즈 방식이다.

> **Tip 관계우선의 법칙**
>
> 세계적인 비즈니스 전략가 빌 비숍 박사의 〈관계우선의 법칙〉에서는 다음과 같은 관계우선의 공식을 내세우고 있다.
>
> 고객과의 긴밀한 관계(QR) × 독특한 가치를 지닌 상품(UV) = 성공($)
>
> 이 법칙에는 중요한 원칙이 하나 있다. 제품이나 서비스를 중심으로 기업을 구축해야 하는 대신, 특정 유형의 고객들을 중심으로 기업을 구축해야 한다는 것이다.
> 전략적 기업은 고객에게 독특한 가치를 지닌 제품을 지속적으로 제공해주기 때문에, 고객들의 마음속에 독특한 존재로 각인된다. 그러나 제품이나 서비스 중심이 아니라 고객 중심으로 완전히 통합된 정보시스템을 갖고 있어, 통신을 포함한 커뮤니케이션을 활용하여 고객들과 더욱 돈독해진다.

① 필요성 ★★중요
  ㉠ 매출의 60~70%가 기존고객으로부터 발생한다.
  ㉡ 기존고객에 대한 마케팅활동이 더 효과적이고 효율성이 있다.
  ㉢ 신규고객 유치도 중요하지만, 그보다는 기존고객의 이탈방지 및 재구매가 더 중요하다.
  ㉣ 신규고객 유치도 기존고객과의 관계와 연고를 통한 소개로 활성화한다.
  ㉤ 체계적이고 효율적으로 신규고객을 창출해야 한다.

② 방 법
  ㉠ 모든 사람들이 관계 맺는 법을 잘 아는 것은 아니기 때문에 관계의 씨앗을 뿌리는 기술을 당연하게 받아들이지 않는다.
  ㉡ 관계의 씨앗을 뿌리는 데 초점을 맞추어 접촉하되, 비즈니스적인 접촉보다는 개인적인 접촉을 통해 인간적인 모습을 노려야 진지한 관계가 시작된다.
  ㉢ 평소 고객과의 관계를 개선하는 방법에 대해 진지하게 논의해야 하며, 일반적인 방법을 논한 후 구체적인 사례를 분석하는 시간적 노력이 필요하다.
  ㉣ 관계의 씨앗을 뿌리는 최고의 실전 기술을 찾아 실행하고 그 노하우를 통해 다른 서비스 세일즈맨들에게 멘토가 되어야 한다.
  ㉤ 세일즈 현장이 아닌 곳에서도 고객을 도울 수 있도록 하면, 도움받은 사람들은 그만큼 다시 돌려주려 하므로, 세일즈맨은 평소에 고객을 돕는 방법이 무엇인지 고민해야 한다.

(2) 관계마케팅

① 정 의
- ㉠ 조직과 고객 상호 간의 편익을 위해서 장기적인 유대관계를 창출하고 유지, 강화함으로써 기업의 수익증대를 도모하는 마케팅 활동이다.
- ㉡ 단순한 거래마케팅(Transaction Marketing)을 뛰어넘어 기업의 서비스활동과 관련된 모든 유통, 파트너사, 소비자, 지역사회 등과 함께 장기적인 관계를 유지하기 위해 발전된 개념이다.

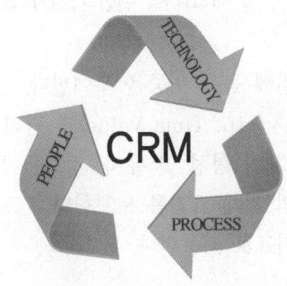

② 관 점
관계마케팅은 두 가지 관점으로 볼 수 있다.
- ㉠ 미시적 관점 : 기업과 고객 모두에게 이득이 되는 관계를 창출하고 유지 및 강화하는 활동
- ㉡ 거시적 관점 : 고객, 종업원, 공급자 등 다양한 관련 당사자와의 관계를 유지 및 강화하는 활동

③ 목 적
- ㉠ 신규고객의 창출
- ㉡ 기존고객의 유지
- ㉢ 고객관계의 강화
- ㉣ 상호이익 극대화

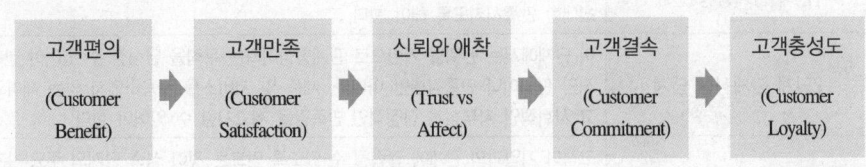

[관계마케팅의 개념모델]

출처 : Anderson and Mittal, 2000

④ 중요성
- ㉠ 과거에는 거래마케팅이 주요 개념이었으나, 거래마케팅은 기업과 소비자의 거래가 일회성으로 끝난다는 단점이 있었다. 즉, 단골고객조차도 매번 처음 온 고객으로 인식된다는 것이다.
- ㉡ 관계마케팅은 기업과 소비자의 관계를 강화시킨다. 그래서 한번 고객은 지속적인 고객으로 전환되어 기업에 상당한 이익을 가져다 줄 수 있다. 또한 그렇게 지속된 단골고객들은 기업 또는 제품과 서비스에 대한 충성도가 높을 뿐만 아니라 이탈행동이 적어질 수밖에 없다.
- ㉢ 서비스 세일즈에 있어서는 고객과의 관계가 보다 중요해지므로 기존에 중시되던 '거래마케팅'에서 '관계마케팅'으로의 전환이 진행되고 있다.

⑤ 특 징
  ㉠ 경쟁수단으로서 가격의 역할이 감소한다.
  ㉡ 고객과 상호작용하는 마케팅이 필수적이다.
  ㉢ 단순히 결과 중심이 아니라 서비스 일련의 과정까지 중요하다.
  ㉣ 판매자가 고객과의 관계를 깊이 유지하기 때문에 경쟁사의 낮은 가격이 크게 영향을 주지 않는다. 즉, 관계마케팅에서는 고객의 가격민감도가 낮아진다.
  ㉤ 고객이 제품과 서비스를 사용할 때 고객을 위한 가치가 고객들 개인과 공동의 고객들에 의해 창출된다.

⑥ 특 성
  ㉠ 기존고객의 유지 및 관리에 높은 비중을 부여한다.
  ㉡ 고객의 장기적인 생애가치(Life Time Value)를 관리한다.
  ㉢ 거래 자체보다는 고객관계의 형성 및 유지, 강화를 목표로 한다.
  ㉣ 소수 고객에 대한 범위의 경제 효과를 도모한다.
  ㉤ 고객 점유율을 성과의 지표로 사용한다.

⑦ 효 과 ★★ 중요

기업 측면	• 장기적인 고객관계 유지를 통한 고객 유지비용 절감 • 고객의 서비스 생산과정 참여를 통해 고객가치 증대 • 장기적 관계에 따른 경쟁기업에 대한 진입장벽 구축
고객 측면	• 개인화된 서비스를 제공받을 수 있음 • 지각가치와 관계가치 극대화 • 고객 의사결정의 효율성을 높이고 지각된 위험을 방지

(3) 관계의 발전단계와 특성

1단계 관계형성 단계	관계형성의 초기 단계에서는 고객들에게 경제적 편익과 기능적 편익을 제공하여, 그들을 최대한 만족시키도록 해야 한다.
2단계 관계성장 단계	이 단계에서는 신뢰를 기반으로 관계형성이라는 목적을 달성할 수 있어야 한다. 단순 기능적인 편익이나 만족감뿐만 아니라, 제품 및 서비스를 사용하면서 얻는 재미와 흥미, 그리고 사회적인 자부심과 상징적인 만족감을 제고시킬 수 있어야 한다.
3단계 관계성숙 단계	고객이 기업과의 관계에 결속될 수 있도록 만드는 것이 성숙 단계의 주요부분이다. 따라서 단순히 제품 및 서비스에 대한 기대를 충족시키는 만족은 필요조건이지만, 그것이 충분조건은 되지 못한다.
4단계 관계해지 단계	고객과 기업은 거래를 종료하게 되면 관계를 해지하는 상황이 발생하게 되는데, 이때 기업은 명확한 원인규명과 대응이 필요하며, 동시에 관계형성·성장·성숙 등 어떤 단계에서 이탈하게 되었는지 분석해 보아야 한다. 고객들마다 이탈하는 사유와 원인은 모두 다를 수 있기 때문이다.

(4) 고객과의 관계지속 방법

① 자연스러운 친화력
② 일관성 있는 신뢰
③ 신속한 대응조치 속도
④ 명백한 전문성
⑤ 상호 호혜주의의 희생
⑥ 완벽함의 추구
⑦ 감사와 고마움의 언어
⑧ 게임에서 승리하게 해주는 열정

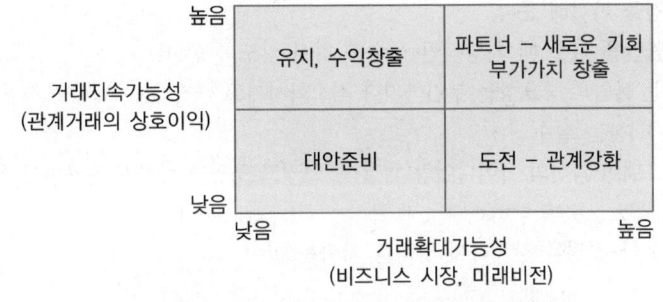

[고객관리 및 고객확인 전략]

3 구매결정과정과 세일즈 전략

(1) 고객의 구매결정과정 ★★중요

① 니즈인식 단계 : 자신의 불편함과 필요함을 느끼는 단계
② 대안평가 단계 : 다양한 시장조사를 통해 상품 및 서비스를 비교하는 단계
③ 불안해결 단계 : 구매결정은 했지만 결정에 대한 확신이 없는 단계
④ 도입 단계 : 상품을 구입하여 사용하는 단계

(2) 고객의 구매결정과정에 따른 세일즈 전략

① 니즈인식 단계
  ㉠ 고객의 불만이나 불편사항을 밝혀내어 제품 및 서비스 구입 필요성을 파악한다.
  ㉡ 파악된 불만이나 불편사항을 심각한 수준으로 확대시켜 불만을 개발하여 고객이 스스로 어떤 조치를 취하는 결정을 내리도록 한다.
  ㉢ 당신의 제품이나 서비스가 해결책을 제공해 줄 수 있는 영역에 대해서 보다 강한 불만을 느끼도록 유도하여 불만을 선택적으로 강화한다.

② 대안평가 단계
    ㉠ 당신의 제품이나 서비스가 가장 경쟁력 있는 영역에서 니즈를 개발한다.
    ㉡ 고객에게 당신의 제품이나 서비스에 대한 니즈가 구매결정의 기준이 되어야 한다고 확신을 주고, 대안평가에 영향을 미치는 준거점이 되도록 한다.

③ 불안해결 단계
    ㉠ 치명적인 고객의 불안을 해결하지 않은 채 방치하게 되면 세일즈의 실패를 초래할 수 있기 때문에 고객이 결과에 대해 불안해 할 때 무시하지 않도록 한다.
    ㉡ 결과에 대한 불안에 대처하기 위해서는 초기에 고객과의 신뢰관계를 잘 쌓아 놓았어야 공유가 가능하다.
    ㉢ 고객 자신만이 결과에 대한 불안을 해결할 수 있으므로 고객에게 자신들 스스로 두려움을 해결할 수 있도록 조건을 마련해 준다.
    ㉣ 결과에 대한 불안을 다룰 때 치명적인 실수를 하지 않도록 한다.
      • 고객이 느끼는 불안의 중요성을 부인하거나 최소화시키고 근거 없는 보장을 제공하는 등 불안해결을 소홀히 하는 실수
      • 서비스 세일즈맨이 자신의 아이디어와 해결책, 그리고 조언을 강하게 촉구하여 처방하는 실수
        예 "제가 당신이라면, ~식으로 하겠습니다.", "제 권고는 ~하는 것입니다." 등
      • 고객에게 정보나 결정을 강요하여 압력을 가하는 실수

④ 도입 단계
    ㉠ 상품이나 서비스를 최근에 구매한 고객은 연이어 거래를 할 가능성이 낮다.
    ㉡ 막연한 대기전략(Waiting Strategy)보다는 기존고객에게 더 효과적으로 접근할 수 있는 방법을 강구하여 비즈니스로 이어질 전략을 세운다.

> **Tip** 고객의 생각을 바꾸게 하는 4가지 방법
>
> **• 기준 추월하기**
> 이미 고객에게 상당히 중요한 기준인 고객의 니즈 충족 기준을 택하여 그것의 중요성을 부각시켜 가격보다 더 핵심적인 기준으로 만든다.
>
> **• 기준 재정의하기**
> 고객이 어떤 기준이 '중요하다'라고 할 때 그 기준이 고객에게는 중요하기 때문에 생각을 바꾸기 어렵다. 따라서 그 기준을 충족시킬 수 없을 때에는 고객에게 그것이 중요하지 않다고 설득하려는 실수를 범해서는 안 된다. 그런 시도는 대부분 실패로 끝나거나 오히려 악화시키는 결과만 초래한다.
>
> **• 상충관계 이용하기**
> 어떠한 제품이든 고객의 기준을 완전히 충족시킨다는 것은 거의 불가능하기 때문에 한 가지 기준의 충족은 다른 영역의 희생을 의미할 수 있다. 따라서 핵심적인 기준의 충족 시 오는 제한이나 불이익을 고객에게 인식시킨다.
>
> **• 대안 제시하기**
> 고객의 결정기준을 조사해 그 이면에 있는 것을 밝혀낸 다음, 고객을 만족시킬 수 있는 대안을 제시한다. 고객이 자신의 문제를 해결하기 위해 제품을 사용하는 방법들을 관찰함으로써 세일즈에 도움이 되는 방안이나 접근방법을 배울 수 있다.

4 세일즈 프로세스와 상담전략

(1) 세일즈 7단계 프로세스 ★★중요

① 잠재고객 발굴하기(Prospecting)
② 고객에게 다가가기(Approaching)
③ 니즈 파악하기(Needs Grasp)
④ 상품 설명하기(Presentation)
⑤ 반론 극복하기(Persuasion)
⑥ 상담 마무리하기(Closing)
⑦ 고객과의 관계 유지하기(Follow-up)

(2) 세일즈 프로세스별 상담전략

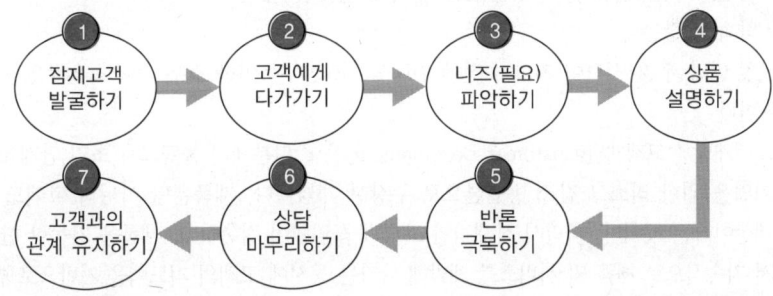

① 잠재고객 발굴하기(Prospecting)
  세일즈를 하기 위해서는 고객분류를 이해하고 잠재고객을 발굴하여 다양한 방법을 통해 고객을 개발할 필요가 있다.
  ⊙ 기업의 이익, 관계 진화적 과정에 의한 고객분류
    • 의심고객 : 우리의 상품과 서비스에 대해 신뢰를 갖지 못하고 의심의 마음으로 바라보는 고객
    • 잠재고객 : 현재 기업에 대해 인지하고 있지 않거나 인지하고 있어도 관심이 없는 고객으로, 구매 경험은 없지만 향후 고객이 될 잠재력이 있는 고객
    • 가망고객 : 현재 기업에 대해 인지하고 있고 관심을 보이며 신규고객이 될 가능성이 있는 고객
    • 신규고객(일반고객) : 우리의 상품과 서비스를 적어도 한 번 이상 구입해 본 사람, 즉 처음 기업과 거래를 시작하는 고객
  ⊙ 참여적 관점에서의 고객분류
    • 직접고객(1차고객) : 제품과 서비스를 직접 구매하는 고객
    • 간접고객 : 최종 소비자 또는 2차 소비자
    • 내부고객 : 기업 내부의 직원, 주주, 가족 고객
    • 의사결정고객 : 직접고객의 선택에 큰 영향을 미치는 개인이나 집단으로, 직접적으로 구입이나 금전적 지불을 하지 않는 고객
    • 의견선도고객 : 제품의 평판, 심사, 모니터링 등에 영향을 미치는 고객(소비자보호단체, 기자, 평론가, 전문가 집단 등)

- 경쟁자 : 전략이나 고객관리 등에 중요한 인식을 심어주는 고객
- 단골고객 : 직접 제품이나 서비스를 반복적·지속적으로 애용하고 있지만, 타인에게 추천할 정도의 충성도를 가지고 있지는 않은 고객
- 옹호고객 : 단골고객이며 고객을 추천할 정도의 충성도를 가지고 있는 고객. 이러한 옹호고객은 입소문을 퍼뜨릴 수 있도록 충분한 기회를 제공해 주어야 함

ⓒ 잠재고객 발굴을 위한 방법
- 만나고 싶은 사람들을 정한다.
- 그들의 관심을 각 포털이나 홈페이지에 들어가 정보를 입수한다.
- 그들로부터 어떤 정보를 얻고 싶은지 리스트를 정한다.
- 당신의 일에 관심을 갖도록 하기 위한 고민을 하고 관심을 유도한다.
- 네트워킹 시 주고받은 명함은 자신만의 스타일로 분류한다.
    예) 1 = 우리 제품 원함, 2 = 제품을 알기를 원함, 3 = 가치 있는 만남 등
- 만남을 평가하고 즉시 실행파일을 준비하여 미팅일정을 조율해본다.
- 학연, 지연, 업종 등의 공통점을 찾아 친밀도를 높인다.
- 약속을 잡는다.
- 첫 만남 후 24시간이 지나기 전에 연락을 하고, 부득이한 경우 적어도 일주일을 넘기지 않도록 한다.

ⓔ 고객개발 : 고객개발(Customer Development)은 스티븐게리 블랭크가 초기 단계에 있는 스타트업 기업을 위한 리스크 감소 방법론으로 주장한 개념이다. 제품뿐만 아니라 고객도 개발과 개선의 대상이라는 것이다. 따라서 잠재적인 고객과 끊임없이 접촉하고, 제품을 가능한 한 빨리 출시하면서 지속적으로 제품 및 서비스를 개발해 나가는 동시에 고객의 피드백을 기반으로 발전시켜 나가는 것이다.

> **Tip** 고객개발을 위한 5가지 전략
> - 전략 1. 고객유지가 아닌 고객개발에 초점을 맞춰라.
> - 전략 2. 고객관리 및 노하우 등을 기록하고 좋은 소식을 문서화하라.
> - 전략 3. 기존고객의 지인을 잠재고객으로 확보하라.
> - 전략 4. 경쟁자를 인식하고 고객의 니즈에 대한 자신의 이해를 재평가하라.
> - 전략 5. 기존고객을 방문하여 미래의 결정기준에 영향을 미치고 개발하라.

② 고객에게 다가가기(Approaching)
세일즈를 위한 두 번째 단계로 잠재고객을 발굴한 후에는 고객에게 친밀도를 높여 다가갈 수 있어야 한다.
ⓐ 라포(Rapport) 형성
- 라포(Rapport)란 '가져오다', '참조하다'의 프랑스어에서 파생된 단어로서, 사람과 사람 사이에서 생기는 상호 신뢰 관계를 나타내는 용어이다.
- 라포는 친밀한 관계라는 뜻을 가지고 있으며, 상호 간에 신뢰하며 감정적으로 친근함을 느끼는 인간관계이다.

- 서비스 세일즈맨은 고객과의 만남에서 친근감과 공감대를 형성하는 라포(Rapport) 형성을 위한 멘트를 준비하여 고객의 마음을 열 수 있도록 한다.
- 고객과의 만남에서 어떤 말로 첫 대화를 시작할지 항상 여러 개의 옵션을 준비하여 두는 것이 좋은데 라포(Rapport) 아이템으로 다음과 같은 것들이 있다.

[라포(Rapport) 형성 아이템]

주 거	주거지, 이사계획 등	여 행	최근 여행경험, 휴가계획 등
신 문	오늘의 이슈, 헤드라인 기사	식 사	식사전후 인사, 선호음식 등
의 상	넥타이, 액세서리, 패션 등	일	사업적 근황, 업무 활동 등
가 족	가족의 안부 등	날 씨	그날의 날씨변화 등
연 애	데이트에 대한 안부	문 화	영화, 연극, 뮤지컬 등
얼 굴	립스틱 색상, 인상 등	유명인	연예인, 방송인 등
건 강	최근 컨디션, 안색 등	지 인	서로 아는 지인, 소개자 등

ⓒ 라포 형성의 5가지 요소

새로운 고객을 만나 인사하거나 대화를 시작할 때 라포를 형성하는 능력은 다음 5가지 요소에 의해 좌우된다.

요 소	내 용
태 도	고객을 대면하는 태도
바디랭귀지	몸짓을 통한 표현
목소리	청각적 요소로서 언어적·비언어적 표현
대화의 기술	대화를 이끌어 가는 기술
고객의 감각요소	시각, 청각, 후각 등 고객이 의존하는 감각요소

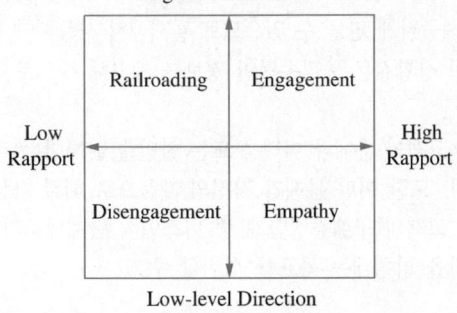

③ 니즈 파악하기(Needs Grasp)
서비스 세일즈에서는 고객의 잠재적 니즈를 파악하고 니즈를 창출하는 것이 무엇보다 중요하다. 따라서 고객의 말에 경청하고 숨은 니즈를 파악하기 위한 질문기법들을 활용하도록 한다.

㉠ 잠재적 니즈
- 고객이 현재 느끼고 있지는 않지만 필요할 수 있기 때문에 잘 자극하면 언제든지 인식을 하여 세일즈로 이어질 수 있는 니즈이다.
- 눈에 보이지 않는 니즈, 많은 사람들이 요구하지 않는 니즈, 마음 속 깊은 곳에 자리잡고 있는 니즈, 겉으로 표현하고 있지 않았던 니즈를 말한다.
- 잠재된 니즈는 충분히 조사하지 않으면 알 수 없는 니즈이므로 충분히 조사해야 하며, 조사했어도 파악된 니즈를 해석할 수 있어야 한다.

㉡ 니즈 파악을 위한 경청
- 경청기술이 없다면 가망고객의 니즈를 파악할 수 없으며, 세일즈도 불가능하다.
- 고객의 말은 큰 가치가 있으므로 단순히 말을 듣는 것과 경청을 하는 것은 다르다. 또한 고객은 자신의 말을 얼마나 관심 있게 듣는가에 따라 세일즈맨의 신뢰도를 평가한다.

㉢ FAMILY 경청기법
- Friendly – 친근하게 경청하기
- Attentive – 주의 집중하여 경청하기
- Me too – 맞장구치며 경청하기
- Interestedly – 흥미를 가지고 경청하기
- Look – 바라보며 경청하기
- You Centered – 상대방 입장에서 경청하기

㉣ 전략적 질문유형
- 상황질문
  상황질문은 배경사실과 자료를 수집하는 질문으로, 지나치게 많이 사용할 경우 고객을 지루하게 하거나 짜증나게 만들 수 있으므로 절제해서 사용해야 한다. 사실적인 정보를 알아내기 위한 기본적인 상황질문은 필수적인 정보를 제공해 주므로 최대한 효율적으로 사용해야 한다.
- 문제질문
  문제질문은 고객의 문제나 어려움 또는 불만을 밝혀내는 질문으로, 불만을 해결하려 할 때 특히 유용하다. 또한 어떤 문제가 자신의 제품으로 해결 가능한지 이해하고 적절한 문제질문을 던짐으로써 고객의 구매결정단계 중 니즈인식 단계의 3가지 전략적 목표 중 첫 번째 목표인 고객의 불만을 밝혀내는 목표를 성취할 수 있다.
- 시사질문
  시사질문은 고객의 문제의 시사점이나 그것이 야기하는 결과를 탐색하는 질문으로, 시사질문을 통해 고객의 구매결정단계 중 니즈인식 단계의 3가지 전략적 목표에서 두 번째 목표와 세 번째 목표인 고객의 불만을 개발하고 해결책을 제공할 수 있는 영역에 대한 불만을 선택적으로 강화하는 목표를 성취할 수 있다.
- 해결질문
  해결질문은 문제해결의 가치나 유용성을 탐색하는 질문으로, 불만의 핵심부나 권한의 핵심부에서 상담의 성공과 밀접한 관련이 있다.

ⓗ 질문의 효과
- 대답하는 상대에게 구체적으로 생각할 시간을 주고, 질문하는 사람은 행동할 수 있는 반경이 정해지기 때문에 답을 얻을 수 있다.
- 현실적이고 대답 가능한 질문을 하게 되면 상대방의 생각을 자극할 수 있다.
- 고객이 우리에게 필요로 하는 핵심정보를 줄 수 있게 된다.
- 질문은 상대방과의 교감을 느끼게 하고 대화에 참여시켜서 마음을 열게 한다.
- 상대방의 관심분야에 대해 물었을 때 상대방의 귀를 기울이게 한다.
- 질문에 대한 답을 하면서 상대방 스스로 설득이 된다.

> **Tip** 폐쇄형 질문과 개방형 질문
> - 질문에는 '열린(Open) 질문'과 '닫힌(Closed) 질문'이 있다. 아무리 질문을 해도 그 다음 대화가 이어지지 않는다면 세일즈맨이 닫힌 질문을 사용하고 있을 가능성이 높다.
> - 서비스 세일즈에 있어서 고객에게 적절한 질문을 하는 것이 중요한데, 고객의 의견이나 느낌을 좀 더 자유롭게 말하게 하는 질문인 개방형질문은 고객과의 상담을 시작하는 초반에 사용할 만하다.
> - 질문한다는 것은 상대방의 이야기를 잘 듣고 있다는 의사표현이기도 하다. 이때 가능한 상대방에게 의견을 맞추기 위한 열린 질문을 하면 얼마든지 이야기가 이어질 가능성이 있다. 개방형질문을 통해 좀더 다양한 정보를 얻도록 하자.
>
> **폐쇄형 질문의 예**
> 고객님 고향이 제주도이시죠?
> → '네', '아니오'로 답할 수밖에 없는 질문이다.
>
> **개방형 질문의 예**
> 고객님 고향인 제주도는 어떤 것이 유명합니까?
> → 설명이나 스토리를 유도하는 질문이다.

④ 상품 설명하기(Presentation)

서비스 세일즈맨이 고객에게 믿음을 심어주었다면 상품설명 시 보다 더 쉽게 수용될 수 있다. 그러나 상품설명을 하는 상황에도 다양한 설득방법과 화법 등이 필요하므로 적절하게 활용할 수 있어야 한다.

㉠ 와우팩터(Wow Factor) 찾기

와우팩터란 고객을 흥분시키는 요소라는 뜻으로, 고객으로부터 "와우"라는 반응을 이끌어낼 수 있는 요소를 말한다. 따라서 전문적인 서비스 세일즈맨이라면 늘 와우팩터를 고려해야 하며, 와우팩터를 찾기 위해서는 늘 같은 질문을 하고 그 대답을 고민해야 한다.
- 어떻게 하면 잠재고객에게 특별한 느낌을 선사할 수 있는가?
- 고객을 좀 더 편안하게 해줄 안내직원이 있는가?
- 기다리는 시간을 보다 즐겁게 해줄 다양한 잡지를 갖추고 있는가?
- 소규모 고객들에게도 대규모 고객만큼이나 중요하다는 느낌을 안겨주고 있는가?

> **Tip** '와우팩터'와 '보랏빛 소(Purple Cow)'

마케팅분석가이자 베스트셀러 『보랏빛 소가 온다』의 저자인 세스 고딘(Seth Godin)은 프랑스 농촌을 여행하던 중 소 떼에 매료되었지만, 세상은 누런 소로만 가득 차 있어서 일상에서 자주 보다 보면 지루해진다는 것을 느꼈다. 그리고 만일 '보랏빛 소'가 나타난다면 눈이 번쩍 뜨일 것이라고 했다.

세스 고딘은 '보랏빛 소(Purple Cow)'처럼 유별나게 돋보이지 않거나 차별화되지 않고는 현대의 치열한 경쟁에서 살아남기 힘들 것이라고 말한다. 현대의 마케팅 기법 중, 광고량으로 승부하던 시대는 이미 지나갔으며 사람들은 하루가 멀다 하고 홍수처럼 쏟아져 나오는 상품과 서비스들에 더 이상 관심을 두거나 귀 기울이지 않는다고 주장했다. 즉, 상품이나 서비스를 대대적으로 광고하기보다는 깜짝 놀랄만한 상품(즉, 보랏빛 소)을 생산하거나 판매하는 편이 훨씬 효과적이라는 것이다. 이처럼 세일즈에서 고객들의 관심을 이끌만한 보랏빛 소 즉, 와우팩터를 찾는 것은 그 어떤 것보다 중요하다고 할 수 있다.

또한, 세스 고딘은 그의 저서인 『보랏빛 소가 온다』에서, 성공적인 비즈니스 혁신이 어떻게 이어지는지에 대한 아이디어에 확산 곡선을 설명한다. 확산은 그래프상의 좌에서 우로 진행되며, 이에는 상당히 긴 시간이 걸리며, 확산은 이노베이터와 얼리어답터의 지원 없이는 전기 – 후기 다수 사용자로 진행될 수 없다고 한다. 지각 수용자들은 앞의 사람들을 따라가는 시장 흐름을 목도하게 되며, 얼리 어답터의 집단이 나머지 집단에 큰 영향을 미치기 때문에 초기에 끌어들일 수 있는 와우팩터가 필수적이라고 한다.

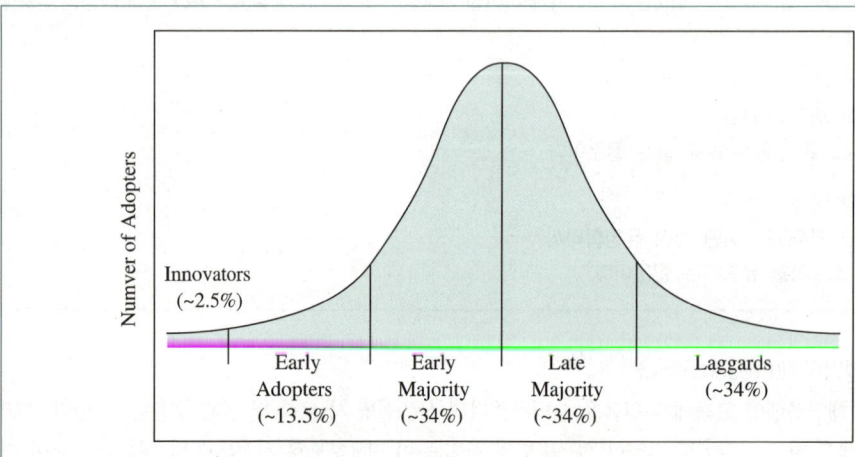

[무어의 아이디어 확산 곡선(Idea Diffusion Curve)]

출처 : 보랏빛 소가 온다1, 세스 고딘

ⓒ 전략과 전술 활용하기

고객을 사로잡으려면 고객의 구매욕을 자극시키는 전략과 전술을 활용하여 다양한 연출을 시도해야 한다.
- 지속적으로 고객과의 공통점을 찾아야 한다.
- 고객을 사로잡기 위해서는 일단 투자해야 한다.
- 감사를 전할 때는 기억에 남을 만한 방식을 사용해야 한다.
- 당신이 제공할 수 있는 최고의 선물은 당신의 시간이므로 고객에게 시간을 내어 정성을 들여야 한다.
- "저는 고객님의 마음을 깊이 이해합니다."라는 말은 최고의 존경심을 드러내는 말이므로 잘 활용해야 한다.
- 평범함을 벗어나서 나만의 차별화를 시도해야 한다.

ⓒ 상품설명 및 소개전략
- 고객이 제공받는 서비스의 특징 및 정보를 사실적 측면 위주로 제시해야 한다.
- 지나친 사실의 나열은 오히려 부정적 결과를 초래할 수 있다.
- 각각의 서비스가 고객에게 어떻게 사용되고 어떤 도움이 되는지 설명해야 한다.
- 서비스상품을 구매함으로써 고객이 얻을 수 있는 효용과 이익을 설명해야 한다.

ⓔ 고객 설득하기

고객의 신뢰를 얻기 위해서는 약속은 적게 하고 실행은 많이 해야 한다.
- 당신의 일이 고객에게 가치를 제공한다는 판단이 서면 포기하지 말고 끈기 있게 하라. 그러면 반드시 보상을 받을 것이다.
- 고객의 핵심 쟁점이 무엇인지 파악하고 관여해야 한다.
- 막대한 정보를 무료로 제공함으로써 관심을 끌고 신뢰를 구축할 수 있다.
- 고객과의 미팅에서 고객의 니즈를 지속적으로 심도 있게 파악하려면 대부분의 시간을 질문으로 활용해야 한다.
- 고객과 장기적인 관계를 원한다면 작은 단계부터 차근차근 밟아 나가며 신뢰를 얻는 데 초점을 맞춰야 한다.

> **Tip** 고객설득을 위한 FABE화법
>
> FABE화법이란, 고객에게 상품에 대한 설명을 할 때 상품에 대한 특징, 장점, 이익, 증거를 들어 설명하는 기법이다. 따라서 고객에게 상품을 설명할 때는 막연하게 '저희 상품이 좋습니다.'라고 할 것이 아니라 FABE화법을 통해 전략적으로 설명할 수 있도록 한다.
>
> | Feature(특징) : 상품이 가지고 있는 특징 | Advantage(장점) : 상품의 특징으로 인해 발생하는 좋은 점 |
> |---|---|
> | "이 상품은 어떤 상품일까?"
상품의 성격, 가입대상, 상품구성, 금리조건, 자산운용사 관련, 원금보전여부 등 | "다른 예금으로 하는 것이 좋지 않을까?"
높은 보장 수익률, 소득공제혜택, 비과세혜택, 부가적인 혜택 등 |
> | **Benefit(이익)** : 장점으로 인한 고객의 실질적 혜택 및 가치 | **Evidence(증거)** : 장점으로 인한 고객의 실질적 혜택 및 가치 |
> | "이 상품에 가입하면 뭐가 좋다는 걸까?"
장기투자로 투자위험을 줄이면서 높은 수익을 기대할 수 있습니다. 실력 있는 운용사이므로 안심하실 겁니다. 등 | (○○월 ○○자 신문기사 스크랩 제시)
"○○일보에 히트상품으로 나온 기사를 보시죠."
(수익률표 제시) 얼마 전 ○○ 사모님도 가입하셨는데…" |

⑤ 반론 극복하기(Persuasion)

반론은 근본적으로 거절이 아니라 반대의견을 제시한 고객의 심리상태이며, 거절과는 다르기 때문에 서비스 세일즈맨의 합리적이고 적절한 대응에 의해 설득될 수 있다. 따라서 고객들의 이견에 대해 서비스 세일즈맨이 당면하는 반론과 저항들이 어떠한 것들이 있는지 알아두고 이에 적절한 자세를 취할 수 있도록 한다.

㉠ 서비스 세일즈맨이 당면하는 반론과 저항

고객은 기본적으로 반론과 저항을 한번 제시해 봄으로써 고객 스스로 선택에 대한 합리화를 원한다.
- 새로운 아이디어
- 불쾌한 피드백과 반응
- 상품 구매의사 보류
- 업무 패턴의 변화
- 가치를 이해할 수 없는 정책변화

㉡ 반론과 저항에 대처하는 자세
- 저항을 평가한다.
- 저항을 예상한다.
- 저항을 활용하여 스스로를 강화시킨다.
- 저항을 사랑한다.
- 저항을 개인적으로 받아들이지 않는다.
- 저항을 인정하고 탐색한다.

㉢ 반론극복 유의사항
- 즉각적으로 반응한다.
- 고객의 말에 논쟁한다.
- 전문용어를 사용한다.
- 고객을 압도하려 한다.

㉣ 거절극복 방법
- 질문법 : '왜'냐고 묻는다.
  예 왜 그렇게 생각하시는지? / 특별한 이유가 있으신지?
- 사례법 : 사례를 든다.
  예 다른 고객 / 기업들도 ~한 문제 해결을 하고 이익에 만족을…
- 인정법
  예 가격이 비싸긴 하지만, 이 상품은 ~한 특징과 ~한 이익이…
- 체면 자극법
  예 이 정도의 기업이 ~에 부담을 느낀다면… / ○○님께서 충분히 권한을 갖고 계신다고 알고 있는데…
- 근거자료 제시법
  예 이 자료를 보시면…
- 부정법
  예 비싸다고요?! ○○와 비교를 해보시면…
- 나열법 : 고객이 얻는 이익을 나열한다.
  예 ~한 문제해결과 ~한 이익을 얻는 기회를 놓치시면…

⑥ 상담 마무리하기(Closing) ★★ 중요

서비스 세일즈를 위한 모든 단계를 마무리할 때에도 마무리하는 세일즈 기법들이 있으므로 성공적인 세일즈를 위한 노하우를 잘 익혀 두도록 한다.

㉠ 세일즈 마무리 기법
- 권유형 마무리(Invitational Closing)
  간단하고 감정조절이 쉬우며, 멋지고 강력한 방법으로 세일즈 상담 막바지에 거래를 마무리하는 데 사용된다. 마무리용 질문으로 "고객님, 제가 아직 다루지 않은 것 중에 걱정되는 부분이나 궁금하신 점은 없으십니까?" 또는 "고객님, 모두 이해가 되셨나요?" 등을 사용한다.
- 지시형 마무리(Directive Closing)
  계속해서 실행계획 또는 앞으로 일어날 일 등에 대해 설명하는 마무리 기법으로, 가정형 마무리(Assumption Closing) 또는 마무리 후 기법(Post-closing Technique)이라고도 불린다.
- 양자택일 마무리(Alternative Closing)
  사람들이 선택의 여지가 있는 것을 선호한다는 사실에 근거를 둔 방식으로 "A와 B 중 어떤 것이 좋으세요?"하며 선택할 수 있게 하므로 선택 마무리(Preference Closing)라고도 한다.
- 2차적 마무리(Secondary Closing)
  매우 인기 있는 방식으로 고객이 먼저 작은 결정들을 차근차근 해나감으로써 비교적 큰 결정을 쉽게 내릴 수 있도록 돕는 마무리 기법이다.
  예 "말씀드린 부분은 잘 해결되셨나요? 그럼 다음 단계는…?"
- 승인형 마무리(Authorization Closing)
  매우 간단한 방법으로서 세일즈 상담 막바지에 주문서나 판매계약서를 꺼내어 그것을 작성하기 시작하는 방식이며, 주문서 마무리(Order Sheet Closing)라고도 한다.
  예 "고객님께서 이 제품을 구매하신다면 품격이 달라지실 거예요."

㉡ 성공적인 마무리 노하우

고객의 신호를 즉각적으로 확인하고 마무리한다. 모든 서비스 세일즈맨의 업무는 상호작용이다. 고객의 긍정적인 반응으로는 밝은 표정과 적극적인 끄덕임, 질문 등이 있을 수 있고, 부정적인 반응으로는 어떤 형태로든 반론을 제기하는 것이 있을 수 있는데, 부정적인 반응일 경우 이를 꼭 집어 말하는 고객은 드물다. 따라서 고객이 보내는 아주 사소한 신호까지 놓치지 않으려는 노력이 필요하며, 구매할 준비가 된 고객의 신호를 읽어 낸 후에는 가능한 한 빨리 그 자리를 정리하는 것이 좋다. 설령 세일즈가 완전히 다 끝나지 않았다 해도 구매의사를 비추면 마무리하는 것이 좋다. 만약 계속 진행하려 할 경우 고객의 시간을 뺏으면서까지 구매를 강요하는 인상을 줄 수 있기 때문이다.

⑦ 고객과의 관계 유지하기(Follow-up)
서비스 세일즈의 마지막 단계로 상담 및 구매고객에 대한 지속적 관심과 연락을 통해 네트워크를 유지하고 고객과의 관계를 유지해야 한다.

㉠ 로열티 프로그램(Loyalty Program)

로열티 프로그램을 잘 운영한다면 고객들의 마음을 잘 붙들어 놓는 방법이 될 뿐만 아니라 고객들의 정보 즉, 고객데이터를 자연스럽게 수집하여 세일즈에 활용할 수 있다. 또한, 로열티 프로그램을 운영하게 되면 기업에 대한 부정적인 평가가 줄어드는 효과가 있으며, 로열티 프로그램에 가입한 회원은 비회원에 비해 제품이나 서비스의 품질이나 결제·지불 과정의 편리성, 대안평가 시 타사 상품에의 민감성 저하, 재구매 행동에 긍정적인 태도를 보인다.

- 쿠폰 : 서비스 제공자가 고객과 직접 효과적으로 소통할 수 있는 방법이다.
- 포인트제도 : 포인트를 적립해 주는 제도는 일반적으로 널리 사용되는 방식으로, 단순 적립에서 고객정보와 연계한 적립까지 다양한 형태의 방법이 있다.
- 자사카드 : 개별 고객들의 거래 내역 및 관련 정보를 수집하여 데이터베이스 마케팅의 기초자료로 활용할 수 있는 방법이다.
- SMS : 고객 위치와 성향을 분석해 각종 정보로 활용할 수 있는 방법이다.
- 프리미엄고객 프로그램 : 일정 금액 이상 거래하는 고객과 특정제품이나 서비스를 반복적으로 이용하는 고객에게 특별한 서비스를 제공하는 프로그램으로 특별할인, 문화혜택, 기프트 제공 등이 있다.

㉡ 고객이탈방지
- 이탈고객(예 1년간 무거래 고객, 탈퇴회원 등)에 대한 명확한 정의를 내려야 한다.
- 이탈가능고객이 누구인지 매일 식별할 수 있어야 한다.
- 이탈고객이 되기 전에 장기간 거래가 없는 "휴면고객"을 식별해서 관리해야 한다.
- 휴면고객에 대해 휴면사유를 파악하고 거래 활성화를 위한 활동을 전개해야 한다.
- 이탈방지를 위해서는 고객과의 주기적인 접촉관리가 매우 중요하다.

㉢ 이탈고객 재유치
- 기업들은 고객이 이탈했는지도 모르고, 재유치하려는 노력도 미흡하다.
- 이탈고객을 매일 식별할 수 있어야 하고 이탈고객 재유치 활동을 전개해야 한다.
- 이탈고객 재유치의 핵심은 '수익성이 높았던 고객'에 타깃팅하는 것이다.
- 이탈고객에 대해서는 반드시 이탈사유가 무엇인지 파악해야 한다.
- 이탈고객을 재유치하는 것은 신규고객 유치보다 더 어려울 수 있다.
- 재유치한 고객이 있을 경우는 웰컴(Welcome)행사 프로그램을 실시한다.

> **Tip** 존 굿맨의 법칙과 서비스 실천 방법 8가지

존 굿맨(John Goodman)의 제3법칙

1970년대에 마케팅 조사 회사인 TARP의 사장 존 굿맨(John Goodman)은 20개국의 많은 산업을 조사한 결과, 고객 불만율과 재방문율, 재구매율의 관계에 대해 알게 되었다.

어떤 고객이 특정 브랜드 매장을 평소처럼 아무 문제없이 이용할 경우 10% 정도의 재방문율을 보인다. 그러나 불만 사항을 말하러 온 손님에게 기업이 성심성의껏 대응하면 고객의 65%가 매장을 다시 방문한다는 것이다. 재구매율에도 차이가 나타났다. 100달러 이상의 상품 구매자에 대해 조사해 본 결과, 상품에 대해 불만이 있었지만 불만을 정식으로 제기하지 않았던 고객의 재구매율은 9%였다. 하지만 불만을 제기하여 문제가 해결된 고객의 재구매율은 70%로 나타났고, 문제가 신속하게 해결된 경우에는 재구매율이 82%까지 올라갔다.

이처럼 불만고객이 직원의 대응에 대해 충분히 만족했을 경우에는 오히려 불만이 나타나지 않았던 때보다 재방문율 또는 재구매율이 올라간다는 것이 존 굿맨의 법칙이다.

출처 : 단골로 만들고 싶다면 불만이 생기게 하라 – 존 굿맨의 법칙(시장의 흐름이 보이는 경제 법칙, 위즈덤하우스)

최고의 서비스를 실천하게 해주는 8가지 방법

- **고객서비스 수준을 정한다.**
  고객서비스 수준을 정하는 것은 전적으로 서비스 세일즈맨의 선택에 달려있다. 자신의 기준을 정하고 자기 자신에 대한 기대 수준을 알아야 한다.

- **서비스의 기준을 공식 문서로 만든다.**
  비전을 명확히 하고, 고객서비스 기준을 문서화하여 고객과 공유한다면 책임감이 더 커지기 때문에 최고 수준에서 고객서비스를 제공하지 않을 수 없다.

- **준비되지 않았다면 시작하지 않는다.**
  고객에게 정당한 서비스를 제공할 수 없다면 그 고객과의 비즈니스를 포기해야 한다. 약속한 서비스는 분명히 제공할 수 있어야 한다. 어설프게 서비스를 제공했다가는 잠재고객마저 잃게 되기 때문이다.

- **거래 전, 거래 중, 거래 후까지 항상 고객을 탐색한다.**
  서비스 세일즈맨들이 범하는 대표적인 실수는 거래가 완료된 이후에 고객을 탐색하려 한다는 것이다. 거래 전부터 거래 후까지 핵심가치와 서비스기준을 공유하면서 고객을 탐색해야 한다.

- **적게 약속하고, 많이 제공한다.**
  서비스 세일즈맨들이 범하는 가장 큰 실수는 너무 많이 약속하고 제대로 이행하지 않는 것이다. 깊은 신뢰를 확보한다면 고객의 관심을 끌려는 지나친 약속을 할 필요도 없으니 신뢰를 잃지 않도록 한다.

- **고객이 중요하게 생각하는 시점을 파악한다.**
  거래가 진행되는 상황 중 고객이 중요하게 생각하는 시점의 프로세스를 찾아 알려줘야 한다. 예를 들면, 주문 후 주문 접수가 되었음을 알려주면 고객이 주문 처리과정에 의심을 줄이고 안심할 수 있으므로 신뢰감도 쌓을 수 있다.

- **고객관계회복 방법을 터득한다.**
  대부분의 서비스 세일즈맨은 훼손된 고객관계를 복구시키는 방법을 모른다. 고객이 실망하여 떠나면 고객에게서 도망치기보다는 고객을 향해 다시 달려가야 한다.

- **"할 수 없다."는 말을 쉽게 하지 않는다.**
  규정에 위배된다는 식의 이유로 불가능을 이야기하지 않아야 한다. 한 번 더 생각해 보겠다거나, 다시 알아보겠다는 등의 다른 대안이라도 찾도록 노력해야 한다.

CHAPTER 03 | 서비스 세일즈 성공법칙

▶ 무료 동영상 강의가 있는 SMAT Module B 서비스 마케팅·세일즈

1 입소문 세일즈

현대는 네트워크 시대이다. 한 사람이 입을 잘못 뻥긋하면 엄청난 파장이 일어난다. 반대로 좋은 소문도 한 사람의 입을 통한 파장이 크다. 네트워크 시대에서 입소문은 매우 중요하며, 세일즈에서 성공하려면 이 입소문의 힘을 빌려야 한다. 이런 입소문을 빅마우스(Big Mouth)전략이라고 한다. 스몰마우스(Small Mouth)로는 승리할 수 없다.

(1) 입소문 세일즈의 장점

① 입소문은 고객유치 비용을 줄여준다.
② 입소문은 무료 광고이다.
③ 입소문은 기존 광고에 시너지를 더해준다.
④ 입소문은 서비스 세일즈맨의 생산성을 높여준다.
⑤ 입소문은 경쟁자보다 앞서게 만들어 준다.
⑥ 입소문은 고객서비스 비용을 줄여준다.
⑦ 입소문은 강력한 브랜드를 구축해 준다.

(2) 입소문 나는 서비스 세일즈를 위한 6단계

① 1단계 : 고객 파악
  당신의 상품이나 서비스를 사고자 하는 사람을 구체적으로 파악해야 한다. 애매한 고객은 입소문 판매대상에 해당되지 않는다. 당신의 고객이 될 타깃은 구매할 의향은 있지만 당신을 알지 못하는 사람들이기 때문에 이것이 제대로 진행되려면 최종고객을 정확히 정의해야만 한다.
② 2단계 : 구매 당위성 개발
  모든 비즈니스에는 경쟁자들이 있기 마련이다. 따라서 당신 스스로 경쟁자들과 차별화하고 고객들이 당신의 상품과 서비스를 구매할 당위성을 개발해야 한다. 주요 추천인맥들이 당신의 강점을 잘 알고 있는지도 확인해야 한다.
③ 3단계 : 세일즈 소구점 개발
  입소문을 내는 차별성을 이루기 위한 요소 중 하나는 '다른 사람들이 당신에 대해 어떻게 말하느냐'이다. 이것은 1~2단계에서 어떻게 대응했느냐에 따라 달라질 수 있으며, 긍정적인 세일즈 메시지가 적절한 타이밍에 잠재고객들에게 성공적으로 전달되면 구매 프로세스가 신속하고 간단해진다.

④ 4단계 : 입소문고객 파악

입소문을 내줄 고객을 찾기 위해서는 당신의 성공에 가장 큰 관심을 갖는 사람, 즉, 타인에게 관심이 있는 사람, 그리고 당신이 도움을 주었던 사람 또는 당신의 성공을 통해 이익을 얻을 수 있는 사람에게 접근해야 한다.

⑤ 5단계 : 입소문고객의 역할

당신의 인맥은 주변의 지인들에게 당신을 추천하는 방식으로 도와줄 것이다. 당신은 그런 그들에게 던질만한 핵심 질문 몇 가지를 준비해 준다. 그러면 지인들은 당신에 대한 정보를 공유하고 반응을 살펴 새 고객들을 발굴하게 될 것이다.

⑥ 6단계 : 입소문고객 돕기

성공적인 입소문 판매의 원동력은 서로 돕는 것이다. 결국 입소문 판매의 본질은 상호 간의 이익이며 비즈니스 기회는 널려있다. 당신이 다른 사람들이 보다 많은 거래를 따낼 수 있도록 돕는다면 다른 사람들도 당신을 위해 기꺼이 그렇게 할 것이다.

Tip 입소문판매에 도움되는 이메일 영업전략

- **이메일과 수신자의 관련성을 고민한다.**
  회사가 보내는 이메일과 독자들과의 '관련성'을 고민하고, 이메일을 보내기 전에 먼저 고객들에 대해 얼마나 아는지 자문해 보아야 한다.

- **정보와 링크를 활용한다.**
  고객들에게 꼭 필요한 정보를 제공하도록 하기 위해서는 업계에서 권위 있는 기관의 이름을 통해 관심을 유도하거나, 고객들이 관심 있어 할 만한 주제를 이메일 제목이나 헤드라인에 실어 보내도록 한다. 또한, 직접 분석정보를 싣거나 정보가 있는 사이트링크를 요약문과 함께 제공하는 것도 좋다.

- **자화자찬보다는 정보를 제공한다.**
  고객들은 이메일을 보내는 회사나 서비스맨에 대해 별로 궁금해 하지 않는다. 다만, 내용의 80%는 업계의 동향, 분석자료 등으로 채우도록 하고, 나머지 20%는 당신의 회사에 관한 언론 보도나 신제품 소개, 신규고객에 대한 이야기로 구성한다.

- **단체메일보다는 개인적인 메일이 되도록 한다.**
  항상 고객에게 개인적으로 전달되는 이메일이라는 인상을 풍기도록 해야 진정한 서비스 세일즈맨이라 할 수 있다. 담당자가 고객들에게 개인적인 인사말을 써넣는 것도 좋다. 특히, 회사의 CEO나 최고경영자층에게 배달되는 뉴스레터라면 당신의 회사에서도 고위직 임원이 '친히' 보내는 것처럼 만들어야 한다.

- **정직이 최상의 정책이다.**
  사업을 시작한 지 얼마 되지 않은 회사들이 '업계 선두주자'라는 식의 문구를 쓰는 경우가 종종 있는데, 이런 식의 문구는 효과도 없을뿐더러 오히려 상업적이라는 인식만 심어 주고 신뢰를 쌓기 어렵다.

2 고객에 대한 태도

(1) 고객을 진심으로 이해하고 존중하는 법

① 고객의 회사와 업무에 관한 정보와 지식을 쌓는다.
② 고객에게 호감 가는 사람이 된다.
③ 고객보다 더 많은 지식을 알고 있는 전문가로서 당신의 명성을 유지한다.
④ 고객의 앞에서는 당신의 개인사를 내려두고 집중하고, 말하는 양의 2배를 듣는다.
⑤ 고객의 니즈에 귀를 기울인다.
⑥ 고객에게 판매를 보장받지 못하더라도 수입과 상관없이 돕겠다는 의지를 보인다.
⑦ 고객의 앞에서는 당신의 경력과 능력에 대한 열정을 보이고, 당신의 상품이나 서비스에 자부심을 가진다.
⑧ 고객에게 하는 가장 간단한 행동이 때로는 가장 큰 보상을 낳아준다.
⑨ 고객이 당신의 상품이나 서비스를 진정으로 원하고 있다고 가정한다.

(2) 고객의 신호를 읽는 방법

① 정확한 마케팅 대상을 파악한다.
② 풍부한 상품지식을 습득한다.
③ 고객과 교감하고 신뢰를 구축한다.
④ 추천과 입소문 등 세일즈를 위한 원동력을 정확히 안다.
⑤ 구매를 권할 때와 권하면 안 되는 때 등 적절한 종결의 타이밍을 파악한다.

(3) 고객심리를 활용한 세일즈기법

① 고객의 심리상태를 파악하고 난 뒤 마음의 문을 열어라. 처음부터 고객의 마음을 움직이는 것은 불가능하다.
② 고객의 심리를 분석하면서 조금씩 심리상태에 변화가 오도록 할 기술이 필요하다.
③ 고객의 마음을 움직이려 하기보다 고객의 본능적인 상품구매심리를 자극한다.
④ 사람의 마음은 그 사람이 살아오면서 쌓은 내공의 산물이므로, 인생의 가치관이 고객의 내면에 자리하고 있다고 생각해야 한다.
⑤ 고객의 마음을 너무 쉽게 움직이려고 하는 무모한 행동은 오히려 고객의 경계심을 키울 수 있다.
⑥ 고객의 마음은 쉽게 바뀌지 않는 것이 당연하다. 쉽게 바뀐다면 그것은 마음이 아니라 고객의 심리상태가 바뀌는 것으로 알아야 한다.
⑦ 고객의 순간적인 심리상태의 반응 여부를 예의주시해야 한다. 순간포착된 변화의 순간에 적절한 화법을 통해 센스 있는 대화를 이끌어 갈 수 있어야 한다.

> **Tip** 파레토 법칙과 롱테일 법칙 ★★ 중요
>
> **파레토 법칙**
> - 파레토 법칙은 이탈리아의 경제학자 빌프레도 파레토(Vilfredo Pareto)가 19세기 영국의 부와 소득의 유형을 연구하다가 발견한 '부의 불균형 현상'에서 유래됐으며, '80 대 20의 법칙'으로도 잘 알려져 있음
> - 핵심적인 20%의 요소가 원인의 80%를 차지한다는 법칙
>   - 예 매출의 80%가 핵심고객 20%에서 나옴
>   - 예 고객 불만의 80%는 고객의 20%에서 발생
>   - 예 모든 비즈니스의 80%는 직원의 20%가 핵심적인 역할
>
> **롱테일 법칙(= 역(逆) 파레토의 법칙)**
> - 하위 80%의 요소가 상위 20%의 요소보다 더 큰 비중을 차지한다는 법칙
> - 매력적이지 않은 80%의 서비스 상품이 총매출의 50%를 넘게 차지한다는 법칙
>   - 예 온라인서점 아마존닷컴의 경우, 전체수익 중 절반 이상은 오프라인 서점의 비주류 단행본이나 희귀본 등 잘 팔리지 않는 책들에 의해 발생함
>   - 예 인터넷 포털 구글의 주요 수익원은 포춘 500대 기업과 같은 대기업이 아닌, 꽃 배달 업체나 제과점 등의 소규모 광고주임
>
>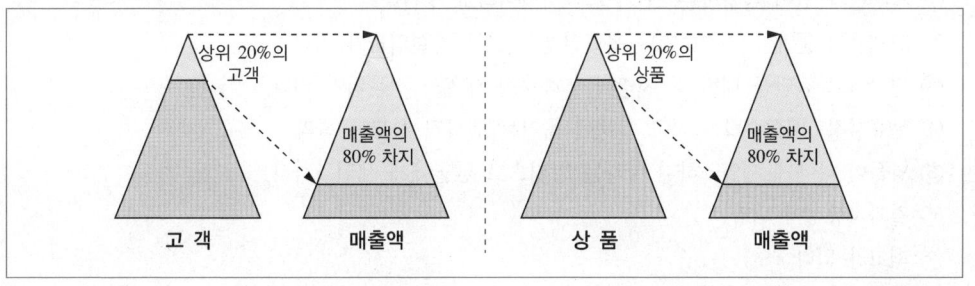

3 세일즈 리더십

(1) 이상적인 세일즈 리더십의 조건

① 자신 : 자신이 먼저 변화해야 한다.
  ㉠ 끊임없는 학습
  ㉡ 자기개발
  ㉢ 역할모델

② 고객 : 신뢰감구축과 지속적 헌신이 필요하다.
  ㉠ 정신적 신뢰체계 확보
  ㉡ 자율적 헌신과 효율성 중시
  ㉢ 균형적 우애와 상호지원

③ 회사 : 도전적인 자율경쟁 체제이어야 한다.
  ㉠ 팀 주도를 통한 성공적 팀 활동
  ㉡ 변화와 혁신의 주체
  ㉢ 미래지향적, 전략적 사고와 행동

> **Tip** KASH
>
> 세일즈 이론 중 'KASH는 CASH'라는 말이 있다. KASH는 성공의 문을 여는 열쇠라는 의미를 나타내기도 한다. 성공한 세일즈맨들은 핵심역량을 두루 균형있게 갖추고 있는 경우가 많다. 이상적인 세일즈 리더십의 4가지 요소인 KASH는 다음과 같다.
> - 지식(Knowledge)
> - 태도(Attitude)
> - 기술(Skill)
> - 습관(Habit)

(2) 자아이미지 및 자부심을 높이는 7단계

세일즈맨으로서 좋은 성과를 내기 위해서는 좋은 태도를 가지고 있어야 하는데, 자아이미지와 자부심을 위해서는 다음의 7가지 단계를 실천해야 한다.

① 자신을 자신이 경영하는 1인기업의 사장이라고 생각하라.
② 고객들의 문제를 해결하거나 목표달성을 돕는 컨설턴트가 되라.
③ 진찰하고 진단을 내린 후 처방까지 해주는 세일즈 전문의가 되라.
④ 목표설정, 계획수립 그리고 실행에 옮기는 전략적 사고를 하라.
⑤ 남들이 나에게 세일즈하길 바라는 방법으로 남들에게 세일즈하라.
⑥ 결과지향적이 되라.
⑦ 최고가 되라.

4 전략적 세일즈

(1) 전략적 세일즈의 조건

유명 컨설턴트 브라이언 트레이시(Brian Tracy)는 '판매란 상품이나 서비스가 요구하는 가격보다 더 큰 가치가 있다는 것을 고객에게 설득하는 과정'이라고 하며, 다음과 같은 전략적 세일즈의 조건을 제시하였다.

① 세일즈맨 자신부터 확신을 가지고 긍정적인 마음과 태도로 세일즈를 시작해야 한다.
② 무작정 사람을 만나고 제품을 소개하는 것이 아니라 계획을 세우고 실행에 옮겨야 한다.
③ 고객의 필요와 욕구, 이슈와 문제를 파악하여 채워주고 해결해야 한다.

(2) 세일즈에 영향을 미치는 요소

① **태도** : 믿음, 결단, 소망, 목표, 자기동기화, 열정, 자신감 등
② **대인관계기술** : 질문요령, 경청, 사교성, 보디랭귀지, 행동 및 동작 등
③ **제품에 대한 지식** : 특징, 용도, 응용방법, 제품의 약점과 강점 및 경쟁사 정보
④ **세일즈기술** : 고객 확보, 제품설명스킬, 거절에 대한 대처능력, 클로징기술, 기록 및 작성 방법, 서비스 등

CHAPTER 04 | 고객유형 및 고객상황별 상담기법

▶ 무료 동영상 강의가 있는 SMAT Module B 서비스 마케팅·세일즈

1 고객유형별 특징 및 상담기법 ★★ 중요

	빈정거리는 고객
특 징	• 문제 자체에 집중하지 않고 특정한 문구나 단어를 가지고 항의한다. • 강한 추궁이나 면박을 받으면 대답을 피한다.
상담기법	• 정중함을 잃지 않고 의연하게 대처한다. • 대화의 초점을 주제방향으로 유도하여 해결에 접근할 수 있도록 한다. • 질문법을 활용하여 고객의 의도를 이끌어 내도록 한다. • 감정조절을 잘하여 고객의 의도에 휘말리지 않도록 한다.
	우유부단한 고객
특 징	• 본인이 바라는 내용을 정확히 표현하지 않는다. • 자신을 위해 의사결정을 내려주기 바란다.
상담기법	• 인내심을 가지고 천천히 응대한다. • 고객의 의도를 표면화하기 위해 시기적절한 질문을 하여 고객이 자신의 생각을 솔직히 드러낼 수 있도록 도와주며, 주의깊게 들어 의도를 파악한다. • 보상기준과 이점을 성실하게 설명하고 신뢰를 느낄 수 있도록 한다. • 몇 가지 선택사항을 전달하고 의사결정의 과정을 잘 안내한다.
	전문가적인 고객
특 징	• 자신이 가진 생각에 대한 고집을 꺾지 않는다. • 일반사람들과 달리 좀처럼 설득되지 않는다.
상담기법	• 고객의 말을 경청하고 상대의 의견을 존중한다. • 상대를 높여주고 친밀감을 조성한다. • 대화 중 자존심을 건드리는 언행을 삼가야 한다. • 상담원의 전문성을 너무 강조하지 않고 문제해결에 초점을 맞춘다. • 고객을 가르친다는 식의 상담은 금물이다.
	저돌적인 고객
특 징	• 본인의 생각만이 유일한 답이라 믿고 계속 관철시키려 한다. • 상대방의 말을 자르고 자신의 생각을 주장하며 분위기를 압도하려 한다.
상담기법	• 침착함을 유지하고 자신감 있는 자세로 정중하게 응대한다. • 부드러운 분위기를 유지하며 정성스럽게 응대한다. • 상담 시 음성에 웃음이 섞이지 않도록 유의한다. • 고객을 진정시키려 하기보다는 고객 스스로 감정조절할 수 있도록 유도한다. • 고객이 말을 자르면 양보하고 충분히 말을 할 수 있도록 한다.
	지나치게 사교적인 고객
특 징	• 사교적이며 협조적인 고객이다. • 자신이 원하지 않는 상황에도 약속을 하는 경우가 있다.
상담기법	• 맞장구를 잘 치는 고객의 의도에 말려들 위험이 있으므로 말을 절제한다. • 고객의 진의를 파악할 수 있도록 질문을 활용하여 다른 의도를 경계한다. • 내용을 잘 이해하고 있는지를 확인하며 대화한다.

	같은 말을 장시간 되풀이하는 고객
특 징	• 자아가 강하다. • 끈질긴 성격의 고객이다.
상담기법	• 고객의 말에 지나치게 동조하지 않는다. • 고객의 말을 요약하고 확인하여 문제를 충분히 인지하였다는 것을 알린다. • 문제해결에 확실한 결론을 내어 확신을 준다. • 회피하려는 느낌을 주면 부담이 가중되므로 가능한 신속한 결단을 한다.
	불평을 늘어놓는 고객
특 징	• 사사건건 트집을 잡는다. • 불평을 늘어놓는 것을 즐기는 고객이다
상담기법	• "옳습니다. 고객님 참 예리하시군요.", "저도 그렇게 생각합니다."라고 하며 설득하는 것이 좋다. • 고객을 인정한 후 차근차근 설명하여 이해시킨다. • 회피하거나 즉각적인 반론으로 고객을 자극하지 않는다.

2 고객상황별 상담기법

상황별 유형	상담기법
고객이 말이 없을 때	• 편안한 분위기를 조성한다. • 말수가 적어 고객의 의중을 파악하기 어려우므로 바로 대답가능한 선택형 질문으로 고객의 기호를 파악한다.
어린이를 동반했을 때	• 어린아이의 특징을 재빨리 파악하여 칭찬을 해주는 것이 좋다. • 살짝 안아 주거나 다독거리는 등의 표현을 해주고 사탕이나 껌 등을 준비한다.
가격이 비싸다고 할 때	• 먼저 고객의 말을 인정하고 다른 제품과의 차이점을 설명한다. • 본 제품의 기능을 돋보이도록 설명하는 것이 중요하다.
동행인이 있을 때	• 동행인도 응대의 범위로 포함하여 분위기를 살핀다. • 동행인에게도 상품의 설명이나 칭찬 등을 어필한다.
고객이 망설일 때	• 고객의 마음이 계속 바뀌어 결정을 못 내리는 경우이므로 자신감 있게 권한다. • 고객의 기호를 파악해서 상품을 권하는 것도 효과적인 방법이다.
큰 소리로 말할 때	• 자신의 목소리를 낮추고 말을 이어감으로써 상대방에게 자신의 목소리가 크다는 것을 인지시킨다. • 계속 언성을 높이면 장소를 바꾸어 대화를 중단시키고, 기분전환을 통해 대화가 새롭게 시작될 수 있도록 한다.

3 고객 상담 화법 ★★ 중요

(1) 예시법 : 실제 예를 들어서 이야기해주는 방식이다. 고객과 같은 입장에 처했던 사람들의 이야기를 들려줌으로써 정당성을 설득해 나갈 수 있다.

> 예) 고객 : "그런 보장까지는 필요 없을 것 같아요."
> → "그렇지 않습니다. 사실 ○○○님도 처음에 이 보장내용을 추가하시는 것에 대해 부정적이셨지만, 얼마 지나지 않아 사고 이후 보상받으시고 고마워하셨습니다. 그리고 저희는 실제로 필요치 않는 내용은 권해드리지 않습니다."

(2) YA화법(Yes-And 화법) : 상대방의 거절을 역이용하는 방식이다. 고객의 반론을 받아들인 다음 거절하는 이유를 역이용하여 바로 그렇기 때문에 이렇게 해야 한다고 반증하는 화법이다. 이 화법은 완벽하게 입증할 자신이 없는 경우에는 가급적 피하는 것이 좋다.

> 예) 고객 : "요즘은 발암물질이 많이 나온다고 하니 불안해서…"
> → "바로 그렇기 때문에 저희 제품을 이용하시는 겁니다. 저희는 발암물질을 배출하지 않는 재질로 만들어졌기 때문에…"

(3) YB화법(Yes-But 화법) : 일단 긍정하고 난 뒤 반대의견을 제시하는 방식이다. 고객의 의견에 경청하는 자세가 중요하며, 고객의 말에 귀 기울이고 있다는 태도로 임한 뒤 다른 의견을 제시한다.

> 예) 고객 : "치료비가 비싸네요."
> → "네, 맞는 말씀입니다. 그러나 치료는 일반 제품 구매하듯 비교하셔서는 안 될 것 같습니다. 몸에 투자하는 것을 가격의 높고 낮음으로 보시기보다는 치료의 품질과 저희의 책임감, 자신감을 보시고…"

(4) 부메랑화법 : 고객에게 지적받은 특성을 오히려 서비스의 장점 또는 특징이라고 주장하는 방식이다. 부메랑처럼 말을 되받아침으로써 잠시 멈칫하는 시간이 만들어지고, 바로 제품이나 서비스의 장점과 특징을 설명할 수 있다.

> 예) 고객 : "여기는 절차가 참 까다롭네요."
> → "네, 절차가 좀 까다롭지만 그만큼 확실하게 처리하는 것이 저희의 장점입니다."

(5) 레이어드화법 : 전하고자 하는 말을 의뢰나 질문으로 바꾸어 전달하는 방식이다. 반발감이나 거부감이 들 수 있는 명령조의 말이 아니라 부드러운 어조로 바꾸어 말하는 것이다.

> 예) 명령형 "이렇게 하세요." → 의뢰형 "이렇게 해보시는 것 어떠세요?"
> 명령형 "이쪽 자리에 앉으세요." → 질문형 "이쪽 자리 괜찮으십니까?"

(6) 맞장구화법 : 고객의 이야기를 관심 있게 들으면서 이야기에 반응해주는 방식이다. 상대방의 호감을 살 수 있는 대화의 가장 기초적인 요령은 상대방의 말에 귀 기울여 주는 것이다.

> 예) 가벼운 맞장구 - "저런", "그렇습니까?"
> 동의 - "정말 그렇겠군요."
> 정리 - "그 말씀은 ~라는 것이지요?"
> 재촉 - "그래서 어떻게 되었습니까?"
> 몸짓 - 끄덕이기, 갸우뚱하기, 눈맞춤하기 등

(7) **보상화법** : 고객의 서비스 저항요인을 다른 서비스강점으로 보완하여 해소하는 방식이다. 보상화법은 약점이 있으면 강점이 있기 마련이라는 연관적(대칭적) 관계를 나타는 화법이다.
   예 "고객님, 이 가방은 가격대가 있는 만큼 재질이 아주 좋고 가볍죠?"

(8) **아론슨화법** : 부정과 긍정의 내용 중 부정적 내용을 먼저 말하고, 긍정적 언어로 마감하는 방식이다. 아론슨화법은 약점도 있지만 강점도 있다는 관점의 차이를 강조하는 화법이다.
   예 "가격은 비싸지만(-), 품질은 최고입니다(+)."

(9) **후광화법** : 유명 인사나 긍정적인 자료를 제시하여 고객의 저항을 감소시키는 방식이다.
   예 "방금 나간 연예인 ○○○씨도 이 제품을 구입해 가셨습니다."

(10) **쿠션화법**
   ① 의미 그대로 부드러운 쿠션을 깔아주는 역할을 말한다. 명령어나 지시어보다는 상대방을 배려하는 완충적인 표현 방식의 화법이다.
   ② "괜찮으시다면, 번거로우시겠지만, 가능하시다면, 바쁘시겠지만, 이해해주신다면"
      예 "고객님께서 원하시는 제품이 품절이 되었습니다. 괜찮으시다면 비슷한 제품으로 소개해 드릴까요?"
      "바쁘시겠지만, 이 서류들 먼저 처리해 줄래요?"

4 고객 상담예절 및 대화예절

(1) **상담예절**
   ① 경청은 귀 기울여 잘 듣는 것임을 명심하라.
   ② 상대방의 의도와 생각에 집중하라.
   ③ 말수를 제한하고 조절하라.
   ④ 주관적 감정이나 편견을 갖지 않도록 하라.
   ⑤ 성급하게 판단하거나 말하지 말라.
   ⑥ 흥미를 갖고 끈기 있게 들어라.
   ⑦ 상대방의 이야기에 대한 관심을 실제적으로 표현하라.
      예 "네, 맞습니다. 너무 좋은 생각이십니다."
   ⑧ 고객의 정보는 메모를 하고 반복하여 확인하라.
   ⑨ 스스로에게 경청의 중요성을 끊임없이 강조하고 인식하라.
   ⑩ 말 자체를 듣지 말고 고객이 진정으로 원하는 것이 무엇인지 파악하라.

(2) 대화예절과 맞장구

① 동의하는 맞장구
- "정말 그렇겠군요."
- "네, 그렇고 말고요."
- "말씀하신 대로입니다."

② 정리하는 맞장구
- "다시 정리해서 말씀드리면, 이러한 뜻이겠군요?"
- "~에 대해 궁금하시다는 말씀이시지요?"
- "그 말씀은 이런 의미와 저런 의미가 함께 포함된 것으로 봐야겠군요."

③ 몸으로 하는 맞장구 다음 말을 끌어내는 맞장구
- 고개를 끄덕인다.
- 눈으로 표현한다.
- 고개를 갸우뚱한다.
- 손으로 가리킨다.

④ 다음 말을 끌어내는 맞장구
- "그 후에는요?"
- "그리고 어떻게 되셨습니까?"
- "그 이후 내용이 궁금하네요."

5 고객의 지식수준에 따른 대응

지식수준	대 응
낮은 수준	• 목표와 요점에 대해 현실성 있게 접근하고, 무엇이 어떻게 진행되는지 방법을 설명하라. • 무례하지 않도록 세심하게 배려하면서 기본 사항 등을 설명하라. • 전문용어를 가급적 피하도록 하라. • 이야기 또는 유추할 수 있는 관련 예를 사용하여 세부사항을 설명하라. • 요약하고 질문을 유도하라.
중간 수준	• 넓은 상황의 개요를 설명하라. • 필요하면 질문을 하여 고객의 반응과 이해도를 살펴라. • 정보를 명확하게 하고 해설하라. • 의식적으로 전문용어를 사용하라.
높은 수준	• 당신의 가정을 점검하라. • 신속히 기반을 이동하라. • 풍부하고 상세한 정보를 제공하라. • 전문용어를 사용하되 불확실한 부호를 경계하라.

상담능력 진단과 평가

상담스킬 능력은 영업이나 조직생활에 매우 중요한 요소이다. 상담능력 진단과 평가는 자신의 상담스킬 능력을 진단함으로써 자신의 의사소통상 문제점과 보완점을 찾아 영업능력을 향상시키는 데 그 목적이 있다. 다음 문항을 보고 자신의 위치가 어디에 있는지 체크하여 합산해 보자.

문항	점수
1. 당신은 항상 상대방의 눈과 얼굴을 보면서 대화합니까?	5 4 3 2 1
2. 당신은 항상 바른 자세로 상대방과 대화합니까?	5 4 3 2 1
3. 당신은 상대방의 이야기가 끝날 때까지 들어줍니까?	5 4 3 2 1
4. 당신은 상대방과 상담 시 전화를 절대 받지 않습니까?	5 4 3 2 1
5. 당신은 항상 미소를 지으면서 대화하며 힘차게 응대합니까?	5 4 3 2 1
6. 당신은 핵심부분만 명확하고 간결하게 표현합니까?	5 4 3 2 1
7. 당신은 이해하지 못한 부분을 명확히 질문합니까?	5 4 3 2 1
8. 당신은 대화종결 시 정확하고 효과적으로 요약합니까?	5 4 3 2 1
9. 당신은 상대방의 마음이 어떤 상태에 있는지 파악하려고 노력합니까?	5 4 3 2 1
10. 불쾌한 감정을 억제하고 이성적으로 이야기하는 편입니까?	5 4 3 2 1
11. 당신은 바쁠 때에도 성의 있고 편안하게 대화합니까?	5 4 3 2 1
12. 당신이 복잡한 문제를 갖고 있어도 대화 시 집중합니까?	5 4 3 2 1
13. 당신은 긍정적인 제스처와 목소리로 이야기합니까?	5 4 3 2 1
14. 당신은 상담 순간마다 상대방을 칭찬하는 편입니까?	5 4 3 2 1
15. 통화 후 반드시 상대방 휴대폰이 꺼진 후에 끕니까?	5 4 3 2 1
16. 당신은 어느 자리에서나 다양한 소재로 이야기할 수 있습니까?	5 4 3 2 1
17. 상대방의 말에 말과 표정, 제스처로 자주 반응해 줍니까?	5 4 3 2 1
18. 전화통화 시 흥분된 상태에도 상대방이 눈치채지 않도록 억제합니까?	5 4 3 2 1
19. 당신은 상대방의 말을 수시로 인정해주고 칭찬해 줍니까?	5 4 3 2 1
20. 당신은 상대방의 수준에 따라 언어를 선택해서 사용합니까?	5 4 3 2 1
21. 당신은 대화 전 용모를 체크하는 편입니까?	5 4 3 2 1
22. 당신은 상대방의 상황에 따라 복장을 바꿉니까?	5 4 3 2 1
23. 당신은 상대방과 약속한 시간을 철저히 지킵니까?	5 4 3 2 1
24. 약속시간이 1분이라도 지체될 경우 전화로 양해를 구합니까?	5 4 3 2 1
25. 당신은 항상 휴대폰을 끄고 상담에 응합니까?	5 4 3 2 1
26. 이메일이나 휴대폰 메시지를 자주 활용하는 편입니까?	5 4 3 2 1
27. 고객과 나누지 못한 대화는 즉시 전화하거나 재방문합니까?	5 4 3 2 1
28. 당신은 최신영화나 음악, 베스트셀러에 관심을 갖고 상담합니까?	5 4 3 2 1
29. 당신은 만나거나 헤어질 때에도 머리 숙여 인사하고 악수를 먼저 청합니까?	5 4 3 2 1
30. 상담좌석을 정할 때 항상 구매자 상석을 결정한 후 서서 응대합니까?	5 4 3 2 1

〈평가점수〉

130~150 : 탁월, 100~129 : 우수, 80~99 : 미흡, 60~79 : 부족, 60 이하 : 문제

CHAPTER 05 | MOT 분석 및 관리

▶ 무료 동영상 강의가 있는 SMAT Module B 서비스 마케팅·세일즈

1 MOT에 대한 이해 ★★

(1) MOT의 개념

① 유래

MOT(Moment Of Truth), '진실의 순간'이라는 말은 스페인의 투우 용어인 'Momento De La Verdad'를 영어로 옮긴 것으로 스웨덴의 마케팅 학자인 리차드 노만(Richard Norman)이 서비스 질 관리에 처음 사용하였다. 이 말은 투우사가 소의 급소를 찌르는 짧은 순간을 말하는데, '피하려 해도 피할 수 없는 순간' 또는 '실패가 허용되지 않는 매우 중요한 순간'을 의미한다.

② 정의

MOT는 고객이 조직이나 직원과 접촉하는 접점으로서 서비스를 제공하는 조직과 직원의 품질에 대해 어떤 인상을 받는 순간이나 사건을 말한다. 마케팅에서 말하는 MOT도 고객에게 서비스품질을 보여줄 수 있는 지극히 짧은 순간이지만, 이 짧은 순간이 서비스에 대한 고객의 인상을 결정하는 중요한 순간이라는 의미가 내포되어 있어 흔히 '결정의 순간'이라고 부른다.

> **Tip** MOT 마케팅(MOT Marketing)
> - 소비자와 접촉하는 극히 짧은 순간들이 브랜드와 기업에 대한 인상을 좌우하는 극히 중요한 순간이라는 것을 강조하며 전개하는 마케팅이다.
> - 소비자에게 있어 MOT(결정적 순간)는 제품 또는 서비스를 제공하는 조직과 어떤 형태로 접촉하든 발생하는데, 이런 결정적 순간들이 모여 소비자는 품질에 대한 만족도와 기업에 대한 이미지를 평가하게 된다.
> - MOT 마케팅은 소비자들이 제품 또는 서비스에 접촉하게 되는 극히 짧은 시간 동안이라도 브랜드와 기업에 대한 좋은 인상을 가질 수 있도록 만드는 마케팅 기법이라 할 수 있다.

(2) MOT의 확산배경 및 사례

① 북유럽 항공사인 스칸디나비아 항공(Scandinavian Airlines, SAS)의 얀 칼슨(Jan Carlzon) 사장은, 자신의 저서인 『결정적 순간 MOT』에서 "1986년 한 해 동안 SAS항공의 전체 승객 수송량은 1,000만 명, 그리고 승객 1인당 평균 5명의 승무원과 마주쳤다. 또한 1회 접촉 시간은 평균 15초였다. 다시 말해서 1,000만 명의 승객이 해마다 SAS에 대한 인상을 받는 횟수는 5번이므로 우리에게는 총 5,000만 번의 결정적인 순간이 존재하며 그 순간들이 SAS 항공의 성패를 좌우하는 셈이다."라고 말했다. 즉, 5,000만 번의 각각의 짧은 결정적 순간이 SAS 회사 전체의 이미지에 영향을 미치고 사업의 성공을 좌우한다고 하면서 학계와 기업에 확산되었다.

② 중국 자오상 은행은 은행업계의 혁신을 주도하는 은행이자 고객들에게 가장 존경받는 기업이다. 이러한 자오상 은행의 고객들에게 "자오상 은행하면 제일 먼저 떠오르는 것이 무엇입니까?"라고 물으면 많은 사람들이 "사탕입니다."라고 대답한다. 그것은 자오상 은행에는 고객들이 기다리는 시간에 먹을 사탕바구니가 항상 준비되어 있기 때문이다. 이 사탕이 바로 자오상 은행의 MOT인 것이다.

(3) MOT의 3요소 ★★

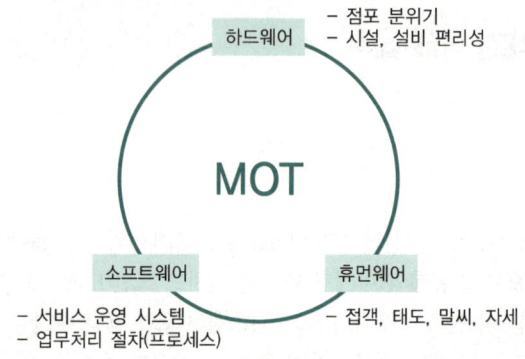

[MOT의 3요소]

① 하드웨어 : 제품의 품질과 성능, 디자인 등 점포 분위기 및 시설의 편리성 등
② 소프트웨어 : 서비스 운영 시스템, 서비스직원의 업무 처리 프로세스 등
③ 휴먼웨어 : 서비스 제공자의 태도, 표정, 언어 및 억양, 자세 등

(4) MOT 적용 시 고려사항

① MOT사이클 전체의 관리
MOT는 고객이 직원과 접촉하는 순간에 발생하지만, 이 순간들이 아니라 짧은 서비스 전체의 품질이 결정된다. 각각의 MOT 중 어느 하나에서 불량이나 불만이 발생할 경우 한순간에 고객을 잃을 수도 있기 때문에 MOT사이클 전체를 관리해야 한다.

② 고객관점에서의 관리
서비스 제공자의 착각 중 하나는 자신이 해당 분야의 전문가라는 생각으로 고객의 기대와 요구를 간과하는 경우가 있는데, 서비스 제공자와 고객의 시각은 다를 수 있으므로 MOT의 효과적인 관리를 위해서는 항상 고객의 목소리에 귀를 기울여야 한다.

2 MOT사이클과 MOT차트

(1) MOT사이클의 개념 ★★중요

① MOT사이클은 고객이 서비스를 받는 과정에서 경험하는 사건의 연속적인 연결이다.
② 서비스 프로세스상 나타나는 일련의 MOT들을 보여주는 시계모양의 도표를 '서비스사이클'이라고 하며, 도표를 그리는 방법은 고객이 경험하는 MOT들을 원형 차트의 1시 방향에서 시작하여 시계방향으로 순서대로 기입한다.
③ 일반적으로 직원들은 자신이 맡고 있는 업무에만 관심을 두고 일하는 경향이 있는데, 고객은 서비스 과정에서 경험하는 전체를 가지고 품질을 평가하므로 MOT사이클은 매우 중요하다.

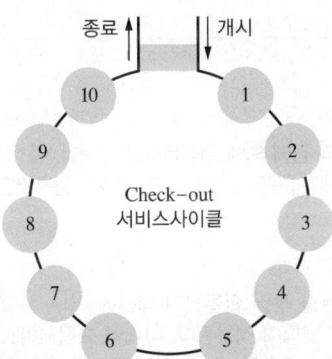

1. 체크아웃 담당자를 부른다.
2. 짐을 내려달라고 부탁한다.
3. 프론트에 열쇠를 반납하고 청구서를 받는다.
4. 청구서를 확인하고 돈을 지불한다.
5. 영수증을 받고 확인한다.
6. 현관에 나가서 차를 부른다.
7. 주차장에서 차를 가져온다
8. 짐을 싣고 차에 탄다.
9. 환송을 받는다.
10. 출발한다.

[호텔 체크아웃서비스의 MOT사이클]

(2) MOT차트의 개념 ★★중요

① MOT차트는 표준적인 기대치, 플러스 요인, 마이너스 요인으로 이루어진 간단한 차트이다.
② 중앙에는 MOT에 대한 고객의 표준적인 기대치를 기록하고, 왼쪽 칸에는 고객의 마음에 가치를 부가할 수 있는 플러스 요인을, 오른쪽 칸에는 MOT를 불만족스럽게 만드는 마이너스 요인을 기록한다.
③ MOT차트는 직원들이 각각의 중요한 MOT들을 성공적으로 수행하기 위한 방법을 찾는 데 도움이 된다.

[A / S센터 고객들에 대한 MOT차트 예시]

플러스 요인	표준적인 고객의 기대	마이너스 요인
• 담당자가 이야기를 잘 들어주고, 책임감을 갖고 대해줌 • 담당자는 내가 처한 상황을 잘 이해하고 무엇을 해야 할지 알고 있음 • 담당자가 정중히 사과함 • 급히 처리해야 하는지 묻거나, 고객이 편할 때 처리해 준다고 함 • 담당자가 나를 알아보고 친근감을 표시함 • 담당자가 문제예방 방법을 설명해 줌	• 한 번의 전화로 해결됨 • 전화로도 쉽게 이야기할 수 있음 • 담당자가 자세하게 설명해 줌 • 전화가 잘 연결됨 • 담당자가 오래 기다리지 않도록 해줌 • 담당자가 친절하게 응대함 • 담당자가 내 문제를 이해함 • 담당자가 언제까지 문제를 해결하겠다고 약속함 • 담당자가 다음에 일어날 일을 설명해 줌	• 담당자의 설명이 난해함 • 전화가 잘 연결되지 않거나, 녹음된 기계음만 듣게 되어 인간적인 기분을 느낄 수 없음 • 상대방의 전화목소리가 잘 들리지 않음 • 담당자가 정형화된 질문목록을 마치 로봇처럼 읽음 • 담당자가 서두르면서 제대로 들으려고 하지 않음 • 서비스에 돈이 들어가기 때문에 들어주지 않는 것 같음 • 담당자가 누구인지도 모르겠음

(3) MOT차트의 분석

① 서비스접점 진단하기 : 고객이 처음 방문해서 나가는 순간까지의 모든 과정을 고객의 입장에서 생각해본다.
② 서비스접점 설계하기 : 고객접점의 단위를 구분한다.
③ 고객접점 사이클 세분화하기 : 고객이 기업과 처음 접촉해서 서비스가 끝날 때까지의 흐름에 따라 전체과정을 그려본다.
④ 나의 고객접점 시나리오 만들기 : MOT차트를 활용하여 각 접점마다 문제점과 개선점을 찾아 시나리오 차트를 구성한다.
⑤ 일반적인 표준안에서 구체적인 서비스표준안으로 행동하기 : 각 접점 단위별로 새로운 고객접점 표준안을 만들고, 접점별 표준안대로 훈련하고 행동한다.

> **Tip**　MOT의 법칙
>
> - **곱셈의 법칙**
>   서비스의 전체 만족도는 MOT 각각의 만족도의 합이 아니라 곱에 의해 결정된다는 것이다. 즉, 각 서비스 항목의 점수가 처음부터 우수하게 받았어도 어느 한 항목의 점수에서 0점을 받았다면 결국 총점은 0점으로, 형편없는 서비스가 된다는 법칙이다.
>
> - **통나무 물통의 법칙**
>   통나무 조각으로 만든 통나무 물통은 여러 조각의 통나무를 묶어 만들었기 때문에 어느 한 조각이 깨지거나 낮으면 그 낮은 높이만큼만 물을 담지 못하므로 최소율의 법칙이 적용된다. 이처럼 고객서비스도 여러 서비스 중 가장 나빴던 서비스를 유독 기억하게 되고 그 서비스를 기준으로 평가하기 때문에 전체의 질 평가에 영향을 미치게 된다는 법칙이다.
>
> - **100 − 1 = 0의 법칙**
>   깨진 유리창의 법칙을 설명해 주는 수학식으로서, 사소해 보이는 것 하나가 중요한 결과를 초래할 수 있다는 법칙이다. 단 한 번의 불만족스러움으로 결국 전체 서비스에 대한 만족도를 0으로 만들어버린다는 곱셈의 법칙(한 번의 잘못은 100 − 1 = 99가 아니고, 100 × 0 = 0)에 따라 고객과의 접점의 순간에서 최상의 서비스를 제공할 것을 강조한다. 즉, 100가지 서비스 중 어느 한 접점의 서비스에 느끼는 불만족이 그 서비스 전체의 만족도에 영향을 미칠 수 있다는 법칙이다.

3 서비스와 서비스요원의 품질

서비스품질을 판단하는 데 고객이 사용하는 일반적 준거는 다음과 같다.

(1) 서비스품질 판단의 준거

① 신뢰성(Reliability) : 약속한 서비스를 믿음직스럽고 정확하게 수행할 수 있는 능력과 적시에 동일한 방법으로 실수 없이 제공
　　예 대부분의 사람들은 같은 요일에 우편물을 전달받는 것을 중요하게 생각함

② 대응성(Responsiveness) : 고객을 기꺼이 돕고 신속한 서비스를 제공하겠다는 의지와 복구능력
　　예 수영장 방문객 초과로 입장지연에 따른 보상차원에서 음료를 제공하는 것

③ 유형성(Tangibles) : 물리적 시설, 장비, 직원, 통신의 확보 상태
　　예 서비스 시설의 청결도, 또는 호텔에서 옆방의 소란한 투숙객 등

④ 확신성(Assurance) : 믿음과 확신을 주는 직원의 능력뿐만 아니라 그들의 지식과 호의
　　예 서비스 수행능력, 고객에 대한 정중함과 존경, 고객과의 효과적인 의사소통, 서비스 제공자의 진심어린 관심, 정성 등

⑤ 공감성(Empathy) : 고객에 대한 배려와 개별적 관심을 보일 자세
　　예 고객의 잘못으로 비행기를 갈아타지 못했을 때 이를 해결해 줄 수 있는 탑승창구 직원의 능력, 사소한 것도 소홀하게 대하지 않는 민감성과 노력

(2) 서비스요원 품질 판단의 준거

① 능력 : 필요한 기술 소유 여부, 서비스를 수행할 지식 소유 여부
② 예절 : 일선 근무자의 정중함, 존경, 배려, 친근감
③ 신빙성 : 서비스 제공자의 신뢰와 정직성
④ 안정성 : 위험, 의심의 가능성이 없는 것
⑤ 가용성 : 접촉 가능성과 용이성
⑥ 커뮤니케이션 : 고객들이 이해하기 쉬운 언어로 대화하고 고객의 말에 경청하는 것
⑦ 고객이해 : 고객의 욕구를 알기 위해 노력하는 것

> **Tip** 서비스요원의 잘못된 응대사례
>
> 서비스 세일즈에서 고객을 접촉하는 과정은 그 과정 자체가 상품이고, 생산과 판매가 동시에 이루어진다는 점에서 전문화된 서비스요원의 업무가 필요하다. 또한 서비스가 연결되는 과정, 즉 프로세스에서 한 사람이 빠지더라도 연속적인 서비스가 가능해야 한다.
>
> • **고객이 요구사항에 대해 즉각 응대해주기를 원할 때**
> "제 소관이 아닙니다.", "담당자가 부재중이니 나중에 다시 전화 주십시오.", "다음에 다시 방문해주시겠습니까?" 등의 응대는 고객을 짜증나게 만든다.
>
> • **호텔 연회장에서 고객이 요리에 대한 질문을 할 때**
> "주방에 가서 물어보고 오겠습니다.", "주방장을 불러오겠습니다.", "저는 잘 모르겠습니다." 등의 처세는 시간적으로 많은 손실을 초래한다.
>
> • **백화점 고객이 반품하러 왔는데 판매원은 없고 계산대직원만 있을 때**
> "저는 계산업무만 하는 직원이니 판매한 사람에게 물어보세요.", "판매직원이 점심시간이라 식사하러 갔으니 올 때까지 기다리셔야 합니다." 등의 말로 응대를 한다면, 고객의 화를 더 불러일으키고 이탈고객을 만들 수 있다.

Part 01 Module B 서비스경영 전문가가 꼭 알고 있어야 하는 전문용어

- **서비스 세일즈** : 고객에게 유·무형의 상품 및 서비스를 제공하면서 세일즈 토크를 통해 고객의 구매의사 결정을 자극하는 것. 또한, 고객이 상품을 사용하는 동안 지속적인 만족을 느끼게 하고, 재구매를 원하는 경우 기존의 서비스 세일즈맨을 상기할 수 있도록 고객충성도를 높이는 것
- **세일즈 에이드(Sales Aids)** : 세일즈맨이나 점원이 행하는 판매활동을 효과적으로 하기 위한 자료와 도구의 총칭으로서, 세일즈 매뉴얼, 카탈로그, 팸플릿 등 다양함
- **인적판매** : 직접적으로 고객을 만나서 판매를 하는 판매원에 의해 이루어지는 커뮤니케이션을 뜻함
- **관계마케팅** : 조직과 고객 상호 간의 편익을 위해서 장기적인 유대관계를 창출하고 유지 및 강화함으로써 기업의 수익증대를 도모하는 마케팅 활동
- **라포(Rapport)** : 친밀한 관계라는 뜻으로 상호 간에 신뢰하며 감정적으로 친근함을 느끼는 인간관계
- **FABE화법** : 고객에게 상품에 대한 설명을 할 때 상품에 대한 특징, 장점, 이익, 증거를 들어 설명하는 기법
- **파레토 법칙** : 핵심적인 20%의 요소가 원인의 80%를 차지한다는 법칙, 즉, 전체 서비스의 20%에 해당하는 서비스 상품이 총매출의 80%를 차지한다는 법칙
- **롱테일 법칙** : 역파레토의 법칙이라고도 하며, 하위 80%의 요소가 상위 20%의 요소보다 더 큰 비중을 차지한다는 법칙. 즉, 매력적이지 않은 80%의 서비스상품이 총매출의 50%를 넘게 차지한다는 법칙
- **아론슨화법** : 부정과 긍정의 내용 중 부정적 내용을 먼저 말하고 긍정적 언어로 마감하는 방식. 이 화법은 약점도 있지만 장점도 있다는 관점차이를 강조하는 화법
  예 "가격은 비싸지만(−), 품질은 최고입니다(+)."
- **부메랑화법** : 고객에게 지적받은 특성을 오히려 서비스의 장점 또는 특징이라고 주장하는 방식. 부메랑처럼 말을 되받아침으로써 잠시 멈칫하는 시간이 만들어지고 바로 제품이나 서비스의 장점과 특징을 설명할 수 있는 화법
  예 고객 : "여기는 절차가 참 까다롭네요."
  → "네, 절차가 좀 까다롭지만 그만큼 확실하게 처리하는 것이 저희의 장점입니다."

- MOT(Moment of Truth) : '진실의 순간'이라는 말은 스페인의 투우 용어인 'Momento De La Verdad'를 영어로 옮긴 것으로 스웨덴의 마케팅 학자인 Norman이 서비스 질 관리에 처음 사용. 고객이 조직이나 직원과 접촉하는 접점으로서 서비스를 제공하는 조직과 직원의 품질에 대해 어떤 인상을 받는 순간이나 사건을 의미
- MOT사이클 : 고객이 서비스를 받는 과정에서 경험하는 사건의 연속적인 연결
- MOT차트 : 표준적인 기대치, 플러스 요인, 마이너스 요인으로 이루어진 간단한 차트. 이것은 직원들이 각각의 중요한 MOT들을 성공적으로 수행하기 위한 방법을 찾는 데 도움이 됨
- 곱셈의 법칙 : 각 서비스 항목의 점수가 처음부터 우수하게 받았어도 어느 한 항목의 점수에서 0점을 받았다면 결국 총점은 0점으로, 형편없는 서비스가 된다는 법칙
- 통나무 물통의 법칙 : 어느 한 조각이 깨지거나 낮으면 그 낮은 높이만큼만 물을 담지 못한다는 최소율의 법칙
- 100 − 1 = 0의 법칙 : 깨진 유리창의 법칙을 설명해주는 수학식으로서, 사소해 보이는 것 하나가 중요한 결과를 초래할 수 있다는 법칙

Part 01 Module B 출제유형문제

01 서비스 세일즈 관점에서 '제품'과 구별되는 '서비스'의 특징으로 옳지 않은 것은?

① 서비스는 시간적인 소멸성을 가지고 있다.
② 서비스는 아이디어 혹은 개념이며, 제품은 물건이다.
③ 서비스는 제품과 달리 소유권의 이전을 하지 않는다.
④ 서비스는 생산과 소비가 다른 시기에 이루어진다.
⑤ 서비스는 수요변동이 시스템에 직접적으로 영향을 미치는 개방시스템으로 운영된다.

해설 서비스는 생산과 동시에 소비된다.

02 서비스 세일즈의 5가지 기능으로 옳지 않은 것은?

① 기업과 고객을 연결하는 기능
② 고객 창조의 기능
③ 고객 관리의 기능
④ 기업브랜드 향상의 기능
⑤ 수익의 유지 기능

해설 수익의 증대 기능이니. 개별화된 서비스상품의 제공은 고객참여를 통해 고객에게 가치를 증대시킬 수 있으므로 기업의 상품판매를 위한 촉진비용을 절약할 수 있다.

03 충성도에 따른 고객분류 중 다음의 설명에 해당하는 고객은?

> 우리의 상품과 서비스에 대한 정보를 얻기 위해 다양한 루트를 통해 접촉하였지만 관심만 가지고 있고 구매행동으로 옮기지 않은 사람

① 의심고객
② 잠재고객
③ 일반고객
④ 단골고객
⑤ 옹호고객

해설
① 우리의 상품과 서비스에 대해 신뢰를 갖지 못하고 의심의 마음으로 바라보는 사람
③ 우리의 상품과 서비스를 적어도 한 번 이상 구입해 본 사람
④ 우리의 상품과 서비스를 지속적으로 구입하는 사람
⑤ 우리의 상품과 서비스에 대해 가장 충성도가 높으며 다른 고객에게 추천을 장려할 수 있는 사람

정답 01 ④ 02 ⑤ 03 ②

04 세일즈 판매 시 고객에게 친밀도를 높여 다가갈 수 있도록 라포(Rapport)를 형성하여야 한다. 다음 중 라포(Rapport)에 대한 설명으로 옳지 않은 것은?

① 라포는 '친밀한 관계'라는 뜻이다.
② 라포는 상호 간에 신뢰하며, 감정적으로 친근함을 느끼는 인간관계이다.
③ 서비스 세일즈맨은 고객과의 첫 만남에서 라포 형성을 위한 멘트를 준비하도록 한다.
④ 라포 형성 아이템으로 가족의 안부나 데이트에 대한 안부도 물을 수 있다.
⑤ 사적인 비밀을 공유함으로써 더 끈끈한 친밀감을 나눌 수 있다.

해설) 사적인 비밀을 공유하는 것은 바람직하지 않다.

05 다음에서 설명하는 고객 세일즈 마무리 기법은?

> • "이 상품이 마음에 드신다면 한번 사용해 보시는 게 어떤가요?"
> • "더 궁금한 것이 있으신가요?"

① 2차적 마무리
② 권유형 마무리
③ 승인형 마무리
④ 지시형 마무리
⑤ 양자택일 마무리

해설) 간단하고 감정조절이 쉬우며 세일즈 상담 마지막에 거래를 마무리할 때 사용되는 방법으로, 권유형 마무리에 대한 예시이다.

06 고객설득을 위한 방법으로 가장 적절한 것은?

① 상품의 가격을 인하한다.
② 상품의 특징으로 인해 발생하는 좋은 점을 설명한다.
③ 상품의 특징으로 인해 발생되는 단점을 설명한다.
④ 시연이나 언론을 활용하여 각 단점들에 대한 증거를 보여준다.
⑤ 상품의 단점으로 인해 고객이 잃게 되는 가치 및 혜택을 알려준다.

해설) 고객설득을 위해서는 상품의 특징을 설명하고 특징으로 인한 장점 및 고객의 실질적 혜택과 그 증거를 보여줘야 한다.

07 고객 구매결정 과정의 불안해결 단계에서 서비스 세일즈맨의 전략을 가장 바르게 설명한 것은?

① 고객에게 정보나 결정을 강요한다.
② 결과에 대한 고객의 불안을 무시하지 않는다.
③ 고객이 느끼는 불안의 중요성을 최소화하고 부정한다.
④ 고객에게 자신의 아이디어와 해결책 및 조언 등을 강하게 촉구하여 처방한다.
⑤ 고객만이 결과에 대한 불안을 해결할 수 있으므로, 고객에게 조건을 마련해주는 실수를 하지 않는다.

해설) 치명적인 고객의 불안을 해결하지 않은 채 방치한다면 세일즈의 실패를 초래할 수도 있다.

08 '빈정거리는 고객'과의 상담 시 가장 적합한 상담기법은?

① 인내심을 가지고 천천히 응대하여야 한다.
② 고객의 말을 경청하고 상대의 의견을 존중하여야 한다.
③ 침착성을 유지하고 자신감 있는 자세로 정중하게 응대하여야 한다.
④ 고객의 말을 요약하고 확인하여 문제를 충분히 인지하였다는 것을 알린다.
⑤ 정중함을 잃지 않고 의연하게 대처하되 감정조절을 잘 하여야 한다.

해설) ① 우유부단한 고객
② 전문가적인 고객
③ 저돌적인 고객
④ 같은 말을 장시간 되풀이하는 고객

09 고객 상담 화법의 종류와 그 내용으로 옳지 않은 것은?

① YA화법 – Yes-And 화법으로 상대방의 칭찬을 받아들인 다음 바로 그렇기 때문에 이렇게 하셔야 한다고 설득하는 방법이다.
② 부메랑화법 – 고객에게 지적받은 특성을 오히려 서비스의 장점 또는 특징이라고 주장하는 방식이다.
③ 레이어드화법 – 전하고자 하는 말을 의뢰나 질문으로 바꾸어 전달하는 방식이다.
④ 아론슨화법 – 부정과 긍정의 내용 중 부정적 내용을 먼저 말하고 긍정적 언어로 마감하는 방식이다.
⑤ 후광화법 – 유명인사나 긍정적인 자료를 제시하여 고객의 저항을 감소시키는 방식이다.

해설) Yes-And 화법은 상대방의 거절을 역이용하는 방식이다. 고객의 반론을 받아들인 다음 거절하는 이유를 역이용하여 바로 그렇기 때문에 이렇게 하셔야 한다고 반증하는 화법이다.

10 MOT는 하드웨어, 소프트웨어, 휴먼웨어의 3요소로 나눌 수 있다. 다음 중 휴먼웨어에 해당하는 것은?

① 제품의 품질과 성능
② 시설의 편리성
③ 서비스 제공자의 태도
④ 서비스운영시스템
⑤ 서비스직원의 업무 처리 프로세스

해설) ①·② 하드웨어적 요소
④·⑤ 소프트웨어적 요소

합격의 공식 시대에듀

아이들이 답이 있는 질문을 하기 시작하면
그들이 성장하고 있음을 알 수 있다.

- 존 J. 플롬프 -

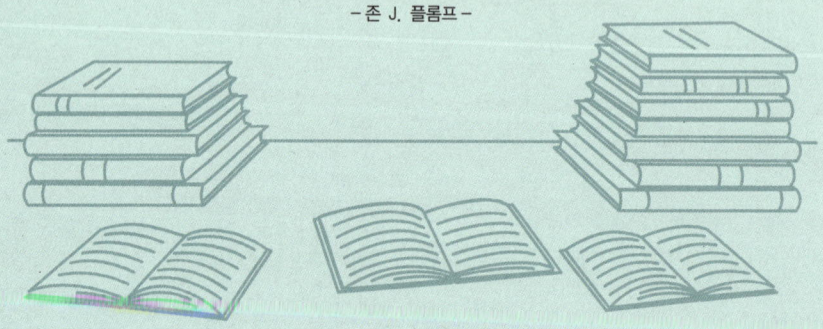

PART 2

고객관계관리

01 고객관계의 이해
02 고객관계관리의 이해
03 고객경험관리의 이해
04 구매사이클과 충성고객
05 고객포트폴리오 관리와 고객가치측정

많이 보고 많이 겪고 많이 공부하는 것은
배움의 세 기둥이다.

– 벤자민 디즈라엘리 –

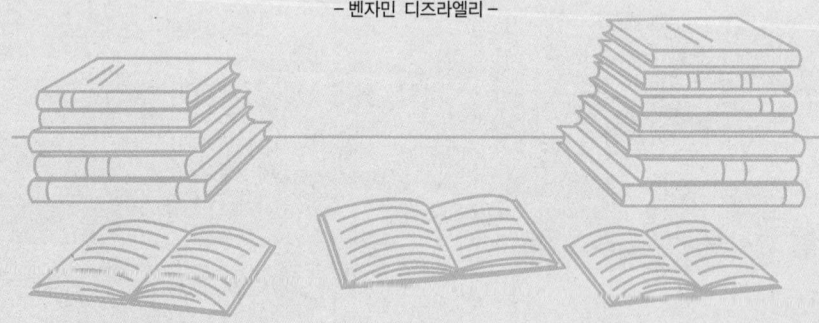

CHAPTER 01 | 고객관계의 이해

▶ 무료 동영상 강의가 있는 SMAT Module B 서비스 마케팅·세일즈

1 고객관계의 개념

(1) 고객관계(Customer Relation)

① 의 의
   ㉠ 협의는 서비스를 제공받는 시점에서 고객과 서비스 제공자 간의 상호관계이다.
   ㉡ 광의는 서비스를 이용하기 전, 이용하는 중, 이용한 후의 시점이다.

② 성 향
   ㉠ 협의의 관점으로 보면 단기적이고 일회적인 성향을 띠고 있다.
   ㉡ 광의의 관점으로 보면 장기적이고 지속적인 성향을 띠고 있다.

③ 영 역
   ㉠ 고객접점 : 웹사이트, 대리점, 콜센터, 이메일 등
   ㉡ 프론트오피스 : 영업, 마케팅 등
   ㉢ 백오피스 : CRM(Customer Relationship Management, 고객관계관리), ERP(Enterprise Resource Planning, 전사적자원관리), SCM(Supply Chain Management, 공급사슬관리) 등

원격접점	**고객이 서비스 기업과 접촉** • 품질평가 판단 : 물리적 증거, 기술적 프로세스, 시스템 품질 • 운영 예 : ATM, 자동티켓 발매기, 인터넷 쇼핑 주문 및 반품/문의, 청구서 및 정보성 우편
전화접점	**전화로 고객을 만남** • 상호작용에서 가변성 존재 • 운영 예 : 기업에서 운영하는 고객센터, 콜센터
대면접점	**직접 만나 상호작용** • 타 유형에 비해 서비스품질 파악과 판단이 복잡. 상호작용 중에 수행되는 고객 자신의 행동도 서비스품질에 영향 • 운영 예 : 카운슬링, 컨설팅, 의료, 교육, 놀이공원 등

④ 중요성 ★★ 중요

서비스 제공자가 어떠한 태도로 업무를 수행하느냐에 따라 고객은 서비스품질을 지각하고 만족도를 평가하게 된다. 그러한 과정은 고객과 종업원 사이의 상호작용과 인적 접촉을 통하여 전달되기 때문에 서비스 제공자인 종업원의 행위는 매우 중요하다.

상호이해 (Mutual Understanding)	고객과 접점직원 사이의 상호이해는 서비스접점에서 고객만족에 영향을 주는 핵심요소이다. 상호이해를 위해서는 메시지 전달 시 왜곡이 없어야 하고 전달된 내용이 수용되어야 하며, 메시지 전달 시 언어적 커뮤니케이션과 비언어적 커뮤니케이션 모두 중요하다. 완벽한 상호이해까지는 도달하기 힘들더라도 소비자와 서비스직원 사이에 커뮤니케이션이 성공적으로 이루어진다면 높은 상호이해가 가능할 것이다.
특별한 행동 (Extra Attention)	서비스접점에서 빈번히 일어나는 고객에 대한 특별한 관심이나 제공을 말한다. 특히, 고객에 의한 일상적인 요청이나 요청되지 않은 행동에 대한 접점직원의 긍정적인 특별한 행동은 고객이 기대하지 못한 즐거움과 혜택을 경험하게 한다. 따라서 평상시와 다른 고객을 위한 행동은 고객에게 긍정적인 감정을 만들어내며, 고객이 생각지도 못한 감동을 전달해 줄 수 있다.
진정성 (Authenticity)	서비스접점에서 중요한 요인으로 확인된 요소는 진정성이다. 진정성은 서비스 제공자가 진실하게 보여지는 정도를 말하는데, 특히 감정노동을 요구하는 서비스접점에서 서비스 제공자의 감정은 고객이 진실성으로 지각하기 때문에 중요하다. 가식은 아무것도 하지 않았을 때보다 상대방을 더 불쾌하게 할 수 있으므로, 진정성으로 서비스만족과 긍정적인 소비자 감정에 기여해야 한다.
능숙도 (Competence)	서비스 제공자의 능숙도는 서비스 제공자가 해당서비스를 제공하기 위해 갖추어야 할 능력이나 지식 그리고 경험을 비롯하여 서비스 제공자의 성별, 용모, 신장 등 신체조건을 포함한다. 서비스 제공자 평가의 요인으로는 전문적 능력(Expert Power)과 인간적 관계 능력(Referent Power)을 들 수 있다. 이러한 서비스 제공자의 능력은 고객의 신뢰를 이끌어내는 가장 중요한 요인 중의 하나이다.
실패최소화 (Failing Minimum)	서비스 제공자가 기대한 대로 행동하고 고객의 욕구에 적절한 행동을 하는 데 위배되지 않는다면 고객은 제공된 서비스에 대해 만족한다. 그러나 서비스실패에 대한 경험은 부정적 감정을 유발하는 데 중요한 요소가 되므로 불만족스러운 접점상태를 소비자가 오랫동안 기억한다. 따라서 서비스 제공자는 실패를 최소화하도록 노력해야 한다.

⑤ 관계강도

㉠ 관계강도란 고객이 종업원에게 가지는 신뢰도의 크기 및 중요성과, 종업원에 대한 고객의 관계몰입 수준을 말한다.

㉡ 관계강도의 구성개념은 다음 두 가지로 구분된다.
- 신뢰(Trust) : 종업원이 장기적인 관점에서 고객의 이익에 공헌하고 있다는 행동에 대한 믿음이다. 이러한 신뢰는 관계의 지속을 위해 결정적인 역할을 한다.
- 관계몰입(Relationship Commitment) : 관계몰입 수준이라는 것은 고객이 종업원에게 서비스를 받는 동안 서비스접점에 있어서 종업원 자체에 대한 몰입수준이라고 할 수 있다. 예를 들면, 서비스가 제대로 제공되고 있는지 또는 종업원의 서비스지식 등의 개별적인 사항들에 대해 몰입하는 정도이다.

⑥ 관계효익
　㉠ 관계효익은 고객이 종업원과의 관계를 통해 고객에게 제공되는 서비스의 이득뿐만 아니라 기타 모든 이익을 말한다.
　㉡ 기업은 고객이 종업원과의 관계를 유지할 수 있게 하는 이익들을 제시해 줄 필요가 있다. 왜냐하면 고객은 관계를 맺음으로써 얻게 되는 보상이 클수록 기업이나 종업원과의 관계를 맺으려고 하기 때문이다.
　㉢ 인적서비스가 매우 중요한 서비스산업에서 고객에게 제공되는 효익들은 기업과 고객의 장기적인 관계유지와 고객만족 그리고 고객충성도를 구축하는 데에 결정적인 역할을 한다.

> **Tip** 서비스접점에서의 인적요소
>
> 기업은 서비스접점에서 고객관계 형성을 위해 인적요소를 계획할 때, 기능적 요소와 인간관계적 요소를 동시에 고려해야 한다.
>
> • **기능적 요소(직무처리능력)**
> 서비스직무가 포함하고 있는 기능성을 말한다. 즉, 호텔의 경우 도어맨(Door Man), 벨맨(Bell Man), 프론트데스트 클럭(Front Desk Clerk), 룸 어탠던트(Room Attendant), 컨시어지(Concierge) 등의 직무가 있고, 병원의 경우 의사, 간호사, 약사 등과 같이 다양한 직책을 가진 서비스생산자들이 자신에게 부여된 고유한 직무를 수행하는 능력이다.
>
> • **인간관계적 요소(정서적 능력)**
> 인간관계적 요소란, 서비스요원의 기능적 요소에 의해 수행된 직무가 소비자들에게 인간관계를 통하여 효과적으로 전달되느냐, 문제가 발생되느냐에 관한 것이다. 예를 들면 부모님 생신을 위해 고가의 선물 구입을 하러 평소에 자주 가지 않던 고급브랜드의 매장에 들렀다가 노골적으로 자신을 무시하는 판매원의 불친절한 태도에 기분이 상하는 경험과 같이 서비스요원의 인간관계적인 것을 말한다.
>
> ※ 기업이 인적요소를 동시에 고려해야 할 때 문제는 어느 요소에 더 많은 비중을 둘 것인가에 대한 결정을 내려야 한다는 것이다. 바람직한 비중의 기준은 서비스의 유형에 따라 혹은 시장 상황에 맞게 적절한 수준으로 결정해야 한다.

　㉣ 관계효익은 다음과 같이 4가지 관점으로 구분된다. ★★ 중요

관 점	내 용
사회적 효익 (Social Benefits)	고객이 개인적으로 느끼는 인식으로서 우정이나 친밀감 등을 느끼는 효익이다. 특히 서비스 관계에서는 종업원과 고객 사이에 우정과 같은 고객의 경험이 발생하기도 하는데 이러한 현상을 '서비스 커뮤널리티(Service Communality)'라고 하기도 하며, 이러한 서비스 커뮤널리티를 '추가되었지만 추구하지 않은 보너스'라 이야기한다.
심리적 효익 (Psychological Benefits)	고객이 종업원으로 인해 편안함을 느끼는 심리적인 효익이다. 즉, 고객이 종업원으로 인해서 서비스에 대한 확신을 얻고, 고객이 갖게 되는 위험 또한 줄어들며, 불안감이 감소되고 오히려 안전하다는 느낌을 받는 것이다.
경제적 효익 (Economic Benefits)	장기적인 관계로 인해 얻는 추가혜택이나 쿠폰, 할인과 같은 금전적 이득을 얻는 효익이다. 또한 고객이 서비스 구매 시 들이는 소요시간이나 탐색비용 등의 비금전적인 이득도 포함된다. 따라서 기업과 종업원은 고객의 시간까지도 절약해줄 수 있도록 해야 한다.
고객화 효익 (Customization Benefits)	고객들이 개별화된 구체적인 요구를 함에 따라 종업원이 그 요구에 부응하는 처리를 해줌으로써 얻는 효익이다. 즉, 일반 고객과 다른 특별한 대우, 우선적 대우, 그리고 특별히 신경 써주는 주의사항의 설명 및 서비스 등 맞춤서비스를 해줌으로써 발생하는 효익이다.

⑦ 고객지향성
  ㉠ 고객지향성이란 고객이 원하는 것을 제공하려는 종업원의 태도이다. 또한, 고객의 요구에 대한 즉각적인 반응과 종업원의 친절도 등을 말한다.
  ㉡ 목표고객의 욕구를 파악하여 경쟁사보다 더 나은 이익을 제시함으로써 경쟁우위를 달성하고자 하는 종업원의 행위라고도 볼 수 있다.
  ㉢ 높은 고객 지향성을 갖춘 서비스종업원은 장기적인 고객만족을 유도할 수 있고, 고객이 느끼는 불만족을 직접 해결하려는 성향을 지닌다. 따라서 서비스전문가라면 고객지향성을 최대한 갖추도록 노력해야 한다.

(2) 거래관계

① 기업은 고객과의 관계를 지속하여 반복구매를 유도하고 거래관계를 확대하는 것이 필요하다. 그러한 장기적이고 지속적인 거래관계는 고객과 기업에게 모두 이득이 될 수 있다.
② 장기적이고 지속적인 거래관계 형성의 시작점은, 협의의 고객관계를 성공적으로 수행하여 고객으로 하여금 재구매를 할 수 있도록 만드는 것이다. 고객관계가 시작되는 최초의 구매단계에서 어떠한 구매경험을 하느냐에 따라 고객의 재구매 의도에 영향을 미친다.
③ 따라서 고객관계관리의 시작은 최초의 구매단계에서 서비스접점의 경험을 어떻게 고객에게 심어줄 것인가에서 시작되어야 한다.

[거래관계 확대의 이점]

'기업'에게 주는 이점	'고객'에게 주는 이점
• 마케팅비용의 감소 • 고객에 대한 이해증가 • 고객화 서비스 제공 • 서비스 제공단계의 간소화 • 교차판매나 Up-sales로 거래관계의 확대	• 탐색비용의 감소 • 사회적 편익 • 특별대우 편익 • 서비스 제공자에 대한 학습비용 감소 • 고객화 서비스의 수혜 • 서비스요청 단계의 간소화 • 위험의 감소

(3) 교환관계

① 교환관계는 거래 양 당사자들 간에 교환되는 자원의 범주에 따라 경제적 교환관계와 사회적 교환관계로 구별된다.
② 장기적이고 지속적인 관계에 영향을 주는 것은 경제적 교환관계에서의 가치와 사회적 교환관계에서의 가치의 상호작용이 동시에 영향을 미치며, 최초 구매시점의 서비스접점에서 경제적 교환과 사회적 교환이 모두 긍정적이라면 고객은 긍정적인 서비스경험을 하게 된다. 따라서 서비스 현장에서는 경제적 교환관계와 사회적 교환관계가 통합적으로 작용하게 된다.

[경제적 교환관계와 사회적 교환관계]

구 분	경제적 교환관계	사회적 교환관계
기 반	계산적이며 의도적인 거래적 행위	암묵적이며 장기적인 신뢰행위
내 용	물질적이며 금전적인 보상 등의 객관적인 요소	물질적이며 금전적인 보상뿐만 아니라, 심리적・정서적 보상 등의 주관적 요소까지 포함

③ 경제적 교환관계

서비스접점의 구성요소에 따라 구분하여 보면 기업과 고객, 기업과 종업원의 관계는 경제적 교환관계이다. 고객은 기업에게 비용을 지불하고 서비스를 제공받으며, 종업원은 기업에게 시간과 능력을 제공하고 보상을 받는다. 또한, 기업은 고객이 지불한 비용에 합당한 서비스를 공급하기 위해 서비스 자원을 사용하여 서비스를 생산하고, 종업원의 능력과 시간을 서비스 생산에 활용한다. 이처럼 경제적 교환관계에서 가장 중요한 것은 경제적 자원의 교환흐름이다. 이를 위해서는 아래와 같은 흐름이 이루어져야 한다.

㉠ 기업은 종업원의 능력과 시간을 사용하는 것에 대해 적정한 보상과 대가를 지불해야 한다.
㉡ 종업원은 기업에게 가치 있는 능력을 제공하고 정해진 시간 동안 성실하게 근무해야 한다.
㉢ 고객은 기업이 제공하는 서비스에 대해 합당한 비용을 지불해야 한다.
㉣ 기업은 고객이 지불한 비용에 적합한 서비스를 제공해야 한다.

④ 사회적 교환관계

서비스접점의 구성요소에 따라 구분하여 보면 종업원과 고객의 관계가 사회적 교환관계이다. 사회적 교환관계는 사회적 자원의 형성에 의해 영향을 받는다. 사회적 자원은 다음과 같은 특징들을 가지고 있다.

㉠ 사회적 자원은 통념적으로 경제성을 띠지 않는다.
㉡ 서비스접점에서 고객은 자신의 선호에 따라 서비스 제공자를 선택하게 되는데, 이러한 선호에 영향을 미치는 것이 사회적 자원이다.
㉢ 일반적으로 최초의 거래관계에서는 대인매력의 선호요소에 의해 촉진되지만, 지속적인 거래관계에서는 전문성, 대화능력, 인간관계능력, 문제해결능력, 신뢰 등과 같은 요소가 더 영향을 미친다.
㉣ 고객이 특정의 서비스 제공자를 선택하여 서비스를 요청하거나, 서비스 제공자가 특정의 고객에게 더 유리한 정보를 제공하는 등 사회적 자원은 상호관계에 이기적 선택을 하게 된다.
㉤ 사회적 자원은 사회적 교환관계의 핵심요소인 정보의 흐름에 영향을 준다.

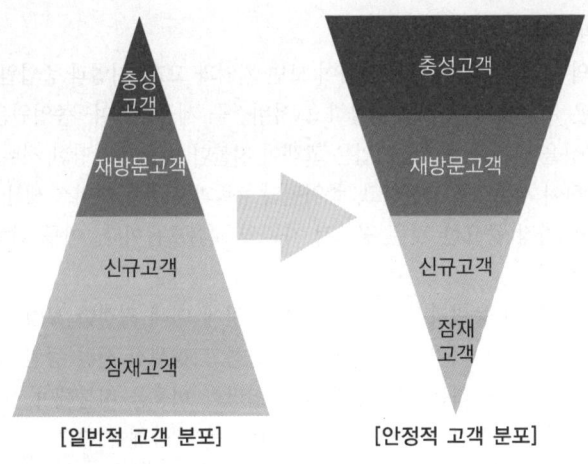

[일반적 고객 분포]   [안정적 고객 분포]

2 서비스접점에서의 파워관계

(1) 서비스접점 삼각구조 ★★ 중요

서비스접점의 삼각구조는 서비스 조직(기업), 현장 종업원, 고객으로 구성된 서비스접점의 삼자관계를 말한다. 삼자는 호혜적인 서비스접점을 창출하기 위해 함께 노력함으로써 많은 것을 얻을 수 있으며 그로 인해 이상적인 구조를 유지할 수 있다. 그러나 단지 자신의 역할만을 고집함으로써 한 구성원이 접점을 지배할 때 접점의 역기능적인 현상이 발생할 수 있으며, 접점구성원들이 서비스접점에 대해 통제권을 지배할 때 갈등이 발생한다.

① **서비스조직(기업)** : 서비스조직의 경영진은 수익을 확보하고 경쟁력을 유지하기 위하여 가능한 한 효율적으로 서비스를 전달하는 데 관심을 기울인다. 그 결과 경영진은 서비스전달을 통제하기 위해 고객에게 서비스를 제공할 때 현장종업원의 자율권과 재량권을 제한하는 규칙과 절차를 부과하려는 경향이 있다. 이와 같은 규칙과 절차는 고객에게 제공되는 서비스의 범위를 제한하려는 의도를 갖기 때문에 결과적으로 고객화의 결여에 따른 고객불만을 유발하기도 한다.

② **현장종업원** : 현장종업원들은 보다 쉽게 업무를 관리하고 스트레스를 덜 받기 위해 고객의 행동을 통제하고 싶어 한다.

③ **고객** : 고객은 서로 서비스접점에서 최대한의 혜택을 이끌어 내기 위해 서비스접점에 대한 통제권을 가지려고 한다.

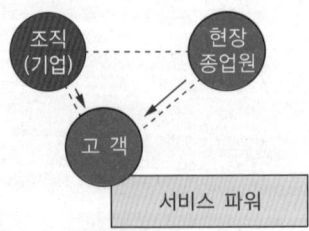

(2) 파워(Power)의 개념 ★★

① 파워 즉, 권력이란 한 개인(집단)이 다른 개인(집단)을 움직일 수 있는 능력이다.
② 특히 서비스접점의 통제권한은 일종의 파워 형태로 전달되고 인식되며, 서비스조직, 현장종업원 그리고 고객, 이 삼자는 서로에게 영향력을 행사한다.
③ 파워는 파워의 원천(Power Sources)과 의존성(Dependence)의 정도에 따라 결정된다. 특정구성원이 다양하고도 강력한 파워의 원천을 보유할수록, 그리고 다른 접점구성원의 의존도가 증가할수록 커지게 된다. 이러한 파워관계는 서비스접점의 상호작용과 결과만족에 매우 중요한 영향을 미치게 된다.
④ 상품 및 서비스를 판매하는 서비스접점에서 구매를 하기 싫어하는 고객이 있다면 그 고객의 행동을 바꿀 수 있는 현장종업원의 권력이 있어야 하는 것처럼, 파워는 필수적인 수단이다.

(3) 파워(Power)의 정의

① 에머슨(Emerson)의 정의
　㉠ 에머슨은 특정 개인이나 집단A의 파워가 사회적 관계 속에서 다른 개인이나 집단B의 A에 대한 의존정도에 의하여 결정된다고 하였다. 즉, B가 A에 더 많이 의존할수록 A의 파워가 커진다는 것이다.
　㉡ 에머슨은 B의 A에 대한 의존 정도는 A의 목표에 따르려는 B의 동기적 투자(Motivational Investment)에 비례하고, A 이외의 대안을 찾을 수 있는 가능성에 반비례한다고 보았다. 즉, B가 A의 목표를 적극적으로 수용하려고 하며 A 이외의 다른 대안이 없다면, B가 A에 대한 의존도가 높아지고 A의 파워도 커진다고 보았다.

② 다흘(Dahl)의 정의
다흘은 A와 B 간의 관계에서 A의 파워는 A가 B에 대한 영향력을 행사하지 않았다면 하지 않았을 어떤 일을 A가 영향력을 행사함으로써 B로 하여금 그 일을 수행하게 할 수 있는 정도로 정의하였다.

③ 파워에 대한 정의의 시사점
에머슨과 다흘의 정의를 토대로 파워의 정의가 시사하는 바는 다음과 같다.
　㉠ 파워는 타인과의 관계에서 발생된다.
　　즉, 접점의 파워는 접점구성원들 간의 관계에서 발생되는 것이며, 이러한 관계에는 경제적 관계와 사회적 관계를 모두 포함한다.
　㉡ A는 다양한 수단인 파워원천을 동원하여 B에게 영향을 행사한다.
　　이러한 파워원천은 단지 자원의 소유나 능력의 소유, 혹은 규정이나 규칙에 의한 것 이외에도 다양한 형태로 존재한다.
　㉢ A의 B에 대한 영향력의 행사가 B의 가시적인 행동변화로 나타나지 않더라도 A는 B에 대한 파워를 가질 수 있다.
　　즉, A가 B에게 영향력을 행사하려는 시도로 B가 특정행동을 행할 확률만을 증가시킨다 하더라도 A는 여전히 B에 대해 파워를 가진 것으로 볼 수 있다. 파워는 관찰 가능한 행동의 변화가 있어야만 하는 것이 아니라, 심리적 행동의도만을 유도하더라도 유효한 것이라고 볼 수 있다.
　　• 기업의 파워는 종업원이나 고객에게 직접적인 행동을 유발시키지 않더라도 특정행동을 유발시킬 확률이 높아지는 것만으로도 유효한 것으로 볼 수 있다.
　　• 고객의 파워는 기업이나 종업원의 특정 행동을 유발시키지 않더라도 특정행동을 유발시킬 확률이 높아지는 것만으로도 유효하다고 볼 수 있다.

> **Tip** 파워원천(Bases of Power)
> - 기업이 가치 있는 자산을 보유하고 있거나 또는 종업원이 전문적 능력이나 수행능력이 높다면 고객이 기업이나 서비스 제공자에 대한 의존성이 높아질 것이다. 또한, 특정 서비스자원을 보유하고 있는 기업에 대한 고객의 의존도, 특정 수행능력을 지닌 서비스 제공자에 대한 고객의 의존도를 보면 알 수 있을 것이다.
> - 컨설팅기업인 A가 고객인 B에게 시장정보 및 경영노하우를 제공할 수 있는 능력이 있다면, A에 대한 B의 의존도가 커질 것이다. 이러한 의존도의 증가에 따라 B에 대한 A의 파워가 증가하게 된다. 이 때 A가 지닌 시장정보제공능력과 경영노하우 제공능력은 파워원천(Bases of Power)이라고 한다.
> - 접점구성원들은 상대방에게 의존도를 높이고 이들의 의사결정과 접점행동에 영향을 미칠 목적으로 다양한 형태의 파워를 행사한다. 즉, 서비스접점의 파워는 다른 접점구성원들의 역할을 설정하고 이를 수행하도록 하는 메커니즘이 되는 것이다.

(4) 파워의 유형

파워의 유형은 많은 분류들이 있지만 프렌치와 레이븐(J. French & B. Raven)의 연구에서의 유형이 대표적이다. 이들은 파워의 유형을 보상적 파워, 강제적 파워, 전문적 파워, 준거적 파워, 합법적 파워 5가지로 분류하였고, 이후 레이븐(B. Raven) 등이 정보적 파워를 추가하였다.

① **보상적 파워(Reward Power)** : 파워보유자가 경제적이나 정신적 보상을 제공해 줄 때 나타나는 권력이다. 단, 보상적 파워는 단지 상대방이 그 보상을 원하고 있을 때 가능하다.

② **강제적 파워(Coercive Power)** : 강압적 권력이라고도 한다. 파워보유자가 무력, 위협, 감봉, 해고, 벌 같은 부정적 보상으로 이것을 피하려는 사람들에 대하여 행사하는 권력이다. 이 또한, 어떠한 벌도 달게 받겠다는 사람에게는 통하지 않는다.

③ **전문적 파워(Expert Power)** : 파워보유자가 특정분야나 특정상황에 대해 어떤 지식이나 해결방안을 알고 있을 경우 그것을 모르는 다른 사람들에 대해 권력을 가진다. 보통은 경험이 많은 상급자가 하급자에 대한 권력을 가지지만, 어느 분야에 대해서는 하급자가 더 많은 지식을 보유하고 있을 때 상급자를 조정하기도 한다.

④ **준거적 파워(Referent Power)** : 파워보유자가 무언의 매력과 설득력을 가지고 있을 때는 법적인 권한보다 더 위력이 있을 때가 있다. 그렇듯 어떤 사람에게 존경하고 따르고 싶은 매력이 있다면 우리는 무슨 일을 판단할 때 그 사람이라면 어떻게 할까 생각해 보고 그 사람에 준거하여 정한다.

⑤ **합법적 파워(Legitimate Power)** : 파워보유자가 서로의 약속에 의해 특정인에게 일정한 권력을 주도록 했을 때 그 특정인은 약속된 법과 제도에 의해 권력을 가지게 된다. 이러한 합법적 파워는 권한(Authority)이라고 하며, 회사에서의 지위권한인 규정, 법규, 제도 등이 해당된다.

⑥ **정보적 파워(Information Power)** : 파워보유자가 사람들이 가치 있다고 인정하는 많은 정보를 가지고 있거나, 그 정보에 보다 쉽게 접근할 수 있을 때 행사하는 권력이다.

CHAPTER 02 | 고객관계관리의 이해

▶ 무료 동영상 강의가 있는 SMAT Module B 서비스 마케팅·세일즈

1 고객관계관리의 개념

(1) 고객관계관리(CRM ; Customer Relationship Management) ★★

CRM이란 신규고객을 획득하고 기존 고객을 유지하기 위해 고객요구와 행동을 분석하여, 개별고객의 특성에 맞춘 마케팅을 기획하고 실행하는 경영관리기법이라 볼 수 있다.

① 정 의
  ㉠ Kalakoto & Rovinson(1999)의 정의 : 전사적인 관점에서 통합된 마케팅, 세일즈 및 고객서비스 전략을 통하여 개별고객의 평생가치(Lifetime Value)를 극대화하는 것이다.
  ㉡ Anderson Consulting(1999)의 정의 : 기업의 수익증대를 유지하면서 장기간 가치 있는 고객과의 관계를 향상하기 위한 목적으로, 고객을 올바르게 이해하여 세분화 및 개발하면서 마케팅, 세일즈 및 서비스를 하는 과정이다.
  ㉢ NCR(2000)의 정의 : CRM시스템 구축 경험이 있는 NCR은 CRM을 신규고객 유치 및 기존고객의 수익성을 향상시키기 위하여 고객과의 계속적인 커뮤니케이션으로 고객행위에 영향을 주고 그 행위를 이해하기 위한 전사적인 접근이라 하였다.

② 핵심개념
  ㉠ CRM은 고객가치 향상을 통한 기업 수익성의 극대화가 목적이다.
  ㉡ CRM은 가치 있는 고객을 분별하고 세분화한다.
  ㉢ 차별화된 서비스로 개별적인 고객과의 관계를 개선하여 평생가치를 극대화한다.
  ㉣ 고객관계 개선은 순환적 프로세스를 통해 장기간 지속되어야 한다.
  ㉤ CRM 활동은 전사적으로 접근하여야 한다.

③ 등장배경
  ㉠ 1990년대 초반
    정보기술의 발전으로 DB마케팅의 활용에 대한 관심이 많아지면서, DB마케팅은 기업의 내·외부 데이터를 통합하고 분석하여 마케팅 활동을 지원하는 것이었다. 이러한 정보기술의 발전은 대용량 고객정보의 저장과 마케팅 정보분석을 가능케 하였고, 다양한 고객정보 분석기법의 개발로 고객생애가치, 고객수익성분석, 고객행동분석 등 새로운 고객관리가 가능한 기술을 등장시켰다. 이후 이와 같은 마케팅 경향이 일대일마케팅이나 관계마케팅 등으로 더 발전하게 된 것이다.

ⓒ 1990년대 후반

DB마케팅의 발전된 개념으로 CRM이 등장하면서 기존의 DB마케팅의 개념과 유사하게 사용되기도 했으나, CRM과 DB마케팅은 몇 가지 측면에서 차이점이 있다. 그 차이점은 아래와 같다.
- 고객의 정보를 취할 수 있는 방법 면에서, CRM은 DB마케팅에 비해 고객접점이 훨씬 더 다양하고 정보의 취득도 전사적으로 이루어진다.
- 고객관리에 대한 전략의 확보면에서, DB마케팅은 새로운 정보가치의 발견과 방식으로 순간순간의 고객정보를 취하는 반면, CRM은 신규고객의 획득, 기존고객의 개발, 우수고객 유지와 같은 순환적 프로세스를 통하여 고객을 적극적으로 관리한다.

> **Tip** CRM마케팅과 DB마케팅
>
> CRM마케팅의 관점에서 봤을 때 마케팅의 발달순서
>
> 제품중심의 마케팅 → 직접 마케팅 → 표적 마케팅 → 데이터베이스(DB) 마케팅 → 고객지향 마케팅
>
> - **제품중심의 마케팅**
>   제품중심의 마케팅 시대에는 우수한 제품이 시장을 지배한다는 개념으로, '제품을 얼마나 오래 쓸 수 있는가' 또는 '어떻게 하면 제품의 수명주기를 늘릴 수 있는가'에 초점이 맞춰져 있었다. 고객들 또한 다양성을 추구하기보다는 좋은 제품을 더 오래 쓰고 싶어 했으므로, A/S(After Service)가 활발해질 수밖에 없었다.
>
> - **직접 마케팅**
>   제품을 오래 사용하는 시대가 지속되다 보니 신제품의 판매를 위한 적극적인 마케팅을 해야 했다. 고객들이 새 제품으로 눈을 돌리도록 유도하기 위해 직접 찾아가 고객이 원하는 상품을 실제로 보여주고 자세히 설명함으로써 고객을 이해시켜 판매하는 일이 많아졌다. 이때에는 '방문판매', 즉 '방판'이라는 단어가 등장하기도 했다.
>
> - **표적 마케팅**
>   제품을 '누구'에게 파느냐가 중요해졌다. 1989~1990년, 삼성은 남성들이 좋아할만한 VTR(Video Tape Recorder)을 판매하면서 이성에게 어필하는 광고를 내세웠다. 당시 배우 故최진실이 선보인 "남자는 여자하기 나름이에요."라는 대사가 크게 유행하면서 크게 주목받기도 했다. 이처럼 여성을 표적으로 한 타깃 마케팅은 그 이후로도 계속되었다.
>
> - **데이터베이스(DB) 마케팅**
>   정보 기술을 활용하여 기업의 내·외부 데이터 및 고객 정보를 통합하고 분석하여 마케팅 활동을 지원하는 것으로 고객에게 필요한 제품을 판매하기 위한 원투원(one to one)마케팅이라고도 한다.
>
> - **고객지향 마케팅**
>   데이터베이스 마케팅의 발달로, 항공사에서는 고객이 탑승할 때마다 승무원에게 정보를 제공하여 고객이 선호했던 와인을 서비스하는 등 맞춤형서비스를 제공하고, 자동차회사에서는 차량의 엔진오일이나 기타 부품을 교환할 시기가 되면 문자메시지를 발송하여 안전관리를 해주는 등의 밀착 서비스를 하게 되었다. 이러한 고객지향 마케팅을 하는 기업은 고객이 요구하는 가치를 중심으로 상품과 서비스를 통합하여 제공하며, 고객과의 장기적인 관계형성과 유지에 주력한다.

(2) CRM의 필요성과 특징

① 필요성 ★★ 🔖중요

㉠ 수익성 극대화

기업이 고객가치를 창출하기 위해서는 고객관계관리를 위해 노력해야 하며, 이를 기업의 가치확장의 기초가 되는 근원으로 인식하여야 한다. 이와 같은 인식하에 기업은 CRM을 통하여 고객의 획득, 개발, 유지 노력을 전략적으로 전개함으로써 그 고객과 주주들을 위해 가치창출을 해나갈 수 있는 것이다. 또한, 기업의 수익성 극대화를 위해서는 고객가치사슬(Value Chain)을 통해 고객가치를 향상시켜야 하는데, 기업은 고객가치사슬 내에서의 역할을 최적화하고, 산업 부가가치 사슬 내에서 최대한 효율적으로 자사의 위치를 확보하며, 최대한 가치 있는 협력이나 상호의존관계를 설계하여야만 한다.

㉡ 고객세분화와 차별화

CRM은 고객세분화와 차별화된 서비스를 가능하게 하여 수익성에 근거한 고객관리를 지원한다. 일부 불량고객은 수익에 전혀 기여하지 못하고 비용만 발생시키기도 한다. 그렇기 때문에 고객을 세분화하여 차별화된 서비스를 제공하는 것은 기업의 생존을 위한 과제이다. 이와 같은 과제를 해결하기 위해서는 고객수익성을 기준으로 세분화된 고객에 따라 전략적인 고객포트폴리오를 구성해야 하며, 이때 CRM은 효과적이고 과학적인 수단을 제공할 수 있게 되는 것이다.

㉢ 고객확보전략

기존고객에 대한 능동적인 관계유지 노력과 더불어 고객 데이터베이스를 활용하여 우량고객의 특성을 분석하고, 그 결과를 바탕으로 잠재고객이 될 수 있는 대상을 우선적으로 확보하는 활동이 CRM의 영역이다.

※ MGM(Member Get Member) 기법 : 기업의 기존고객으로부터 신규고객이 될 가능성이 있는 사람의 정보를 받아 새로이 고객을 유치하는 마케팅 활동

㉣ 고객유지전략

CRM을 통해 고객유지비용을 최소화하고 마케팅생산성을 높일 수 있다. 고객수익성을 기업 가치로 전환하려면 우수고객과의 장기적인 관계를 유지해야 한다. 또한, 이탈고객을 방지하기 위해 기존고객의 만족도를 향상시키는 유지전략이 필요하다.

② 특 징

CRM의 특징으로는 고객중심의 마케팅전략과 순환적 프로세스를 들 수 있다.

㉠ 고객중심의 마케팅전략

신규고객의 확보, 기존고객의 개발 및 우수고객의 유지전략을 전개하여 고객수익성을 향상시키고 이를 통하여 기업의 수익극대화라는 목적을 달성하려는 것이다.

㉡ 순환적 프로세스

순환적 프로세스는 마케팅 조사분석, 마케팅 관리, 세일즈 및 서비스 등으로 구분된다.

- 마케팅 조사분석 : 고객과의 다양한 채널을 통해 수집된 데이터를 통합하여 축적하고 고객가치측정, 고객세분화 등 고객정보분석을 실시하는 것
- 마케팅 관리 : 분석된 고객정보를 활용하여 마케팅 전략, 마케팅 프로그램 개발, 캠페인 관리, 고객접촉 등을 계획하고 실행하는 것
- 세일즈 및 서비스 : 고객접점에서 영업담당자들의 활동을 지원하고 고객 커뮤니케이션 정보를 제공하는 것으로, 이러한 일련의 활동이 순환적 프로세스를 통해 그 결과가 평가되고 더욱 개선되는 것

③ 이 점
  ㉠ 사업에 대한 전방위적 관점을 갖게 해준다.
  ㉡ 고객과 시장에 대한 정보를 전사적 관점에서 공유하게 한다.
  ㉢ 고객획득에 대한 비용을 절감시킨다.
  ㉣ 집중적으로 고객상호작용을 가능하게 한다.
  ㉤ 고객지원을 개선한다.
  ㉥ 고객만족을 향상시킨다.
  ㉦ 고객유지율을 높여준다.
  ㉧ 신사업에 대한 아이디어를 제공한다.
  ㉨ 투자대비수익률(ROI)을 높여준다.

2 CRM 전략

(1) CRM의 성공적인 도입방법

CRM은 고객이나 자사 영업사원(유통소매점 포함)의 입장이 최우선적으로 고려되어 설계되어야 한다.
① CRM은 회사자체의 내부 목표, 즉 수익증대, 영업생산성 향상, 영업 프로세스 개선 등에 도움이 되도록 설계되어야 하며, 고객이나 자사의 영업사원도 동시에 고려되어야 한다.
② CRM 전담조직 전문가에 의한 CRM 전략의 실행방법은 다른 조직의 구성원들로부터 무관심을 유발할 수 있다. 따라서 기업의 전 종업원이 참여하는 전사적 CRM 활동으로 확대되어야 한다.
③ CRM 활동은 정보기술을 담당하는 조직과 마케팅을 담당하는 관련 부서에서만 관심을 가져서는 안 되며, 전사적 관심과 지원이 이루어져야 한다.
④ 기업이 소매유통점과의 수직적 통합에 의한 공동의 통합 CRM 전략을 실행할 수 있는 환경을 준비하면 고객과의 장기적 관계를 발전시킬 수 있다.
⑤ 서비스기업이 제조업에 비해 CRM 도입이 용이하다.

[CRM 실행의 성공요인과 실패원인]

성공요인	실패원인
• 조직 전반에 고객 중심 문화 확립 • 우량고객에 대한 명확한 기준설정 • 고객에 대한 공정한 대우 • 관련 사업부서 간 협력체제 확립 • 성과평가에 합리적인 반영	• CRM을 기술에 기반한 것이라 판단 • 고객중심 사고의 부족 • 고객생애가치에 대한 이해 불충분 • 최고경영자층의 적절치 못한 지원 • 관련 사업부서 간 협업의 부족 • 비즈니스과정 재설계의 실패 • 데이터통합의 과소평가

(2) 통합적 CRM 전략

통합적 CRM 전략을 위해서는 전략개발, 가치창조, 유통경로의 통합 정보관리, 성과평가가 포함되어야 하며, CRM 전략의 계획절차는 다음과 같다.

① 환경 분석 : 고객과 시장환경 고려
② 고객 분석 : 세분화된 고객평가를 통한 심층적인 자사고객 분석
③ 전략방향 설정 : CRM의 목적과 기대효과, 이를 위해 필요한 활동과 주체 설정
④ 고객가치 설정 : 고객이 필요로 하는 서비스상품 구상
⑤ 서비스 개인화 : 고객의 인적특성 및 심리적 특성을 고려한 서비스상품 설계
⑥ 수단 설계 : 고객에게 서비스상품을 어떻게 제공할 것인지 결정

(3) 성공적인 CRM 전략

① 고객유지 전략 : 고객의 지각된 위험과 구매 후 부조화를 최소화
  ㉠ 서비스혜택, A/S, 긍정적인 평가자료 등의 정보제공
  ㉡ 개별고객에 대해 개인적인 관심을 표현
  ㉢ 이탈가능 고객예측을 통한 사전적인 문제해결
  ㉣ 고객에 대한 불평관리 및 보상체계를 구축
② 고객활성화 전략 : 인센티브, 쿠폰, 이벤트 등의 판촉을 통해 사용빈도 향상
③ 고객충성도제고 전략 : 고정고객에 대한 차별적 서비스로 고객관계 강화
④ 교차판매 전략(Cross-selling) : 특정 서비스상품의 고객에게 자사의 다른 상품구매 유도
⑤ 과거고객 재활성화 전략 : 거래 데이터베이스를 통해 거래중단고객 재거래 유도
⑥ 신규고객확보 전략 : 거래경험이 없는 잠재고객의 서비스상품 구매 유도
  ㉠ 고객데이터를 활용하여 현재고객과 유사한 특성을 지닌 대상 검색
  ㉡ 잠재고객에게 광고자료, 할인쿠폰, 신규고객 이벤트 행사 등 제공
⑦ 추가판매 전략(Up-selling) : 특정 카테고리 내에서 상품 및 서비스의 구매 금액을 늘리도록 유도

(4) 단계별 고객관리

① 가망고객 발굴 : 타깃고객을 명확히 하여 DM, 이메일 등을 통해 세일즈활동 전개
② 신규고객 창출 : 가망고객을 대상으로 구매가 이루어질 때까지 지속
③ 신규고객 관리 : 웰컴(Welcome)프로그램 등을 통해 관계 관리
④ 고객정보 수집 : 고객의 정보를 수집하여 일반고객과 우수고객을 식별함
⑤ 고객가치 증대활동 : 지속적으로 기업과 상품 및 서비스의 가치를 제공함
⑥ 우수고객 관리 : 무료주차권, 전담상담직원, 전용창구 등의 차별적 서비스 제공
⑦ 불만고객 관리 : 불만의 원인을 분석하고 적극적인 처리와 대응을 함
⑧ 고객이탈 방지 : 한동안 거래가 없는 휴면고객을 찾아 이탈 방지
⑨ 이탈고객 재유치 : 수익성이 높았던 고객 중 이탈고객의 재유치 전략 필요

3 e-CRM

(1) e-CRM의 개념 ★★ 중요

① e-CRM은 온라인에서 수집한 고객데이터를 저장하고 분석하여 고객을 선별, 획득 및 유지하는 고객관계관리이다.
② 현대 시대는 IT가 발달하면서 e-Business도 함께 변화하였다. 그로 인해 기존 CRM의 한계가 나타났고, 시간이나 장소, 채널이 다양한 e-CRM의 중요성이 대두되었다.
③ e-CRM은 인터넷을 통해서 고객의 요구에 신속히 대응할 수 있어서 고객의 행동을 예측하고 기업의 수익을 증대시키는 데 유용하다.

[CRM과 e-CRM의 비교]

구 분	CRM	e-CRM
대 상	오프라인 대상	온라인 또는 e-Business 대상
접 점	콜센터, DM 등	이메일, SNS 등
지역범위	해당 지역	전세계 제한 없음
시간범위	제한적	제한 없음

(2) e-CRM의 역할과 활용성

① 기업이 수집한 고객, 제품 및 서비스에 대한 각종 데이터를 통합적으로 관리하는 데이터웨어하우스(Data Warehouse) 역할을 한다.
② 수집된 데이터를 분석하고 마케팅 활동에 활용될 수 있도록 지원하는 역할을 한다.
③ 기업의 각종 캠페인 활동을 지원하고 효과분석 역할까지 한다.
④ 고객 데이터에 맞는 온라인 마케팅활동을 계획하고 수립하는 데 유용하다.
⑤ 웹을 통해서 전화주문과 온라인서비스를 지원하여 콜센터 역할을 한다.
⑥ 웹사이트 상에서 고객들의 궁금증이나 제안 등을 받아 해결하거나 참고하도록 한다.
⑦ 인터넷 채팅, 원격지원 등으로 고객요구에 효과적으로 대응하는 기능을 한다.

CHAPTER 03 고객경험관리의 이해

▶ 무료 동영상 강의가 있는 SMAT Module B 서비스 마케팅·세일즈

1 고객경험관리의 개념

(1) 정의

① **고객경험**
고객경험이란 제품의 구매 및 사용과 관련된 모든 접점에서 갖게 되는 접촉 및 상호작용이라고 할 수 있다. 모든 접점에서 고객에게 형성되는 다양한 경험은 제품이나 서비스에 대한 고객의 인식을 형성하고, 이는 고객의 구매의사결정에 직접적인 영향을 미치게 된다.

② **고객경험관리** ★★ 주요
고객경험관리(CEM ; Customer Experience Management)란 기업이 고객과 만나는 모든 접점에서 고객이 체험하게 되는 다양한 경험을 관리하여 만족스러운 경험인식을 갖게 하고, 이를 통해 그 기업이 제공하는 상품 및 서비스에 대한 긍정적 인식을 형성시켜 고객의 구매의사결정에 영향을 주고자 하는 고객관리 프로세스이다.

[고객관리의 발달 순서]

(2) 목적

고객과 기업의 접점에서 고객이 만족스러운 경험을 하도록 하여 해당기업에 대한 긍정적 인식을 형성하도록 하고, 기존 고객들의 재구매와 잠재고객들의 의사결정에 영향을 주고자 하는 것이 목적이다.

(3) 등장배경

1990년대 초에 출현한 고객만족경영은 이론적으로 기존고객들을 주된 대상으로 하는 경영활동에 한정되어, 잠재고객들을 대상에서 배제한다는 한계점이 있었다. 게다가 만족한 고객들마저도 많은 이유로 재구매하지 않고 이탈하는 정도가 상당히 높아 고객만족경영의 성과에 대해 회의감이 커졌다. 이러한 맥락에서 고객만족경영은 확장이 필요해졌고, 그에 대한 대안으로 제시되기 시작한 것이 고객경험관리이다.

[고객만족경영과 고객경험관리 비교]

구 분	고객만족경영	고객경험관리
출현시기	1990년 초	2000년 초
목 적	만족한 고객의 추천을 통한 신규구매 및 재구매	기존고객의 재구매와 고객경험개선을 통한 잠재고객의 신규구매
대상고객	기존고객	기존고객 및 잠재고객
특 징	구매 및 사용 후 만족이 핵심	구매 및 사용 전후의 모든 접점에서 긍정적 경험전달이 핵심

> **Tip** 해피콜(Happy Call)
>
> - 특별한 목적이나 판매 권유 없이 고객서비스 만족을 위하여 고객에게 전화를 거는 아웃바운드 형태의 전화를 말하며, 고객이 서비스를 이용하면 고객에게 전화를 걸어 만족도를 체크하는 등 고객만족 증진을 목적으로 진행되는 마케팅 방식이다. 또한, 고객과의 원활한 인간관계를 지속적으로 유지함으로써 고객관리가 수월해지는 장점이 있다.
> - 최근에는 해피콜이 대중들에게 일반화되어 판매활동을 증진시키는 모든 대고객서비스를 일컬어 해피콜이라고도 한다. 심지어 해피콜의 이름을 딴 상품들도 등장하고 의료서비스에서도 이 용어를 사용하고 있다.

2 고객경험관리의 필요성과 접근법

(1) 필요성

고객경험관리는 제품과 서비스의 차별화가 점점 어려워지고 있는 경험경제시대에서 새로운 차별화 수단이 되었고, 점점 더 그 필요성이 증대되고 있다. 고객경험관리가 필요한 이유는 다음과 같다.

① 고객의 경험소비에 대한 욕구 증가
② 경험의 질이 기업성과에 영향
③ 고객관계관리의 보완적 수단
④ 구매반응속도

> **Tip** 경험만족도와 구매결정 비율
>
>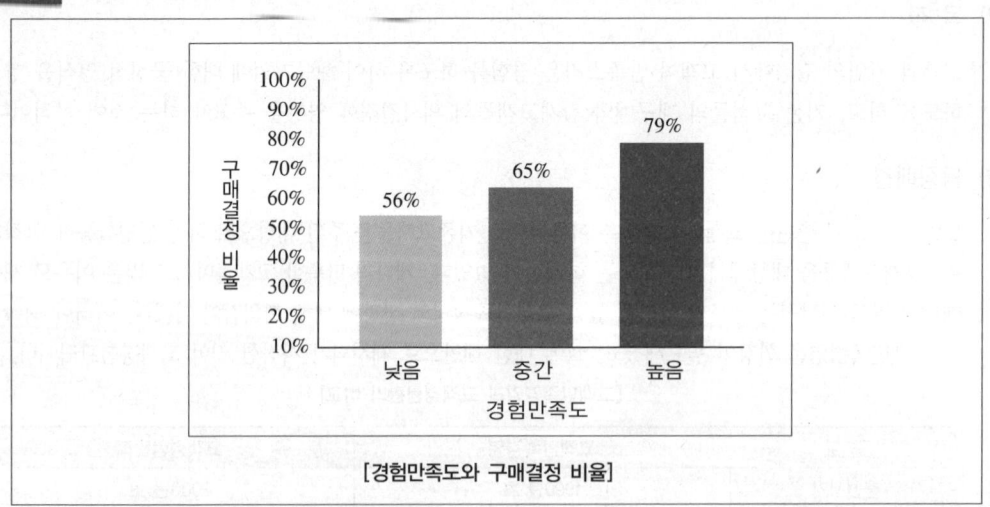
>
> [경험만족도와 구매결정 비율]
>
> 포춘 500대 기업을 3년간 연구한 피어 인사이트(Peer Insight)는 고객경험전략을 중요시한 기업들은 S&P 500 기업 평균 마진보다 10배 더 높은 성과를 나타냈다고 보고했다. 이처럼 고객경험을 통한 기업가치를 향상시킨 증거들은 경영자들이 고객경험을 고객가치 제안에 활용함으로써 비용대비 성과를 최대화할 수 있다는 것을 보여주고 있다.

고객에게 특별한 경험을 제공하려면 특별한 느낌을 체험하도록 경험을 설계해야 한다. 이를 위해서는 고객경험 연출방법과 현장 즉흥서비스 제공이 필요하다.

예를 들어, 할리데이비슨 올랜도는 새 고객이 오토바이를 구매할 때마다 벨을 울리고, 식료품체인점 픽앤페이(Pick N Pay)는 동료직원이 고객을 위해 새로운 아이디어를 낼 때마다 벨을 울린다. 이 외에도 고객에게 가치를 주는 경험 서비스 사례들은 아이가 아이스크림을 떨어트렸을 때 다시 제공하고, 아이들을 위한 특별한 게임이나 이벤트, '오늘의 손님' 프로그램, 기대하지 못한 호텔 객실 무료 업그레이드 등 많다.

출처 : 고객만족마케팅전략, 계도원 지음, 좋은책만들기
그림 : 계도원(2009), 고객마음 고객행동 고객문화

(2) 접근법

고객경험관리는 모든 접점에서 고객과 관계를 맺게 해주고, 각기 다른 고객경험요소를 서로 통합해 준다. 고객경험관리는 제품판매 이전과 이후에도 정보와 서비스를 제공하는 등 고객과 지속적으로 상호작용하도록 유도하여 고객이 감동적인 경험을 갖도록 해준다. 이와 같이 고객경험관리는 고객의 충성을 유발시켜 기업 가치를 더해준다.

① 관점에 따른 접근법

고객경험의 관점에서 보면 상품경험, 구매경험, 서비스경험이 있으며, 고객은 이 3가지 접점에 총체적으로 만족감을 느껴야 비로소 만족하게 된다.

② 슈미트(B. H. Schmitt)의 전략적 체험 모듈 ★★ 중요

㉠ 슈미트는 '체험'이란, 어떤 자극, 예를 들면 구매 전후의 마케팅 노력에 의해 제공되는 자극에 대한 반응으로, 가상이든 아니든 사건의 직접적 관찰과 참여로부터 일어난다고 하였다.

㉡ 슈미트는 체험을 감각, 감성, 인지, 행동, 관계의 총 5가지로 분류하였고, 이 5가지 영역을 '전략적 체험 모듈(Strategy Experiential Module, SEMs)'이라 하였다.

㉢ 감각, 감성, 인지, 행동, 관계 영역의 전략적 체험 모듈의 예시는 '체험제공수단'이라는 전략적 마케팅 수단으로서, 커뮤니케이션, 아이덴티티, 제품외형, 공동브랜딩, 공간적환경, 웹사이트, 인적요소 등이 해당된다.

[슈미트의 전략적 체험모듈]

경험요인	개념
감각적(Sense) 경험	오감(시각, 청각, 촉각, 미각, 후각)을 통한 경험
감성적(Feel) 경험	즐거움이나 불쾌함 등의 감정적인 경험
인지적(Think) 경험	지성을 통해 이루어지는 경험
행동적(Act) 경험	육체적 상호작용을 통한 경험
관계적(Relate) 경험	감각, 감성, 인지, 행동의 4가지를 모두 포함하는 관계를 통한 모든 차원의 경험

③ 슈미트의 고객경험관리 5단계

고객경험관리를 성공적으로 시행하기 위한 단계는 슈미트에 의해 5단계로 정의되어 있다. 제1단계 고객의 경험세계를 분석하고, 제2단계 경험적 기반을 확립하고, 제3단계 고객경험을 디자인하고, 제4단계 고객인터페이스를 구조화하고, 제5단계 지속적으로 혁신하는 것이다.

[슈미트의 고객경험관리 5단계]

고객경험과정 분석 → 고객경험기반 확립 → 고객경험 디자인 → 고객인터페이스 구조화 → 지속적인 혁신

단 계	단계과정	내 용
제1단계	고객경험과정 분석	고객경험은 크게 제품과 서비스, 커뮤니케이션, 사람으로 분류되며 이 경험과정을 분석해야 한다.
제2단계	고객경험기반 확립	고객경험기반은 경험의 우선순위, 경험과 자극의 역치, 경험의 차별성을 확립해야 한다.
제3단계	고객경험 디자인	고객경험과 소비자 역할의 변화, 고객경험과 고객피드백, 고객경험과 고객상호작용을 디자인해야 한다.
제4단계	고객인터페이스 구조화	기업은 고객에게 일관되고 통합된 경험을 제공함으로써 고객의 가치를 높이는 데 활용하여야 한다. 이를 위해 다양한 접점을 통하여 경험의 질을 총체적으로 관리해야 한다.
제5단계	지속적인 혁신	고객경험관리는 통합적이고 구조화되어 장기적으로 지속되어야 하지만, 접점별 그리고 시기별로 트렌드와 유행에 뒤처지지 않는 것이 중요하다. 이때 중요한 것은 기업이 제공하고 싶은 경험이 아니라 고객이 받고 싶어하는 경험이어야 한다.

(3) 원리와 실행

고객경험관리의 원리와 실행과정을 프레임워크(Framework)로 나타내면 아래와 같다.

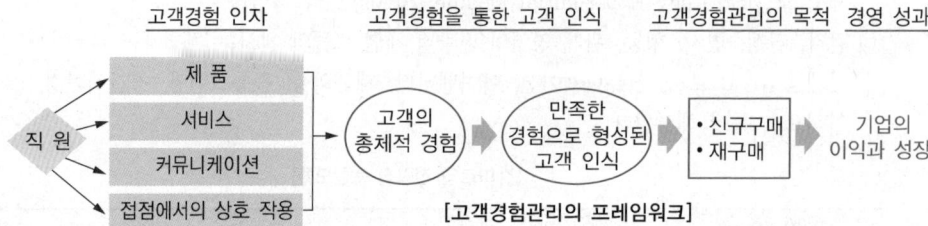

[고객경험관리의 프레임워크]

자료 : LG Business Insight – 고객경험관리의 문제점과 개선 포인트

Tip 통합된 마케팅(IMC ; Intergrated Marketing Communications)의 등장

과거에는 단순한 광고마케팅 수단으로는 크게 ATL과 BTL로 구분되었다.
- ATL(Above The Line) : TV, 라디오, 신문, 잡지 등 4대 미디어 매체를 이용한 광고를 말한다. 단, 최근에는 케이블TV, 위성TV 등의 미디어의 확장을 모두 포함한다.
- BTL(Below The Line) : 판매촉진, 이벤트, 스폰서십, 옥외광고, DM, TM, PPL 등을 이용한 광고를 말한다. 즉, 미디어 매체를 제외한 직접적인 마케팅 커뮤니케이션 활동을 의미한다.

그러나 최근에는 통합마케팅의 중요성이 대두되면서, 고객들이 직접 경험하고 다양한 의사소통을 통해 관계를 유지할 수 있는 통합마케팅 커뮤니케이션(IMC ; Integrated Marketing Communications)이 활성화되었다. 실제로 SNS 및 온라인커뮤니티 등의 다양한 채널들이 등장하면서 4대매체의 영향력이 감소하였고, 고객들이 브랜드를 직접 접해 보려 하는 경향이 생겨나면서, 기업은 ATL과 BTL로 그치지 않고 통합된 마케팅 커뮤니케이션으로 통합 실행하는 추세로 변화되고 있다. 이제 기업은 IMC에 대한 고민을 안 할 수 없게 되었다.

3 소비사슬(Consumption Chain)

(1) 의의

① 소비사슬이란, 소비자가 제품을 인식하고 사용한 후 소비자 만족 또는 불만족에 이르러 제품회수 및 A/S 등 제품사용 및 처분까지 이르는 일련의 과정을 뜻한다.
② 소비사슬은 고객들이 자신의 필요를 충족시키는 데 영위하는 일련의 활동이며, '연결된 행위들의 고리'를 의미한다.
③ 소비자가 제품이나 서비스를 필요로 할 때부터 사용 후 최종적으로 처분하기까지의 모든 과정으로서, 소비자는 이러한 과정을 하나씩 쪼개어 인지하지 않고, 기업이나 브랜드에 대한 '총체적인 경험'으로 인식하므로 소비자들의 평가의 근간이 된다.
④ 기업들은 고객들이 기업을 아는 것보다 기업이 고객을 더 잘 알도록 창의력을 발휘해야 한다. 그리고 이러한 일들을 성공적으로 하는 기업들은 시장과 조화를 이룰 수 있으며 그런 점에서 소비자의 경험분석은 매우 중요한 일이다.

(2) 단계

소비사슬 단계는 '욕구의 인지, 탐색, 선택, 주문 및 구매, 파이낸싱, 지불, 수령, 설치, 저장 및 이동, 사용, 수선 및 반환, 폐기'로 구분하고, 이 단계들을 거쳐 '재구매'로 이어진다.

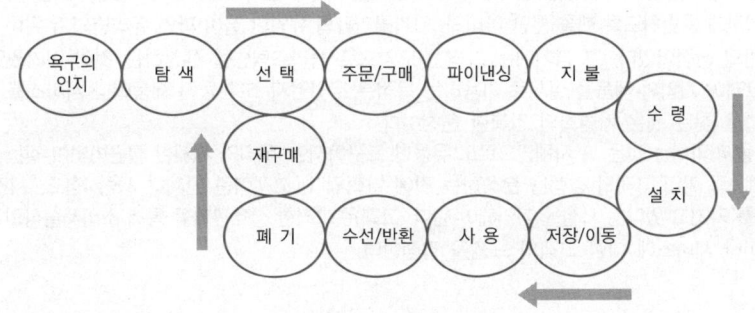

[제품구매 소비사슬의 예]

(3) 소비사슬과 고객경험분석

필립 코틀러(Philip Kotler)는 개별 고객들이 선택할 수 있는 선택항목들의 집합을 보여주는 선택 지도를 개발하는 단계를 연구하였는데, 그 첫 번째 단계는 고객의 소비사슬(Consumption Chain)을 파악하는 것이었다. 왜냐하면 소비체인의 각 단계에 어떤 새로운 가치와 혜택을 제시할지를 생각할 수 있기 때문이다.

[소비체인을 지도화하기 위한 질문들의 예]

질 문	• 사람들은 어떻게 해당 제공물에 대한 필요를 인식하게 되는가? • 그들은 어떻게 그 제공물을 찾아내는가? • 그들은 어떻게 그들의 최종 구매결정을 내리는가? • 그들은 어떻게 제공물을 주문하고 구입하는가? • 그들은 어떻게 전달되는가? • 그 제공물이 전달될 때 어떤 일이 일어나는가? • 그 제공물은 어떻게 설치되는가? • 그 제공물의 값은 어떻게 지불되는가? • 그 제공물은 어떻게 저장되는가? • 그 제공물은 어떻게 이동되는가? • 그 고객은 진정으로 무엇을 하기 위해서 그 제공물을 사용하고 있는가? • 고객들이 그 제공물을 사용할 때 그들은 어떤 도움이 필요한가? • 반품과 교환에 대한 정책은 무엇인가? • 그 제공물은 어떻게 수리되고 서비스되는가? • 그 제공물은 어떻게 처분되는가?

> **Tip** 소비자 경험 분석의 사례
>
> • **펩시콜라**
> 펩시콜라社의 스컬리(John Sculley) 마케팅 팀이 펩시콜라를 코카콜라와 차별화하기 위한 방법으로 포장을 어떻게 이용했는지 알아보자. 스컬리 팀은 1970년대 초반에 그 당시에 사용되던 무거운 유리병보다 가벼워서 운반하기에 용이한 플라스틱병을 설계함으로써 펩시콜라社에 일시적인 독특한 경쟁우위를 가져왔다. 콜라를 보다 용이하게 운반하도록 했을 뿐만 아니라, 코카콜라社의 유명한 골이 파인 유리병의 우위를 감소시킨 것은 바로 운반의 장점이었다. 그 당시에는 그러한 모양으로 플라스틱병을 생산하는 것이 어려웠기 때문이다. 이렇듯 고객이 기업의 제품을 실제로 이용하는 목적은 무엇인지, 고객들이 제품이나 서비스를 이용하는 보다 나은 방법을 찾는 것은 차별화의 강력한 원천이다.
> 소비사슬을 파악하는 것은 그 자체만으로도 유용한 도구이지만, 우리가 제시한 접근방법이 갖는 전략적 가치는 다음 단계, 즉 기업 고객의 경험을 분석하는 것에 달려있다. 고객이란 언제나 사람, 장소, 시간 또는 활동과 상호관계를 가지고 있다는 사실을 기억해야 한다. 고객은 그러한 상호관계를 통해 소비사슬상의 각 연결부분에서 제품이나 서비스에 대한 고객의 느낌을 결정한다.
>
> • **락앤락**
> 락앤락은 밀폐용기 뚜껑의 네 귀퉁이에 날개를 달아 밀폐력을 높인 제품으로 차별화를 이루었다. 제품의 특성을 강조해 '두 번 잠근다'는 뜻의 브랜드네임인 'LOCK & LOCK'을 널리 홍보하였다. 락앤락은 국내 밀폐용기시장에서 약 60퍼센트에 이르는 시장점유율을 보유할 수 있게 되었고, 세계시장에서도 밀폐용기 분야의 대표브랜드로 자리잡았다. 또한, 락앤락의 회장이 한 인터뷰에서 말한 내용을 보면, 완벽한 밀폐력을 자랑하면서도 안에 담겨있는 내용물을 쉽게 들여다 볼 수 있도록 만들어진 락앤락은, 차별화되는 독특한 제품으로 세계를 상대할 수 있도록 한 제품이라고 했다. 락앤락의 제품은 세계시장에서 공통적으로 쓰일 수 있는 제품이 80퍼센트 정도 되고, 지역별 특성을 가진 제품이 20퍼센트 정도로 구성되어 있다. 지역별 특성을 가진 제품으로는, 인도의 향신료와 밀전병을 담을 수 있는 로티마살라 도시락, 우리나라의 김치통, 유럽의 스파게티보관용기, 중국의 차통, 미국의 시리얼용기 등이다. 또한 락앤락은 미국진출 시 TV홈쇼핑방송에서 제품을 선보일 때 락앤락용기에 귀중품을 넣은 다음 물이 가득 담긴 수조에 담갔다가 꺼내는 실험 장면을 보여주어, 물 한방울 새어 들어가지 않는 완벽한 밀폐력을 홍보하여 줄곧 큰 인기를 끌었다. 락앤락은 세계적인 기업들이 이미 장악하고 있던 비슷한 제품시장에서 소비자들이 진정으로 바라는 니즈를 파악하여 제공하고자 적극적으로 노력했다.

CHAPTER 04 구매사이클과 충성고객

▶ 무료 동영상 강의가 있는 SMAT Module B 서비스 마케팅·세일즈

1 구매사이클

소비자들은 무엇인가를 구매할 때 일정한 사이클을 형성한다. 어떤 제품이나 서비스를 처음 구매하는 사람들은 일반적으로 '인지 → 최초구매 → 구매 후 평가 → 재구매 결정 → 재구매'의 5단계를 거치게 된다. 단, 제품이나 서비스의 특징에 따라 차이가 발생될 수는 있다.

인 지 → 최초구매 → 구매 후 평가 → 재구매 결정 → 재구매

[구매사이클]

(1) 1단계 : 인지

고객충성도는 고객이 상품이나 서비스를 인지하는 단계에서 시작된다. 잠재고객의 마음속에 경쟁자의 상품이 자리잡기 전에 우리의 상품을 선점시키는 것이 중요하다. 인지의 단계에서는 고객이 제품의 존재는 알지만 아직까지 결속이 이루어지지 않은 상태라 할 수 있다. 따라서 이 단계에서는 기업의 다양한 마케팅 활동과 그에 따른 비용이 발생된다.

(2) 2단계 : 최초구매

최초구매는 고객충성도를 키울 수 있는 능력을 가늠한다는 측면에서 매우 중요하다. 최초구매는 시도구매이며, 제품, 서비스직원, 서비스수준, 물리적 환경 등과 관련하여 고객에게 긍정적이거나 부정적인 인상을 줄 수 있다. 따라서 최초구매는 매우 중요한 기회로 인식하여 집중해야 한다.

(3) 3단계 : 구매 후 평가

구매 후 고객은 구매행동에 대한 평가를 하게 되는데, 이때 긍정적인 평가가 나오게 된다면 재구매 결정 단계로 들어가게 되고, 구매 후 평가에서 재구매로 진입되지 못한 고객은 다른 서비스 제공자에게로 전환하여 이탈되는 것으로 볼 수 있다.

(4) 4단계 : 재구매 약속

반복구매는 고객충성도에 있어서 가장 결정적인 행동이며, 고객만족보다 더 결정적인 측정요소이다. 재구매 동기는 경쟁자들에 비교해서 좋은 품질을 제공받았다는 점이 우선적일 것인데, 재구매 결정에 대해 감정적인 유대를 중요시하는 경향이 있지만 초기의 재구매 결정일 경우에는 감정적 유대보다는 다른 요소에 의해 재구매 결정을 하게 되는 경우도 있다.

(5) 재구매

실제적인 재구매가 이루어진다면 진정한 의미의 충성고객 단계를 시작하게 되었음을 의미한다. 충성고객은 구매사이클 3단계에서 5단계를 반복하는 고객이다. 고객이 경쟁사로 넘어가지 못하도록 노력하는 기업의 창의적인 노력이 고객의 재구매를 지속할 수 있을 것이다. 거래는 항상 상호적이며 고객의 충성스러운 구매행동에 대해 기업은 고객가치를 증가시키는 창의적 노력을 지속해야 할 것이다.

2 충성고객 확보전략

고객을 최초구매고객, 반복구매고객, 충성고객으로 분류해서 고객단계에 맞추어 충성고객을 확보할 수 있는 방법에 대해 단계별로 살펴보자.

(1) 최초구매고객

① 최초구매고객의 입장
　㉠ 최초구매고객은 우리 고객이 될 수도 있지만 경쟁사의 고객이 될 수도 있는 상태이며, 거래의 신뢰가 형성되지 않은 상태이므로 무엇보다도 거래에 집중해서 충실하게 접근하는 것이 중요하다.
　㉡ 최초구매를 고려하는 고객들은 아래와 같은 궁금증을 갖는다.
　　• 서비스제공자가 나의 요구를 해결해 줄 전문성이 있는가?
　　• 서비스제공자는 이익만 추구하려 하는가?
　　• 나에 대한 이해와 배려가 있을까?
　　• 서비스제공자는 판매만을 목적으로 유인하려고 하지는 않을까?
② 최초구매고객에 대한 기업의 입장
　㉠ 기업의 입장에서도 최초구매고객은 사전적인 데이터가 부재하므로 고객이 기대하는 바를 정확하게 알지 못하는 상태이다. 최초구매고객에 대한 기업의 대응은 일방적인 설명과 설득보다는 고객의 관심사항이 무엇인지를 먼저 파악하는 것이 중요하다.
　㉡ 최초구매고객에게 보여주어야 하는 행동들은 다음과 같다.
　　• 판매목적을 버리고 고객의 문제에 대한 순수한 관심을 갖고 경청을 한다.
　　• 사실과 현상만을 정직하게 이용하여 정보를 제공한다.
　　• 고객과의 대화에서 지킬 수 있는 범위 내에서만 약속을 한다.
　　• 고객의 기대감을 충족시킨다.
　　• 재방문을 위한 비전을 제시한다.
　　• 첫 거래에 대한 감사의 표현을 한다.
　　• 재방문을 요청한다.

(2) 반복구매고객

① 반복구매고객에게 관심을 가져야 할 부분은 고객관계와 관계의 발전이다.
  기업은 최고구매고객을 반복구매고객으로 키우기 위해서 더 큰 가치를 제공해야 한다. 왜냐하면 새로운 제품이나 서비스를 시도해 본 후 만족스러운 평가가 나오면 두 번째 구매로 이어질 것이기 때문이다. 따라서, 충성고객을 키우는 관점으로 본다면 최초구매보다 더욱 의미가 있는 것은 얼마나 많은 고객이 두 번째 구매를 하였는가에 있다. 최초구매는 호기심으로 했다면, 두 번째 구매는 선호를 갖고 했다고 볼 수 있다.

② 최초구매고객이 반복구매고객으로 전이되지 않는 이유는 초기문제발생에 대해 적합한 처리를 하지 못했기 때문이다. 만약 첫 구매 이후 문제가 발생한다면 고객은 자신의 구매를 후회하게 된다. 이에 대해 기업은 적극적인 서비스를 제공할 준비가 되어 있어야 한다. 초기문제의 처리방식에 따라 고객관계는 발전될 수도 있고 중단될 수도 있는 것이다.

③ 최초구매 후 불만족한 평가가 나타나게 되면 고객은 심리적인 부조화를 경험하게 된다. 이러한 심리적인 부조화 상태의 정도는 몇 가지 요인에 의해서 결정된다.
  ㉠ 구매결정이 중요한 것일수록 부조화 상태는 심화된다.
  ㉡ 구매 전에 고려했던 경쟁제품이 많을수록 부조화 상태는 심화된다.
  ㉢ 선택하지 않았던 경쟁제품의 조건이 좋을수록 부조화 상태는 심화된다.
  ㉣ 해당 제품이나 브랜드의 구매빈도가 높을수록 부조화 상태는 약화된다.
  ㉤ 구매를 돌이킬 수 없을 경우 부조화 상태는 심화된다.

④ 반복구매고객에게 기업이 취해야 할 행동들은 다음과 같은 것들이 있다.
  ㉠ 추가적 고객혜택이나 부가적 교차판매기회를 통해 고객욕구확인 후 충족시킨다.
  ㉡ 고객충성도를 형성할 수 있는 제품 및 서비스를 판매한다.
  ㉢ 고객의 브랜드전환에 대한 방어 노력을 한다.
  ㉣ 고객기대의 진화에 대해 분석을 한다.

(3) 충성고객(= 단골고객) ★★ 중요

① 충성고객 확보를 위해 갖추어야 할 것

탁월한 운영	고객들은 자신과 거래하는 기업의 운영이 탁월할수록 고객가치를 제공할 가능성이 높다고 평가한다. 반면, 고객의 시각에서 비효율적인 운영을 하는 기업의 제품이나 서비스에 대해서는 좀더 혁신적이거나 비용우위적인 발전을 할 필요가 있다고 판단할 것이다.
고객과의 밀접성	충성고객이 될 반복구매고객들은 기업이 고객의 기대가 변화되고 진화되는 것을 얼마나 밀접하게 관찰하고 대응하는지에 대해서도 평가를 할 것이다.
제품의 우월성	고객들은 지속적으로 나타나는 경쟁자의 제품이나 서비스에 비교해서 우월성을 유지하기를 원할 것이다. 단골고객은 가격보다 가치중심적으로 판단하고 행동한다.

② 충성고객에 대해 취해야 할 행동
  ㉠ 고객화(Customization)된 맞춤 제공을 개발한다.
  ㉡ 고객이 제품과 서비스의 고객화 과정에 참여할 기회를 제공하고 적극 수용한다.
  ㉢ 고객이 라이프스타일이나 비즈니스스타일의 변화를 지원한다.
  ㉣ 충성고객의 레버리지 효과가 발휘될 수 있는 프로그램을 제시한다. 고객충성도가 발전됨에 따라 기업은 단계별로 적절한 행동과 대응을 보여주어야 한다. 이러한 기업의 반응이 효과적일 때 고객은 반복구매와 충성심을 나타낸다. 올바른 고객관계는 기존고객에게 집중해서 기업과 고객이 불필요한 마케팅비용을 최소화하고, 기존의 거래를 유지 및 확대시켜 나가며 공동의 이익을 추구하는 것이어야 한다. 또한, 충성고객은 막대한 비용을 투입하는 마케팅프로그램을 활용하여 경쟁사로부터 빼앗아 오는 것이 아니라, 기존고객에 집중하여 내부적으로 육성되는 꿈나무라는 인식을 놓치지 말아야 한다.

> **Tip** 허즈버그의 2요인 이론에 의한 고객집단구분과 그에 따른 전략
>
> 인간의 욕구 가운데는 동기요인과 위생요인 두 가지가 있으며, 이 두 요인은 상호 독립되어 있다는 허즈버그(Frederick Herzberg)의 욕구이론에 의하면, 동기요인(Motivator) 또는 만족요인(Satisfier)은 조직구성원에게 만족을 주고 동기를 유발하는 요인을 말하며, 위생요인(Hygiene Factor) 또는 불만요인(Dissatisfier)은 욕구 충족이 되지 않을 경우 조직구성원에게 불만족을 초래하지만 그러한 욕구를 충족시켜 준다 하더라도 직무 수행 동기를 적극적으로 유발하지 않는 요인을 말한다. 즉, 동기 · 위생이론(Motivation-hygiene Theory)이라고도 한다.
>
> 허즈버그의 2요인 이론에 의해서 고객집단을 구분하고 그에 따른 전략을 살펴보면 다음과 같다.
> • 미지근한 고객 → 정서적 접근, 감동 경험 유도
> • 최악의 불만족 고객 → 이탈예상, 악성 구전 전파방지
> • 우량 만족고객 → 강화전략, 최고의 혜택, 구전 전파자로 활용
> • 만족한 불평고객 → 조심스러운 Care전략, 불만요소제거

③ 충성고객의 성장단계
  충성고객은 이미 기업 입장에서 Family, 떠나지 않을 가족으로 분류하기에 충성고객으로의 성장단계는 다음과 같다.

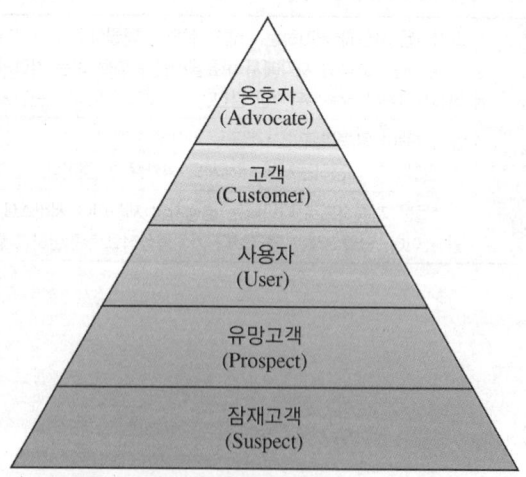

잠재고객	• 고객이 될 가능성이 높은 사람들 • 현재의 사용자는 아니지만 자사의 서비스나 상품에 대해 사용가능성이 높은 고객
유망고객	• 가까운 장래에 서비스나 상품을 구매할 것이 어느 정도 확실한 사람들 • 잠재고객에 비해 5~10배의 구매가능성을 기대할 수 있는 고객
사용자	• 자사의 상품이나 서비스를 최소한 한 번 이상 구매하였으며 할인쿠폰, 판촉, 경영대회 등에 참가한 사람들로 각종 제안을 통해 반복구매를 유도할 필요가 있는 계층
고 객	• 동일한 브랜드를 반복 구매하는 사람들 • 브랜드를 기꺼이 수용하고 동일한 브랜드를 가진 새로운 상품이나 서비스를 구입하고자 시도하는 경향을 보이는 사람들
옹호자	• 브랜드충성도가 가장 높으며, 기업의 매출 비중에서 핵심적인 비율을 차지하는 사람들 • 충성고객을 통해 새로운 고객을 획득할 수 있도록 동기 부여하는 데 많은 혜택과 정보를 제공

Tip 고객의 진화단계

고객의 진화단계는 잠재고객 → 신규고객 → 고정고객 → 우량고객(로열고객) → 이탈고객(쇠퇴고객) 순이다.

고객포트폴리오 관리와 고객가치측정

▶ 무료 동영상 강의가 있는 SMAT Module B 서비스 마케팅·세일즈

1 고객포트폴리오(Customer Portfolio) 관리 ★★중요

고객포트폴리오는 시장과 고객에 대한 분석과 기업이 지닌 서비스역량을 분석하여 최적의 고객을 찾아내기 위한 것이다. 핵심사업을 위한 고객포트폴리오를 작성하는 목적은 사업전략과 부합됨과 동시에 높은 수준의 가치를 제공해주는 적합고객을 정의하는 과정이다.

(1) 중요성

① 고객포트폴리오는 서비스기업이 거래하고 관계 맺은 모든 고객의 구성을 나타낸다. 이러한 고객의 가치와 고객이 속한 유형의 비율을 안다면 고객들의 지속적인 미래가치를 미래의 수익흐름 관점에서 예측할 수 있다.

② 서비스는 수요와 공급의 불일치에 대한 발생가능성이 높다. 서비스에서 수익성과 생산성에 가장 중요한 단어는 '유휴화'이다. 예를 들어, 모든 기업이 10%의 매출성장을 계획했으나 전체 시장의 성장률이 5%에 그쳤다면 그 차이만큼은 과잉공급 혹은 서비스자원의 유휴화로 남게 될 것이다. 이러한 경우 공급과잉의 상태가 될 것이며 기업들로 하여금 수요유발을 위한 마케팅과 판매촉진비용을 경쟁적으로 증가시켜 결국 기업의 수익성을 떨어뜨리게 될 것이다.

③ 서비스경영의 중요한 원칙은 시장이나 고객에게 요구받은 서비스를 적시에 제공하는 것이다. 이에 대한 해결책을 제시해 줄 수 있는 것이 고객이다. 기업이 충성고객을 확보함에 따라 기업의 안정적인 서비스수요와 공급계획을 수립할 수 있고, 이를 통해 고객에게 합리적인 가격에 높은 혜택의 서비스를 제공할 수 있기 때문이다.

(2) 방 법

고객포트폴리오 관리방법은 외부지향, 수익지향, 가치지향으로 구분할 수 있다.

① 외부지향적 접근법
  ㉠ 외부지향적 접근법은 잠재고객이나 경쟁사의 고객을 어떻게 획득할 것인가라는 문제의식을 출발점으로 한다. 전체시장에서 침투율을 높이기 위한 방법과 시장점유율을 높이기 위한 방법을 도출하기 위해 고객과 시장을 분석하는 차원이다.
  ㉡ 한계점
    • 전략적 포지션의 악화
    • 사업의 수익성 악화

② 수익지향적 접근법
  ㉠ 수익지향적 접근법은 매출과 이익기여도에 따라 고객을 어떻게 차등적으로 관리할 것인가에 대한 문제의식을 출발점으로 한다. 합리적인 고객선별로 외부지향적 방식에 비해 기업성과를 개선하는 데 기여하고 있다. 예를 들어, 공헌이익과 매출규모의 기준으로 고객포트폴리오를 분류해 보면 아래와 같다.
    • 전략적 집중 : 공헌이익이 크고, 매출규모가 큰 고객
    • 효율적 유지 : 공헌이익은 크나, 매출규모가 상대적으로 작은 고객
    • 잠재성 개발 : 매출규모는 크나, 공헌이익이 상대적으로 작은 고객
    • 디마케팅(Demarketing) : 공헌이익도 작고, 매출규모도 작은 고객
  ㉡ 한계점
    • 기업의 중장기 성과에 대한 전망 미흡
    • 목표, 자원, 역량의 분산으로 인한 혼란
③ 가치지향적 접근법
  ㉠ 가치지향적 방식은 상이한 가치와 특성을 지닌 각 고객들을 어떻게 효과적으로 공략할 것인가라는 문제의식에서 출발한다. 가치지향적 방식은 고객의 생애가치(Customer Lifetime Value)가 얼마인지라는 관점에 기초하여 적합고객을 파악하는 방법이다.
  ㉡ 장 점
    • 수익성을 동반한 지속적 성장
    • 사업포트폴리오의 확장에 따른 자원과 역량의 투입요구 증대와 사업기회 발생

> **Tip** 디마케팅과 고객세분화
>
> **디마케팅(Demarketing)**
> 전체 또는 특정 고객들의 수요를 일시적으로 혹은 영구적으로 감퇴시키고자 펼치는 마케팅 활동으로서, 기업들이 자사의 상품에 대한 고객의 구매를 의도적으로 줄임으로써 적절한 수요를 창출하는 마케팅 기법을 말한다.
>
> **수요측면의 디마케팅**
> • 희소성
> • 고객의 자유 억제
> • 공익이미지
> • 우월감을 부여
>
> **서비스차별화를 위한 고객세분화**
> 서비스차별화전략은 고객을 정밀하게 세분화하여 정밀시장을 대상으로 서비스를 차별화하는 방법이다. 서비스차별화를 위한 고객세분화를 '고객규모'와 '혁신제품선호도'의 측면에서 보면 다음과 같이 구분된다.
> • 안정고객 : 고객규모 작음 – 혁신제품선호도 낮음
> • 신흥고객 : 고객규모 작음 – 혁신제품선호도 높음
> • 통합고객 : 고객규모 큼 – 혁신제품선호도 낮음
> • 전략고객 : 고객규모 큼 – 혁신제품선호도 높음

(3) 가치성장을 위한 구조적 포트폴리오 관리

① 고객포트폴리오는 브랜드포트폴리오, 제품포트폴리오와 결합하여 사업포트폴리오를 구성하는 하나의 요소이다.
② 사업포트폴리오별로 대상 사업을 선정하거나 정의할 때 현재적인 관점만 중요시할 것이 아니라 미래의 성장 잠재력에 대한 고려도 이루어져야 하는데, 이를 위해서는 고객 - 브랜드 - 제품포트폴리오에 대한 정밀한 진단과 통합적 재편에 기반을 두어 사업의 개념을 새롭게 정의해야 한다.
③ 현대적인 사업포트폴리오는 분류기준에 따른 의미를 두는 것보다는 융합적인 시각을 갖고 시너지를 창출하는 포트폴리오의 관리에 관심을 두고 있다. 원래 포트폴리오라는 것이 2개 이상의 자산을 융합하여 합리적인 위험하에서 최상의 수익을 도출하는 것이고, 그러한 포트폴리오 프론트라인 위의 다양한 조합 중에 최적의 것을 선택하는 것을 의미한다.
④ 포트폴리오 관리는 단순히 매트릭스적인 접근만으로 해결될 수 있는 것이 아니며, 장기적인 관점과 미시적인 세밀함을 가지고 통찰력을 발휘해야 한다.

2 고객가치측정

(1) 고객가치의 개념 ★★ 중요

고객가치를 평가하기 위해서는 고객세분화를 매출액 기반의 고객세분화와 수익성 기반의 고객세분화로 기준을 잡는 것이 바람직하다. 어느 고객이 매출과 수익성에 어느 정도의 기여를 하는지를 파악해야 하기 때문이다.

고객관점의 고객가치	고객이 기업과의 거래를 통해 얻을 수 있는 인지적 가치
기업관점의 고객가치	기업이 고객과의 관계를 통해 얻게 되는 고객순자산 가치
공정가치선	고객 관점의 고객 가치와 기업 관점의 고객 가치는 서로 밀접한 연관이 있는 동시에 상충될 수 있는 관계에 있다. 공정가치선은 서로의 가치 수준이 어느 한 쪽으로 치우쳐져 있는지의 여부와 이를 개선해 나갈 수 있는 기본적인 전략적 방향성을 제시해 준다.

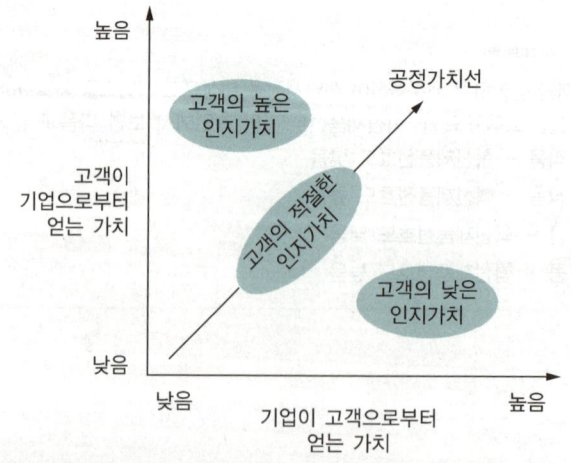

(2) 고객가치의 특성

동적성	고객가치는 서비스구매 단계 및 시간의 흐름에 따라 변함
주관성	고객가치는 고객의 주관적인 판단에 의해 결정됨
상황성	고객가치는 고객이 처한 상황에 따라 판단이 달라짐
다차원	고객가치를 결정하는 요인은 다양하고 단계적임

(3) 고객가치의 구성

감성적 측면	서비스 제공과정에서 느끼는 정서 또는 감정
사회적 측면	사회적인 개념을 증대시키는 서비스 효용
기능적 측면	서비스 이용에 따른 시간과 비용 절감 효과
품질적 측면	기대한 서비스품질과 인지한 서비스품질과의 성과차이

(4) 고객가치측정의 구성요소

① **고객생애가치(CLV ; Customer Lifetime Value)** ★★추요
  ㉠ 고객생애가치란 한 명의 고객이 평생 동안 산출할 수 있는 기대수익 즉, 경쟁사로 옮겨가지 않고 기업과의 관계를 꾸준히 유지해가는 각각의 고객으로 인해 증가하는 가치를 계산해 보는 것이다. 이로써 고객이탈로 인한 손실이 얼마나 되는지 알 수 있다면, 기업은 고객유지를 위한 투자금액이 얼마인지를 산출할 수 있을 것이다.
  ㉡ 고객생애가치는 다시 말해 고객이 특정 기업과 거래하는 기간 동안 그 기업에게 얼마나 수익을 가져다주는가를 의미하는데, 한 고객이 평균적으로 기업에게 기여하는 미래수익의 현재가치라고 볼 수 있다. 따라서 기업은 한 번의 거래에서 나오는 이익을 극대화하기보다 고객생애가치를 극대화시켜야 한다. 그러나 이러한 생애가치를 극대화하려면 획득비용과 유지비용을 적정수준에서 지출해야 한다.
  ※ 현재가치 : 미래의 현금흐름을 현재 시점의 가치로 환산한 가치, 즉 미래의 현금흐름과 교환할 수 있는 현재시점의 금액이다.

> 고객생애가치(CLV) = 고객당 평균소비금액 × (평균구매횟수 / 년) ÷ 거래연수

② **고객평생가치(LTV ; Life Time Value, 평생가치)**
  ㉠ 한 고객이 한 기업의 고객으로 존재하는 전체기간 동안 기업에게 제공할 것으로 추정되는 재무적인 공헌도의 합계를 말한다.
  ㉡ 고객평생가치는 고객이 평생 제품과 서비스를 구매하면서 기업에 가져다주는 이익의 가치를 측정하는 방법으로 기업은 고객을 오래 유지할수록 매출과 이익이 크게 증가한다.

③ **고객추천가치(CRV ; Customer Referral Value)** : 고객들이 기업에 직·간접적으로 제공하는 추천 및 입소문의 가치를 측정하는 방법이다.

④ **고객순자산가치(CE ; Customer Equity)** : 기업의 모든 고객이 기업에 제공하는 재무적 기여의 총합, 즉 고객순자산가치는 고객을 기업의 자산항목으로 간주하여 그 가치를 평가한다는 것을 주요 개념으로 한다.

> 고객순자산가치 = 전체고객의 고객생애가치 + 전체고객의 고객추천가치

⑤ **할인율** : 미래에 발생하게 될 고객가치를 현재가치로 환산하기 위해 필요한 할인율은 고객생애가치를 평가할 때 모든 고객에 대해 동일하게 적용된다.

⑥ **공헌마진** : 고객이 기업과 처음 거래를 시작한 시점부터 현재까지 그 고객이 기여한 총 가치를 말한다.

⑦ **고객들의 간접적 기여가치** : 충성고객의 긍정적 입소문이나 추천행위로 기업의 제품이나 서비스를 구매하게 되어, 마케팅이나 영업활동의 전개 없이 확보된 신규고객의 가치이다.

⑧ **고객구매력** : 특정 상품 카테고리 내에서 고객이 소비할 수 있는 총액 혹은 카테고리의 모든 기업들이 특정고객에게 그 제품이나 서비스를 판매하는 총액, 즉 고객의 잠정적인 구매력 크기를 말한다.

⑨ **고객점유율** : 한 고객이 소비하는 제품이나 서비스군 중에서 특정 기업을 통해 제공받는 제품이나 서비스의 비율, 즉 잠재구매력을 가진 고객에게 특정 기업이 어느 정도 성과를 달성하고 있는지에 대한 것이며, 고객점유율은 기존고객을 유지하고 관계를 강화하는 활동을 위주로 관리한다.

⑩ **RFM지수**
　㉠ RFM은 미국의 카탈로그 회사 Alden이라는 곳에서 개발한 개념으로, 반응이 좋은 고객을 선별하기 위해 고객리스트를 추출하기 위한 방법을 고안하며 제시되었다.
　㉡ 고객의 최근 구매일(Recency), 구매빈도(Frequency), 구매액(Monetary) 값들에 가중치를 산출하여 통합된 RFM지수를 개발하고, 분류된 세부고객군의 수익성을 평가해 보면 RFM지수가 높은 고객군이 수익성이 높은 고객군이 된다.
　㉢ 이러한 RFM지수는 계량화하여 순위를 매길 수 있다는 장점이 있고, 충성고객과 장기적인 관계형성을 통해 고객의 생애가치를 극대화할 수 있다. 또한 휴면고객이나 비활성 고객이 재구매하도록 기회를 포착할 수 있게 한다.
　　예 백화점, 통신사 등의 업종

> RFM지수 = a × 최근 구매일 + b × 구매빈도 + c × 구매액

⑪ **RFMIPT지수**
　㉠ RFM지수 이후 현대의 변화된 시대를 반영하여 더 발전된 형태의 지수로서, 기존의 RFM지수에 구입품목(Item), 판매촉진(Promotion), 신용도(Trust)를 추가한 지수를 말한다.
　㉡ 이때 구입품목은 고객이 주로 구입하는 구매유형을 말하고 판매촉진은 고객이 제품이나 서비스를 구입한 경로, 즉 판매 수단이 무엇인가를 의미하며, 신용도는 고객의 연체유무 또는 장기연체 상태 등을 의미한다.

3 고객가치평가의 전략적 활용

(1) 고객이탈률 감소 전략

기업들은 고객관계관리를 통해 이탈고객을 미연에 방지하여 고객이탈률을 감소시키려는 노력을 기울이고 있다. 이탈고객을 방지하기 위해서는 두 가지를 염두에 두어야 한다.
① 누구를 이탈고객으로 정의할 것인지 이탈에 대한 조작적 정의가 내려져야 한다.
② 이탈고객이 이탈한 사유가 무엇인지 파악해야 이탈방지활동을 수행할 수 있다.

(2) 고객전환 전략

고객전환은 신규고객을 관계가 안정화된 기존고객으로, 기존고객들은 관계가 강화된 파트너 고객으로 점차 발전시켜 나가는 것을 의미한다.

> **Tip** 고객가치 방정식
>
> 고객관점에서 본 서비스의 가치를 방정식으로 표현한 고객가치 방정식은 수익을 내는 데에 아주 중요한 역할을 한다. 방정식은 다음과 같다.
>
> $$가치 = \frac{고객에게\ 제공된\ 결과물 + 프로세스\ 품질}{고객이\ 지불한\ 가격 + 서비스획득비용}$$

Tip 아웃사이드인, 인사이드아웃 전략 마인드

급변하는 환경의 위기에도 지속가능경영에 성공한 기업들은 고객가치를 통한 이익창출에 중심을 둔 차별화된 고객가치 창조와 유지를 위해 지속적인 노력을 기울여왔다는 공통점이 있다. 이러한 기업들은 다음과 같은 아웃사이드인 마인드를 가지고 있다.

- 인사이드아웃(Inside Out)이 아닌 아웃사이드인(Outside In) 전략을 사용한다.
- 전략수립 시 회사 내 과거 성공경험을 가진 전문가나 연구실이 아닌 시장과 고객에서 시작한다.
- 아웃사이드인 관점을 유지하고 정보를 파악하기 위해 심층적인 마켓인사이트를 사용하고 있다.
- 아웃사이드인 전략은 조직의 모든 부서가 고객가치를 창조하고 유지하며 이익을 실현하는 데 초점을 맞추고 있다.

반면에, 전략수립 시 고객보다 기업의 입장을 우선시하는 기업들은 인사이드아웃 마인드를 가지고 있다.

시 장	기 업	질 문
아웃사이드인 전략 마인드의 출발점 • 우리가 제공하는 가치는 차별화되고 탁월하게 인식되고 있는가? • 우리가 목표로 하는 고객의 니즈와 기대는 어떻게 변화하고 있는가? • 새로운 경쟁자가 변화하는 고객니즈를 제대로 파악하고 충족시키고 있는가?	어떤 고객가치를 어떤 역량으로 전달하는가?	**아웃사이드인 질문** • 고객에게 어떻게 새로운 가치를 제공할 것인가? • 우리 브랜드와 고객자신을 어떻게 잘 활용할 수 있는가? • 경쟁자의 공격을 어떻게 방어해야 하는가? • 우리에게 필요한 새로운 역량은 무엇인가?
	인사이드아웃 전략 마인드의 출발점 • 우리가 잘하는 것은 무엇인가? • 우리의 역량과 제공물은 무엇인가?	**인사이드아웃 질문** • 우리는 어떻게 더 많이 팔고 점유율을 높이며 생산성을 개선할 수 있는가? • 우리가 개발한 새로운 기술을 어느 곳에 적용할 수 있는가?

[아웃사인드인, 인사이드아웃 전략 마인드]

얼마나 많은 사람들이 책 한 권을 읽음으로써
인생에 새로운 전기를 맞이했던가.

– 헨리 데이비드 소로 –

Part 02 / Module B — 서비스경영 전문가가 꼭 알고 있어야 하는 전문용어

- **보상적 파워(Reward Power)** : 파워보유자가 경제적이나 정신적 보상을 제공해줄 때 나타나는 권력
- **강제적 파워(Coercive Power)** : 파워보유자가 무력, 위협, 감봉, 해고, 벌 같은 부정적 보상으로 이것을 피하려는 사람들에 대하여 행사하는 권력
- **전문적 파워(Expert Power)** : 파워보유자가 특정분야나 특정상황에 대해 어떤 지식이나 해결방안을 알고 있을 경우 그것을 모르는 다른 사람들에 대해 가지는 권력
- **준거적 파워(Referent Power)** : 무언의 매력과 설득력을 가지고 있는 파워보유자가 법적인 권한보다 더 위력적으로 느껴질 때가 있듯, 누군가를 존경하고 따르고 싶은 매력을 느낀다면 우리는 어떤 일을 판단할 때 그 사람이라면 어떻게 할까 생각해 보고 그 사람에 준거하여 정하게 됨
- **합법적 파워(Legitimate Power)** : 파워보유자가 서로의 약속에 의해 특정인에게 일정한 권력을 주도록 했을 때 그 특정인은 약속된 법과 제도에 의해 가지는 권력. 이러한 합법적 파워는 권한(Authority)이라고 하는데, 회사에서의 지위권한인 규정, 법규, 제도 등이 해당됨
- **정보적 파워(Information Power)** : 파워보유자가 사람들이 가치 있다고 인정하는 많은 정보를 가지고 있거나 그 정보에 보다 쉽게 접근할 수 있을 때 행사하는 권력
- **고객관계관리(CRM ; Customer Relationship Management)** : 신규고객을 획득하고 기존고객을 유지하기 위해 고객요구와 행동을 분석하여 개별고객의 특성에 맞춘 마케팅을 기획하고 실행하는 경영관리기법
- **MGM기법** : 기업의 기존고객으로부터 신규고객이 될 가능성이 있는 사람의 정보를 받아 새로이 고객을 유치하는 기법
- **고객경험** : 제품의 구매 및 사용과 관련된 모든 접점에서 갖게 되는 접촉 및 상호작용
- **고객경험관리** : 기업이 고객과 만나는 모든 접점에서 고객이 체험하게 되는 다양한 경험을 관리하여 만족스러운 경험인식을 갖게 하고, 이를 통해 그 기업이 제공하는 상품 및 서비스에 대한 긍정적 인식을 형성시켜 고객의 구매의사결정에 영향을 주고자 하는 고객관리 프로세스

- **해피콜(Happy Call)** : 특별한 목적이나 판매 권유없이 고객서비스 만족을 위하여 고객에게 전화를 거는 아웃바운드 형태의 전화를 말하며, 고객이 서비스를 이용하면 고객에게 전화를 걸어 만족도를 체크하는 등 고객만족 증진을 목적으로 진행되는 마케팅 방식
- **고객포트폴리오** : 시장과 고객에 대한 분석과 기업이 지닌 서비스역량을 분석하여 최적의 고객을 찾아내기 위한 것으로, 관리방법은 외부지향, 수익지향, 가치지향으로 구분됨
- **고객생애가치(CLV ; Customer Lifetime Value)** : 한 명의 고객이 평생 동안 산출할 수 있는 기대수익으로, 경쟁사로 옮겨가지 않고 기업과의 관계를 꾸준히 유지해 가는 각각의 고객으로 인해 증가하는 가치를 계산해 보는 것
- **고객평생가치** : 한 고객이 한 기업의 고객으로 존재하는 전체 기간 동안 기업에게 제공할 것으로 추정되는 재무적인 공헌도의 합계
- **고객순자산가치(Customer Equity)** : 기업의 모든 고객이 기업에 제공하는 재무적 기여의 총합으로, 고객순자산가치는 고객을 기업의 자산항목으로 간주하여 그 가치를 평가한다는 것을 주요 개념으로 함
- **RFM지수** : 고객의 최근 구매일(Recency), 구매빈도(Frequency), 구매액(Monetary) 값들에 가중치를 산출하여 통합된 지수를 개발하고 분류된 세부고객군의 수익성을 평가함
- **고객전환** : 신규고객을 관계가 안정화된 기존고객으로, 기존고객들을 관계가 강화된 파트너 고객으로 점차 발전시켜 나가는 것을 의미함

Part 02 Module B 출제유형문제

01 장기적이고 지속적인 거래관계가 '고객'에게 주는 이점이 아닌 것은?

① 사회적 편익
② 교차판매나 Up-sales로 거래관계의 확대
③ 서비스요청단계의 간소화
④ 탐색비용의 감소
⑤ 고객화서비스의 수혜

> **해설** 교차판매나 Up-sales로 거래관계의 확대는 장기적이고 지속적인 거래관계가 주는 이점 중 '기업'에게 주는 이점이다.

02 에머슨은 특정 개인이나 집단A의 파워가 사회적 관계 속에서 다른 개인이나 집단B의 A에 대한 의존정도에 의하여 결정된다고 하였다. 파워의 유형과 그에 대한 설명으로 옳지 않은 것은?

① 보상적 파워 - 파워보유자가 경제적이나 정신적 보상을 제공해줄 때 나타나는 권력
② 준거적 파워 - 파워보유자가 무언의 매력과 설득력을 가지고 있을 때 갖게 되는 권력
③ 강제적 파워 - 파워보유자가 무력, 위협, 감봉, 해고, 벌 같은 부정적 보상으로 이것을 피하려는 사람들에 대하여 행사하는 권력
④ 전문적 파워 - 파워보유자가 사람들이 가치 있다고 인정하는 많은 정보를 가지고 있거나 그 정보에 보다 쉽게 접근할 수 있을 때 행사하는 권력
⑤ 합법적 파워 - 파워보유자가 서로의 약속에 의해 특정인에게 일정한 권력을 주도록 했을 때 그 특정인이 약속된 법과 제도에 의해 가지는 권력

> **해설** ④ 정보적 파워에 대한 설명이다. 전문적 파워는 파워보유자가 특정분야나 특정상황에 대해 어떤 지식이나 해결방안을 알고 있을 경우 그것을 모르는 다른 사람들에 대해 갖는 권력을 말한다.

03 고객 관계를 '고객 획득 – 유지 – 충성 – 이탈 – 회복' 프로세스로 정의할 때, 고객 유지 전략에서 근본이 되는 전략 중의 하나는 관계 모니터링이다. 이 관계 모니터링의 사례로 적절하지 않은 것은?

① 트레일러 콜(Trailer Call)
② 불평 모니터링(Complaint Monitoring)
③ 이탈 고객 조사(Lost-Consumer Survey)
④ MGM(Members Get Members)
⑤ 정기적인 설문조사

해설) ①·②·③·⑤ 고객 유지 단계이며, ④ 고객 획득 단계에 속한다.

04 CRM의 실패원인으로 가장 옳은 것은?

① CRM을 기술에 기반한 것이라 판단
② 기업중심 사고의 부족
③ 실무자층의 적절치 못한 지원
④ 관련 사업부서 간 협업
⑤ 데이터통합의 과대평가

해설) ② 고객중심 사고의 부족
③ 최고경영자층의 적절치 못한 지원
④ 관련 사업부서 간 협업의 부족
⑤ 데이터통합의 과소평가

05 슈미트의 전략적 체험모듈에 속하는 5가지 영역으로 옳지 않은 것은?

① 감각적(Sense) 경험
② 이성적(Reason) 경험
③ 인지적(Think) 경험
④ 행동적(Act) 경험
⑤ 관계적(Relate) 경험

해설) 나머지 하나는 감성적(Feel) 경험이다.

정답 ▶ 03 ④ 04 ① 05 ②

06 고객경험은 몇 가지 차원으로 구분할 수 있는데, 다음은 어떤 경험을 설명한 것인가?

> 기업이 응대를 하는 데 친절한 표정과 몸짓, 목소리와 내용은 모두 이 경험의 대표적인 것이다.

① 능동적 경험
② 수동적 경험
③ 중립적 경험
④ 물리적 경험
⑤ 감성적 경험

해설 감성적 경험은 기업이 제공하는 물리적 경험에서 동시에 발생하는 것으로 감성적인 반응을 말한다.

07 소비자들의 구매 시 일정한 사이클을 형성하는 5단계가 바르게 전개된 것은?

① 최초구매 → 인지 → 구매 후 평가 → 재구매 결정 → 재구매
② 인지 → 최초구매 → 구매 후 평가 → 재구매 결정 → 재구매
③ 최초구매 → 인지 → 재구매 결정 → 구매 후 평가 → 재구매
④ 인지 → 최초구매 → 재구매 결정 → 구매 후 평가 → 재구매
⑤ 재구매 → 인지 → 최초구매 → 구매 후 평가 → 재구매 결정

해설 고객의 충성도는 고객이 상품이나 서비스를 인지하는 단계에서 시작되고, 최초구매를 통해 고객충성도를 키울 수 있는 능력을 가늠할 수 있다. 구매 후 고객은 구매행동에 대한 평가를 하게 되고, 좋은 평가에 의해 재구매를 약속한다. 고객이 재구매 결정을 할 경우, 이 고객은 진정한 의미의 충성고객 단계를 시작하게 되었음을 의미한다.

08 충성고객에 대해 취해야 할 행동으로 옳지 않은 것은?

① 고객화(Customization)된 맞춤 제공을 개발한다.
② 고객이 제품과 서비스의 고객화 과정에 참여할 기회를 제공하고 적극 수용한다.
③ 가격중심적인 전략을 개발한다.
④ 고객의 라이프스타일이나 비즈니스스타일의 변화를 지원한다.
⑤ 충성고객의 레버리지 효과가 발휘될 수 있는 프로그램을 제시한다.

해설 충성고객(단골고객)은 가격보다 가치중심적으로 판단하고 행동한다.

09 고객에 대한 바람직한 가치 제안의 방법을 설명한 것으로 가장 적절한 것은?

① 우월적 가치제안은 CRM기반의 체계적인 영업활동의 가장 적합한 방법이다.
② 경쟁사보다 우월한 점을 부각시키는 우월적 가치제안은 경쟁사보다 '우월한 장점은 반드시 모든 고객에게 장점이라는 가정하에 진행하는 것'으로 항상 고객의 동의를 얻을 수 있다.
③ 고객이 필요로 하는 것이 무엇인가를 파악하는 것은 가치 제안의 마지막 단계에서 요구되는 사항이다.
④ 고객에게 제안하는 제품과 서비스에 대한 장점을 모두 언급하는 나열식 가치제안이 그 무엇보다도 우선시되어야 한다.
⑤ 고객의 핵심가치를 파악한 다음, 고객별로 가장 적합한 장점을 제안하는 영업활동이 고객지향적 가치제안의 바람직한 사례이다.

> 해설 고객가치 제안방법으로는 나열식, 우월적, 가치지향적 가치제안이 있다. ⑤의 고객지향적 가치 제안은 CRM기반의 체계적인 영업활동의 방법으로 고객의 핵심가치를 파악한 다음, 고객별로 가장 적합한 장점을 제안하는 영업활동이다.

10 고객가치에는 4가지의 구성적인 측면이 있다. 다음 중 이에 해당하지 않는 내용은?

① 사회적인 개념을 증대시키는 서비스 효용
② 서비스 제공 과정에서 느끼는 정서 또는 감정
③ 서비스 이용에 따른 시간과 비용 절감 효과
④ 서비스를 제공받는 고객이 처한 상황에 따라 다른 판단
⑤ 기대한 서비스품질과 인지한 서비스품질과의 성과 차이

> 해설 ④ 고객가치의 구성이 아니라 특성 중 상황성에 대한 설명이다.
> ① 사회적 측면, ② 감성적 측면, ③ 기능적 측면, ⑤ 품질적 측면

배우기만 하고 생각하지 않으면 얻는 것이 없고,
생각만 하고 배우지 않으면 위태롭다.

- 공자 -

PART 3

VOC와 컴플레인

01 VOC 관리 시스템
02 VOC 빅데이터 수집 방법과 데이터 마이닝
03 컴플레인 개념 이해
04 컴플레인 대응 원칙
05 컴플레인 해결 방법

우리가 해야 할 일은 끊임없이 호기심을 갖고
새로운 생각을 시험해 보고 새로운 인상을 받는 것이다.

– 월터 페이터 –

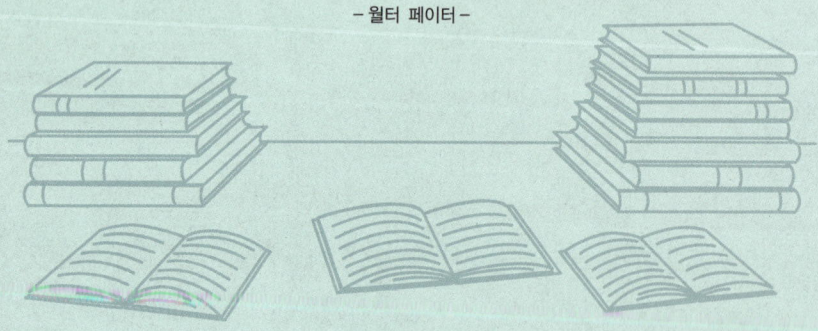

끝까지 책임진다! 시대에듀!

QR코드를 통해 도서 출간 이후 발견된 오류나 개정법령, 변경된 시험 정보, 최신기출문제, 도서 업데이트 자료 등이 있는지 확인해 보세요! **시대에듀 합격 스마트 앱**을 통해서도 알려 드리고 있으니 구글 플레이나 앱 스토어에서 다운받아 사용하세요! 또한, 파본 도서인 경우에는 구입하신 곳에서 교환해 드립니다.

CHAPTER 01 | VOC 관리 시스템

▶ 무료 동영상 강의가 있는 SMAT Module B 서비스 마케팅·세일즈

1 VOC 관리 시스템의 이해

(1) VOC의 개념 ★★중요

① VOC(Voice Of Customer, 고객의 소리)란 고객이 기업에게 들려주는 피드백을 뜻한다. 고객이 기업의 경영활동에 대하여 환원하는 소리로, 각종 문의, 불만, 제안, 칭찬 등의 정보가 이에 해당한다.
※ 주의 : VOC라 하면 '고객의 불만'과 동일시하는 경향이 있는데, 제안, 칭찬과 같은 제안형 VOC도 있음. 제안형 VOC의 경우 제품 및 서비스 개발에 중요한 기초 데이터로 유용하게 활용될 수 있음

② 기존의 CRM(Customer Relationship Management, 고객관계관리)의 개념에도 고객의 소리(VOC)의 관리에 대한 개념이 포함되어 있다.
※ VOC에 대한 중요성이 증가되면서 최근에는 VOC 시스템 자체를 독립적인 시스템으로서 CRM을 대체·보완하는 또 하나의 시스템으로 활용하는 곳도 있음

> **Tip** 고객관계관리(CRM ; Customer Relationship Management)
> - '고객관계관리'는 기업의 입장에서 지속거래관계가 가능한 고객과 좋은 관계를 유지하여 고정수익창출을 실현하기 위한 전략으로, 고객의 구매이력부터 고객의 욕구 파악에 이르기까지 총체적인 관계관리를 위한 시스템이다.
> - CRM은 최근에 등장한 데이터베이스 마케팅(DB Marketing)의 일대일 마케팅(One-to-One Marketing), 관계마케팅(Relationship Marketing)에서 진화한 요소들을 기반으로 등장하게 되었다.
> - 기업이 고객과 관련된 내·외부 자료를 분석·통합해 고객 중심 자원을 극대화하고 이를 토대로 고객특성에 맞게 마케팅 활동을 계획·지원·평가하는 과정이다.
> - 고객데이터의 세분화를 실시하여 신규고객 획득, 우수고객 유지, 고객가치증진, 잠재고객 활성화, 평생고객화와 같은 사이클을 통하여 고객을 적극적으로 관리하고 유도한다.
> - 단발적인 마케팅 전술에 그치지 않고 CRM은 고객과의 지속적인 관계를 유지하면서 '한번 고객은 평생고객'이 될 수 있는 기회를 만들며, 평생고객화를 통해 고객의 가치를 극대화하는 것이다.
> - CRM을 구현하기 위해서는 고객 통합 데이터베이스(DB)가 구축돼야 하고, 구축된 DB로 고객 특성(구매패턴·취향 등)을 분석하고 고객 개개인의 행동을 예측해 다양한 마케팅 채널과 연계한다.
> - 과거 은행·증권 등 금융 오프라인 기업들이 컴퓨터응용기술로 가입자 신상명세, 거래내역 등을 데이터화해 콜센터를 구축하는 등에 많이 적용했으나, 현재 경영활동에 있어서는 회원관리가 생명인 모든 기업들이 가입자 확보를 위해 CRM 구축을 하고 있다.

③ VOC 관리 시스템은 기업의 입장에서 고객의 요구나 고객만족경영 활동의 하나로 궁극적으로 고객만족이라는 목적 달성을 위한 경영활동 체계를 의미한다.
④ VOC(고객의 소리)는 수집 → 처리 → 분석 → 공유 → 반영의 절차를 거쳐야 한다.

(2) VOC 관리 시스템의 등장배경

① 디지털 환경이 보편화됨에 따라 고객은 점점 더 능동적으로 변화하였다. 이에 따라 고객 스스로가 자신들의 요구와 희망사항에 대해 제품 및 서비스의 생산자와 적극 소통하는 방향으로 소비자 문화도 변모하였다.
② 고객 역할의 변화로 제품·서비스의 이용자, 제품·서비스의 생산자, 다른 고객에 대한 영향자의 역할을 동시에 수행함으로써 시장의 주체로 자리매김하게 되었다. 따라서 기업은 이러한 고객들의 소리에 대한 체계적인 관리와 대응이 필요하게 되었다.
③ 통계적으로 불만족한 고객이 부정적인 입소문을 더 많이 내는 것으로 나타나면서, 파급효과가 굉장히 큰 것을 알게 된 기업에서 기존 고객의 이탈을 방지하고 사전에 부정적 구전효과를 막고자 하는 취지로 등장하게 되었다.

> **Tip** 불만족한 고객의 영향
>
> 불만족한 고객의 96%는 불평을 기업에 말하지 않고 평균 8~10명의 주변 타인에게 소문을 내는 반면, 만족한 고객은 4~5명에게 이야기하는 것으로 조사되었는데, 일반적으로 고객은 긍정적인 정보보다 부정적인 정보에 더 민감하게 영향을 받는다. 즉, 부정적인 구전이 긍정적인 구전보다 더 파급효과가 크다고 볼 수 있다.

(3) VOC를 관리하는 목적 ★★중요

① 제품이나 서비스에 대한 고객의 만족여부를 파악하기 위함이다.
② 고객의 욕구와 기대를 분석하여 고객의 관점에서 나오는 새로운 아이디어를 제품이나 서비스 개선에 반영하기 위함이다.
③ 장기적인 기업경영 활동에 있어 기업과 고객 간의 유대강화로 고객을 기업에 밀착시켜 충성고객 확보를 위한 적극적인 활동이기 때문이다.

2 VOC 발달 과정

(1) VOC 1.0

① 전화나 인터넷을 통한 상담이 주를 이룬 시대
② IT를 접목시켜 고객 불만을 신속하게 처리할 수 있는 프로세스를 구축
③ 고객과의 쌍방향 소통이라기보다 일방적으로 고객의 불만이나 의견을 수집, 해결하는 방식

(2) VOC 2.0

① 수집된 다양한 소리를 기업의 경영활동에 적극 반영, 자산화하기 시작한 시대
② 고객의 불만 해결에서 한 걸음 나아가 이를 활용한 새로운 서비스를 개발하기 시작
③ 외부고객뿐 아니라 내부고객의 VOC에도 귀를 기울이기 시작
④ 데이터를 모아 통계, 통합 분석하여 새로운 이익을 창출하기 시작

(3) VOC 3.0

① 고객의 소리를 기다리는 것이 아니라 고객도 미처 모르는 VOC를 찾아나서는 고차원적 VOC가 시작된 시대
② 실시간으로 고객과 소통하고 가치를 전달하는 체계가 핵심적 특징
③ SNS 등 기업 외부의 익스터널(External) VOC에도 집중하기 시작

Tip VOC(고객의 소리와 고객충성도)

구 분	고객반응	고객충성도
Over the VOC	고객들 자신도 모르고 있던 요구사항이나 니즈 또는 창조적 영역을 의미하며, 이를 발견하여 충족시키기 어려우나 달성하면 고객만족을 넘어 고객감동으로 이어진다.	높음
The VOC	고객이 필요로 하는 요구사항을 직접 언급한 것이다.	보통
Under the VOC	기본적으로 고객들이 받아야 한다고 여기고 있는 것으로 이 부분을 충족시키지 못하면 고객은 불평을 표한다.	낮음

※ 고객들조차 모르던 부분을 만족시키는 Over the VOC는 VOC 3.0이 요구하는 방식이다.

3 VOC(고객의 소리) 프로세스 ★★중요

수집 → 처리 → 분석 → 공유 → 반영

(1) 수 집

고객이 직접 표현한 VOC 외에도 고객이 표현하지 않았으나 불편을 느낄 만한 점 등을 적극 발굴하고, 고객의 필요와 요구사항 및 욕구 등도 고객 정보로 정의하고 유형화하여 수집한다.

(2) 처 리

MOT(고객을 만나는 모든 접점)상에서 수집자가 1차 처리 완료하는 것을 목표로 서비스품질관리를 실시하고, 처리 단계별 처리시간까지 지표화하여 관리하도록 한다. 처리과정은 접수, 대응뿐만 아니라 처리결과에 대한 고객의 평가, 혹은 해피콜까지의 단계를 모두 포함한다.

※ VOC 3033 : 30분 이내 접수, 3시간 이내 처리, 3일 이내 피드백(완료) 시간에 대한 원칙을 정하여 처리 직원의 VOC 서비스품질 관리에 기준을 삼음

(3) 분 석

접점관리자는 접점고객서비스품질에 관련한 통계항목, 사업관리자는 핵심고객의 사업불만 사항, 경영진은 위기상황이나 신규사업화가 가능한 고객제안이나 아이디어 중심으로 밀도 있게 분석하는 것이 중요하다.

(4) 공 유

VOC 이슈에 대한 내부 구성원의 의견을 교환할 수 있는 지식공유 채널이 시스템 안에 설계돼야 한다. SNS 등 고객이 본인의 불만을 확산하는 속도가 매우 빠른 점을 감안하여 실질적인 의사결정을 내릴 수 있는 관리 기능이 필요하다.

(5) 반 영

고객의 의견, 개선이 필요한 이슈를 기업의 사업, 서비스, 경영관리 등에 적극적으로 반영하여 개선하는 절차이다. 내부적으로 개선활동을 하는 것뿐만 아니라 개선결과에 대한 대외적 홍보와 고객에 대한 피드백, 개선 후 모니터링 활동까지 함께 설계하여 지속적으로 관리해야 한다.

VOC의 열매는 "반영"으로, 고객의 의견이 반영되는 것을 소홀히 하면 2차 VOC(중복 VOC)가 발생할 뿐 아니라 시간이 지체되면 기업의 고질적인 문제로 남아 고객만족 경영성과나 기업이미지에 압적인 존재가 될 수도 있다.

4 VOC(고객의 소리) 채널

(1) 전통적인 고객은 '전화', '우편', '팩스' 등을 이용하여 고객의 소리를 전달했다.

(2) 현대 고객은 SMART Customer 고객으로 SMART IT 기술을 통해 VOC를 제기하거나 필요를 표출하는 고객이 늘고 있다.
   예 트위터에서 리트윗되거나 인스타그램에서 리그램되는 경우 확산속도가 매우 빠름

(3) SNS 채널, 블로그나 카페, 주요 언론의 댓글 등 수집 가능한 VOC 채널은 다양해지고 있다.

> **Tip** Researsumer(리서슈머) = Reasearch(연구) + Consumer(소비자)
> 고객이 본인의 관심에 따라 'Reasearch(조사 연구)'하고, 그 지식을 다양한 채널을 통해 뽐내며 소비 과정에서 경험했던 서비스를 적극적으로 알리고 때로는 'Research'한 지식을 통해 서비스 제공자를 제압하는 고객을 일컫는 말이다.

5 VOC 관리 시스템의 중요 속성 ★★ 중요

(1) 서비스의 즉시성(Immediately Response)
   ① 고객의 소리에 즉시 반응함으로써 고객만족을 가장 빠른 시간에 해결하는 노력이다.
   ② 다른 속성에 비해 고객만족에 많은 영향을 미쳐 VOC 속성 중 가장 중요한 속성이다.
   ③ 담당자의 신속·정확한 응답으로 고객을 만족시킨다.

(2) VOC 수집 채널의 다양성(Channel Diversity)

VOC 오프라인 접점	VOC 온라인 접점
전화 콜센터, A/S요원 방문, 고객 방문	인터넷 고객센터, 홈페이지, SNS 등
내부적인 측면	외부적인 측면
정기적인 고객조사를 통한 고객 반응 접수, 모니터링을 통한 제품과 서비스의 반응 접수	타 웹사이트, 신문 등의 각종 고객 조사
미스터리 쇼퍼(Mystery Shopper)	
서비스 모니터링의 방법론 중 하나로 서비스 접점 현장의 서비스품질을 측정하기 위해 고객으로 가장하여 암행감사 방식으로 서비스 현장의 품질을 측정하는 방법	

(3) VOC 정보의 통합성(Data Integration)

① 다양한 종류의 데이터베이스에서 다양한 모양의 자료를 상호 호환하여 데이터를 검색하고 조회함으로써 정보의 효율성을 높인다.
② 데이터 통합을 위해서는 다양한 채널을 통해 획득된 데이터가 통합되어 중앙데이터베이스에 저장되어야 한다(여기까지 CRM 시스템에 동일하게 적용).
③ 조직 내 각 다른 부문과 장소에서 들어오는 VOC 정보를 일정한 기준으로 분류·통합·정리하고, 경영층 및 고객관리부서에서 종합적인 판단을 할 수 있는 기반이 된다.
④ VOC 관리 시스템에 적용되는 고객데이터 구조는 고객접점 데이터별로 묶인 이력데이터이다.
⑤ VOC 정보의 통합을 위해서는 고객코드가 통일되어야 하고, 코드에 대한 명칭의 통일 및 고객접점 유형의 분류가 가능하도록 데이터가 변화되고 저장되는 환경을 조성한다.
⑥ VOC 시스템의 경우는 고객들의 상품이나 서비스에 대한 정보요구, 피드백, 불만족, 제안 등에 대한 데이터만이 포함되게 된다.

(4) 고객 및 내부 프로세스 피드백(Feedback)

① 분석된 VOC 정보를 바탕으로 더 나은 제품과 서비스를 고객에게 대응하고, 경영 프로세스 개선으로 연결하여 직원들에게 공유하는 것을 말한다.
② 경영진들이 고객에 피드백하고 잘 연결될 수 있도록 계속성 있는 메커니즘을 만들 필요가 있다.
③ 내부 프로세스 개선 피드백 요인은 고객서비스 증진을 위한 프로세스 개선제도 및 사규의 개선, 피드백 내용의 직원 공유 등으로 측정된다.

> **Tip** VOC 사후관리 시스템 유형의 종류
>
> - KMS(Knowledge Management System) : 지식관리 시스템
> VOC를 통해 접수된 불만은 유형별로 분류되어 문제발생부서와 해결부서로 분배된다. 각 부서는 접수된 불만의 요소를 분석·해결해 고객만족도를 높이고 동시에 같은 불만 사항을 예방한다. 또한, 상담직원이 보유하고 있는 경험과 노하우, 기술 등의 무형적 지식과 정보시스템에 흩어진 유형의 지식을 효율적으로 관리할 수 있다.
> - FMS(Focus Management System) : 집중관리 시스템
> - CBC(Case by Case) : 유형별 대응 시스템
> - PS(Personal System) : 개별 대응 시스템
> - A/S(After Service) : 사후 시스템

VOC 빅데이터 수집 방법과 데이터 마이닝

▶ 무료 동영상 강의가 있는 SMAT Module B 서비스 마케팅·세일즈

1 빅데이터의 이해

(1) 정 의 ★★중요

① 디지털 환경에서 생성되는 데이터로 기존 데이터에 비해 너무 방대해 이전의 방법이나 도구로 수집, 저장, 검색, 분석, 시각화 등이 어려운 정형 또는 비정형 데이터 세트를 의미한다.
② 대규모 데이터에 대한 생성, 수집, 분석, 표현을 특징으로 대량의 정형 또는 비정형 데이터의 집합과 이러한 데이터로부터 가치를 추출하고 분석하는 기술을 의미한다.
③ 빅데이터 기술의 발전은 다변화된 현대 사회를 더욱 정확하게 예측하여 효율적으로 작동케 하고 개인화된 맞춤정보를 제공·관리·분석 가능하게 하여, 과거에는 불가능했던 서비스를 실현시키기도 한다.
④ 매일매일 다양하고 분석 가능한 규모의 데이터가 기업 내부에 저장 및 관리되고 있다. 기업은 이 데이터 분석을 통해 기업에 유용하고 유의미한 정보를 추출하는데, 이처럼 의미 있는 정보추출이 가능한 대규모의 데이터를 빅데이터라 한다.

(2) 등장배경

① 디지털 경제의 확산으로 규모를 가늠할 수 없을 정도의 많은 정보와 데이터가 생산되는 빅데이터 환경이 조성되었다.
② PC와 인터넷, 모바일 기기 이용이 생활화되면서 사람들이 도처에 남긴 발자국(데이터)이 기하급수적으로 증가했으며, 이러한 사람들의 흔적으로 고객의 동선과 욕구를 파악하게 되었고, 기업에서 마케팅 자료로 적극 활용하기 시작하였다.
③ 수집된 데이터를 기반으로 예측 분석을 하기 위하여 다양한 종류의 대규모 데이터 처리, 분석 및 활용 기술을 필요로 하고 있다. 대량의 다양한 데이터 생산기술의 진보와 이에 필요한 데이터 저장·관리·분석 기술의 발전 속에서 빅데이터가 출현하게 되었다.

> **Tip** 일상생활과 빅데이터
> 인터넷쇼핑몰의 경우 구매를 하지 않더라도 방문자가 돌아다닌 기록이 자동적으로 데이터로 저장된다. 이를 통해 방문자가 어떤 상품에 관심이 있는지, 얼마 동안 쇼핑몰에 머물렀는지를 알 수 있다. 쇼핑뿐 아니라 은행, 증권과 같은 금융거래, 교육과 학습, 여가활동, 자료검색과 이메일 등 사람들은 하루 대부분의 시간을 PC와 인터넷에 할애한다. 사람과 기계, 기계와 기계가 서로 정보를 주고받는 사물지능통신(M2M ; Machine to Machine)의 확산도 디지털 정보가 폭발적으로 증가하고 있는 요인이다.
> 주요 도로와 공공건물은 물론, 심지어 아파트 엘리베이터 안에까지 설치된 CCTV가 촬영하고 있는 영상정보의 양도 상상을 초월할 정도로 엄청나다. 그야말로 일상생활의 행동 하나하나가 빠짐없이 데이터로 저장되고 있는 셈이다.

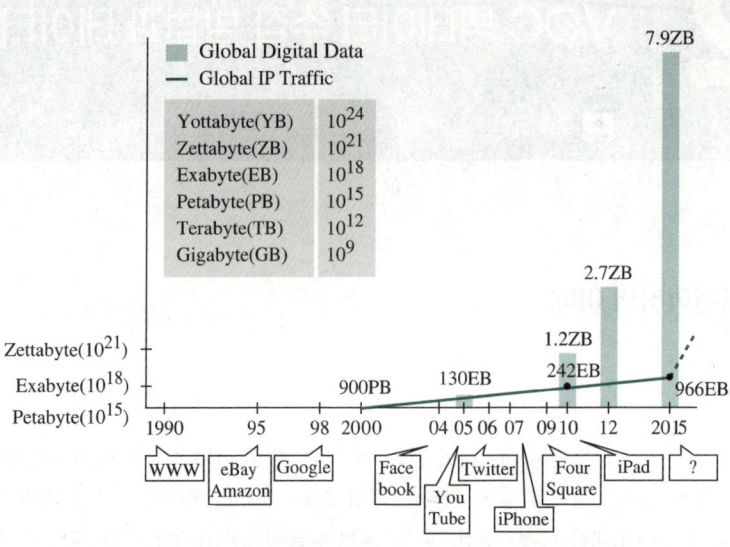

[인터넷 기업의 등장과 글로벌 디지털 데이터 규모]

(3) 특 징 ★★

① 데이터 양(Volume)

단순 저장되는 물리적 데이터양의 증가뿐만 아니라 이를 분석 및 처리하는 데 어려움이 따르는 네트워크 데이터의 급속한 증가는 빅데이터의 가장 기본적인 특징이다.

② 데이터 생성속도(Velocity)

빅데이터는 데이터의 실시간 처리 및 장기적 접근을 요구한다. 데이터 생산 및 유통, 수집 및 분석 속도의 증가와 이에 대한 실시간 처리 및 장기간에 걸쳐 데이터를 수집·분석하는 장기적 접근이 빅데이터의 속도적 특성이다.

③ 데이터 형태의 다양성(Variety)

기존 예측 분석에서 데이터 분석은 기업 내부에서 발생하는 운영 데이터인 ERP, SCM, CRM 등의 시스템에 저장되어 있으며, 잘 정제되어 있고 의미도 명확한 관계형 데이터베이스 기반의 정형 데이터를 통해 이루어졌다. 최근 빅데이터를 이용한 데이터 분석은 고정된 시스템에 저장되지 않은 XMI, HTML 등과 같은 데이터베이스 스키마를 포함하는 반정형 데이터를 이용한 분석뿐만 아니라 사진, 오디오, 비디오 형식의 소셜미디어 데이터나 로그파일같이 비정형 데이터도 처리할 수 있는 능력을 요구한다. 즉, 빅데이터란 단순히 데이터의 양적인 면을 넘어서 다양한 형태의 데이터 양이 증가하는 것을 의미한다.

④ 데이터의 가치(Value)

고객의 행동을 미리 예측하고 대처방안을 마련해 기업 경쟁력을 강화시키고, 생산성 향상과 비즈니스 혁신을 가져오는 것을 가능케 하는 가치를 가지고 있다.

⑤ 데이터의 복잡성(Complexity)

복잡하고 다양한 데이터를 빅데이터 기술을 활용하여 대규모 고객정보를 빠른 시간 안에 분석하고 트위터와 인터넷에 생성되는 기업관련 검색어와 댓글 등 복잡한 자사의 제품과 서비스에 대한 고객의 반응 등을 실시간으로 파악하여 즉각적으로 대처할 수 있게 하고 있다.

[빅데이터 환경의 특징]

구 분	기 존	빅데이터 환경
데이터	정형화된 수치자료 중심의 데이터	• 비정형의 다양한 데이터 • 문자 데이터(SMS, 검색어) • 영상 데이터(CCTV, 동영상) • 위치 데이터
하드웨어	• 고가의 저장장치 • 데이터베이스 • 데이터웨어하우스(Data-Warehouse)	클라우드 컴퓨팅 등 비용효율적인 장비 활용 가능
소프트웨어/ 분석방법	• 관계형 데이터베이스(RDBMS) • 통계패키지(SAS, SPSS) • 데이터 마이닝(Data Mining) • Machine Learning, Knowledge Discovery	• 오픈소스 형태의 무료 소프트웨어 • Hadoop, NoSQL • 오픈소스 통계솔루션(R) • 텍스트 마이닝(Text Mining) • 온라인 버즈 분석(Opinion Mining) • 감성 분석(Sentiment Analysis)

출처 : 정용찬, 「빅데이터의 국가통계 활용 전략」, 통계청, 통계연구 특별호(2016), 3.

> **Tip** 큐레이션(Curation)
> 여러 정보를 수집·선별하고 이에 새로운 가치를 부여하여 전파하는 것을 말한다. 즉, 빅데이터를 구축, 분석 및 활용까지 전 과정을 지휘하는 활동으로 빅데이터에서 노이즈를 제거해 핵심정보를 찾아내어 기업환경에 맞는 최적의 전략을 제시한다.

2 빅데이터의 분석기법

(1) 분석기술 ★★⭐

텍스트 마이닝 (Text Mining)	비/반정형 텍스트 데이터에서 자연 언어 처리기술에 기반을 두어 유용한 정보를 추출, 가공하는 것을 목적으로 하는 기술
평판 분석 (Opinion mining)	소셜미디어 등의 정형/비정형 텍스트의 긍정, 부정, 중립의 선호도를 판별하는 기술
소셜네트워크 분석	소셜네트워크 연결구조 및 연결강도 등을 바탕으로 사용자의 명성 및 영향력을 측정하는 기술
군집 분석	비슷한 특성을 지닌 개체를 합쳐가면서 최종적으로 유사 특성의 군을 발굴하는 데 사용됨
순위 분석	VOC 내용상의 핵심문제를 파악하기 위한 분석기술로서, 유의미한 어휘의 발생 정도를 측정하고, 문제화되는 어휘의 순위를 기간에 따라 측정하여 순위 형식으로 제공하는 기술
연관 분석	연관 어휘를 요약 형태의 시각화 등을 통해 표현하며, 내용상 어휘 간의 관계성을 분석하는 기술
추이 분석	특정 어휘의 변화를 파악하며 시간의 흐름에 따른 분석을 하는 기술

(2) 표현기술

빅데이터 분석기술을 통해 분석된 데이터의 의미와 가치를 시각적으로 표현하는 기술이다.

> **Tip** 빅데이터 활용 사례
>
> - **구 글**
>   구글은 자사가 개발한 자동번역 시스템의 기술을 통계적 기계 번역(Statistical Machine Translation)이라고 표현한다(http://translate.google.com/). 이는 컴퓨터에게 문법을 가르치지 않고 사람이 이미 번역한 수억 개의 문서에서 패턴을 조사해서 언어 간 번역 규칙을 스스로 발견하도록 하는 방식이다. 문법은 예외가 많은 규칙이기 때문에 참고할 문서가 많으면 많을수록 번역이 잘 될 가능성이 높아진다. 반면, 번역에 참고할 문서가 적으면 번역 품질이 떨어지기 마련이다. 구글은 아르메니아어와 라틴어 등 참고자료가 적은 언어의 경우 번역 품질이 높지 않은 테스트 중인 언어로 분류하고 있다.
>
> - **아마존**
>   온라인 쇼핑몰의 선구자 아마존(Amazon)도 빅데이터 활용의 역사가 깊다. 아마존은 고객의 도서 구매 데이터를 분석해 특정 책을 구매한 사람이 추가로 구매할 것으로 예상되는 도서 추천 시스템을 개발했다. 고객이 읽을 것으로 예상되는 책을 추천하면서 할인쿠폰을 지급한다. 전형적인 데이터 분석에 기반한 마케팅 방법이다. 아마존은 이러한 데이터 분석 경험에 기반을 두어 현재 하드웨어를 빌려주는 클라우드(Cloud) 서비스를 제공하고 있으며, 비정형 빅데이터 처리를 위한 데이터베이스를 새로 개발하는 등 빅데이터 관련 기업의 입지를 강화하고 있다.
>
> - **유튜브**
>   하루 40억 회 이상 동영상이 검색되는 유튜브도 이용자가 자신이 선호하는 동영상 채널을 구성할 수 있는 개별 홈페이지를 제공하고 있다. 개인별로 동영상 이용 데이터가 축적되면 이를 SNS 정보, 인적 네트워크 정보와 연계해 다양한 개인 맞춤형 서비스를 제공할 수 있다.
>
> - **현대카드**
>   2012년 12월 현대카드가 '커피전문점의 최고고객은 남성이고, 20대에서만 여성이 최고고객'이라는 카드 결제정보를 이용한 경기변동과 소비트렌드 변화를 분석하여 발표한 바 있다. 이러한 발표가 나오기 전까지는 으레 커피전문점의 주 고객이 여성일 것이라고 대부분 생각했을 것이다. 하지만 실제 분석한 결과에 따르면, 주 고객은 남성이었고 커피전문점의 매출을 늘리기 위해서는 남성을 대상으로 마케팅 전략을 세워야 한다는 결론이 나왔다.

(3) 빅데이터의 분석결과 종류

① 특정 키워드 분석 : 특정 키워드와 관련된 내·외부 빅데이터를 분석하여 정보들의 연관관계를 한 눈에 파악할 수 있으며, 인지하지 못했던 이슈를 발견할 수 있다.

② 트렌드 분석 : 키워드의 시기별 / 미디어별 트렌드를 분석하여 어떤 동향, 패턴, 관심을 보이는지 분석, 특이점이 발견되는 부분에서 어떤 이슈들이 있었는지를 파악하고 분석할 수 있다.

③ 평판 분석 : 특정 제품 / 인물 / 이슈에 관한 빅데이터를 수집하여 게시자의 선호 / 비선호를 분석할 수 있다. 평판 분석은 특정 키워드만 분석하는 것이 아니라 키워드와 관련된 특성에 대한 평판 분석도 가능하다.

④ 빅데이터 분류 / 군집 분석 : 저장 및 수집된 빅데이터를 분석기술을 통해 자동으로 분류하거나 군집하여 사용자가 빠르게 정보에 접근하거나 분석 대상을 파악할 수 있다.

> **Tip** 빅데이터보다 스몰데이터에서 출발하라.
>
> 마케팅의 효율성을 생각한다면, 모을 수 있는 적은 양의 데이터에서 시작해서 데이터의 범위를 넓혀가는 것이 타당하다. (중략) 전통 마케팅과 디지털 마케팅은 그 접근방법이 완전히 다른 셈이다. 데이터를 기준으로 볼 때, 빅데이터의 접근은 전통적인 마케팅의 접근에 가깝고, 스몰데이터에서 출발하여 데이터를 쌓아가는 것은 디지털 시대의 마케팅에 비유될 수 있을 것이다.
>
> 디지털 시대에는 이전과 달리, 마케팅 활동을 통해 고객을 만나기조차 힘들고, 고객들은 전통 미디어나 브랜드가 전달하는 메시지를 신뢰하지 않는다. 그들은 주변 사람들을 더 신뢰하며, SNS 등을 통해 서로 연결되어 정보나 콘텐츠를 공유한다. 디지털 시대에 고객들 스스로 신뢰할 만한 정보를 얻는 효율적인 방법을 찾아낸 것이다. 따라서 디지털 시대에는 사방에 퍼져 있는 데이터를 수집하기보다는 스몰데이터로 시작하여 고객의 수를 늘리고, 고객의 인터넷, 모바일 활동에 관련된 더 많은 데이터를 수집하여 빅데이터로 확대해 가면서, 더 많은 인사이트를 찾는 것이 보다 바람직하지 않을까?

⑤ 지역정보 기반 분석 : 지역정보 데이터 또한 여러 빅데이터 기술을 통해 분석을 할 수 있다. 특정 지역에서의 니즈, 트렌드, 동향 등을 파악할 수 있어 지역별 대응전략을 수립하는 데 활용할 수 있다.

⑥ 빅데이터 네트워크 / 영향력 분석 : 빅데이터 내의 지식 흐름에 대한 네트워크 분석이 가능하며, 주요 의견 게시자 파악 / 정보, 영향력 / 정보, 전파도 / 정보 이동 경로 등을 분석할 수 있다.

⑦ 특정 분야별 / 미디어별 / 키워드별 / 경쟁사별 비교 분석 : 모든 빅데이터 분석은 분석 분야 / 목적에 따라 비교 분석이 가능하다.

3 VOC 빅데이터 수집방법

(1) VOC 빅데이터의 수집과 활용을 위한 조건

① VOC 데이터 접근성

기업외부의 제삼자 데이터 활용가능성과 기업 내·외부 데이터의 체계적 결합 및 VOC의 전사적 이용가능성을 높이는 것이 필요하다. 이를 위해서는 개인정보에 대한 보안 및 프라이버시에 대비된 준비와 보안, 지적재산권, 법적 책임관련 사전준비가 이루어져야 한다.

② 빅데이터 인프라

빅데이터 인프라를 구축하기 위해서는 클라우드 기반 통합분석시스템의 활용과 전사적 데이터 통합활용체계를 갖추어야 한다. 분산된 데이터의 클라우드 기반 통합으로 데이터 공유프로세스를 갖추는 것이 필요하다.

③ 분석역량

분석역량을 갖추기 위해서는 대용량 데이터 분석기술과 실시간 기반 분석, 시각화 소프트웨어에 대한 역량을 준비해야 한다. 이를 위해서는 내부 데이터베이스와 결합분석을 통한 Warning System을 구축해야 한다. 또한, 실시간 의사결정 지원 방안을 마련하여 Realtime VOC 빅데이터에 대한 실시간 대응이 가능하도록 준비해야 한다.

④ VOC 데이터 중심 조직
　　VOC 데이터 중심조직을 갖추기 위해서는 전문적인 분석조직과 전문인력을 양성해야 하며, 데이터 기반 의사결정을 할 수 있는 조직구조가 지원되어야 한다. VOC 빅데이터에 대한 통찰력 있는 전문가를 활용한 분석 전문조직을 갖추어야 한다.

(2) VOC의 빅데이터 분석 시스템 데이터 종류

VOC 분석 시스템은 콜 상담시스템의 정보들을 수집하여 고도화된 언어처리 기법으로 분석한다.
① 콜 상담 정보
② 민원관리 시스템의 전자 민원
③ 서면 민원
④ 칭찬 민원
⑤ 고객 아이디어
⑥ 채팅상담 시스템
⑦ 고객상담 메모
⑧ 고객지원 게시판
⑨ 블로그, 트위터, 커뮤니티 사이트 등을 통해 서비스를 사용하는 고객의 피드백

(3) 기존 VOC 시스템의 한계

① 기존 고객의 소리에만 집중
② 사전 고객의 소리보다는 사후적인 고객의 소리에 집중
③ 경쟁사를 이용하는 고객의 소리를 파악하지 못함
④ 비정형 데이터를 분석하지 못함
⑤ 빅마우스(Big Mouth)에 대한 영향력을 분석하지 못함

(4) VOC 분석의 고려사항

① 도메인 주요 이슈 확인
　　분석할 대상의 VOC에서 어떤 정보를 궁극적으로 추출해야 하는지에 대한 구체적인 고객의 요구와 시나리오는 준비가 필요하다.
② 데이터 품질의 수준 확인
　　분석할 VOC 데이터에 대한 품질을 확인하여 고객과 공유한다.

4 VOC 유형 분류

(1) VOC를 제기하는 내용에 따른 분류

제안형 VOC	• 제품의 성능이나 외관, 고객서비스 등에 대한 고객의 의견을 반영하여 새로운 제품이나 서비스 개발에 적용됨
불만형 VOC	• 고객 불만에 대한 신속한 대응으로 불만족을 만족으로 전환시키고, 불만이 재발하지 않도록 구조적으로 해결함으로써 고객 이탈을 방지하는 역할 • 고객 상담 부서에 접수된 후에 제안 형태로 전환되어 상품이나 서비스 개선에 반영 • 고객의 불만이 고객상담부서에 접수되면 고객의 불만을 해결하고 불만이 재발하는 것을 방지하기 위해 상품이나 서비스 개선에 반영할 수 있도록 관련 부서에 전달하는 과정에서 제안 형태로 전환되는 것 • 기업에서는 CCMS(Customer Complaints Management System)를 도입하여 불만형 VOC로 접수된 내용을 고객 불만 해결과 재발방지를 위해 활용

(2) VOC를 제기하는 주체에 따른 분류

고객의 VOC	고객이 기업에 직접 의견을 제기하는 VOC를 의미하며, 제안형 VOC와 불만형 VOC를 모두 포함함
사내 직원의 VOC	상품이나 서비스 개선을 위해 제기하는 VOC를 의미하며, 직원들이 고객의 입장에서 VOC를 제기하는 것으로 제안형 VOC가 주를 이룸

(3) VOC의 형성 장소에 따른 분류

내부형성 VOC	고객이 직접 기업으로 접수하는 VOC
외부형성 VOC	기업 외부 환경에서 유포되고 확산되는 VOC로, 고객이 VOC를 기업으로 접수하는 것이 아니라 언론사, 소비자 단체, 경쟁사, 동호회나 안티사이트, 인터넷, 구전 등을 통해 형성되는 것

(4) VOC 빅데이터 분석을 통한 RM(Risk Management)

실시간 이슈 모니터링	실시간으로 수집되어 분석된 빅데이터 상에서 특정 키워드(긍정/부정 관련, 자사/경쟁사)가 발견될 경우 실시간 알람을 통해 즉각적인 대응이 가능
위험관리 모니터링	트렌드 모니터링으로 등록된 이슈나 사건의 평상/잠재적 위험/확산 중인 위험/즉각 대응. 위험 상태를 파악하여 대응할 수 있도록 위험관리가 가능

> **Tip** CCMS(Customer Complaints Management System, 소비자 불만 관리 시스템)
> 기업이 사전에 자율적으로 소비자들의 불만 사항을 최소화하고, 부득이하게 발생하는 소비자의 불만과 피해에 대해 신속하게 대응할 수 있는 체계를 말한다.

5 데이터 마이닝 ★★중요

(1) 정의

① 데이터 마이닝(Data Mining)이란 대규모 데이터에서 가치 있는 정보를 추출하는 것을 말한다. 즉, 의미심장한 경향과 규칙을 발견하기 위해서 대량의 데이터로부터 자동화 혹은 반자동화 도구를 활용해 탐색하고 분석하는 과정이다(Linoff & Berry, 1997).

② 데이터 분석을 '지하에 묻힌 광물을 찾아낸다'는 뜻을 가진 마이닝(Mining)이란 용어로 부르게 된 것은 데이터에서 정보를 추출하는 과정이 탄광에서 석탄을 캐거나 대륙붕에서 원유를 채굴하는 작업처럼 숨겨진 가치를 찾아낸다는 특징을 띠기 때문이다.

③ 데이터에서 정보를 찾아낸다는 관점에서 보면 데이터 마이닝은 통계학과 매우 유사하다.

④ 기업활동 과정에서 자연스럽게 축적된 대량의 데이터를 분석해 기업경영에 필요한 가치 있는 정보를 추출하기 위해 사용된다. 이러한 이유로 데이터 마이닝을 "규모, 속도, 그리고 단순성의 통계학(Statistics at Scale, Speed and Simplicity)"이라 부른다(Shmueli etel., 2010).

> **Tip** KDD(Knowledge Discovery in Databases)
> KDD는 데이터로부터 유용한 지식을 찾아내는 과정을 분석에 필요한 데이터를 추출(Selection)해 사전 처리(Preprocessing)와 변환 과정(Transformation)을 거쳐 분석(Data Mining)하고 결과를 해석하는 과정으로 설명한다.
>
>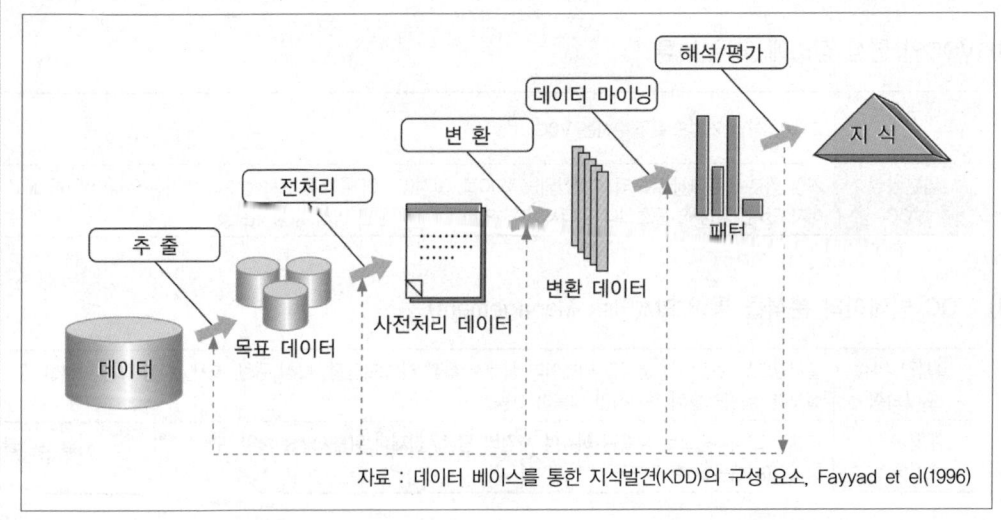
>
> 자료 : 데이터 베이스를 통한 지식발견(KDD)의 구성 요소, Fayyad et el(1996)

(2) 데이터 마이닝 표준 처리 과정(CRISP-DM ; Cross Industry Standard Process for Data Mining)

1단계	비즈니스 이해(Business Understanding)
2단계	데이터 이해(Data Understanding)
3단계	데이터 준비(Data Preparation)
4단계	모형(Modeling)
5단계	평가(Evaluation)
6단계	적용(Deployment)

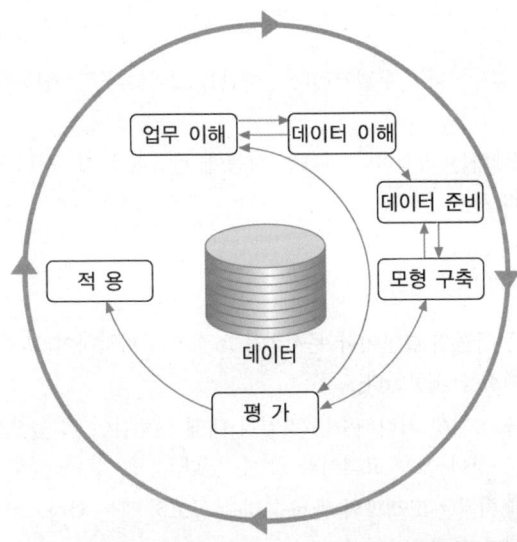

[데이터 마이닝 표준 처리 과정(CRISP-DM)]

(3) 데이터 마이닝과 고객관계관리

① 기업이 소비자에게 상품과 서비스를 판매하는 과정에서 발생한 데이터가 중요한 정보로 활용될 수 있다는 생각이 확산되면서 빅데이터로부터 유의미한 정보를 추출하여 고객과의 관계관리 도구로 활용한다.
② 기존의 데이터베이스 마케팅(Database Marketing) 개념에서 한 걸음 더 나아가 생산자 중심의 기업 활동을 소비자 중심으로 바꾸는 패러다임의 전환을 의미한다.
③ 고객의 행동을 파악하기 위해서는 데이터 관리와 분석이 필수적이며, 이를 위해 데이터를 효과적으로 수집하고 분석하는 정보기술(IT ; Information Technology)이라 할 수 있다.
④ 데이터웨어하우스(DW ; Data Warehouse)는 기업이 보유하는 대규모 데이터를 효과적으로 저장하고 관리할 수 있게 지원하는 시스템으로 데이터 마이닝을 활용한 고객 데이터 분석도 이러한 효과적인 데이터 관리시스템이 지원했기 때문이다.
⑤ 데이터의 양이 폭증하고 비정형 데이터가 중요한 의미를 지니는 빅데이터 환경에서 기존의 정보기술이나 분석 방법론은 소비자의 관점에서 기업 활동을 한다는 고객관계관리의 기본 사상을 더욱 강조한 것이다.

CHAPTER 03 | 컴플레인 개념 이해

▶ 무료 동영상 강의가 있는 SMAT Module B 서비스 마케팅·세일즈

1 컴플레인(Complain)의 이해

(1) 정 의 ★★ 중요

① 사전적 의미로는 '불평하다', '투덜거리다', '불만을 털어놓다', '푸념하다', '한탄하다'라는 의미를 가진다.
② 고객이 상품을 구매하는 과정이나 구매한 상품에 관하여 품질, 서비스, 불량 등을 이유로 불만을 제기하는 행동이다.

(2) 의 의

① 고객의 컴플레인은 상품의 결함이나 문제점을 조직에서 파악하여 그 문제가 확산되기 전에 신속히 해결할 수 있는 기회를 제공한다.
② 고객은 컴플레인을 성의껏 처리해주는 기업에 대해 신뢰감이 더 높으므로, 해당 고객은 계속적인 구매고객이 될 가능성이 높은 고객이라 할 수 있다.
③ 컴플레인의 우수한 처리는 고객과의 관계를 더욱 공고히 하는 과정으로 고객관계관리를 효과적으로 유지하는 지름길이라고 할 수 있다.
④ 불만을 가진 고객은 주변에 불만스러운 사건을 이야기하고 싶어 하는 심리를 가지고 있으므로, 고객의 컴플레인은 부정적인 구전효과를 최소화할 수 있는 중요한 시점이라 할 수 있다. 고객의 불만족스러운 사항을 직접 기업 판매업자나 직원에게 불평하도록 유도하여 적극적인 자세로 응대한다면 부정적 구전효과를 감소시킬 수 있다.
⑤ 불만이 있어도 침묵하는 고객은 그대로 기업을 떠나버리지만, 컴플레인을 하는 고객은 회복할 수 있는 기회를 주는 것이다. 컴플레인을 하지 않는다고 아무런 문제가 없는 것은 결코 아니다.
⑥ 컴플레인을 제기한 고객은 기업이나 판매측에 서비스품질을 향상시킬 수 있는 유용한 정보를 제공한다. 고객의 컴플레인은 기업이 서비스를 어떻게 개선할 수 있는가에 대한 중요한 자료로 활용될 수 있다.

[VOC, Complain, Claim의 비교]

VOC = 고객의 소리	Complain = 고객의 불만, 불평	Claim = 주장하다, (권리 등을)요구하다
고객의 소리에 귀를 기울여 욕구를 파악하고 수용하여 경영활동을 추구하고자 하는 제도	고객의 불만을 들어 불편한 사항을 이해하고 성의껏 문제해결을 도와 고객의 관계를 지속적으로 유지하는 활동	컴플레인의 지속에도 문제의 해결이 제대로 되지 않아 컴플레인의 결과로 금전적 또는 물질적인 배상까지 이어지는 일

2 컴플레인의 발생원인과 영향력

(1) 발생
① 서비스에 대해 심리적으로 갖는 기대, 희망, 가치에 대해 흡족(만족)하지 못하거나 기대 수준에 미치지 못하여 불평, 불만이나 요구가 발생하는 상황이다.
② 기업에서 제공되는 유·무형(상품, 접객 서비스, 고객편의 시설 등)의 서비스에 대해 고객이 만족을 못하거나 나쁜 경험을 통해 발생한다.

(2) 원인 ★★ 중요
① 회사 측 책임

구분	내용
상품에 대한 불만	• 상품의 하자(상품의 성능, 기능, 재질불량, 식품변질 등) • 상품 가격(가격차이, 가격표시 불량, 용량의 잘못된 표시 등) • 수선, A/S에 대한 불만(수선, A/S불량, 수선품 분실 등) • 상품 구색 미비(상품, 브랜드 없음, 디자인 색상 및 사이즈 없음) • 상품 품질 저하(유통기한 경과, 신선도, 품질표시 미흡 등) • 상품 포장 불량 등으로 인한 상품 파손 등 • 광고 상품과 다름
시설물에 대한 불만	• 매장환경에 대한 불만(냉/난방시설, 조명, 탈의실, 안내표지판, POP, 상품 진열대, 통행로 등) • 고객 편의시설에 대한 불만(주차장, 휴게실, 화장실, 식수·생수대, 휴지통 등)
제도에 대한 불만	• 카드 관련 불만 • 거래조건(행사 상품 또는 교환 시 거절, 카드 및 상품권 거부 등) • 서비스 프로세스 및 지원시스템의 결여 • 서비스지향적인 조직문화의 구축 실패 • 원활하지 못한 내부 커뮤니케이션
직원 접객에 대한 불만	• 직원의 무성의한 태도(언행 및 태도 불량, 감정에 대한 배려 부족 등) • 고객 요구에 대한 거절(교환, 환불, 수선 미처리 등) • 상품지식 미비로 인한 부정확한 설명(상품하자 발생 등) • 고객과의 약속 불이행 • 사무처리의 미숙, 착오(계산착오 등) • 매장 내 직원 간의 잡담 및 사적인 전화통화 등 무관심 • 판매직원의 지나친 호객행위 및 판매강요 등 • 미흡한 처리와 오안내, 책임감 부족 등
기타 불만	• 고객소지품 관리 소홀로 인한 불만(매장 내 분실사고 발생 등)

② 고객 측 책임

구분	내용
지나친 기대	지나친 기대로 인한 불만족
상품지식 및 인식의 부족	상품에 대한 지식, 취급 부주의 등으로 인한 상품 하자 발생
고객변심	사정 및 감정의 변화로 교환 및 환불 요구
고의	할인의 구실 및 거래를 중단 또는 바꾸려는 심리
고압적 자세	고객이 왕이라는 지배적 자세로 무리한 요구
기타	지나친 기대, 오해, 기억착오, 독단적인 해석, 성급한 결론 등

③ 제3자의 책임 : 수송의 지체 및 수송상의 하자 발생, 분실 등

> **Tip** 고객이탈 사유
>
> 미국 품질관리학회의 조사에 따르면, 고객이탈 사유 1위가 '고객 접점에서의 서비스 문제'로 나타났다. 고객 불만을 초래하는 가장 큰 원인이 직원들의 고객응대 과정에서 비롯되는 것으로 조사된 것이다.

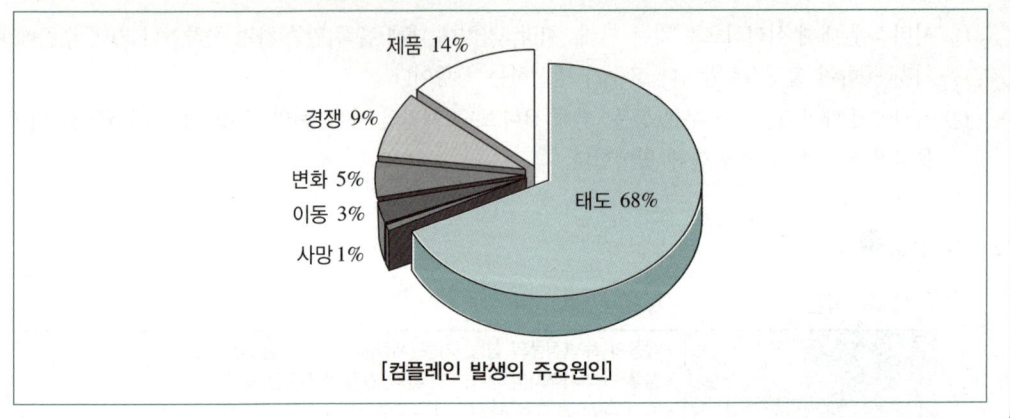

[컴플레인 발생의 주요원인]

(3) 영향력

① 불만족한 경험을 한 고객은 주변의 고객들에게 불만을 확산하여 평판에 영향을 미치게 되어 잠재고객마저 잃게 할 수 있다.
② 고객의 부정적인 경험은 긍정적인 경험보다 더 오래 기억되어 그 영향력이 더욱 커지게 되므로, 오랫동안 고객과의 관계 맺음에 실패할 수 있다.
③ 고객의 이탈로 인해 매출이 저하되므로 수익이 발생하지 않으며, 직원의 불안 등을 야기하여 기업의 몰락으로 이어질 수 있다.

고객의 반응	영 향
고객의 무반응	고객의 95%는 불평을 하지 않으며 91%의 고객은 재이용을 하지 않음
고객의 직접반응	불만 사항을 표현함으로써 기업이 적극적으로 불만 사항을 처리해주길 요구
고객의 사적반응	주변에 불만 사항을 전파, 부정적 구전을 하는 고객, 거래를 단절한 전환 고객의 75%가 구전을 통해 잠재고객에게까지 영향을 미침
고객의 제3자반응	보다 적극적인 반응으로 소비자 보호단체, 언론 단체, 법적 기관에 고발 또는 처벌을 요구

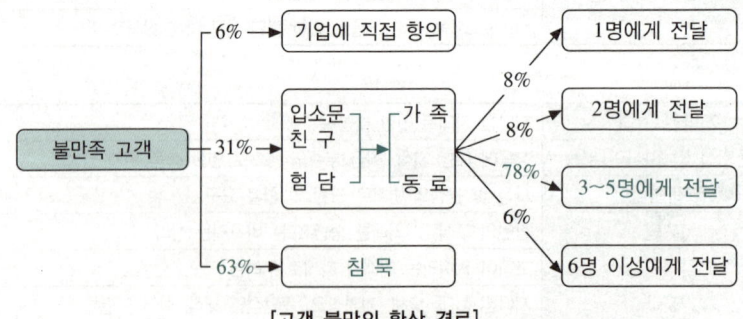

[고객 불만의 확산 경로]

자료 : 와튼스쿨, 2006 불만고객 연구보고서

④ 존 굿맨(John Goodman) 법칙 ★★ 중요
  ㉠ 고객이 평소에 잘 이용하여 아무런 문제를 느끼지 못한 상황에서는 10%의 재방문율을 보인다.
  ㉡ 불만사항을 이야기하고 만족스러운 해결을 경험한 고객은 65~82%가 매장을 다시 방문한다.
  ㉢ 좋은 평가는 주변 5인 정도에게 구전을 하지만, 좋지 않은 평가는 주변 10인 정도에게 구전을 하므로, 부정적 소문이 2배 이상의 파워를 가지고 있다고 본다.

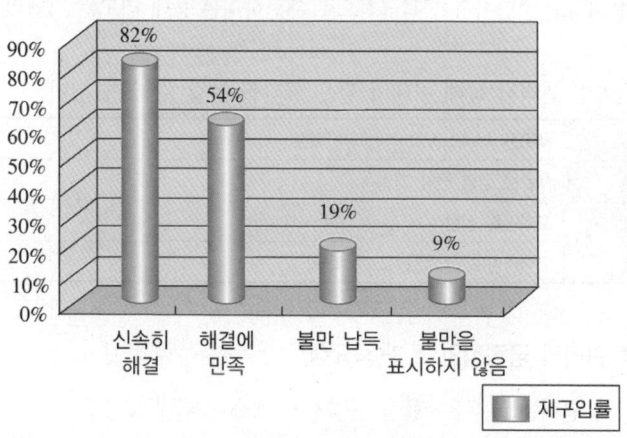

[굿맨의 법칙(1만 엔 이상의 상품)]

자료 : 알기 쉬운 비즈니스 코칭, 혼다카쯔지, 새로운 사람들

> **Tip** 깨진 유리창 이론
> 고객이 겪은 한 번의 불쾌한 경험, 한 명의 불친절한 직원, 정리가 되지 않은 매장, 말뿐인 약속 등 기업의 사소한 실수가 결국은 기업의 앞날을 뒤흔든다는 개념의 법칙이다.

(4) 고객이 불평행동을 하는 심리 ★★ 중요

보상의 획득	고객은 반환요청, 보상 등과 같은 행동을 통해 경제적 손실을 회복하거나 해당 서비스를 다시 제공받을 목적으로 불평을 함
분노의 표출	일부의 고객은 자존심을 회복하기 위해서 또는 자신의 분노와 좌절을 표출하기 위해서 불평을 함. 서비스 프로세스가 너무 규정 위주이고 불합리한 경우 또는 서비스 직원이 무례하다고 인식될 경우의 반응행동임. 고객은 자존감, 공정성에 대한 부정적 영향을 받은 것에 대해 감정적으로 분노를 표현하고 불평을 제기함
서비스 개선에 대한 도움	고객이 특정 서비스에 깊이 관여된 경우 서비스 개선을 위해 자발적으로 기여하고자 적극적인 피드백을 제공하는 목적으로 불평을 함
다른 고객을 위한 배려	다른 고객을 위해 자신의 불만을 제기하는 경우는 같은 문제로 다른 사람들이 피해를 입지 않아야 한다는 생각으로 불평을 하는 것. 이러한 고객은 문제점을 제기하여 서비스가 개선되면 그에 대해 보람을 느끼게 됨

3 컴플레인 관리(Complain Management)

(1) 필요성

① 불만족스러운 서비스에 대한 개선은 고객과의 관계를 지속적으로 유지하는 데 가장 중요하다.
② 제품 판매 과정에서의 고객에게 '친절'함은 기본적인 응대 태도라고 할 수 있으나, 고객의 불만요소를 성심껏 응대하고 불만사항을 적극적으로 개선하려는 응대 태도는 기업의 또 다른 경쟁력으로 인정된다.
③ 기업은 컴플레인 관리를 통해 아래와 같은 효과를 누릴 수 있게 된다.

1단계	새로운 서비스경영 아이디어 확보
2단계	새로운 경영 전략 개발
3단계	고객만족 실현
4단계	고객충성도 향상(충성고객 확보)

(2) 컴플레인 고객 관리의 긍정적인 효과(중요성)

① 컴플레인 고객 관리는 고객유지율을 증가시켜 매출 증대에 도움을 준다.
② 컴플레인 고객을 효율적으로 관리하게 되면 서비스 시간을 절약하게 된다.
③ 컴플레인 고객에게서 나오는 좋지 않은 평판을 빠른 시간 안에 막을 수 있다.
④ 고객의 불만에 귀를 기울이면 불만뿐만 아니라 기업에 필요한 유용한 정보를 얻을 수 있다.

(3) 컴플레인 고객의 응대요건

① 공정성을 유지하고 응대한다.
② 고객의 프라이버시를 보장한다.
③ 효과적이고 효율적으로 대응한다.
④ 체계적인 컴플레인 관리 및 정보 저장으로 예방 시스템을 계획한다.

(4) 컴플레인 고객이 서비스직원에 미치는 영향

① 서비스 분야 전문가로서 가치를 인정받을 수 있다. 불만고객 응대는 어려운 직무다. 그만큼 효과적으로 업무를 완수했을 때 전문가로 대접받을 수 있다.
② 서비스 직원 스스로 성장의 기회를 가질 수 있다. 서비스 응대의 마지막 단계가 불만고객 응대이다. 이를 완수하는 과정을 통해 직원 스스로 자기 개발의 기회를 얻는다.

CHAPTER 04 | 컴플레인 대응 원칙

▶ 무료 동영상 강의가 있는 SMAT Module B 서비스 마케팅·세일즈

1 고객 컴플레인 응대의 원칙과 단계

(1) 고객 컴플레인 응대의 원칙 ★★ 중요

사 과	정중한 사과가 최우선
접근 용이	불평접수처의 물리적 접근이 용이
파 악	컴플레인과 클레임을 건 원인 파악
책임공유	전 직원의 불평처리에 대한 정보와 책임공유
해 결	고객이 이용하기 편리하게 컴플레인 해결
과정공개	신속한 처리와 처리과정의 공개
비밀 존중	고객의 비밀 존중
비논쟁	고객과의 논쟁을 피함
정보활용	고객 불평 정보의 활용

(2) 고객 컴플레인 응대 단계

경청 ▶ 공감 ▶ 사과 ▶ 모색 ▶ 약속 ▶ 처리 ▶ 재사과 ▶ 개선

① 1단계 : 경청
  ㉠ 고객 스스로 불평을 모두 말하도록 한다. 잘 듣는 것만으로도 불만의 상당 부분은 해소된다.
  ㉡ 선입견을 버리고 고객의 입장에서 생각하고 문제를 파악한다.
  ㉢ 자신의 의견을 개입시키지 말고 전체적인 사항을 듣는다.
  ㉣ 중요사항을 메모한다.
  ㉤ 고객과 언쟁하지 않도록 하며, 겸허하고 공손한 자세로 인내심을 갖고 고객의 항의를 끝까지 경청한다.
  ㉥ 부드럽고 완충적인 표현을 사용하여 고객의 불만을 신속하게 접수한다.
② 2단계 : 공감
  ㉠ 고객의 컴플레인에 공감함을 적극적으로 표현하고 인정하는 태도를 보이도록 한다.
  ㉡ 긍정적인 비언어적 신호를 활용한다.
  ㉢ 불만사항에 따라 필요한 경우, 고객에게 일부러 시간을 내서 문제점을 지적하여 해결의 기회를 준 것에 대해 감사의 표시를 한다.

③ 3단계 : 진심어린 사과
  ㉠ 고객의 의견을 경청한 후 그 문제점을 인정하고 잘못된 부분에 대해 신속하고 정중히 사과한다.
  ㉡ 변명은 문제를 더 확대시킬 수 있으므로 고객의 감정적인 부분을 충분히 고려하여 진심어린 사과를 한다.
  ㉢ 고객의 잘못이 드러나는 경우는 고객에게 책임을 묻지 말고, 컴플레인 상황이 발생하도록 한 것에 대해 사과를 하고 고객의 입장에서 해결방안을 모색한다.

④ 4단계 : 해결방안 모색
  ㉠ 문제해결을 위한 질의응답을 통해 많은 정보를 확보한다.
  ㉡ 확보한 정보를 통해 원인을 규명한다.
  ㉢ 고객의 입장에서 대책을 강구하고, 본인이 해결하기 어려운 경우 담당자를 통해 해결방안을 모색한다.

⑤ 5단계 : 해결 약속
  ㉠ 고객이 납득할 해결 방안을 제시하고, 문제를 시정하기 위해 어떤 조치를 취할 것인지 설명하고 해결을 약속한다.
  ㉡ 문제 처리 방법을 제시하는 데, 고객이 원하는 것이 불가능한 경우 적절한 대안을 강구한다.
  ㉢ 고객에게는 누가 담당자인지가 중요한 것이 아니라 고객 자신의 문제를 해결해 줄 수 있는지 아닌지가 중요하다.
  ㉣ 해결에 대한 확실한 약속은 고객에게 안정감과 신뢰를 줄 수 있어 불만을 빨리 처리할 수 있다.

⑥ 6단계 : 처리
  ㉠ 잘못된 부분에 대해 일의 우선순위를 세워 신속하고 완벽하게 처리하도록 한다.
  ㉡ 문제해결을 위해 최대한 노력하고 있음을 보인다.

⑦ 7단계 : 재사과
  ㉠ 불만사항을 처리한 후 고객에게 결과를 알리고 만족여부를 확인한다.
  ㉡ 고객에게 다시 한 번 정중하게 사과하며, 감사의 표현을 한다.

⑧ 8단계 : 개선 방안을 수립
  ㉠ 고객 불만 사례를 전 직원에게 알려 공유한다.
  ㉡ 재발 방지책을 수립하고 새로운 고객 응대 매뉴얼을 작성한다.
  ㉢ 컴플레인 이력을 데이터화하고 기록을 통해 관리한다.

> **Tip** ZC(Zero Complaint)
> 제조업의 ZD(Zero Defect) 즉, 무결점 운동에서 비롯된 것으로 서비스업에 있어 고객의 불만과 불평을 제로화해 나가는 활동을 의미한다. 고객 및 서비스에 대한 정보가 기업 내에 흩어져 있으면 죽은 정보와 같은 것이므로, 하나의 시스템으로 통합하여 그것이 전 부서에 피드백(Feedback)되고 활용되도록 한다.

CHAPTER 05 | 컴플레인 해결 방법

▶ 무료 동영상 강의가 있는 SMAT Module B 서비스 마케팅·세일즈

1 컴플레인 유형별 분류 및 해결 방법

① 컴플레인 고객 유형별 특징과 응대 요령 ★★ 중요

㉠ 신중하고 꼼꼼한 유형

특 징	• 실용성에 대하여 질문을 많이 한다. • 망설임이 많다. • 조곤조곤 꼼꼼하게 따지며 논리적이다. • 뻔히 알 수 있는 사실에도 계속 질문을 한다. • 지나치게 자세한 설명이나 친절할 때로는 의심한다.
응대요령	• 초조해하지 않고 질문에 성의껏 대답한다. • 사례나 타 고객의 예를 들며 추가 설명을 한다. • 혼자 생각할 수 있는 시간적 여유를 준다. • 판매제품과 비교 설명을 한다. • 지나친 설득은 삼간다. • 설명을 너무 많이 하면 오히려 역효과가 생길 수 있다. • 분명한 근거나 증거를 제시하여 스스로 확신을 갖도록 유도한다. • 자신감 있는 태도로 간결한 응대를 하며 설득한다.

㉡ 성격이 급하고 신경질적인 유형

특 징	• 다른 고객을 응대하는 사이에 끼어든다. • 의자에 앉아 기다리지 못하고 계속 재촉한다. • 이것저것 한꺼번에 이야기한다. • 작은 일에 민감한 반응을 보인다.
응대요령	• 인내심을 가지고 응대한다. • 말씨나 태도에 주의를 기울이며 신속함을 보여준다. • 동작뿐만 아니라 "네, 알겠습니다." 등의 말의 표현을 함께 사용한다. • 불필요한 대화를 줄이고 신속하게 처리한다. • 늦어질 때에는 사유에 대해서 분명히 말하고 양해를 구한다. • 언짢은 내색을 보이거나 원리원칙만을 내세우지 않는다.

㉢ 빈정거리며 무엇이든 반대하는 유형

특 징	• 열등감이나 허영심이 강하고 자부심이 강한 유형이다. • 문제 자체에 중점을 두고 이야기하지 않고, 특정한 사람이나 물건, 심지어는 대화 중에 사용한 단어의 의미에 대하여 꼬투리를 잡아 항의한다. • 아주 국소적인 문제에 집착하여 말한다.
응대요령	• 대화의 초점을 주제방향으로 유도하여 해결에 접근할 수 있도록 자존심을 존중해주면서 응대한다. • 고객의 빈정거림을 적당히 인정하고 요령껏 받아주면서 고객의 만족감을 유도하면 타협의 자세를 보이게 된다.

ⓔ 쉽게 흥분하는 유형

특 징	• 상황 처리에서 단지 자신이 생각한 한 가지 방법밖에 없다고 믿고 남의 피드백을 받아들이려 하지 않는 고객이다. • 고객의 마음을 지배하고 있는 것은 표면화된 호전성과는 달리, 극심한 불안감일 수도 있으므로, 직원이 미리 겁을 먹고 위축되지 않도록 한다.
응대요령	• 고객은 나에게 항의하는 것이 아니고 회사에 항의하는 것이므로, 일어난 상황을 개인적인 일로 받아들이면 안 되기 때문에 논쟁을 하거나 같이 화를 내는 일이 없도록 하며, 상대방이 소진될 때까지 시간을 두고 기다려야 한다. • 조심스럽게 고객의 주의를 끌어 직원의 영역 내의 방향으로 돌리도록 한 뒤에 조용히 사실에 대해 언급한다. • 말하고 있는 도중 고객이 방해를 하면 친절히 양보하여 충분히 말할 수 있는 편안한 분위기를 유지해주면서 고객 스스로가 문제를 해결할 수 있도록 유도한다. • 부드러운 분위기를 유지하여 정성스럽게 응대하되 음성에 웃음이 섞이지 않도록 유의한다. • 고객이 흥분 상태를 인정하고, 직접적으로 진정할 것을 요청하기보다는 고객 스스로 감정을 조절할 수 있도록 유도하는 우회적인 화법을 활용한다.

ⓜ 전문가이고 거만한 자기과시 유형

특 징	• 자기를 과시하는 타입으로 자신은 모든 것을 다 알고 있는 전문가인 양 행동한다. • 자신이 가지고 있는 확신에 대한 고집을 꺾지 않으려 하고 좀처럼 설득되지 않는다. • 권위적인 느낌을 상대에게 주어 상대의 판단에 영향을 미치려고 한다. • 언어예절을 깍듯이 지키며 겸손한 듯이 행동하지만, 내면에 강한 우월감을 갖고 있으므로 거만한 인상을 준다. • 직원보다 책임자에게 접근하려 한다.
응대요령	• 고객의 말을 잘 들으면서 상대의 능력에 대한 칭찬과 감탄의 말로 응수하여 상대를 인정하고 높여주며 친밀감을 조성한다. • 대화중 반론이나 자존심을 건드리는 행위를 하지 않도록 주의한다. • 자신의 전문성을 강조하지 말고, 문제의 해결에 초점을 맞추어 무리한 요구사항에 대체할 수 있는 사실을 언급한다.

ⓑ 얌전하고 과묵한 유형

특 징	• 속마음을 헤아리기 어려운 고객이다. • 한 번 마음에 들면 거래가 지속되지만, 마음이 돌아서면 거래하지 않는다. • 말이 없는 대신 오해를 잘한다. • 조금 불만스러운 것이 있어도 잘 내색을 하지 않는다.
응대요령	• 말이 없다고 해서 흡족한 것으로 착각해서는 안 된다. • 정중하고 온화하게 대해주고, 일은 차근차근 빈틈없이 처리해주어야 한다. • 말씨 하나하나의 표현에 주의한다. • 아무리 바빠도 시선은 반드시 마주치며 말을 한다. • 다른 고객을 대하는 모습도 영향을 줄 수 있으므로 언행에 주의한다.

ⓢ 소리 지르는 유형

특 징	목소리를 최대한 크게, 욕과 함께 하면 일이 더 빨리 해결될 줄 아는 고객이다.
응대요령	• 우선 직원의 목소리를 작게 낮추고 말을 천천히 이어감으로써, 상대방으로 하여금 자신의 목소리가 지나치게 크다는 사실을 깨닫게 하여야 한다. • 계속 언성이 가라앉지 않으면 분위기를 바꾸는 것이 필요하다. • 장소를 바꾸면 대화가 중단되어 상대방의 기분을 전환시키고 목소리를 낮추게 하는 효과가 있다.

ⓒ 깐깐한 유형

특 징	별로 말이 많지 않고 예의도 밝아 직원에게 깍듯이 대해주는 반면, 직원의 잘못은 꼭 짚고 넘어가는 유형이다.
응대요령	• 정중하고 친절히 응대하되, 만약 고객이 잘못을 지적할 때는 절대로 반론을 하지 말아야 한다. • 이런 고객일수록 자존심이 상당히 강하므로 감사히 받아들이는 자세를 보여야 한다. • 불만이 발생하기 전에 사전예방을 하는 것이 최선의 방법이다.

② 컴플레인 상황별 분류 및 해결방법

서비스 제공 과정에 문제가 있는 경우	• 문제를 인정하고 원인을 명확히 파악한다. • 정중하게 사과 후 적절한 보상을 제공한다. • 대안적 해결 방안을 제시하고 꼭 이행한다. • 고객 스스로 해결책을 찾도록 놔두지 않는다.
고객이 특이한 요구를 하는 경우	• 고객의 요구를 수용하려고 노력한다. • 자사의 규정 및 방침을 설명한다. • 지키지 못할 약속은 하지 않는다. • 책임을 회피하거나 전가하지 않는다.
공급자가 자발적으로 서비스를 추가한 경우	• 여유를 갖고 준비한다. • 예상되는 고객의 요구에 미리 준비한다. • 고객을 비웃거나 무시하지 않는다. • 고객을 차별적으로 대우하지 않는다.
고객이 서비스 제공에 비협조적인 경우	• 정중하게 이해시키려고 노력한다. • 서비스 제공 과정에 문제가 없는지 돌아본다. • 고객의 불만을 단순한 사건으로 넘어가지 않는다. • 고객 불만이 다른 고객에게 영향을 미치지 않도록 한다.

(3) 불만고객 응대 기법

① MTP 기법 ★★ 중요

고객의 컴플레인을 처리하는 기법 중 하나로 사람(Man), 시간(Time), 장소(Place)를 바꾸어 컴플레인을 처리하는 방법이다.

Man
응대하는 사람을
바꾼다.
	• 나를 바꾸려 노력
	  – 표정 예 진지한 표정으로 응대하며 절대 웃으면 안 됨
	  – 자세 예 고객을 존중하고 있다는 느낌을 주도록 하며 너무 꼿꼿한 자세는 고객으로 하여금 거만하게 느껴질 수 있음
	  – 시선 예 불만고객의 경우에는 시선을 떼지 말고 응대
	• 새로운 사람으로 바꿔 응대
	  – 담당 직원 → 책임자
	  – 하급자 → 상급자
	  – 판매사원 → 판매담당
	  – 직원의 성별

Time 시간을 바꾼다.	• 고객의 화난 감정을 누그러뜨리고 싶을 때는 마실 것을 권유하는 등 그 상황을 잠시 끊어줘야 함 • 처음에는 대꾸를 하지 않고 잠잠히 들음 • 즉각적인 해결 방안을 제시하기보다는 이성적으로 생각할 수 있는 시간을 줌
Place 장소를 바꾼다.	• 고객에게 자리를 권함. 분노한 사람도 앉으면 그 감정이 잦아드는 경우가 많음 • 서비스 장소를 매장에서 사무실이나 소비자 상담실로 바꿈 • 조용한 장소에서 차분한 분위기를 유지

② 고객에게 맞장구치는 기법
　㉠ 타이밍을 맞춘다.
　　맞장구 타이밍을 맞춤으로써 고객이 말하는 것에 흥이 나도록 한다.
　㉡ 맞장구를 멈출 때를 알아야 한다.
　　무조건 맞장구를 친다고 해서 좋은 것은 아니다. 고객이 열을 올리고 있을 때는 맞장구를 잠시 멈춘다.
　㉢ 맞장구는 짧게, 진심이 느껴지도록 한다.
　　"아, 그렇군요.", "정말 대단하십니다.", "그럼요, 옳은 말씀이십니다."
　㉣ 맞장구를 교묘하게 한다. 고객으로부터 긍정의 답변을 얻고 싶을 때는 긍정의 말에만 맞장구를 침으로써 대화를 원하는 방향으로 유도한다.

> **Tip** 고객 불만 관리의 성공 포인트
>
> 1. **고객서비스에 대한 오만을 버려라.**
>   고객 불만 관리의 최대 적은 고객서비스에 대한 '오만'이다. 기업들은 자신의 서비스 수준을 과신하는 경향이 있는데, 기업들은 자신들이 생각하는 자사 제품 및 서비스의 수준과 실제로 고객이 인지하는 수준 간에 큰 차이가 존재한다는 사실에 주목할 필요가 있다.
>
> 2. **고객 불만 관리 시스템을 도입하라.**
>   고객 불만 관리의 핵심은 사전에 불만요인을 인지해서 조기에 제거하는 것이다. 그러기 위해서는 시스템적으로 고객 불만을 식별하여 원인을 분석하고 대응방안을 수립할 수 있도록 해야 한다. 또한, 개선사항을 정기적으로 모니터링할 수 있는 고객 불만 관리체계의 구축이 필수적이다.
>
> 3. **고객만족도에 직원 보상을 연계하라.**
>   기업이 고객 불만을 관리하기 위해서는 현장에서 직접 서비스를 제공하는 직원들을 어떻게 교육시키고 동기부여 할 것인가가 매우 중요하다. 따라서 고객서비스 수준을 높이기 위해서는 고객만족도와 직원들의 보상을 연계시킬 필요가 있다. 선진 기업들은 직원들에게 적절한 인센티브를 제공함으로써 직원들이 능동적으로 고객 불만을 해소하고 적극적으로 고객만족도 제고활동에 나서도록 유도하고 있다.
>
> 4. **MOT(Moment Of Truth)를 관리하라.**
>   MOT(Moment of Truth)란 '진실의 순간'이란 뜻으로서, 현장에서 고객과 접하는 최초의 15초를 의미한다. 스칸디나비아 항공의 CEO였던 얀 칼슨은 현장에 있는 직원과 고객이 처음 만나는 '15초' 동안의 고객응대 태도에 따라 기업이미지가 결정된다고 주장하였다. 결국 '15초'는 기업의 운명을 결정짓는 가장 소중한 순간이며, 고객의 불만을 초래해서는 안 되는 순간인 것이다. 철저한 'MOT' 관리가 고객 불만 관리의 성공요소 중 하나이다.
>
> 5. **고객의 기대 수준을 뛰어넘어라.**
>   고객의 기대를 뛰어넘는 서비스로 고객을 감동시킴으로써 고객의 불만을 줄이는 적극적인 방법도 있다. 통상 고객의 기대수준을 뛰어넘는 일은 매우 어려워 보인다. 대부분의 기업들은 고객의 기대수준을 맞추는 것도 쉽지 않다고 말한다. 하지만 실제로는 아주 사소한 아이디어 하나로, 또는 경쟁사가 제공하지 않는 서비스를 제공함으로써 고객에게 감동을 주는 사례도 적지 않다.
>
> 　　　　　　　　　　　　　　　　　　　　　출처 : LG경제연구원, 주간경제 918호 2007.1.5.

컴플레인 해결을 위한 5가지 기본원칙

1. 피뢰침의 원칙
   - 피뢰침의 원칙이란 나를 조직의 피뢰침으로 생각하는 것이다. 고객의 불합리한 분노로 인해 내 감정을 조절할 수 없다고 느껴질 때 필요한 생각이 바로 피뢰침의 원칙이다.
   - 고객은 나에게 개인적인 감정이 있어서 화를 내는 것이 아니라, 일 처리에 대한 불만으로 복잡한 규정과 제도에 대해 항의하는 것이라는 관점을 가져야 한다.
   - 내가 아닌 회사나 제도에 항의하는 것이라는 생각을 가져야 고객의 심한 분노의 표현으로부터 자유로울 수 있다.

2. 책임 공감의 원칙
   - 고객의 비난과 불만이 나를 향한 것이 아니라고 하여 고객의 불만족에 대해서 책임이 전혀 없다는 말은 아니다. 우리는 조직구성원의 일원으로서 내가 한 행동의 결과이든 다른 사람의 일 처리 결과이든 고객의 불만족에 대한 책임을 같이 져야만 한다.
   - 고객에게는 누가 담당자인지가 중요한 것이 아니라, 자신의 문제를 해결해 줄 것인지 아닌지가 중요하다.

3. 감정통제의 원칙
   - 사람마다 차이는 있지만 인간관계에서 오는 부담감으로부터 자유로울 수 있는 사람은 없다. 전화통화가 길어지거나 거친 고객들을 만나다 보면 자신도 모르게 자신의 감정을 드러내는 경우가 발생하게 된다.
   - 사람을 만나고, 의사소통하고, 결정하고, 행동하는 것이 직업이라면 사람과의 만남에서 오는 부담감을 극복하고 자신의 감정까지도 통제할 수 있어야 한다. 프로와 아마추어의 차이는 그것을 통제할 수 있느냐 없느냐의 차이일 것이다.
   - 자신을 잃지 않고 끝까지 감정을 지켜나가는 사람은 최후의 승리자가 될 것이며, 그렇지 않고 잠시나마 감정의 끈을 풀어놓은 사람은 어느 순간 타인에게 끌려가게 된다.

4. 언어절제의 원칙
   - 고객상담에 있어서 말을 많이 하는 것은 금기다. 고객보다 말을 많이 하는 경우 고객의 입장보다는 자신의 입장을 먼저 생각하게 되기 때문이다. 말을 많이 한다고 해서 나의 마음이 고객에게 올바로 전달되는 것은 아니다.
   - 고객의 말을 많이 들어주는 것이 고객의 문제를 빨리 해결할 수 있는 길이고, 고객과 좋은 관계를 형성할 수 있는 방법이다.
   - 우리는 지식과 경험을 바탕으로 상황을 미리 짐작해서 말하곤 한다. 우리는 이것을 경험에서 오는 자신의 노하우와 능력이라고 생각하지만, 고객의 입장에서는 자신의 마음을 풀어놓을 수 있는 기회를 놓쳐 버리게 되어 오히려 불만만 축적시키는 결과가 된다.
   - 고객의 이야기를 듣고, 공감하고, 반응하는 자세가 중요하다.

5. 역지사지의 원칙
   - 사람은 타인의 입장이 되어 보지 않고서는 그의 마음을 알 수 없다. 고객을 이해하기 위해서는 반드시 고객의 입장에서 문제를 바라봐야 한다. 고객은 우리의 규정을 보지도 못했고, 그 규정의 합리적 존재이유에 대해서 알지도 못하거니와 업무가 처리되는 절차에는 더더욱 관심이 없다. 하지만 우리는 고객이 마치 우리의 업무프로세스나 규정들을 모두 알고 있다는 듯이 상담하는 오류를 범하고 있다.
   - 고객은 자신에게 관심을 가져주는 사람에게 호감을 갖는다. 고객에게 관심을 보여야만 우리의 말과 설명이 고객에게 제대로 전달되어 마음을 이해해 줄 수 있다. 그렇지 않으면 아무리 합리적인 이유를 말하고 훌륭한 미사여구를 사용한다 할지라도 고객은 결코 자신의 의견을 굽히지 않을 것이다.
   - 고객은 스스로가 정당하다고 믿는 습성이 있어 자신의 실수를 인정하지 않으려 한다. 설사 고객에게 잘못이 있다 하더라도 직원의 역할은 고객들에게 책임을 묻는 것이 아니라는 점을 알아야 한다.
   - 궁극적으로는 고객이 문제를 잘 해결하도록 돕는 것이 우리의 맡은 바 직무임을 기억해야만 한다.

출처 : 모든 것을 고객 중심으로 바꿔라 - 살림지식총서 122, 안상헌

2 불만고객 응대 후 자기관리

(1) 자기만족을 가져라.

불만고객 응대는 어렵다. 서비스 실패를 해결하여 고객만족으로 이끌었다는 것 자체에 스스로 만족해야 한다.

(2) 자신에게 보상하라.

고단한 불만고객 응대 후에 자기 자신이 만족할 수 있을 만한 외재적 자기 보상은 업무성취도를 높여준다.

(3) 스트레스 등 부정적 기억은 지워라.

수많은 고객을 상대하면서 좋지 못한 기억을 깨끗이 잊는 과정은 필수적이다.

(4) 자신을 객관적으로 들여다보라.

불만고객 응대 시 본인이 감정적이지는 않았는지, 응대 매뉴얼에 따라 움직이지는 않았는지 스스로를 점검하고 피드백해야 한다.

3 불량고객과 우수고객 분류

(1) 불량고객 유형 ★★중요

비협조적으로 행동하거나 불량한 행동을 하는 고객은 문제가 된다. 특히 서비스 제공 과정에 많은 고객들이 존재하는 경우에는 다른 고객에게도 영향을 주며, 전체적인 기업의 이미지와 서비스전달에도 영향을 미치게 된다.

① 제이커스터머(Jaycustomers) - 불량고객 또는 악덕 소비자
  ㉠ 정 의
    '무단 횡단자'를 뜻하는 '제이워커(Jaywalker)'에서 나온 말로 서비스나 제품을 잘못 소비하거나 잘못 사용하여 기업의 약점을 공격, 보상을 요구하는 불량고객을 일컫는다.
    - 언론, 인터넷 등 다양한 매체를 통해 불만행동을 과도하게 표현하여 기업, 종업원, 다른 고객에게 부정적인 영향을 주는 소비자가 포함된다.
    - 불만의 내용이 정당하지 않은 경우 : 제품에 문제가 없거나 소비자 과실로 인해 제품에 문제가 발생한 경우, 그러한 이유로는 교환, 수리, 환불을 요구하나 소비자피해보상 규정상 적용대상이 아니다.
    - 불만행동의 방법이 법적절차를 따르지 않은 경우 : 불만의 내용이 정당하더라도 불만행동의 방법이 사회적으로 허용되는 범위를 넘어선 폭력 등의 수단을 사용하는 소비자가 있다.

ⓒ 발생원인
- 개인적인 성향인 '성격'이 한 원인이기도 하지만, 왜곡된 소비자권리의식, 높은 시대수준 등도 원인에 포함된다.
- 기업의 과대광고, 부정확한 정보제공, 지나친 판매 중심의 경영환경 등이 있다.
- 사회적 측면으로 인터넷의 활성화, 매스미디어의 영향, 경제상황 악화 등이 있다.

ⓒ 유형

도둑형 (Thief)	• 제품을 훔치거나 가격을 지불하지 않으려고 하는 사람으로, 가장 흔한 것은 가게 '좀도둑' • 인터넷상에서 남의 주민등록번호를 도용하거나 ID를 사용하는 고객, 서점에서 책을 훔치는 고객, 지하철에서 무임승차하는 고객, 공중전화 단말기를 조작해 공짜로 전화하는 고객 등
호전형, 싸움꾼형 (Belligerent)	• 상점, 공항, 호텔, 식당 등 어느 곳에서든 얼굴을 붉히면서 고함을 질러대며 욕을 하고 삿대질을 해대는 고객 • 기계가 갑자기 고장날 수도, 비행기가 악천후 때문에 지연될 수도 있고 음식 배달이 늦어질 수도 있는데 이런 경우 호전형 고객은 그 화를 눈에 보이는 직원에게 풀려고 함 • 직원에게 욕을 하기도 하고 심지어는 육체적인 폭력을 행사하기도 함 • 항공사의 경우 이유 없이 직원을 괴롭히거나 기내에서 폭음하고 난동을 부리는 고객
신용불량형, 부랑자형 (Deadbeat)	지불을 못하는 고객으로서 지불능력을 갖지 못한 유형을 말하며, 술값을 내지 않고 도망가는 고객, 전화를 마음껏 사용한 후 행방을 감춰버리는 고객 및 부도를 내서 투자자들에게 손실을 입히는 부실 상장 및 등록 기업도 신용불량형 고객에 해당(통신사의 경우 징수가 불가능해 발생하는 결손처리액이 총매출액의 상당 부분을 차지)
위법자형 (Rulebreaker)	서비스접점은 종업원과 고객의 안전과 서비스 제공을 위해 규칙을 세울 필요가 있으며, 정부는 건강과 안전의 이유로 서비스 제공자들이 준수해야만 하는 규정을 세우고 정부의 규정 외에도 원활한 운영과 비합리적인 요구를 피하기 위해서 혹은 서비스시설의 잘못된 사용을 예방하기 위해 다양한 규칙을 세우고 있는데 이러한 규칙을 준수하지 않는 고객
가정싸움꾼형 (Family Fighter)	다른 고객들과 논쟁하려는 고객으로, 서비스접점에 존재하는 다른 고객에게 논쟁을 건다든지, 불량한 태도로 기분을 상하게 하는 등의 행동을 하는 유형
파괴자형 (Vandal)	음료수를 기계에 쏟아서 못쓰게 만든다든지, 의자를 찢어서 파괴한다든지, 가구를 망가뜨리는 등의 행동으로 서비스시설과 장비를 파괴하는 불량고객

ⓔ 제이커스터머에 대한 기업의 대처행동

원칙적 처리	규정대로 처리, 객관적 처리 노력, 법적 대응, 소비자 상담 기관, 단체연결, 악의적 행동이 심각할 경우 112에 신고 등
성의 있는 태도	친절한 응대, 현장 방문, 고객입장에서 해결하려는 태도
소비자 요구 수용	추후 특별대우 약속, 정신적 피해에 대한 위자료 등
타기관 안내	중재기관 안내나 담당자 교체 등
사전예방 시스템 마련	상담사 교육, 불만사항 모니터링 시스템 구축, 악성 고객 매뉴얼 배포 및 대처방안 공유, 사전 교육
별도의 대응방안 마련	악성 클레임 전담팀 운영, 주의고객 별도 관리, 별도의 대응방안 마련

② 블랙컨슈머(Black Consumer)
　㉠ 블랙컨슈머는 불량고객보다는 '범죄자'로 분류하는 것이 더 정확하다. 서비스에 만족하지 못하여 불만을 제기하는 고객을 블랙컨슈머라 하지 않는다.
　㉡ 블랙컨슈머는 보상금을 목적으로 계획적이고 의도적인 악성 민원을 제기하는 소비자를 의미한다.
　㉢ 블랙컨슈머는 자신의 부당한 이익을 목적으로 하기 때문에 '소비자'라고 정의할 수 없다.
　㉣ 블랙컨슈머는 기업에 금전적·정신적 피해를 입히는 것은 물론 기업의 부담을 증가로 인해 다른 소비자의 손실을 초래한다.

[블랙컨슈머의 전형적인 형태]

억지주장	규정이나 법규를 무시하고 막무가내로 자신의 요구만 주장하고, 규정에 따라 처리한 후에도 자신의 요구에 미치지 못한 경우에는 또 다른 민원을 제기
무례한 언행	대화를 거부하며 무조건적인 폭언을 하거나 직원에게 비인격적인 화풀이를 함
부당한 요구	정신적인 피해를 이유로 과다한 금전적인 보상을 요구
협박과 위협	언론이나 인터넷에 유포하겠다고 위협하거나 대표와의 면담 등을 요청
업무방해	계속해서 전화를 걸어오거나 홈페이지에 반복적인 민원을 제기하여 업무를 방해

> **Tip** 미스터리 쇼핑
> 고객만족도를 평가하는 방법 중 하나로 미스터리 쇼퍼(Mystery Shopper)가 손님인 척 가장하여 매장이나 상품의 서비스를 체크하는 것을 말한다.
>
> | 순 서 | 체크 사항 |
> |---|---|
> | 매장 밖 | 매장 밖의 청결상태(간판, 조명, 주변 청소, 출입구 주변, 유리 등) |
> | 매장 안 | 바닥, 테이블 배치, 테이블 세팅, 화장실, 집기 등 |
> | 직 원 | 규정에 따른 복장, 용모 단정 등 |
> | 리셉션 | 고객맞이 인사, 이동, 안내 등 |
> | 메뉴판 | 청결상태, 메뉴판 제공 에티켓 등 |
> | 주 문 | 빠른 응대, 친절, 고객의 주문 복창 등 |
> | 서 브 | 빠른 서비스, 주문에 대한 안내, 적정시간, 알맞은 멘트, 수시로 필요사항 대응 등 |
> | 정 리 | 고객이탈 후 빠른 정리, 고객 퇴장 시 인사 등 |
> | 카운트 | 정확하고 신속한 계산, 영수증, 카드 공손히 전달, 만족스러운 서비스였는지 확인, 감사의 인사 등 |

(2) 우수고객 유형 ★★중요

① 화이트컨슈머(White Consumer) - 따듯한 가치를 지닌 소비자
  ㉠ 자본주의 4.0시대는 따듯한 자본주의 '상생'의 자본주의를 의미한다. 이러한 시대적인 배경으로 블랙컨슈머에 대응되는 화이트컨슈머가 등장하였다. 화이트컨슈머는 기업과 소비자의 관계를 대립적인 관계가 아닌 상생의 관계로 보고 소비자로서의 권리와 의무를 명확히 지켜나가며, 기업의 발전을 위해 비판이 아닌 제안을 하고 사회적 책임을 다하는 소비자를 일컫는다.
  ㉡ 4대 가치인 소비자와 기업의 상생, 소비자의 정직한 권리, 소비자의 발전적 제안, 소비자의 사회적 책임을 실천하는 소비자를 말한다.

> **Tip** 권리의 주체인 소비자
>
> 2006년 9월 27일 정부는 '소비자보호법'을 폐지하고, 기존의 소비자 권익증진에 소비자의 책무를 포함한 '소비자기본법'을 제정했다. 더 이상 소비자는 보호의 대상이 아니라 '권리의 주체'로 보는 패러다임의 변화 및 소비와 소비활동을 통한 사회의 책임과 임무를 포함하고 있다는 것을 의미한다.
>
> 한국소비자포럼에서는 따듯한 대한민국 만들기 캠페인의 일환으로 [팀화이트 신청하기] 프로그램을 운영, 화이트 소비자로서 멤버십 발급 및 위촉장 등을 수여하여 각종 따듯한 소비자 프로그램을 지원, 시상, 우수활동자에게 장학금 지급을 하는 등 다양한 활동을 전개해 나가고 있다.
>
> 출처 : 한국소비자포럼 / 한국소비자브랜드위원회 http:/bit.ly/teamwhite

② 책임형 고객
  책임형 고객은 이성적·합리적이며 일관성을 가지고 서비스에 참여하는 고객을 말한다. 이들의 행동은 개방적·사교적·타협적이고 유연하면서도 정의롭고 엄격한 태도를 보이기도 한다. 책임형 고객의 행동 특징은 다음과 같다.
  ㉠ 만남의 대상 모든 것이 나름대로 가치가 있다고 인정하려고 한다.
  ㉡ 사람과 사람끼리의 수수에서 인격적이며 관대한 태도를 취하려고 한다.
  ㉢ 서비스 프로세스의 공동생산자로서, 지식·경험·상식·양심을 가지고 성실하게 자신의 역할을 수행하려고 한다.
  ㉣ 더불어 사는 인간상을 추구하고, 사회·문화적으로 참된 생활을 함으로써 소비에 대한 의미를 찾으려고 한다.
  ㉤ 과소비, 사치, 향락, 쓰레기, 환경오염, 파괴, 자원고갈 등의 문제를 생각한다.

4 서비스 실패와 회복

서비스 실패 → 컴플레인 → 서비스 회복

(1) 서비스 실패(Service Failure) ★★ 중요

① 정 의
  ㉠ 고객이 심각하게 질 나쁜 서비스 결과를 경험하는 것
  ㉡ 서비스 과정이나 결과에 대하여 서비스를 경험한 고객이 좋지 못한 감정을 가지는 것
  ㉢ 책임이 분명한 과실
  ㉣ 고객이 지각하는 허용영역 이하로 떨어지는 서비스 성과
  ㉤ 책임소재와는 무관하게 서비스 과정이나 결과에 있어 무엇인가 잘못된 것
  ㉥ 서비스 접점에서 고객 불만족을 야기하는 열악한 서비스 경험

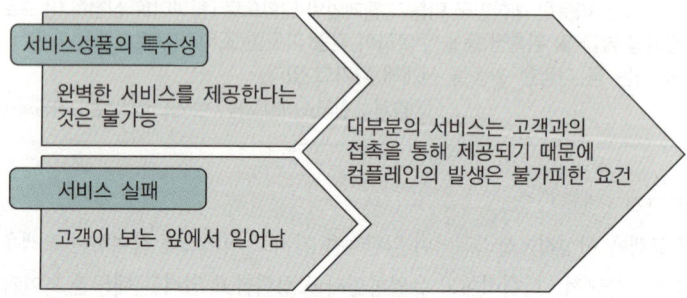

② 중요성
  ㉠ 향후 소비자의 기업과의 재거래 여부
  ㉡ 구전효과를 통한 신규고객 창출에 영향을 미침
  ㉢ 서비스 실패로 인한 하나의 부정적인 이미지가 전체 기업 이미지에 영향을 미침
  ㉣ 다른 서비스 속성이나 분야의 실패를 유도하는 도미노 효과

③ 유 형

서비스 전환 유형	전환행동
가 격	가격인상, 높은 가격, 불공정한 가격 산정에 관한 내용
불 편	서비스를 제공받는 위치 / 시간, 대기시간, 예약사항 등
핵심서비스 실패	서비스 제공자의 업무 실수, 계산상의 오류 등
서비스접점 실패	서비스 제공자의 무례함, 전문성 부족, 고객에 대한 무관심 등
서비스 실패 반응	무반응 혹은 내키지 않는 반응, 부정적 반응
경 쟁	경쟁기업의 서비스가 더 우수함
윤리적 문제	속임수, 안전상의 문제, 강압적 판매, 경쟁사 비난
비자발적인 전환	서비스 제공자의 업무 중단 / 이전, 담당자 변동 등

④ 서비스 실패 관련 효과

이중일탈효과 (Double-deviation Effect)	서비스 실패상황에 회복 노력이 서툴러 다시 한 번 서비스 실패를 가져오는 상황으로 접점의 반응이 가장 큰 영향을 미침
연쇄효과 (Domino Effect)	고객이 어떤 문제에 대해 불평하기로 결정하면 다른 서비스 속성에 대해서도 불평하는 경향이 높음
후광효과 (Halo Effect)	고객이 한번 서비스 실패를 경험하게 되면 모든 상호작용에서 부정적인 인상을 갖고 부정적인 반응을 보임

(2) 서비스 회복(Service Recovery) ★★ 중요

① 정 의
  ㉠ 고객의 불만이 제기되었을 때, 이를 수정하기 위해 서비스 제공자가 취하는 일련의 행동을 말한다.
  ㉡ 서비스 실패로 인한 피해를 최소화하기 위한 서비스 기업의 일련의 과정이다.
  ㉢ '서비스 회복의 역설'은 서비스 실패 상황에서 서비스 회복활동이 성공할 경우, 서비스가 처음부터 성공적으로 전달된 경우보다 전체적인 고객충성도는 오히려 더 높아진다는 것이다.

② 사전적 접근
  ㉠ 사전적 접근은 서비스 실패를 사전적으로 방지할 수 있다는 전제에 초점을 둔다.
  ㉡ 서비스시스템의 구조와 프로세스를 세분하여 면밀히 진단하고 서비스 실패의 원인과 결과를 추정한다.
  ㉢ 품질 및 위험 관리 기법들이 이용되고, 대표적으로 활용되는 도구로는 포카요케(Pokayoke, 실수 예방), QFD(Quality Function Deployment, 품질 기능 개발)와 FMEA(Failure Modes and Effects Analysis) 등이 있다. 이러한 기법을 활용해서 서비스 실패에 대한 예방적 노력의 방안을 찾는다.

③ 유 형

심리적 회복	제 공	사과와 공감
	금 지	무시, 무관심, 냉담, 어린애 취급, 로봇 서비스, 규정 제일, 발뺌
물질적 회복	제 공	서비스 실패로 야기된 금전적 손실과 불편함에 대해 보상

④ 서비스 회복의 3단계

사전 서비스 시의 회복단계	• 서비스 실패가 발생할 때 시작되어 서비스 제공자가 실패를 인식할 때까지 지속됨 • 고객들은 이 단계에서 서비스 회복에 대한 기대를 공식화함
제공시점 서비스 시의 회복단계	• 서비스 제공자가 서비스 실패를 인지하고 고객에게 구체적인 서비스 회복 행동을 실행하는 단계 • 가능한 한 빨리 즉각적인 서비스 제공과 고객에 대한 정당한 보상에 초점을 둠
사후 서비스 시의 회복단계	구체적이고 정당한 서비스 회복 노력이 수행된 후 부족한 부분이 있다면 추가적으로 심리적, 유형적 보상을 이루는 단계

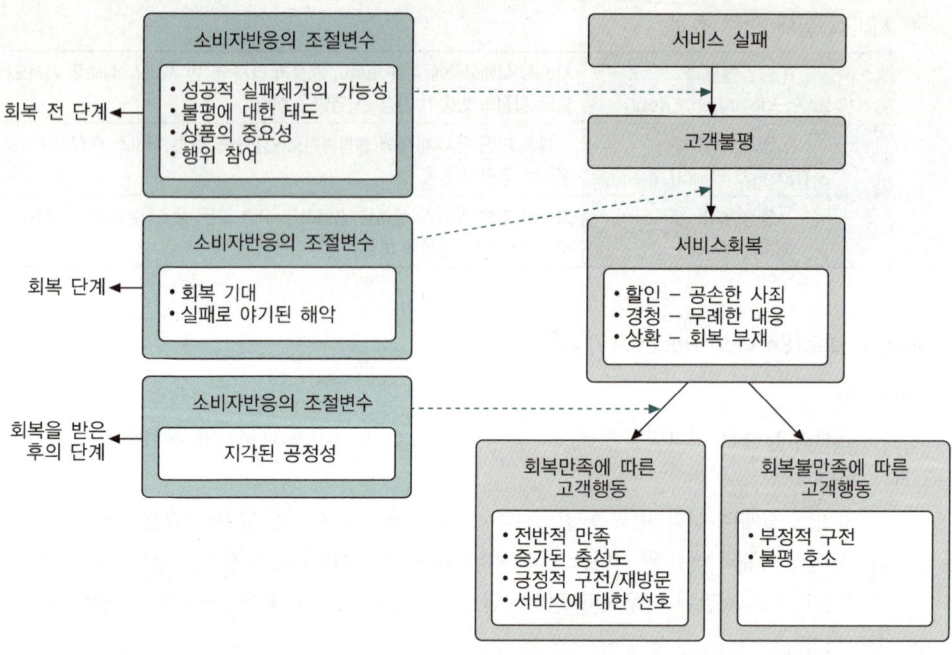

[서비스 회복 모델]

⑤ 결정 요인
  ㉠ 고객의 서비스 회복에 대한 기대

이해와 책임	고객은 서비스 실패 상황에서 어떤 일이 발생했는지 이해하고자 하며, 기업이 자신의 행동(또는 행동하지 않음)에 대해 책임을 다하기를 기대함 예 제품 수리 및 서비스 수정, 지불한 돈의 전액 환불(또는 일부 환불), 기업의 사과, 발생한 사건에 대한 기업의 설명, 같은 문제가 반복되지 않을 것이라는 확인, 고객이 좌절을 기업에게 표현할 수 있는 기회 등
공정한 처리	고객은 불평을 다룰 때 공정하고 공평하게 대우받기를 기대함 예 결과 공정성, 절차 공정성, 상호작용 공정성 등

  ㉡ 서비스 회복의 결정적 요인

요 인	내 용
보 상	고객이 원하는 원래상태로 서비스를 회복시키는 것
신 뢰	문제가 발생했을 경우 고객에게 문제 해결시간을 제시하고 약속한 시간 내에 문제를 해결해주는 것
반 응	고객의 요구나 질문에 즉각적으로 반응하며 문제 발생 시에 문제에 대한 사과와 문제처리 상황을 설명해주는 것
확 신	문제 발생 시 정해진 절차에 따라 문제를 해결하며 고객의 질문이나 발생한 문제에 답변할 수 있는 전문지식을 가지고 있는가를 의미
설 명	고객의 입장에서 문제를 듣고 이해하며 고객이 이해하기 쉽게 설명하는 것

ⓒ 서비스 회복의 수단 유형

요인	내용
시정	서비스 실패를 바로 잡는 것. 서비스 실패의 심각성이 높지 않을 경우는 즉각적인 시정을 통하여 회복할 수 있음
시정+α	서비스 실패의 심각성이 있을 때에 서비스 실패를 시정해줄 뿐만 아니라, 어떤 추가적인 방법으로 보상해주는 형태
할인	실패에 대한 보상으로 가격을 인하해주는 것
교환	결함이 있는 제품이나 서비스를 교체해주는 것
사과	종업원이 고객에게 사과하는 전략. 이 전략의 효과는 사과와 관련된 실패의 정도뿐만 아니라, 사과가 전달되는 방법에 따라 크게 달라짐
환불	서비스 실패에 대해 지불한 금액을 돌려주는 전략. 교환의 경우 회복에 대한 효과가 상당히 호의적인 데 비하여 환불은 고객이 겨우 받아들이는 정도
관여	문제해결을 돕기 위하여 관리자나 종업원이 관여하는 것

⑥ 서비스 회복 전략

처음부터 실패 없는 서비스를 하라.	• 사전에 철저히 준비한다. • 무결점을 목표로 하는 TQM(Total Quality Management, 총체적 품질관리) 문화를 형성한다. • 실수방지장치로 정확한 서류작성을 통해 유형화해야 한다.
불평을 격려하고 추적하라.	만족조사, 핵심사건연구, 상실고객조사 등을 통해 고객이 문제를 눈치채기 전에 기술을 통해 예측가능토록 한다.
빠른 조치를 하라.	• 최대한 문제가 발생한 접점에서 문제가 해결되도록 한다. • 직원에게 권한을 위임한다.
충분히 설명하라.	• 서비스 실패에 대한 충분한 보상을 하지 못하더라도 고객에게 적절한 설명이 제공된다면 불만족은 감소할 수 있다. • 설명에 있어 적절성·신뢰성·성실성 같은 특성을 포함한다.
고객을 공정하게 대우하라.	고객을 차별 없이 공정하게 대한다.
고객관계를 구축하라.	• 평소 고객과의 좋은 관계를 가진 고객은 서비스 실패에 더 잘 용서하고 서비스 회복 노력에 좀더 개방적이다. • 강력한 고객관계의 구축은 서비스기업에게 중요한 완충장치를 제공한다.
회복체험으로부터 학습하라.	인과분석을 통해 문제가 발생하게 된 원인을 파악, 프로세스를 수정하여 좀더 나은 서비스 제공에 힘쓴다.
상실고객으로부터 학습하라.	• 상실고객 조사는 고객이 떠난 실제 이유를 알기 위한 심층조사를 포함해야 한다. • 유의미한 정보를 빨리 획득하여 원인을 파악하고 수정한다.

> **Tip** 불만 관리와의 차이
> • 서비스 회복은 서비스 실패가 발생했을 때 그에 대한 회사의 즉각적인 반응에 초점을 두기 때문에, 불만(불평) 관리와는 그 의미를 달리한다.
> • 불만 관리는 서비스 실패로 인해 겉으로 나타나는 고객의 불평에 근거한 것이다.
> • 서비스 회복은 불평하는 고객뿐만 아니라 불만을 갖고 있지만 겉으로 표출하지 않는 고객들의 서비스 불만까지 파악하여 서비스 접점에서의 문제를 해결하는 것이다.

⑦ 서비스 보증★★중요
  ㉠ 서비스 보증의 필요성
    서비스 보증은 서비스가 일정 수준에 이르지 못하는 경우 손쉬운 교환, 환불, 재이용 등의 보상을 약속하는 것이다. 잘 설계된 서비스 보증은 효과적인 서비스 회복과 지속적인 서비스품질 향상을 가능하게 한다. 기업의 입장에서 서비스 보증을 시행하는 목적은 고객유지, 시장점유, 서비스품질 향상에 있다.
  ㉡ 서비스 보증의 서비스품질 향상에 도움을 주는 방법
    • 고객의 기대와 욕구를 정확하게 파악
    • 명확한 기준의 제시
    • 고객의 피드백
    • 실패의 원인 파악
⑧ 서비스 보증의 설계
  어떤 보증은 구체적으로 무엇을 보증할 것인지에 대한 약속의 제시이다. 서비스 보증은 다음의 기준을 충족시키는 수준으로 설계되어야 한다.
  • 무조건적인 보증
  • 이해와 소통이 쉬운 보증
  • 고객에게 중요한 보증
  • 요청하기 쉬운 보증
⑨ 서비스 회복 패러독스(Service Recovery Paradox) – 서비스 회복 역설
  ㉠ 서비스 실패가 일어나더라도 그것이 효과적으로 회복만 된다면 실패 발생 전보다 고객에게 더 큰 만족을 줄 수 있는 기회이다.

분배적 공정성	고객에게 제공한 것이 무엇이고, 그 결과 서비스 실패로 인한 비용을 상쇄할 수 있는지에 관한 문제로, 결과물의 공정함, 요구, 가치, 보상, 서비스 비용, 훌륭함 등
절차적 공정성	적절한 과정을 통해 불평을 관리했는지 여부. 상품의 유형적인 측면보다 서비스 종업원의 행위 측면이 더 중요하기에 과정과 절차에서의 공정성에 지각이 상당히 높음
대인관계적 공정성	예의 바른 태도와 존중하는 입장으로 상대방을 대하느냐에 관한 관계적 문제
정보적 공정성	서비스 제공자가 얼마나 절차나 사건에 대하여 솔직한 태도를 취하며, 자세하고 적절하게 설명해주었는지의 여부

  ㉡ 서비스 실패 상황에서 고객은 기업에게 비현실적인 조치를 기대하지 않으며, 다만 문제가 왜 발생했는지 원인을 이해하는 것과 기업이 책임을 다하기를 기대한다.
  ㉢ 서비스 회복 패러독스 회복 방안

기업에 비용을 발생시키는 방안	제품 수리, 서비스 수정, 전액 환불(일부 환불) 등
기업에 비용을 발생시키지 않는 방안	기업의 진심어린 사과, 기업의 성실한 설명, 같은 문제가 반복되지 않을 것이라는 확신, 고객의 불만을 기업에 표현할 수 있는 기회 제공 등

> **Tip** 기업가치 하락을 막아주는 선물 : 불평처리
>
> 불평이 잘 처리되면 약속한 것이 처리되었으므로 신뢰가 회복된다. 만족스럽게 처리된 불평은 기업과 고객의 결속을 더욱 강하게 해준다. 고객불평은 기업에 고객과의 관계를 밀접하게 만들 기회를 제공하기 때문에 기업의 입장에서는 선물이다.
>
> 불평하는 고객은 불평내용을 해결해주면 되지만, 불평하지 않는 고객은 이탈할 가능성이 높다. 따라서 고객유지율을 높이기 위해서는 고객들이 불만과 불평을 털어놓도록 한 후 해결해주어야 한다.
>
>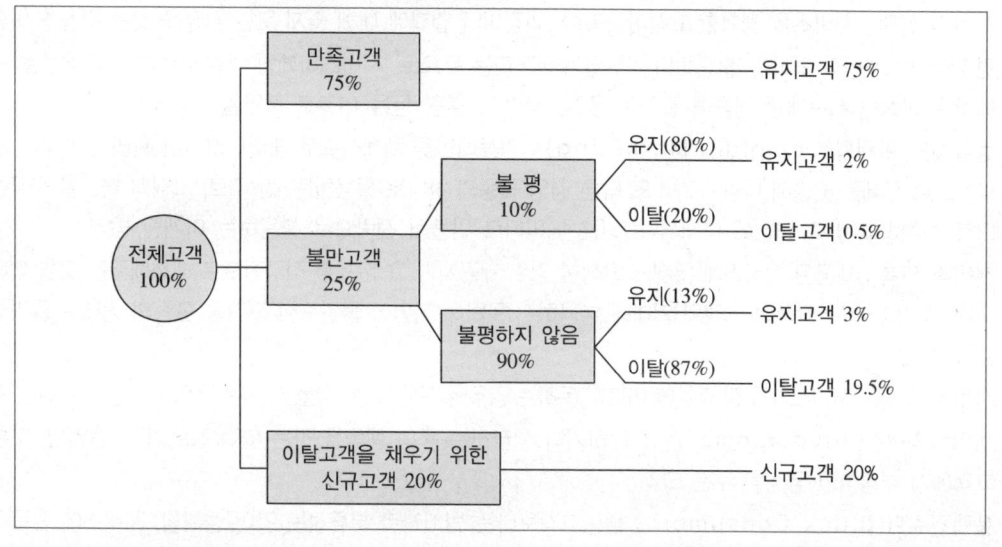

5 컴플레인 마케팅(Complain Marketing) ★★중요

(1) 컴플레인을 체계적으로 데이터화하여 관리하고 보다 적극적으로 문제를 해결해 나감으로써 또 다른 경영활동의 하나로 활용하는 것을 말한다.

(2) 고객의 불만을 적극적으로 청취하고 바로 시정에 나서거나, 이를 데이터로 만들어 전략으로 활용하는 마케팅 방식이다.

(3) 고객이 제기하는 컴플레인은 기업이 시정해야 할 운영적·관리적 문제와 관련이 있는 경우가 많다. 따라서 많은 기업들은 고객의 불만을 처리할 수 있는 시스템들을 도입하고, 이것을 마케팅으로 활용하는 수단으로 삼고 있다.

Part 03 Module B 서비스경영 전문가가 꼭 알고 있어야 하는 전문용어

- **서비스 실패** : 서비스를 경험한 고객이 서비스 과정이나 결과에 대해 좋지 못한 감정을 갖는 것을 의미함
- **컴플레인** : 사전적 의미는 '불평하다', '투덜거리다'라는 뜻으로, 서비스마케팅 차원에서 고객이 상품을 구매하는 과정이나 구매한 상품에 관하여 품질, 서비스, 불량 등을 이유로 불만을 제기하는 것
- **컴플레인 마케팅(Complain Marketing)** : 컴플레인을 체계적으로 데이터화하여 관리하고 보다 적극적으로 문제를 해결해 나감으로써 또 다른 경영 활동의 하나로 활용하는 것. 주로, 고객의 불만을 적극적으로 청취하고 바로 시정에 나서거나, 이를 데이터로 만들어 전략으로 활용하는 마케팅 방식
- **서비스 회복** : 제공된 서비스에 문제가 발생한 경우 제공자가 그 문제를 적극적으로 해결해주는 것을 의미하며, 서비스 혹은 상품이 고객의 기대에 부응하지 못하여 기업에 불만족한 고객을 만족의 상태로 돌려놓는 과정임
- **서비스 보증** : 서비스가 일정 수준에 이르지 못하는 경우 손쉬운 교환, 환불, 재이용 등의 보상을 약속하는 것
- **제이커스터머(Jaycustomer)** : 무례하거나 험담하는 등의 행동을 하는 고객으로 기업, 종업원, 다른 고객에게 부정적인 영향을 주는 고객
- **블랙컨슈머(Black Consumer)** : 불량고객보다는 범죄자로 분류하는 것이 정확함. 서비스에 만족하지 못하여 불만을 제기하는 고객이 아니라, 보상금을 목적으로 계획적이고 의도적인 악성 민원을 제기하는 소비자를 의미
- **화이트컨슈머(White Consumer)** : 기업과 소비자의 관계를 대립적인 관계가 아닌 상생의 관계로 보고, 소비자로서의 권리와 의무를 명확히 지켜나가는 소비자를 의미
- **MTP 기법** : 고객의 컴플레인을 처리하는 기법 중 하나로서 사람(Man), 시간(Time), 장소(Place)를 바꾸어 컴플레인을 처리하는 방법

- 피뢰침의 원칙 : 나를 조직의 피뢰침으로 생각하는 것으로 고객의 불합리한 분노가 내 감정에 영향을 준다고 느껴질 때 감정조절을 위해 필요한 생각을 말함. 따라서 고객은 나에게 개인적인 감정이 있어서 화를 내는 것이 아니라 일 처리에 대한 불만과 복잡한 규정, 제도에 대해 항의하는 것이라는 관점을 가져야 함
- VOC(Voice Of Customer) : 고객이 기업에게 들려주는 경영활동에 대한 피드백을 뜻하는 것으로서, 각종 문의, 불만, 제안, 칭찬 등의 정보가 이에 해당함
- 미스터리 쇼퍼(Mystery Shopper) : 서비스 모니터링의 한 방법으로 서비스 접점 현장의 서비스 품질을 측정하기 위해 고객으로 가장하는 암행감사 방식으로 서비스 현장의 품질을 측정하는 방법
- KMS(Knowledge Management System) : 지식관리 시스템으로서, VOC를 통해 접수된 불만은 유형별로 분류되어 문제발생 부서와 해결부서로 분배되며, 각 부서는 접수된 불만의 요소를 분석·해결해 고객만족도를 높이고 동시에 같은 불만 사항을 미리 예방함. 또한, 상담직원이 보유하고 있는 경험과 노하우, 기술 등의 무형적 지식과 정보시스템에 흩어진 유형의 지식을 효율적으로 관리하는 시스템을 말함
- CCMS(Customer Complaints Management System) : 기업이 사전에 자율적으로 소비자들의 불만 사항을 최소화하고, 부득이하게 발생하는 소비자의 불만과 피해에 대해 신속하게 대응할 수 있는 체계
- 빅데이터(Big Data) : 기존 데이터베이스 관리도구로 데이터를 수집·저장·관리·분석할 수 있는 역량을 넘어서는 대량의 정형 또는 비정형 데이터의 집합과 이러한 데이터로부터 가치를 추출하고 분석하는 기술을 의미
- 빅데이터 큐레이션 : 여러 정보를 수집·선별하고 이에 새로운 가치를 부여하여 전파하는 것. 즉, 빅데이터 구축, 분석 및 활용까지 전 과정을 지휘하는 활동으로 빅데이터에서 노이즈를 제거해 핵심정보를 찾아내어 기업 환경에 맞는 최적의 전략을 제시하는 것

Part 03 Module B 출제유형문제

01 서비스 실패의 원인으로 볼 수 없는 것은?

① 서비스 프로세스 수행실패
② 서비스 환경요인에 의한 실패
③ 종업원의 서비스시스템 운용실패
④ 고객요구에 대한 즉각적인 응대실패
⑤ 서비스 점검을 위한 서비스 평가지표 개발실패

> **해설** 서비스는 평가를 위해 존재하는 것이 아니다. 평가지표를 개발하는 것이 중요한 것이 아니라 미래지향적 마인드를 갖추는 것이 우선이다.

02 다음 중 서비스 회복에 대한 설명으로 가장 옳지 않은 것은?

① 고객은 서비스 회복보다 정상적인 서비스에 더욱 의미를 부여한다.
② 서비스 회복을 통해 비용을 절감할 수 있다.
③ 서비스 회복으로 만족된 고객은 적극적인 참여와 협조를 하게 된다.
④ 서비스 회복과정을 통해 수집한 정보는 경영에 유용하게 활용된다.
⑤ 서비스 회복을 통해 만족한 고객은 서비스 실패를 경험하지 않는 고객보다 기업에 더 호의적이다.

> **해설** 고객은 정상적인 서비스보다 서비스 실패에 대한 회복에 더욱 감동을 받고 기업을 평가한다.

03 다음 중 서비스 회복 수단의 유형과 그 설명으로 옳지 않은 것은?

① 교환 – 결함이 있는 제품이나 서비스를 교체해주는 것을 말한다.
② 환불 – 서비스 실패에 대해 지불한 금액을 돌려주는 전략을 말한다.
③ 관여 – 문제해결을 돕기 위하여 관리자나 종업원이 관여하는 것을 말한다.
④ 사과 – 종업원이 고객에게 사과하는 전략으로서 사과가 전달되는 방법과는 별개이다.
⑤ 시정 – 서비스 실패를 바로잡는 것으로 심각성이 높지 않을 경우에는 즉각적인 시정을 통하여 회복할 수 있다.

> **해설** 사과와 관련된 실패의 정도뿐만 아니라, 사과가 전달되는 방법에 따라 크게 달라진다.

04 다음의 설명 중에서 컴플레인(Complain)의 의의로 볼 수 없는 것은?

① 불만이 있어도 침묵하는 고객을 만들어 고객이탈을 가속화한다.
② 기업에게 직접 불평하도록 유도하여 부정적 구전효과를 감소시킨다.
③ 상품의 문제점을 조기에 파악하여 문제 확산 전에 신속히 해결할 수 있다.
④ 서비스를 어떻게 개선할 수 있는가에 대한 중요한 자료로 활용할 수 있다.
⑤ 컴플레인 제기 고객이 회복할 수 있는 기회를 주어 고객이탈을 방지한다.

> **해설** 고객은 자신의 기대에 미치지 못하면 투덜거리며 불평을 하게 된다. 컴플레인 제기 고객을 잘 응대하면 위 지문의 ②·③·④·⑤와 같은 효과를 얻을 수 있게 된다. 어쩌면 불만이 있어도 침묵하는 고객이 가장 무서운 대상이 될 수 있다. 컴플레인을 제기하지 않는다고 아무런 문제가 없는 것이 결코 아니기 때문이다.

05 컴플레인 해결을 위한 기본원칙 중 피뢰침의 원칙에 대한 설명으로 적절한 것은?

① 고객의 입장에서 문제를 바라봐야 한다.
② 대면응대를 하는 직원은 자신의 감정을 관리해야 한다.
③ 고객에게 관심을 보여야 직원의 말과 행동이 제대로 전달된다.
④ 고객의 말을 들어주는 것이 문제를 빨리 해결할 수 있는 것이다.
⑤ 고객은 내게 개인적인 감정이 있어서 화를 내는 것이 아니라 회사나 제도에 항의하는 것이다.

> **해설** ①·④ 역지사지의 원칙
> ② 감정통제의 원칙
> ③ 언어절제의 원칙

06 다음 중 컴플레인 유형별 해결방법으로 가장 적절한 것은?

① 얌전하고 과묵한 유형 – 말씨 하나하나 표현에 주의한다.
② 신중하고 꼼꼼한 유형 – 불필요한 대화를 줄이고 신속하게 처리한다.
③ 소리 지르는 유형 – 고객의 유형에 맞게 직원도 큰 목소리로 말한다.
④ 전문가이고 자기 과시 유형 – 직원의 전문성을 강조해서 신뢰를 얻는다.
⑤ 성격이 급한 유형 – 사례나 타 고객의 예를 들어 고객의 이해를 돕는다.

> **해설** ② 사례나 타 고객의 예를 들어 추가 설명한다.
> ③ 목소리를 낮춰 자신의 목소리가 크다는 것을 깨닫게 한다.
> ④ 직원의 전문성의 강조보다 문제해결에 초점을 맞추어 사실을 언급한다.
> ⑤ 대화를 줄이고 신속하게 처리한다.

07 다음 중 VOC에 대한 일반적인 사항들로서 가장 적절하지 않은 것은?

① 기존의 CRM 개념에는 없던 새로운 차원의 고객관리 기술이다.
② VOC는 제품과 서비스 개발에 중요한 기초 데이터로 유용하게 활용된다.
③ VOC 수집 채널은 다양하며 최근에는 SNS의 활용이 큰 폭으로 늘어났다.
④ VOC는 불만족한 고객의 대다수가 불평을 하지 않는다는 점에서 착안하여 이를 개선하기 위해 개발되었다.
⑤ VOC 관리시스템은 기업의 다양한 접점으로 들어오는 고객의 소리에 효과적으로 대응하는 총체적 시스템을 말한다.

> **해설** 기존의 CRM에도 VOC 관리에 대한 개념이 포함되어 있다. VOC에 대한 중요성이 증가되면서 최근에는 VOC 시스템 자체가 독립적인 시스템으로서 CRM을 대체·보완하는 또 하나의 시스템으로 일컬어지고 있다.

08 VOC 관리 시스템의 중요 속성이 아닌 것은?

① 고객이 느끼는 서비스의 품질을 신속하게 높이는 서비스의 즉시성
② 고객으로부터 다양한 목소리를 듣는 수집채널의 다양성
③ 컴퓨터 네트워크를 통한 정보시스템의 통합성
④ 수집된 정보를 바탕으로 고객 및 내부프로세스의 피드백
⑤ 컴플레인을 해결하는 데 필요한 단순 기술 배양

> **해설** ⑤ VOC는 단순하게 컴플레인을 무마시키기 위한 도구가 아니라 새로운 미래를 위한 Basic을 일구어내는 가장 근원적인 수단이다.

09 빅데이터에 대한 설명으로 옳지 않은 것은?

① 정치, 사회, 기업, 문화 등 전반적인 영역에 걸쳐 활용되고 있다.
② 사생활 침해 및 보안 문제가 빅데이터의 문제점으로 제기되고 있다.
③ 방대한 데이터를 기반으로 하므로 개별고객 맞춤형 정보생산에는 적합하지 않다.
④ 방대한 정형, 비정형 데이터 집합 및 이 데이터로부터 가치 있는 정보를 추출하고 분석하는 기술을 말한다.
⑤ 빅데이터 기술의 발전은 다변화된 현대 사회를 더욱 정확하게 예측하여 효율적으로 작동하게 한다.

해설) 방대한 데이터를 기반으로 하지만 빅데이터의 기술적 발전으로 인해 정확하고 효율적으로 고객 개인마다 맞춤형 정보를 제공, 관리, 분석할 수 있다.

10 빅데이터 처리기법 분석기술 중 '군집 분석'에 대한 설명으로 옳은 것은?

① 분석된 데이터의 의미와 가치를 시각적으로 표현하는 기술이다.
② 텍스트 데이터를 자연언어처리기술을 기반으로 하여 유용한 정보를 추출하는 기술이다.
③ SNS 등 정형·비정형 텍스트의 긍정, 부정, 중립의 선호도를 판별하는 기술이다.
④ 유사한 특성을 지닌 정보를 조합하여 결과적으로 유사특성집단을 추출하는 데 사용한다.
⑤ SNS 연결관계 및 접속정도 등을 바탕으로 사용자의 사회적 인지도 및 영향력 등을 분석하는 기술이다.

해설) ① 표현기술, ② 텍스트 마이닝(Text Mining), ③ 평판 분석, ⑤ 소셜네트워크 분석

정답 ▶ 09 ③ 10 ④

인생이란 결코 공평하지 않다.
이 사실에 익숙해져라.

- 빌 게이츠 -

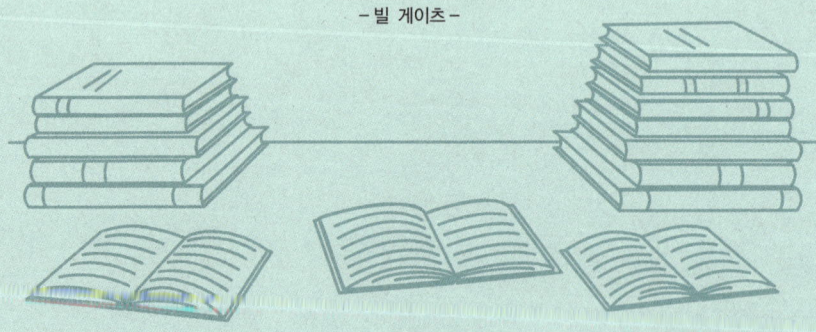

PART 4

서비스 유통관리

- **01** 서비스 유통경로의 이해
- **02** 서비스 유통경로의 설계와 제품 유통경로 관리
- **03** 서비스 유통 촉진과 가격 결정, 경로특성
- **04** 전자적 유통경로 관리
- **05** 서비스 구매과정의 물리적 환경 이해

우리의 모든 꿈은 실현된다.
그 꿈을 밀고 나갈 용기만 있다면.

– 월트 디즈니 –

끝까지 책임진다! 시대에듀!

QR코드를 통해 도서 출간 이후 발견된 오류나 개정법령, 변경된 시험 정보, 최신기출문제, 도서 업데이트 자료 등이 있는지 확인해 보세요! **시대에듀 합격 스마트 앱**을 통해서도 알려 드리고 있으니 구글 플레이나 앱 스토어에서 다운받아 사용하세요. 또한, 파본 도서인 경우에는 구입하신 곳에서 교환해 드립니다.

서비스 유통경로의 이해

▶ 무료 동영상 강의가 있는 SMAT Module B 서비스 마케팅·세일즈

1 유통경로의 이해

(1) 정의 ★★

① 생산자로부터 소비자와 이용자에게 제품이나 서비스를 이용하게 하는 데 포함된 모든 상호의존적인 조직의 집합으로서, 상품이 생산자로부터 소비자 또는 최종수요자의 손에 이르기까지 거치게 되는 과정이나 통로를 말한다.
② 서비스에서는 물리적 유통단계는 없지만, 서비스의 직접제공, 전자적 경로, 소수의 중간상을 통해 간접적으로도 제공된다.
③ 비분리성으로 인해 제공자가 현장에 있거나 중간상을 참여시켜 이루어진다.
④ 제품이나 서비스를 고객이 사용 또는 소비하도록 하기 위한 수단이다.

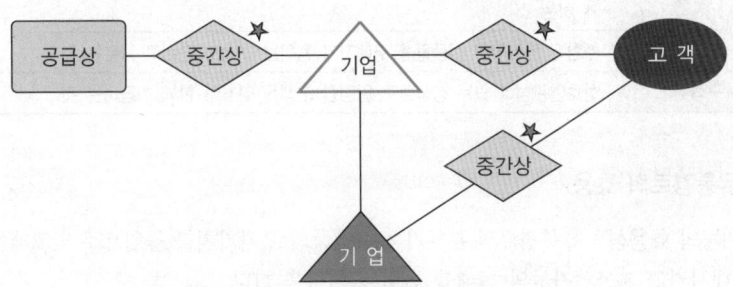

*자사와 거래하는 '중간상의 경쟁력'이 낮으면 다른 제품/서비스 선택

(2) 특징

① **경로설계적 특징** : 서비스 유통경로는 '무형성'과 생산자의 '비분리성'이라는 특성이 있어, 직접 마케팅 경로가 가장 일반적이다. 특별한 경우에는 생산자와 소비자 사이에 중간상이 개입하는 형태가 있을 수 있지만, 대부분의 서비스는 생산과 동시에 소비되고, 생산자와 상품이 분리되기 어렵다. 따라서 서비스 제공자에서 곧바로 고객에게 연결되며, 유통경로가 제품에 비해 짧다.

시장위치	어디에 서비스 시설을 위치시킬 것인가?
시장규모	시설들이 얼마나 크게 수요를 충족시킬 수 있게 될 것인가?
시장밀도	충분한 수의 고객들이 서비스 범위 내에서 시장에 들어올 수 있는가?
시장행동	언제, 어디서, 누가 그 서비스를 이용할 것인가?

② 접근가능성과 이용가능성

접근가능성 (Accessibility)	• 고객이 서비스 제공자와 거래하는 것이 상대적으로 용이함을 의미한다. • 적절한 영업시간, 설비나 장비를 이용한 접근의 편의성을 말한다.
이용가능성 (Availability)	고객이 원하고 있을 때 그 서비스가 제공 가능함을 의미한다.

(3) 필요성

① 공급측면
  ㉠ 반복적인 거래를 가능하게 한다.
  ㉡ 교환과정에서 효율성을 제고한다.
② 수요측면
  ㉠ 탐색과정을 촉진한다.
  ㉡ 분류기능(중간상은 분류기능을 수행함으로써 기업 – 고객 간의 차이를 해소하고 형태, 소유, 시간, 장소의 네 가지 효용을 창출)을 한다.

[분류기능의 수행 4가지]

등 급	다양한 공급원으로부터 제공된 이질적인 상품을 동질적인 집단으로 구분하는 것
수 합	다양한 공급원으로부터 소규모로 제공되는 동질적인 상품들을 한 데 모아 대규모 공급이 가능하게 하는 것
분 배	수합된 동질적인 상품들을 구매자가 원하는 소규모 단위로 나누는 것
구색화	상호연관성이 있는 상품들로 일정한 구색을 갖추어 함께 취급하는 것

(4) 서비스 유통경로의 효용

① 분류기능의 효용성 : 유통경로의 분류기능은 제품의 부가가치를 높임으로써 고객들이 쉽게 될 효용을 증대시키고 제조업자들의 판매를 높이는 역할을 한다.
  ㉠ 시간 효용(Time Utility) : 원하는 시간에 언제든지 서비스 구매 가능한 편의 제공
  ㉡ 장소 효용(Place Utility) : 어디서나 원하는 장소에서 서비스 구매 가능한 편의 제공
  ㉢ 소유 효용(Possession Utility) : 서비스 기업에서 중간상에게 제품을 이전, 고객에게 사용, 소비할 수 있는 권한을 갖게 함으로써 경로상의 편의 제공
  ㉣ 형태 효용(Form Utility) : 서비스를 매력적인 형태로 변경시켜주는 편의 제공
② 경로기능과 활동의 효용성
  ㉠ 소비자를 위한 가치창출
  ㉡ 거래에서의 효율성 증가
  ㉢ 분류기능의 수행
  ㉣ 반복화에 대한 비용절감
  ㉤ 정보탐색 과정의 촉진

(5) 서비스 유통경로의 기능

① 경로기능

정보기능 (Information)	마케팅 환경 조사와 전략에 필요한 정보를 수집하고 제공
촉진기능 (Promotion)	서비스에 대한 설득력 있는 커뮤니케이션의 개발과 확산
접촉기능 (Contact)	잠재 구매자를 발견하고 커뮤니케이션을 하는 기능
조합기능 (Matching)	서비스 제공 관련 작업으로 구매자의 욕구가 충족되는 서비스의 조합 제공(유·무형 적절히 조합)
교섭기능 (Negotiation)	소유권 이전을 위한 가격, 서비스, 기타 조건에 동의하는 기능
물적유통기능 (Physical Distribution)	서비스의 배송 및 보관을 하는 기능
재무기능 (Financing)	유통경로 업무비용 충당을 위한 자금 획득과 사용 기능
위험부담기능 (Risk Taking)	서비스 재고 판매와 이익을 위한 재무적 위험부담 기능

② 경로배열원칙
  ㉠ 경로구성원은 배제할 수 있어도 경로기능흐름은 배제할 수 없다.
  ㉡ 유통경로배열에서 경로구성원의 제거 혹은 대체는 가능하다.
  ㉢ 이들 경로구성원이 수행하는 기능흐름은 제거할 수 없다.
  ㉣ 특정한 경로구성원이 제거되었을 때 기능흐름은 경로배열상의 전방 혹은 후방의 경로구성원에게 이전된다.

2 서비스 유통경로의 유형과 계열화

(1) 유 형 ★★중요

① 전통적 서비스 유통경로 : 다이렉트 채널이라 하며, 서비스 제공자가 고객에게 직접 전달하는 전형적인 서비스 유통경로이다.
② 중간상을 이용한 서비스 유통경로 : 서비스 제공자가 과업에 대한 중간 유통경로에 외주를 주는 것이다. 대표적인 중간상에는 프랜차이징, 에이전트, 브로커, 전자채널 등이 있다.

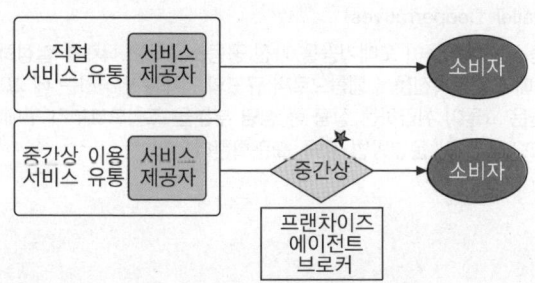

(2) 계열화 ★★추요

① 전통적 유통경로(CDC ; Conventional Distribution Channel)
  ㉠ 독립적인 경로기관들로 구성된 간접적 유통경로이다.
  ㉡ 각 경로구성원들은 자신에게 주어진 마케팅 기능만 수행하며, 계획적이라기보다 '협상'에 의해 이루어진다.
  ㉢ 경로구성원 간의 결속력이 매우 약하고, 유통경로의 진입과 철수가 쉬우며, 이해관계 갈등이 잦다.

② 수직적 마케팅 시스템(VMS ; Vertical Marketing System)
  수직적 마케팅 시스템은 운영상의 경제성과 시장에 대한 최대한의 영향력을 획득하기 위해 전문적으로 관리되고 본부에 의해 설계된 네트워크 형태의 경로조직을 말한다. 이러한 VMS는 기업형, 계약형, 관리형으로 나누어진다.

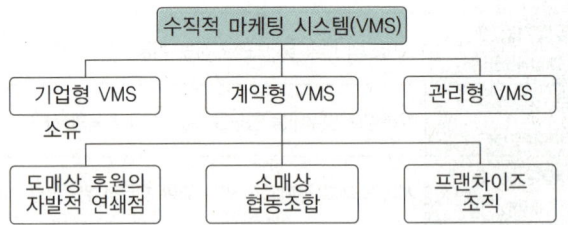

[VMS의 주요 유형(소유권, 영향력 수준에 따른 구분)]

  ㉠ 기업형 VMS : 경로구성원 모두가 하나의 조직에 의해 소유되고 관리되는 방식으로서, 기업의 지점, 점포 등이 이에 속한다. 기업형 VMS에는 전방통합과 후방통합의 2가지 유형이 있다.

전방통합 (Forward Integration)	제조회사가 도소매업체를 소유하거나 혹은 도매상이 소매업체를 소유하는 것을 의미
후방통합 (Backward Integration)	소매상이나 도매상이 제조업자를 소유하거나, 제조업체가 부품공급 업자를 소유 하는 것을 의미

  ㉡ 계약형 VMS : 경로구성원 간의 계약을 통한 통합방식으로서, 공식적 경로관계를 형성하는 경로조직이다. 계약형 VMS는 도매상 후원 자발적 연쇄점, 소매상 협동조합, 프랜차이즈 시스템의 3가지 유형이 있다.

> **Tip** 계약형 VMS의 구분
>
> • 도매상 후원 자발적 연쇄점(Wholesaler-Sponsored Voluntary Chain)
> 도매상을 중심으로 독립적인 소매상들이 수직 통합된 경로조직이다. 연쇄점 회원으로 가입한 소매상들은 공동구매와 공동촉진 등에 의해 규모의 경제를 통한 이득을 얻을 수 있으므로, 대규모 회사형 연쇄점과 가격경쟁이 가능하다.
>
> • 소매상 협동조합(Retailer Cooperratives)
> 소매상 협동조합은 중소 소매상들이 도매기능을 가진 공동소유의 조직체를 결성하여 이를 공동으로 운영하는 경로조직이다. 공동구매와 공동촉진을 수행함으로써 규모의 경제를 달성하는 데 그 목적이 있다. 소매상 협동조합에 가입한 소매점들은 그들이 취급하는 상품 중 상당 부분을 조합으로부터 구매해야 하고, 단체의 일관성을 유지하기 위해서 광고, 상호 및 운영방법 등을 표준화한다.

- **프랜차이즈 시스템**

  특정지역 내에서 일정기간 동안 모기업이 비교적 규모가 작은 개인 기업에게 자신들의 상품, 서비스, 상표, 상호, 노하우 및 기타 기업운영 방식을 계약에 의해 사용하여 영업할 수 있는 권한이나 특권을 허가해주는 유통형태이다. 이때, 모기업을 프랜차이저(Franchisor, 본부)라 하고, 특권을 받는 기업을 프랜차이지(Franchisee, 가맹점)라 한다.

  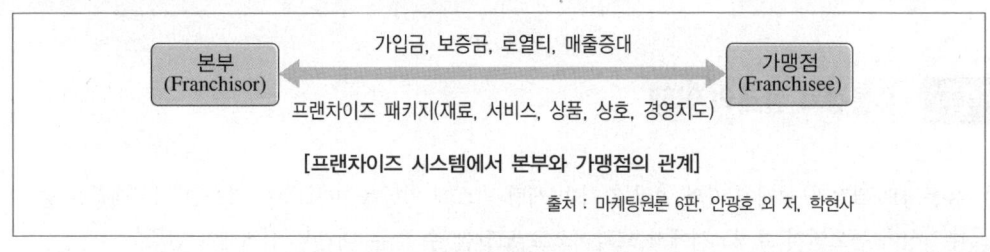

  [프랜차이즈 시스템에서 본부와 가맹점의 관계]

  출처 : 마케팅원론 6판, 안광호 외 저, 학현사

ⓒ 관리형 VMS : 경로구성원 간의 통합수준은 가장 낮지만, 자율성은 최대한 보장되는 통합방식이다. 관리형 VMS의 경로구성원들은 일반적으로 개별적인 경로목표들을 추구하며, 그들을 함께 묶을 수 있는 공식적인 조직을 가지고 있지는 않지만, 경로리더의 역할을 하는 특정 경로구성원의 마케팅 프로그램을 중심으로 비공식적으로 협력함으로써 공유된 경로목표를 달성한다.

③ 수평적 마케팅 시스템(HMS ; Horizontal Marketing System)

  ㉠ 공생 마케팅 : 동종업체 간의 유통 마케팅 결합방식으로서, 같은 경로단계에 있는 둘 이상의 기업들이 함께 협력하는 방식이다.
  - 예 서울프라자호텔, 부산그랜드호텔, 경주호텔 등 통합멤버십
  - 예 코카콜라의 유통력 + 네슬레의 상표명 = 상승효과

  ㉡ 결합 마케팅 : 이종업체 간에 이루어지는 결합방식이다.
  - 예 항공서비스와 호텔서비스의 통합

CHAPTER 02 서비스 유통경로의 설계와 제품 유통경로 관리

▶ 무료 동영상 강의가 있는 SMAT Module B 서비스 마케팅 · 세일즈

1 유통경로 설계의 이해

(1) 유통경로 결정과 설계에 따라 여러 가지 마케팅 믹스에 영향을 미치므로, 가능한 경로대안들 중 가장 수익성이 높으면서 표적고객에게 효과적으로 도달할 수 있는 대안을 선택해야 한다.

(2) 다른 조직체(유통채널 내외의 관련 조직)와의 장기적인 약속(현재의 환경뿐 아니라 미래의 환경도 염두하고 결정해야 함)이다.

2 유통경로 결정 프로세스

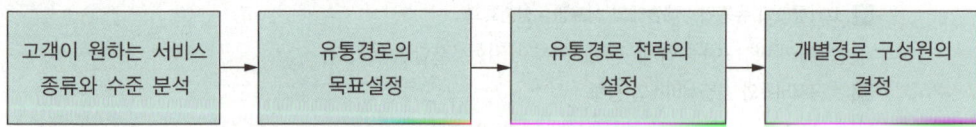

고객이 원하는 서비스 종류와 수준 분석 → 유통경로의 목표설정 → 유통경로 전략의 설정 → 개별경로 구성원의 결정

(1) 고객이 유통경로로부터 원하는 서비스의 분석

- 고객이 기다리는 시간이 짧을수록 ⇒ 서비스 수준이 높다고 생각
- 서비스의 다양성 / 전문성이 높을수록 ⇒ 서비스가 다양할수록 원가는 상승
- 점포의 수와 분포가 많을수록 ⇒ 분산되어 있으면 고객의 점포방문 비용 절감
- 부가서비스가 많을수록 ⇒ 부가서비스가 많을수록 원가는 상승
- 매장 내 점원의 서비스 수준이 높을수록 ⇒ 매장 내 서비스 수준이 높으려면 응대 점원의 수가 많고 질적으로 양질의 점원이 필요하여 원가는 상승

서비스 기업은 소비자의 서비스 욕구와 이를 충족시킬 수 있는 비용, 그리고 소비자가 원하는 가격대를 대비하여 제공할 서비스의 수준을 결정해야 한다.

(2) 유통경로 설계 시 목표설정 ★★중요

① 고객이 원하는 서비스 내용 분석 : 고객이 원하는 유통 서비스의 분석이 가장 먼저 선행되어야 한다.
② 대기시간 : 대기시간이 짧을수록 고객의 만족도는 커진다.

③ 상품의 다양성 : 고객은 가능하면 한 매장에서 원하는 상품을 구매하려는 경향이 있다. 다양한 상품을 구비할수록 고객의 만족도가 커진다.
④ 구매 가능한 상품의 최소단위 : 고객이 필요한 만큼 상품을 구매하도록 상품의 구매 단위를 작게 할수록 만족도가 커진다.
⑤ 점포의 숫자와 분포 : 고객이 상품을 구매하기 위해 많은 시간과 비용을 지불하지 않도록 점포를 찾아가기 쉽게 하면 만족도가 커진다.
⑥ 유통경로의 목표설정 : 상품의 특성, 경쟁 기업의 특성, 자사의 특성, 환경의 특성을 함께 고려하여야 한다.

상품 특성	• 부패성(파손여부) : 직접유통이 효과적 • 부피 : 운송거리를 가능한 한 짧게 함 • 비표준화 제품 예 주문 케이크 등
중간상 특성	• 직영점 : 판매 노력을 더 기울임 vs 고정비 상승 • 대리점 : 고유 영업능력에 따라 차등 vs 통제 안 됨, 변동비 상승
경쟁사 특성	• 경쟁사가 어떤 유통경로를 가지고 있는가도 기업의 경로설계에 영향을 끼침 • 경쟁사 밀집지역 예 보석, 시계, 영화관, 한약재, 가구점 등 • 경로차별화 예 직판, 인터넷판매 등
회사 특성	• 회사의 크기와 자본력 • 마케팅 전략
환경 특성	• 경제적·기술적·법률적 환경 등에 따라 유통경로를 설계 • 경기가 좋은 경우 유통경로 확대, 불황인 경우 축소하는 것이 일반적

(3) 유통경로 전략의 결정

① 개방적, 집약적 유통(편의품, 저관여)
  ㉠ 구매의 편리성을 제공하여 매출증대 도모
  ㉡ 가능한 한 많은 소매상들이 제품을 취급하게 함으로써 시장 범위를 최대화
  ㉢ 통제가 어려움
② 전속 유통(전문품, 고관여)
  ㉠ 자사상품의 취급점포의 수를 제한하는 정책
  ㉡ 상표이미지가 올라가고 중간상의 마진도 높아짐
  ㉢ 제조회사와 중간상 간에 긴밀한 관계 형성
  ㉣ 점포의 수가 적어 물건을 사고 싶어도 못 사는 경우 발생
③ 선별적 유통
  ㉠ 이미지, 입지, 경영능력 등 여러 기준에서 일정 수준을 넘는 중간상을 골라 이들만 판매하게 하는 형태
  ㉡ 집약적 및 전속적 유통의 중간 형태
  ㉢ 적은 비용으로 점포를 통제할 수 있고 전속유통보다 더 많이 상품이 소비자에게 노출됨

(4) 개별경로구성원의 결정
① 판매비용(고정비와 변동비)과 매출액의 비교
  ㉠ 서비스요원 배치 : 고정비 높음
  ㉡ 대리점 및 중간상 : 변동비(수수료) 높음
② 통제가능 여부 : 중간상은 자신에게 조금 더 이익이 되는 상품에 주력하여 판매함
③ 새로운 유통여건 변화에 신축적으로 적응가능 여부 : 예 용산전자상 → 전자제품 전문몰, 인터넷

(5) 경로구성원의 성과에 대한 평가
① 기업은 정기적으로 각 경로구성원의 성과를 성과표준과 비교하여 평가작업을 수행해야 한다(판매할당량, 평균재고수준, 고객배달시간, 파손품에 대한 처리, 판촉노력에 대한 협조, 고객서비스 등).
② 높은 성과를 보인 경로구성원에 대해서는 보상을 하고, 실적이 좋지 않을 경우에는 지원책을 강구하거나 새로운 경로구성원으로 대체해야 한다.
③ 기존 구성원들에 대한 재평가를 통해 취약한 경로구성원을 대체할 수 있다.

3 서비스제품과 유통경로 관리

(1) 의 의
서비스제품 전략이 정해진 후에 이에 적합한 유통경로가 설계되기 때문에 제품 전략은 경로 설계에 가장 중요한 역할을 한다. 경로 설계가 된 후 경로에 따른 관리를 지속적으로 유지함으로써 서비스품질을 관리한다. 유통경로상의 파트너 선정 기준(공급자 입장)은 아래와 같다.

- 재정능력
- 시장커버리지(지역별, 산업별)
- 관리능력(사전 / 사후)
- 판매능력 및 실적
- 공동 프로그램에 대한 협조의지
- 교육 및 훈련프로그램
- 광고 및 판촉전략
- 주문처리 및 대금결제과정
- 정보공유의지
- 제품 및 서비스라인
- 보상 및 급여체계
- 명성(리더십, 전문성 정도)

(2) 성공적 유통경로의 특성 ★★중요
① 공동의 목표를 가지고 고객지향적 성격을 가진다.
② 효과적이고 효율적인 커뮤니케이션을 지향한다.

③ 공동목표 달성을 위해 유통경로 간의 협조에 적극적·긍정적이다.
④ 통제시스템이 명확하다(보상제도 포함).

[서비스 유통경로의 결정 요인]

구 분	짧은 경로(직접유통)	긴 경로(간접유통)
수요 특성	• 구매 단위가 큼 • 낮고 불규칙적인 구매 빈도 • 적은 고객수 • 지역적 편중	• 구매 단위가 작음 • 높고 규칙적인 구매 빈도 • 많은 고객수 • 지역적 분산
공급 특성	• 적은 생산자수 • 제한적 진입과 퇴출 • 지역에 생산 집중	• 많은 생산자수 • 자유로운 진입과 퇴출 • 분산 생산
서비스 특성	• 이질적 단위 • 장소와 설비에 높은 의존 • 소멸성 정도가 높음 • 기술적으로 복잡한 서비스 제공	• 동질적 단위 • 장소와 설비에 낮은 의존 • 소멸성 정도가 낮음 • 기술적으로 단순한 서비스 제공

(3) 서비스제품 특성에 따른 유통경로 관리

① **제품의 단가** : 단가가 낮은 제품은 일반적으로 유통경로가 길다.
② **부패가능성** : 운반이나 취급 도중에 부패될 가능성이 높은 제품의 유통경로는 짧아진다.
③ **취급방법** : 무게가 무겁고 부피가 커서 다루기가 힘든 제품은 일반적으로 직접유통경로를 통해 판매한다.
④ **기술적 복잡성** : 기술적으로 복잡한 제품은 직접유통경로를 사용한다.
⑤ **표준화의 정도** : 표준화 정도가 낮은 제품들은 각 소비자집단의 독특한 욕구를 충족시키기 위해 직접유통경로가 필요하다.
⑥ **전문용품** : 전문용품 → 전통적 유통경로, 선매품 → 선택적 유통경로, 편의품 → 집약적 유통경로

4 경로 행동과 경로 갈등 ★★중요

(1) 경로구성원의 경로 행동

① 경로 행동과 경로 기능을 작동시키기 위해서는 경로구성원의 조직화를 검토해야 한다.
② 각각의 경로구성원의 성공 여부는 전체 경로에서의 성공과 긴밀한 관계에 있으므로 모든 경로구성원은 일치해야 한다.
③ 구성원이 각자의 역할을 이해·수용하고, 목표와 활동을 조화시켜 전체적인 경로 목표 달성을 위하여 협력해야 한다.
④ 주로 단기적 목표와 경로 내의 밀접한 구성원과의 거래에 보다 높은 관심을 가질 수 있거나 목표와 역할에 관한 입장불일치로 경로 갈등(Channel Conflict)을 초래할 수 있다.

(2) 경로상의 갈등
① 목표와 수행의 경로 충돌 : 서비스를 전달하는 과정에서 발생하는 운영상의 문제로 지역 중간상에서 발생하거나 지역의 목표가 다르거나 수행방법 등이 상이하여 발생할 수 있다.
② 서비스품질 통제의 어려움 : 유통경로가 길어질수록 목표한 서비스를 전달하는 과정에서 품질의 통제가 어려워진다.
③ 권한 부여와 통제 사이의 긴장 : 본부와 중간 유통경로에서 권한의 이양체계가 불분명한 경우 발생할 수 있다.
④ 유통경로의 애매함 : 서비스 유통경로상에 업무분장과 역할분담이 명확하지 않을 경우 발생할 수 있다.

수평적 갈등(Horizontal Conflict)	수직적 갈등(Vertical Conflict)
동일 경로단계에서의 기업 간의 갈등	일반적 상황으로 동일 유통경로 상하단계의 갈등

※ 갈등관리를 위해서는 공식적 경로 갈등 담당부서가 역할을 분담, 필요 시 지도력을 발휘해야 함

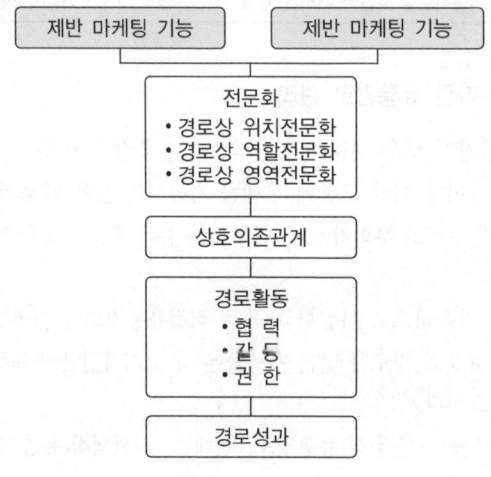

[조직 간 행동의 체계]

(3) 유통경로상의 권한, 갈등, 협력의 관계
① 권한 : 상호의존에서 생성되며, 상대적 개념이다.
㉠ 상대적으로 의존의 정도가 약한 쪽이 권한의 우위에 있음
㉡ 권한의 우위에 있기 위해 권한의 원천(Power Source)이 필요

[서비스 유통경로구성원의 권한 원천]

보상력	상대방 요구에 따르면 자신이 필요로 하는 자원을 얻을 수 있다고 믿음
강제력	상대방의 요구에 응하지 못하면 손해나 처벌을 받게 될 것이라고 믿음
전문력	전문지식이나 정보력에서 생김
합법력	상대방이 자신에게 영향을 미칠 권위가 있다고 믿는 데에서 생김
준거력	상대방의 인품이나 성격을 따르고자 하는 동기에서 생김

[서비스 유통경로구성원 간의 권력 유형]

권력의 원천	정 의	사 례
보상적 권력	중간상에 대한 보상을 중재할 수 있는 능력	• 재정적 인센티브 • 각종 지원서비스
강제적 권력	중간상을 처벌할 수 있는 능력	• 중요지원의 보류 • 거래관계의 중지위협
합법적 권력	중간상을 통제할 수 있는 법적 관리	• 행위를 강제하는 법적 계약 • 특정 활동을 지시할 수 있는 권리
전문적 권력	해당분야에 대한 뛰어난 지식 혹은 통찰력	• 독자적인 머천다이징 전략 • 전문적인 유통관리 체계
준거적 권력	중간상이 서비스 제공자를 따르고자 하는 욕구	• 독자적인 명성 • 특정 서비스업에 대한 평판
정보적 권력	서비스 제공자가 논리적으로 시장 상황을 설명할 수 있는 능력	• 최적의 1회 주문량에 대한 정보 • 서비스상권에 대한 정보

② **갈등** : 상호의존도가 높으면 높을수록 마찰의 여지가 증가한다.
  ㉠ 수평적 갈등 : 유통경로에서 동일한 계층에 있는 중간상(가령, 둘 이상의 소매상들이나 둘 이상의 도매상들) 사이에서 발생하는 갈등
  ㉡ 업태 간 갈등 : 유통경로상 동일한 계층에 있는 상이한 업태의 중간상인들 간의 경쟁에서 원하는 갈등
  ㉢ 수직적 갈등 : 유통경로상의 서로 다른 단계에 있는 구성원들(가령, 제조업자와 도매상 혹은 도매상과 소매상) 간에 발생되는 갈등
③ **권한과 갈등** : 권한의 행사가 갈등과 밀접한 관련을 가진다.
  ㉠ 권한을 행사하려는 시도 자체가 갈등 야기
  ㉡ 상대방의 낮은 관용수준에 대해 많은 권력을 행사하려고 할 때 발생
④ **갈등과 협력** : 경로성과를 극대화하기 위해 반드시 필요하다.
  ㉠ 비강제적인 권한의 사용
  ㉡ 갈등을 승화시키고 해결하는 제도적 장치의 마련
  ㉢ 협력적인 분위기 조성

(4) 서비스 유통 구성원 간의 갈등해결 전략

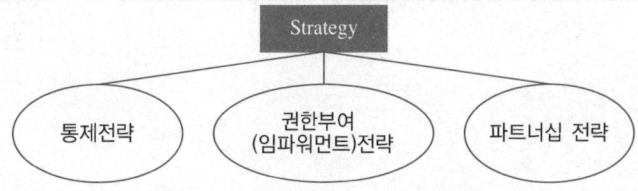

① 경로 갈등은 경로구성원들 간의 관계를 발전시키고 경로성과를 높이는 순기능과 경로구성원들 간의 관계를 악화시키고 경로성과를 감소시키는 역기능을 동시에 띠고 있다.

② 경로구성원들이 경로 갈등을 어떻게 해소하고 관리하느냐에 따라 순기능 또는 역기능으로 작용할 수 있는 것이다.
③ 현실적으로 갈등이 없는 유통경로는 존재하지 않으며, 경로구성원들 간에 어느 정도의 갈등이 존재하는 경로조직이 더 높은 경로성과를 보일 수 있다.
④ 경로선도자는 유통경로 내의 갈등을 제거하는 것보다는 적절한 해결방법을 통해 적절한 수준에서 이를 유지 및 관리하는 데 보다 많은 노력을 기울여야 한다.

[갈등해결 전략 1]

구 분	통제 전략	권한부여 전략	파트너십 전략
전 략	서비스품질과 성과를 측정한 다음 성과 수준에 따라 보상과 처벌을 제공	서비스 목표설정, 서비스 프로세스 관리 등에 최대한의 재량권을 부여	일관된 목표를 실현하고 기업과 중간상의 능력을 공유, 활용하는 전략
내 용	본사는 계약종료, 비갱신, 할당량, 공급자 제한 등으로 가맹점을 통제	중간상이 서비스를 잘 수행토록 지원 • 고객지향서비스 개발을 도움 • 필요한 지원시스템 제공 • 서비스 업무관련 지식과 기술을 교육하고 훈련 • 협력경영구조 기회제공	상호 일관된 목표를 가지고 자문과 협조를 통해 함께 성장
공급자	차별화된 서비스모델에 기반, 강력한 고객기반을 구축하고 있고 경제적 파워를 보유한 기업에 적절	신규기업, 중간상을 통제할 만큼 강력한 경로파워를 가지고 있지 못한 기업에 적절	기업이 중간상과 대등한 관계에서 서비스를 유통할 경우 적절
단 점	본사가 통제권을 가지므로 '처벌'의 상황이 생겼을 경우 신뢰와 우호관계가 깨질 가능성이 높음	중간상을 지속적으로 지원하고 관리해야 하지만 통제권이 약하므로 오랫동안 높은 서비스품질을 유지하기 어려움	추구하는 목표가 달라질 경우 전체 서비스품질 유지가 어려움

[갈등해결 전략 2]

채널 기능의 차별화	인적자원은 부가가치가 높은 업무에 집중하고, 전자채널이나 인터넷은 단순업무에 적극 활용하는 등 두 유통 채널의 기능을 차별화함
표적시장의 차별화	전통적인 시장 세분화에서 활용되는 세분시장별 차별화의 원칙을 인터넷이라는 새로운 유통 채널에도 적용함 예 오프라인은 여성 위주, 온라인은 남성 타깃 등
고객 가치의 차별화	온라인, 오프라인 유통채널에 차별화된 고객 가치에 기반을 두어 제품을 제공함으로써 갈등을 줄임 예 오프라인은 가격이 낮은 대중적인 제품, 온라인은 가격이 높은 고가 위주 제품 유통

서비스 유통 촉진과 가격 결정, 경로특성

▶ 무료 동영상 강의가 있는 SMAT Module B 서비스 마케팅·세일즈

1 서비스 유통 촉진 ★★ 중요

제품이 판매되는 과정에 매출 증대를 위해 고객을 상대로 다양한 촉진 수단을 활용하는 것은 유통에서 매우 중요한 노력이다.

구매과정	촉진과제
인 지	제품 소개, 욕구 메시지 전달
관 심	권유 메시지 제공, 욕구 메시지 제공
사용(試用)	실행동기의 부여
재구입	구매단서, 이용제고
충성도	브랜드 또는 이미지 강화, 특별 판촉

(1) 푸시(Push) 전략과 풀(Pull) 전략

① 푸시(Push) 전략 : 중간상들을 대상으로 판매 촉진활동을 수행하여 그들이 최종소비자에게 적극적인 판매를 하도록 유도하는 유통 전략이다.
② 풀(Pull) 전략 : 최종소비자들을 대상으로 촉진활동을 하여 소비자들로 하여금 중간상에게 자사제품을 요구하도록 하는 유통 전략이다.

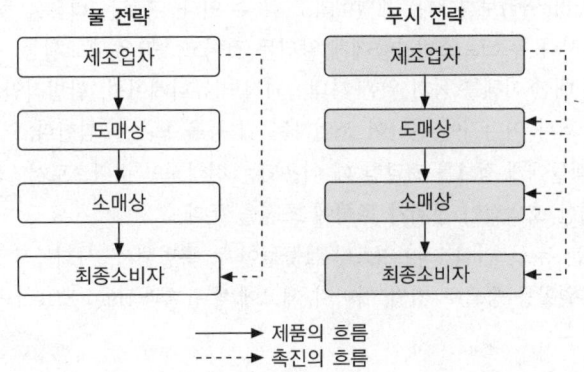

(2) 광고(Advertising)

① 광고는 특정 광고주에 의해 대가가 지불되는 제품, 서비스, 상표, 기업 또는 점포 등에 관한 비개인적 의사전달방법을 총칭하는 말이다. 많은 경우, 광고는 소비자들의 인식에 영향을 주려는 의도를 가지고 만들어진다.
② TV, 라디오, 옥외광고, 잡지, 신문 등 여러 매체를 통하여 고객에게 전달된다.

③ 의도하는 목표와 그 목표의 실현에 필요한 광고노출의 측정이 중요한 요소이며, 도달(Reach)과 빈도(Frequency)로 매체 목표를 측정하는 주요한 계량적 수단이다.

도달(Reach)	표적시장 가운데 판촉 또는 광고물을 보거나 들은 사람들의 백분율
빈도(Frequency)	광고를 보거나 들은 횟수

※ 도달×빈도=고객이 메시지에 노출된 횟수, GRP(Gross Rating Points)
④ 전달 메시지도 매우 중요한 역할을 한다.

(3) 대인 판매(Personal Selling)

① 서비스 유통에 있어 대인판매의 비율이 매우 높기 때문에 접점사원의 수행능력은 매우 중요한 매출 포인트가 된다.
② 잠재고객의 욕구와 구매과정에 대한 광범위한 지식을 갖추고 고객을 맞이해야 한다.
③ 접점의 사원은 단순히 제품을 파는 데 그치는 것이 아니라, 고객의 문제를 해결해주는 '효익'을 팔아야 한다.

(4) 판매 촉진(Sales Promotion)

① 판매 촉진은 고객, 접점의 사원, 여타 유통 채널의 참여자들로부터 기대된 행동을 끌어내는 데 이용된다.
② 여러 가지 촉진 수단으로 광고, 쿠폰, 환불, 샘플, 프리미엄, 경연 대회, 경품, 산업전시회 등 다양하다.
③ 촉진을 위하여 사전에 촉진 비용을 정당화시킬 명확한 목표설정이 중요하다.

(5) PR(Public Relations)과 홍보(Publicity)

① PR은 홍보(Publicity)보다 넓은 개념이라고 할 수 있다. 홍보는 비용을 들이지 않고 기업이나 제품을 매체의 기사나 뉴스로 소비자들에게 알리는 것이고, PR은 홍보활동 이외에 기업의 대언론관계 활동, 기업에 대한 이해를 돕기 위한 사내·외적 커뮤니케이션, 합법적인 설득활동, 경영층에게 사회적 이슈나 회사 이미지에 관하여 조언하는 일 등을 모두 포함한다.
② 광범위한 고객들에게 정보를 전달할 때 이용되는 전형적인 수단으로서, 직접적인 제품판매가 아니라 제품에 대한 호의적인 분위기 조성에 초점을 둔다.
③ PR의 수단에는 뉴스, 연설, 레이저쇼나 불꽃놀이 등 특별행사, 사회봉사 활동, 기타 대외적인 자선 행사 또는 후원활동 등으로 기업 이미지 제고에 후광효과(Halo Effect)를 가져오도록 한다.

(6) 직접 판매(Direct Sales)

① 개인정보를 통해 고객에게 직접 판매를 하는 서비스 유통 채널이다.
② 접점에서 직접 고객과 대면하여 제품이나 서비스를 구입하도록 권유하는 활동이다.
③ 고객과 특별한 관계 형성, 유지, 발전 가능성이 높고 판매 증대에 기여하나, 인적자원 활용으로 인한 비용이 높다.

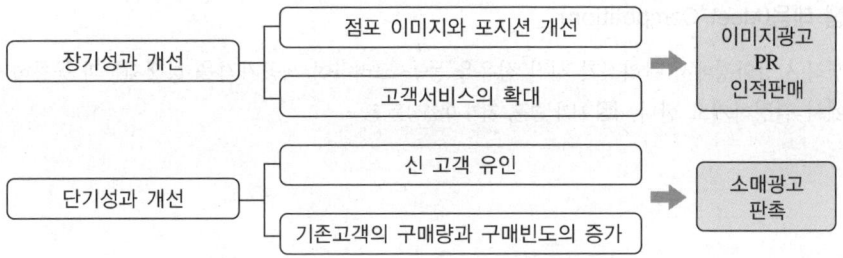

2 가격 결정

(1) 원가(Cost)와 원가플러스(Cost Plus)

① 원가(Cost)는 가격의 하한선을 결정한다는 점에서 매우 중요한 요소이다. 기업은 모든 직・간접비용을 신중하게 분석하여 가격에 큰 영향을 미치는 비용요소들을 파악해야 할 것이다.
② 원가가 지속적으로 상승하는 경우에는 다음과 같이 대응할 수 있다.
　㉠ 제품 및 서비스를 그대로 유지하면서 원가상승분을 가격인상으로 반영하여 소비자에게 전가한다.
　㉡ 제품 및 서비스를 그대로 유지하면서 원가상승분의 일부는 자체 비용절감으로 흡수하고, 일부만 소비자 가격에 반영한다.
　㉢ 제품 및 서비스의 수정을 통해 비용을 흡수하고 기존가격을 유지한다.
　㉣ 가격을 인상하고 소비자들이 이를 받아들일 수 있게 제품을 수정한다.
　㉤ 적정이윤이 나지 않는 제품 및 서비스의 생산을 포기한다.
③ 원가의 하락이 가능한 경우에는 가격을 인하하여 매출을 늘리거나, 가격을 그대로 유지하여 이윤을 증가시키는 방법 중 하나를 선택할 수 있다.
④ 원가플러스(Cost Plus)는, 원가 산정 후 희망하는 마진을 부가하는 단순한 방식이다.

(2) 소비자 인지 가치(Perceived Value to the Consumer)

① 원가에 상관없이 제공된 가치만큼만 소비자에게 부과하는 방식 예 교환 부품 등
② 제품이 제공하는 효익과 비례한다면 고객은 분명히 제품에 가치가 있다고 여김 예 주문제작 등

(3) 침투가격(Penetration)

일정한 점유율을 확보하기 위하여 저가격을 제시하는 전략이나 시장 점유율을 높이기 위해 생산량을 늘려 단위당 원가를 낮추는 것이 최대의 목표이다.

(4) 가격 / 품질 관련성(Price / Quality Relationship)

고객의 제품에 대한 인식은 반드시 물리적 특성에만 기초하지 않으며, 인지된 품질은 제품 가격에 의해 영향을 받기도 한다. 예 고가의 호텔, 여행 상품 등은 최고의 서비스일 것이라는 생각

(5) 경쟁 대응(Meet Competition)

경쟁적 시장환경에서 관리자가 시장 점유율 등을 고려하여 제공가격을 경쟁제품과 동등하거나 낮은 수준에서 결정하기도 한다. 예 저가 항공, 저가 여행상품 등

3 경로의 특성

(1) 접촉 유형에 따른 경로 특성

① 고객이 기업을 직접 방문

시간적 접근성	고객 방문이 편리한 시간을 고려하여 운영 예 주말 병원, 24시 편의점 등
장소적 접근성	고객 방문이 편리한 장소를 고려하여 운영 예 지하철역 근처, 도서관 근처 등

② 기업이 고객을 방문

시간적 접근성	고객이 원하는 시간에 서비스 제공 예 배달 도시락, 주문 꽃배달 등
장소적 접근성	고객이 원하는 장소에서 서비스 제공 예 주택수리, 택배 서비스 등

③ 비대면 서비스 채널 : 전자상거래 등을 이용한 서비스 유통경로

(2) 장소에 따른 경로

① 지역적 제약을 가진 서비스 : 현지에서 제공하는 특별한 서비스나 특별한 기능을 하는 서비스제품은 지역적 제약이 요구됨 예 온천 관광 상품, 스키리조트, 공항 서비스 등
② 미니점포 : 특정 유형의 서비스사업자가 서로 보완적 관계에 있는 다른 유형의 서비스 제공자로부터 소매공간을 임대하는 유형의 유통경로 예 대형마트 내 은행 점포, 병원, 대학 등의 ATM 시설 등
③ 다목적 시설 : 고객이 업무와 생활을 동시에 해결할 수 있는 다목적 시설의 빌딩 등 한 장소에서 여러 가지 업무나 일을 수행하게 하는 시설 등의 서비스

(3) 대면과 비대면 서비스 유통경로

① 직접 대면(Direct Chanel 또는 Off-line Chanel)
  ㉠ 서비스는 생산과 동시에 소비가 발생하기 때문에 유통경로는 판매자와 구매자로 구성, 중간상이 존재하지 않는 경우가 많다.
  ㉡ 주로 소규모 독립 서비스 제공자가 많다.

장 점	• 모든 고객과의 접점에 대한 완전 통제가 가능 • 일관된 서비스품질을 고객에게 제공 가능 • 고객서비스에 문제가 발생할 시 즉각적인 대응이 가능 • 유통경로에서 발생할 수 있는 위험부담이 없음
단 점	• 직영 경로 등을 운영하는 데 드는 많은 재무적 비용을 부담 • 고객만족을 이끌어낼 수 있는 높은 전문성이 요구됨 • 고객의 욕구와 특성에 맞게 즉각적으로 대응할 수 있는 능력이 요구됨

② 비대면 채널(On-line Chanel)
  ㉠ 전화나 인터넷, TV, 스마트폰 등을 통한 비대면 유통경로를 통해 고객이 판매자와 거래하는 유통경로이다.
  ㉡ 고객이 직접 제품을 보지 못하기 때문에 제품에 대한 상세한 설명과 안내, 이미지 제공 등의 서비스가 수반되어야 한다.

장 점	• 시스템의 적극적 활용으로 판매장소의 제약이 없음 • 일관된 서비스품질을 고객에게 제공 가능 • 한 번의 제품 등록을 통해 많은 고객을 동시에 만나게 함 • 유통경로에서 발생할 수 있는 위험부담이 없음
단 점	• 전화나 인터넷, TV, 스마트폰 등의 기계적인 결함이 있는 경우 업무가 중단 • 4시간 고객에게 열려있는 유통경로로서 즉각적이고 신속한 반응이 요구됨 • 가격비교사이트 등을 통해 경쟁 기업의 정보와 나란히 비교되는 속도가 매우 빠름

(4) 중간상을 이용한 유통경로 ★★

① 프랜차이징
  프랜차이즈 본사(프랜차이저)가 가맹점(프랜차이지)에게 자기의 상표, 상호, 서비스표, 휘장 등을 사용하여 자기와 동일한 이미지로 상품 판매, 용역 제공 등 일정한 영업활동을 하도록 하고, 그에 따른 각종 영업의 지원 및 통제를 하며, 본사가 가맹사업자로부터 부여받은 권리 및 영업상 지원의 대가로 일정한 경제적 이익을 지급하는 계속적인 거래 관계를 말한다. 프랜차이즈체인사업(가맹사업)이란 일반적으로 체인점을 일컫는다.
  ㉠ 서비스 표준화를 유지할 수 있다.
  ㉡ 본사에서 가맹점에게 수행해야 할 서비스 활동 등을 명세화하고 가맹점은 이를 수행할 의무를 가져 본사에서 통제가 가능하다.

> **프랜차이즈와 체인점의 이해**
> 프랜차이즈와 체인점의 차이는 한마디로 말하자면, 프랜차이즈가 체인점보다 작은 개념이라고 볼 수 있다. 프랜차이즈란 체인의 한 형태로서, 체인에는 레귤러 체인, 프랜차이즈 체인, 볼런터리 체인의 3가지 형태가 있다. 그러나 우리는 일반적으로 프랜차이즈(체인사업, 가맹사업)란 일반적으로 체인점이라고 말하며, 주로 외식사업의 체인 중에 프랜차이즈(FC) 시스템이 많은 편이다.
> 체인에는 본부와 동일한 경영주체가 운영하는 직영체인과 본부와 다른 경영주체가 운영하는 프랜차이즈로 나누어진다. 그러나 엄격히 체인점이란, 두 곳 이상의 장소에서 똑같은 브랜드와 상품 및 이미지를 파는 점포형태, 즉 연쇄점을 포괄적으로 이야기하는 것이다.
>
> 1. **레귤러 체인(Regular Chain)**
>   체인 본사가 독자적으로 자기자본 전액을 출자하여 체인형태를 확장해 가는 방식을 말한다. 동일 경영자와 단일자본에 의한 다점포화를 의미하며, 하나의 기업이 다수의 직영점을 내고 본부가 총괄 및 관리하는 방식의 체인조직이다. 종업원 모집에서부터 교육, 광고, 상품의 일괄매입, 재고관리, 점포경영까지 모두 본부가 감독하게 된다. 그러나 레귤러 체인은 기본적으로 개설에 들어가는 비용이 있기 때문에 급속하게 점포수를 늘릴 수는 없다.

2. **프랜차이즈 체인(Franchise Chain)**
   체인본사와 가맹점들이 모두 독립자본에 의한 사업자이지만, 운영의 주체는 체인본사에 있다. 가맹점은 체인경영의 의사결정에 적극적으로 참여하지 않는 프랜차이즈 시스템이다. 일반 개인인 가맹희망자가 혼자서는 가질 수 없는 사업에 관한 각종 개점노하우를 본부가 먼저 구축하고 제공해 줌으로써, 점주는 편리성과 안정성을 부가해 사업을 할 수 있게 된다.

3. **볼런터리 체인(Voluntary Chain)**
   독립자본에 의한 같은 업종의 소매점이 모여서 공동으로 매입하는 등의 형태로 생겨난 체인조직이다. 기능의 일부를 체인본사에 위탁하여 프랜차이즈 시스템을 갖추고 영업하는 방식이다. 거의 공동브랜드에 가깝다고 볼 수 있다. 임의연쇄점이라고도 불리는 이 볼런터리 체인은 경영의 독립성과 체인화로 얻는 이득을 동시에 충족하고자 하는 체인조직이며, 하나의 점포가 복수의 체인에 속하는 경우도 있다. 각 점포가 각각 독립회사라는 점에서 프랜차이즈 체인방식과 같지만, 가맹점이 본부의 지시에 따르지 않고 조직의 주체는 어디까지나 가맹점이며, 전 가맹점이 경영의 의사결정에 참여하는 등 가맹점 간의 수평적인 관계가 중시된다.

② 에이전트 및 브로커

에이전트와 브로커는 서비스에 대한 소유권을 갖고 있지 않으며, 기업을 대신해 마케팅 기능을 수행하고 서비스를 고객에게 판매할 권한을 갖는다.

㉠ 에이전트(Agent) : 기업이나 고객 중 어느 한쪽을 대신해 기업과 고객 간의 거래를 활성화시키는 역할을 하는 것으로서, 에이전트는 판매에이전트(Selling Agent)와 구매에이전트(Purchasing Agent)로 구분된다.

  예 판매에이전트 : 여행, 보험, 금융서비스를 판매대행
      구매에이전트 : 예술품, 골동품, 귀금속 전문가 등 구매대행

㉡ 브로커(Broker) : 구매자와 판매자 간의 협상을 돕고 이들 간의 거래관계를 맺어주는 역할을 수행하는 중간상으로서, 독립된 제3자이다. 거래가 성사되면 고용한 당사자로부터 수수료를 받으며, 자금조달과 같은 거래에 따른 위험부담을 지지 않는다.

  예 부동산 중개인, 보험 중개인, 증권 중개인, 결혼정보회사 등

장점	• 판매비용과 유통비용을 절감 • 해당 서비스 분야에 전문지식과 기술을 갖추고 있는 전문업체로, 수행해야 할 마케팅 기능을 보다 효과적, 효율적으로 수행 가능 • 에이전트, 브로커 등은 상품을 다양하게 취급하므로 선택의 폭이 넓음 • 지역시장에 대한 전문 지식을 가지고 있어 해당 시장의 특이성 등의 정보를 제공 받음
단점	• 가격, 다른 마케팅믹스 등에 대한 통제력이 약함 • 지역시장 등에 따른 전문 지식에 대하여 의존도가 높아질 가능성이 큼

③ 전자채널(전자상거래, EC ; Electronic Commerce)

㉠ 정보기반 서비스 제공으로 전통적 유통채널의 속도에 비해 빠른 속도와 많은 양의 서비스 제공이 가능하다.

㉡ 정보교환, 협상, 서비스, 거래, 촉진 등과 같은 교환 흐름을 활성화시킨다.

㉢ 생산자(Producers), 중개인(Intermediaries), 소비자(Consumers)가 디지털 통신망을 이용하여 상호 거래하는 시장으로서, 실물시장(Physical Market)과 대비되는 가상시장(Virtual Market)을 의미한다.

② 기업은 빠르고 정확한 전자시스템으로 인해 고객서비스를 향상시키고, 비용을 절감하며, 외부적으로는 전 세계를 시장으로 활동할 수 있다.
⑩ 전자채널의 용도
- 제품이나 서비스를 판매하는 수단 및 보조수단
- 기술지원을 위한 수단
- 기존 서비스의 향상을 위한 수단
- 주문 처리의 수단
- 정보 제공
- 고객과의 커뮤니케이션 활성화

⑭ 전자채널의 장·단점

장 점	• 표준화된 서비스를 일관성 있게 전달할 수 있음 • 서비스직원에 의해 전달되는 서비스에 비해 상대적으로 저렴하게 광범위한 지역의 고객들에게 서비스를 전달할 수 있음 • 일반적으로 시간과 공간의 제약을 벗어나 고객의 접근성을 높이고 편의성을 제공함 • 고객에게 선택의 폭을 넓혀주고 더 높은 고객맞춤화를 가능하게 함 • 신속한 고객피드백을 얻을 수 있어 고객에 대한 대응성을 높여줌
단 점	• 가격경쟁을 유발함 • 이용하는 고객의 다양한 범위에 의해 서비스의 일관성이 떨어지기도 함. 전자거래에 익숙한 고객과 그렇지 못한 고객의 차이로 인해 서비스 제공의 일관성이 떨어짐 • 도입은 고객행동의 변화를 요구함 • 대금결제와 고객정보의 보안에 문제가 있을 수 있음 • 서비스가 제공되는 지역을 확장시킴으로써 경쟁을 더욱 증가시킴

[전자상거래와 전통상거래의 비교]

구 분	전자상거래	전통상거래
유통채널	기업 ↔ 소비자	기업 ↔ 도매상 ↔ 소매상 ↔ 소비자
거래대상지역	전 세계(Global Marketing)	일부 지역(Closed 'Club')
거래시간	24시간	제약된 영업시간
고객수요과정	• 온라인으로 수시획득 • 재입력이 필요 없는 Digital Data	• 영업 사원이 획득 • 재입력 필요
마케팅활동	쌍방향 통신을 통한 1 대 1 Interactive Marketing	구매자의 의사와 상관없는 일방적인 마케팅
고객대응	고객 수요를 신속히 포착, 즉시 대응	고객 수요의 신속한 포착이 어렵고, 대응 지연
판매점포	네트워크상의 가상공간(Cyber Space)	판매공간(점포) 필요

CHAPTER 04 | 전자적 유통경로 관리

▶ 무료 동영상 강의가 있는 SMAT Module B 서비스 마케팅·세일즈

1 전자적 유통경로

(1) 정의

① 전자상거래는 전자거래(EC ; Electronic Commerce), e-비즈니스(e-Business) 등 다양하게 불리기도 하며, 온라인상에서 거래가 이루어지는 유통경로를 의미한다.
② 인터넷을 통한 유통경로로서 기업과 고객은 모두 중간상을 배제하고 싶은 욕구를 갖는 탈중간상화(Disintermediation)의 현상이 나타나며 시장이 형성되었다.

[전자상거래의 정의]

정의의 주체	정 의
Kalakota & Whinston	네트워크를 통한 상품의 구매와 판매
미국방부	종이에 의한 문서를 사용하지 않고 전자문서교환, 전자우편, 전자게시판, 팩스, 전자자금이체(EFT ; Electronic Fund Transfer) 등과 같이 IT를 이용한 상거래
경제협력개발기구(OECD)	문자, 소리, 시각이미지를 포함하여 디지털화된 정보의 전송, 처리에 기초하여 이루어지는 모든 형태의 상업적 거래
유럽중앙은행(ECB)	기업, 개인, 정부 간의 상품 및 서비스 거래에 필요한 모든 정보를 컴퓨터 및 통신망을 이용하여 교환하고 거래하는 방식

(2) 효과

① **의사소통의 효과** : 기업과 소비자가 서로 전자적으로 연결됨으로써 의사소통되는 정보의 양이 많아지고 정보교환의 속도가 빨라지는 효과가 있다.
② **중개 효과** : 전자적 상호작용 시스템의 발전에 따라 거래상대를 찾는 과정이 전자적으로 해결된다.
③ **통합 효과** : 전자적 거래시스템의 활용이 커짐에 따라 전후방의 유통기관이 기능적으로 통합된다.

(3) 장·단점 ★★ 중요

① 장 점

고객 측면	기업 측면
• 정보의 신속, 정확한 검색 및 비교 • 저렴한 탐색비용 • 원스톱 구매 경로 • 시공간 한계를 넘는 정보의 가용성 • 쌍방향 교류를 통해 맞춤서비스 가능	• 유통비용 절감을 통한 효율성 제고 • 거래시간 단축 • 유통경로 갈등 최소화 • 현실적인 고객정보 획득 • 내/외부 의사소통의 효율적 수행 • 관계 마케팅 가능 – 고객과 유대강화 • 프로세스 일원화로 효율성 증대 • 오류 및 재작업의 감소 • 시간, 비용 절감

② 단 점
㉠ 전자적 유통경로로 쉽게 사업을 시작, 기업이념·경영마인드 부족
㉡ 안전한 대금지불방식 요구
㉢ 효율적인 물류 및 배달 체계의 구축과 뒷받침이 필요
㉣ 품질 보증의 문제
㉤ 상품, 규격 등의 비표준화

(4) 전자적 유통경로에서 중간상의 역할과 기능

① 역 할
㉠ 정보수집의 역할
㉡ 향상된 마케팅 커뮤니케이션 활동
㉢ 파이낸싱의 역할을 수행
㉣ 물적 유통의 역할을 수행

② 기 능
㉠ 기존 유통경로에 비해 향상된 고객맞춤 서비스 제공
㉡ 전자거래를 통해 영업사원이 제공하는 것과 동일한 수준의 서비스를 제공

(5) 전자유통이 비즈니스 형태에 미치는 영향

구 분	전통적 비즈니스	초기단계의 웹	e-비즈니스
속 도	매 주	매 일	매분, 초
제품속성	공급자가 선택	공급자가 선택	소비자가 선택
가 격	리스트	리스트	시장이 형성
생 산	판매 전	판매 전	판매 후
가치제공	제 품	정 보	통합 서비스
전략적 자산	장 소	외 관	소비자 정보

(6) 전자유통의 프레임 워크

	세 계 전자상거래 촉진 / 법, 제도적 현안해결 / 국제적 구현	
정 부 • 비전제시 • 정책방향 • 협조체계 • 제도개선	**상거래 환경** • 법률, 제도, 공공정책 • 상관습, 상거래윤리, 의식 • 사용자 인터페이스 • 사이버비즈니스, 가상상점 • 물류수송체계 **상거래응용** • 응용상품 • 일반응용 • 시장특화된 응용 **상거래서비스** • 기반서비스 • 통신서비스 • 공중비즈니스서비스 **통신 네트워크** • 서비스기술 • 기술표준 • 기반기술	기 업 • 기술측면 • 정보측면 • 제품측면 • 거래측면
	개 인 구매습관 / 생활양식 / EC에 대한 지각 / 인구통계적 특성	

2 전자유통거래의 거래 주체별 유형 ★★중요

전자상거래 주체	특 징
기업과 기업 간(B2B)	• 원료 공급자와 수요자인 기업 간의 거래 및 기업과 금융기관 간의 자금결제 등을 포함한 전자거래 • 중간 유통경로 모델
기업과 개인 간(B2C)	• 인터넷 쇼핑몰 등을 통해 최종소비자와 전자적으로 상품과 서비스를 판매하는 유형 • 기업과 고객의 다이렉트 경로 예 인터넷 쇼핑몰 등
기업과 정부 간(B2G)	정부기관과 기업 간의 상품과 서비스 거래 유형 예 국세청 사이버 세무서제도, 조달청 물자조달 등
개인과 기업 간(C2B)	• 동호회나 포털 사이트를 통하여 필요한 상품을 공동구매하는 거래유형 • 고객과 기업 간 다이렉트 경로 예 인터넷 역경매, 인터넷 공동구매 등
개인과 개인 간(C2C)	• 경매와 같이 서버를 통해 상품, 서비스, 정보 등을 가상공간에서 거래하는 유형 • 고객이 고객에게 직접 유통 예 인터넷 경매 등
기타 유형	TV 홈쇼핑, 무선단말기를 이용한 이동 전자상거래 등

3 전자 거래에 있어서의 고객관계관리와 유통환경 변화

(1) 고객관계관리(CRM ; Customer Relationship Management)

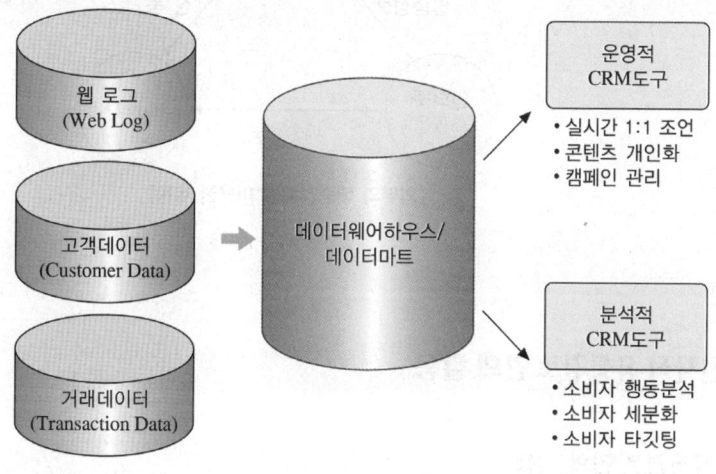

[CRM시스템 개념도]

(2) 유통환경의 변화

① 물류부분의 환경변화
  ㉠ 제3자 물류전문회사
  ㉡ 수송·보관·유통만을 전문, 모든 물류업무 담당 예 FedEx, DHL, 국내 택배회사 등

② 유통부분의 환경변화
  ㉠ 유통구조의 단순화
  ㉡ 네트워크화된 배송(디지털 상품)
  ㉢ 물류기업의 급성장
  ㉣ 가상쇼핑몰 및 가상기업의 등장
  ㉤ 가상커뮤니티의 등장
  ㉥ 적정 재고수준 유지
  ㉦ 고객(주문)에 대한 신속한 반응

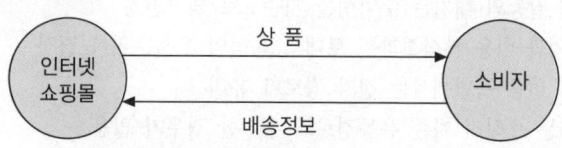

[자체적인 배송체제를 이용한 유통]

③ 기존 오프라인 유통경로의 보완
  인터넷을 기존 유통경로에서 제공하는 서비스를 보완하는 새로운 경로로 인식하여 기존 오프라인 유통경로의 부족한 부분을 보완하는 수단으로 사용한다.

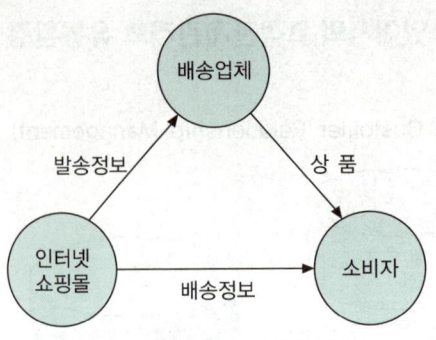
[외부의 배송업체를 이용한 유통]

4 전자적 유통경로 간의 갈등

(1) 전자적 유통경로 간의 갈등

① 전자적 유통경로에 의한 기업 내·외부의 유통갈등 유형
  ㉠ 새로운 경로가 기존의 판매원을 대체함으로써 발생하는 기업 내부 판매원들과의 갈등
  ㉡ 기업 외부의 대리점, 소매점 등 기존 유통경로와의 갈등

② 유통경로에 대한 갈등 관리 방안
  ㉠ 경로구성원 전체의 공동목표 설정   ㉡ 법적 수단에 의지
  ㉢ 회원들의 대표기구 활용   ㉣ 중재에 의한 해결 시도
  ㉤ 경로구성원들 간의 상호 교환 프로그램 개발   ㉥ 계속적인 교육을 통한 갈등 발생의 예방

③ 하이브리드 경로의 종류

정보 공유형 하이브리드 경로	한 마케팅 경로에서 획득한 고객정보를 다른 마케팅 경로에서 이용할 수 있도록 공유
역할 분리형 하이브리드 경로	각각 경로구성원이 담당하는 기능이나 역할을 다르게 부여

(2) 전자적 유통경로구성원 갈등관리의 핵심

① 유통경로구성원 간의 갈등에 대한 의사결정 원칙
  ㉠ 경로구성원 갈등의 대처는 수익성을 기준으로 의사결정
  ㉡ 경로별 수익과 비용 분석결과를 토대로 육성의 우선순위를 결정
  ㉢ 일반적으로 비용 측면에서는 전자 경로가 유리
  ㉣ 수익면에서는 오히려 기존 유통경로가 우수한 경우가 많음
  ㉤ 수익을 초과하는 비용이 발생한다면 신중한 디마케팅 노력이 필요

② 전자 유통경로의 등장으로 인한 유통관리 이슈
  ㉠ 온라인에서 제품을 검색하고 매장에 나가서 구매하는 채널 번들링의 형태가 증가
  ㉡ 하나의 경로만으로 고객에게 접근하기는 점점 어려워짐
  ㉢ 전통적 경로와 새로운 경로 사이의 시너지 창출이 중요한 과제로 부각

CHAPTER 05 | 서비스 구매과정의 물리적 환경 이해

▶ 무료 동영상 강의가 있는 SMAT Module B 서비스 마케팅·세일즈

1 물리적 환경에 대한 이해 ★★중요

(1) 물적 증거의 개념
① 모든 서비스 기업들은 사람, 제품, 정보를 대상으로 변환활동을 수행하는 데 사람이 아닌 기계, 설비, 도구 등과 같은 여러 종류의 물질적 요소에 의존하고 있다. 물질적 증거란 이와 같이 서비스 생산 공정에서 활용되는 모든 물질적 요소들을 의미한다.
② 물적 증거 : 외식업체의 가구, 병원의 병실, CT 촬영기 등과 같은 의료시설, 호텔의 객실 및 그 공간 내에 존재하는 침대, 의자, TV 등, 주제공원의 다양한 놀이시설, 항공회사의 비행기, 은행의 전산망 및 고객의 편의시설, 변호사의 사무실 공간과 컴퓨터 등이다.
③ 물질적 요소들은 기업이 사람, 제품, 정보를 변환시키는 데 없어서는 안 될 필수시설인 것이다.

(2) 물적 증거의 구분
① 서비스는 눈에 보이지 않기 때문에 물리적 증거를 통해 기업과 서비스품질을 고객에게 전하려 한다.
② 물리적 근거로는 실내 온도, 조명, 소음, 색상 등과 같은 주변적 요소(Ambient Elements)와 서비스 매장의 공간적 배치와 기능성, 그리고 표지판, 상징물과 조형물 등을 포함한다.
③ 물질적 근거는 고객과 종업원들의 인지적·정서적·심리적 반응을 불러일으키며, 결과적으로 외적 서비스 행동에 영향을 미치게 된다.

2 물리적 환경(Service Scape, 서비스 스케이프)

(1) 정 의 ★★중요
① Service(서비스) + Scape(자연환경의 경치 등) = 서비스 스케이프(인간이 창조한 환경)
② 고객과 상호작용을 통해 서비스가 전달되는 환경이다.
③ 무형적인 서비스를 전달하는 데 사용되는 모든 유형적 요소와 마케팅 도구의 일환이다.
④ 시각, 후각, 청각, 촉각을 포함한 분위기, 서비스 접점에서의 서비스 환경이다.
⑤ 분위기, 유형재, 물리적 증거, 물리적 환경, 상황 유형적 단서 등이 있다.

(2) 범주

① 베이커(Baker)의 3가지 물리적 환경 범주

주변 요소	온도, 색상, 음악, 조명, 향기 등
디자인 요소	건축미, 색상 등의 미적 요소(Aesthetic Factor)와 레이아웃, 안정성 등의 기능적 요소(Functional Factors)
사회적 요소	물리적 환경 내에 있는 다른 고객과 서비스 종업원의 숫자, 유니폼과 외모, 직원의 특징과 행동 등

② 이유재 외

주요시설	공간의 접근성, 미적 매력성, 시설물의 청결성, 편의성
외부환경	시설의 외형, 간판 등 안내표지판, 주차공간, 풍경, 주변 환경 등
내부환경	내부 장식, 벽의 색상, 가구, 장비, 시설물, 공기질, 온도, 냄새 등
기 타	종업원의 외모, 유니폼, 광고 팸플릿, 메모지, 입장티켓, 영수증, 명함, 문구, 웹사이트, 사이버공간 등

(3) 역 할 ★★ 중요

① **패키지** : 물리적 환경은 무형적인 서비스의 외적 표현으로, 서비스를 '포장'하고 내부에 대한 이미지를 외적으로 고객에게 알려주는 기능을 한다. 기업의 외적 이미지이고 따라서 첫인상에 있어, 그리고 고객에게 기대를 형성하는 데 중요한 영향을 준다.

② **편의 제공** : 물리적 환경은 환경 내에서 활동하는 사람의 서비스 수행을 도움으로써 편의 제공의 역할을 한다. 물리적 환경을 어떻게 설계하는가에 따라 서비스 환경에서의 활동을 효율적으로 증대시킬 수도, 억제시킬 수도 있다. 잘 설계된 기능적인 편의는 고객에게 즐거운 서비스 경험을 제공하고, 종업원들에게 즐거운 성과를 가져다준다. 반면에 서투르고 비효율적으로 설계하면 고객과 종업원에게 실망감을 가져다줄 수 있다.

③ **사회화** : 예상된 역할, 행동, 관계를 설명하는 데 도움이 된다는 점에서 물리적 환경의 설계는 고객과 종업원의 사회화를 조성한다. 종업원의 업무관련 작업환경, 사무실 비품의 품질, 조직 내의 다른 사람들과의 업무 공유에 사용되는 동선 등의 편리한 설계는, 고객이 종업원의 역할을 이해하고 고객의 요구에 빠른 서비스 응대를 실현하며 종업원이 좋은 환경 내에 있을 때 그들은 어떻게 행동해야 할지 고무하는 역할을 한다.

④ **차별화** : 물리적 환경은 경쟁사로부터 차별화할 수 있고, 서비스의 흐름에 맞춘 시장세분화를 할 수 있도록 한다. 차별화의 힘을 생각해 보면, 물리적 환경의 변화는 재포지셔닝(리포지셔닝, Repositioning)에 유용하고 새로운 시장세분화를 시도할 수 있게 한다. 또한, 조직 내의 구역별 차이를 둘 수도 있다. 큰 호텔은 다양한 디너룸(Dinner Room)을 갖고 있는데, 각각 디자인의 차이에 의해 구분된다. 물리적 환경의 차별화를 통해 기업은 가격차별화를 시도할 수 있는 객관적인 기준을 제시할 수도 있을 것이다.

(4) 영향

① 서비스 기업에 대한 이미지 형성에는 물리적 환경이 매우 중요하다.
② 서비스의 무형성을 극복하도록 도움을 준다.
③ 서비스 기업에 대한 충성도에 직접적인 영향을 미치지 않는다.
④ 바람직한 물리적 환경은 직원의 생산성, 직무만족 등에 긍정적인 영향을 미친다.
⑤ 물리적 환경은 서비스 기업의 분위기에 영향을 미치며, 고객의 구매결정에 영향을 미친다.

> **Tip** 비트너의 물리적 환경 구성차원
>
> 비트너(Bitner)는 서비스산업에서 물리적 환경이 고객과 종업원에게 미치는 영향에 관한 문헌들을 정리하고 물리적 환경이 어떠한 경로를 통해 고객과 종업원의 행동에 영향을 주는지에 대한 개념적 모델을 제시하였다. 비트너는 물리적 환경의 구성차원을 주변요소, 공간 및 기능성, 표지판 및 상징·조형물의 3가지로 분류하였다.
>
> 1. **주변요소(주위환경)** : 물리적 환경의 배경으로, 온도, 조명, 소음, 음악, 전망 등
>   - 실내의 온도와 습도, 조명, 소음, 냄새, 색상, 실내·외의 풍경과 전망 등과 같은 환경의 배경적 특성을 가짐 → 인간의 오감에 영향을 미침
>   - 고객의 만족도, 매출성과 및 직원의 업무성과, 만족에도 영향을 미침
>   - 장파 색상(붉은색, 노란색, 오렌지색) : 고객의 강한 흥미와 각성을 불러일으킴
>   - 단파 색상(파란색, 초록색 계열) : 차분한 분위기를 연상시키는 역할
>   - 고객의 나이에 따라 음악의 볼륨과 속도에 대한 선호도가 다름
>
> 2. **공간배치와 기능성**
>   - 가구의 위치, 가구 스타일, 장비와 기계의 크기, 형태, 배열 방법과 관련성이 있음
>   - 기능성은 성취하려는 목표와 성취를 용이하게 하기 위한 품목들의 기능
>   - 공간배치 : 장비, 기기류, 가구 등 크기와 모양, 배열 방법 등 그들의 공간적 관계
>   - 기능성 : 장비, 기기류, 가구 등이 음식점의 성과와 목표를 달성토록 촉진하는 능력
>   - 예 식사하는 공간을 협소하게 만들거나 공간을 전체적으로 개방형으로 구성하면 고객의 체류시간이 줄어듦
>
> 3. **사인·심벌·인공물(조형물)**
>   - 고객의 장소의 명시적·암시적 정보를 제공
>   - 부착된 표지판은 명시적 커뮤니케이션의 역할
>   - 음식점 로고가 그려진 간판 / 게시물 : 점포의 콘셉트와 이미지 전달의 중요한 역할 수행
>   - 바닥, 벽, 천장 등 내부 인테리어와 다양한 조형물 : 음식점의 미적 이미지, 차별화된 상징성 전달 매체로서 작용. 파사드도 이런 기능 작용
>   - 예 카펫 바닥 / 흰색의 깔끔한 테이블보 / 은은한 간접조명 등 : 높은 가격의 풀서비스 제공의 상징적 의미가 고객에게 전달될 것. 표준화된 유니폼과 평상복의 서비스품질 차이 역시 느낄 것

(5) 물리적 환경이 고객과 종업원의 행동에 미치는 영향

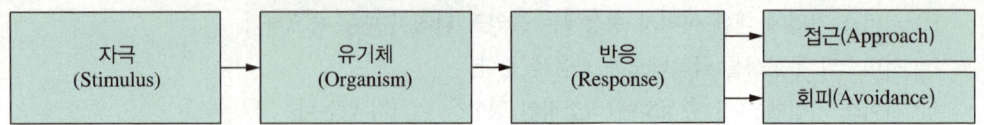

[SOR 환경 심리학 패러다임]

① 물리적 환경의 개별 차원들은 고객 및 종업원에게 개별적으로 인식되는 것이 아니라 전체적인 환경(Holistic Environment)으로 인식된다.
② 이러한 인식의 차이가 고객과 종업원의 내적 반응을 불러일으키게 된다.
③ 내적 반응이 발생하기에 앞서 종업원과 고객의 조절요인이 영향을 미치게 된다.
④ 내적 반응이 발생하기 전에 영향을 미치는 조절변수의 예로는 '성격특성', '상황요인', '무드(Mood)', '환경에 대한 개인적 기대' 등을 들 수 있다.
⑤ 내적 반응 이후 유발되는 '행동'은 접근행동과 회피행동이 있다. 일반적으로 긍정적인 내적 반응은 접근행동을 유발하고, 부정적인 내적 반응은 회피행동을 유발하게 한다.

접근행동	행위자가 속해 있는 물리적 환경에서 할 수 있는 긍정적인 행동을 통틀어 지칭
회피행동	모든 부정적인 행동 예 지출을 줄이거나, 오래 머무르지 않고 빨리 떠난다거나, 일을 열심히 하지 않거나, 동화되지 못하는 행동

⑥ 물리적 환경은 서비스 전달 프로세스에 대한 프레임워크를 조정하고 제공함으로써 기업의 운영 효율성에 중요한 역할을 한다.

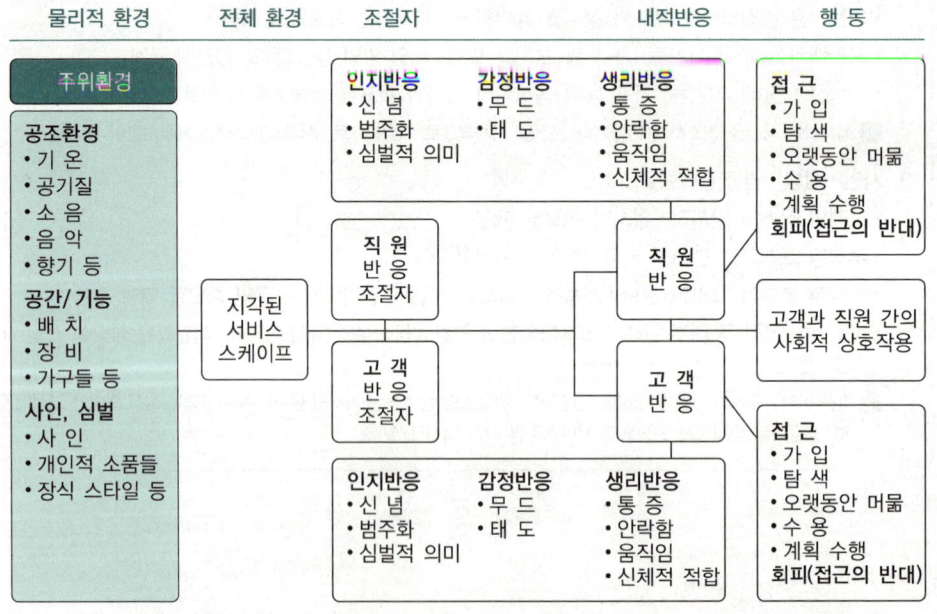

[물리적 환경이 고객과 종업원의 행동에 영향을 미치는 것에 대한 개념적 모델]

Part 04 / Module B
서비스경영 전문가가 꼭 알고 있어야 하는 전문용어

- **유통경로** : 고객이 제품이나 서비스를 사용 또는 소비하는 과정에 참여하는 상호의존적인 조직의 집합체이며, 제품이나 서비스를 고객이 사용 또는 소비하도록 하기 위한 수단
- **유통경로 설계(Channel Design)** : 누구를 시켜 상품을 표적 시장에 유통시킬 것인가를 결정하는 것으로 유통경로의 길이, 경로구성원의 수, 경로구성원의 형태, 경로구성원의 선정, 경로 조직의 형태 등을 포함
- **프랜차이징** : 기업이 직영의 지점들을 빠른 시간에 확대시키는 데 따른 높은 투자비용을 부담할 필요 없이 복수의 지점들을 통해 서비스콘셉트를 전달하는 데 효과적인 서비스채널 유형
- **에이전트(Agent)** : 대리점 혹은 대리인이 기업이나 고객 중 어느 한쪽을 대신해 기업과 고객 간의 거래를 활성화시키는 역할을 하는 것
- **브로커(Broker)** : 중개인이라 하기도 하며, 구매자와 판매자 간의 협상을 돕고 이들 간의 거래관계를 맺어주는 역할을 수행하는 중간상
- **통제전략** : 기업이 서비스성과의 표준을 개발하여 중간상의 서비스품질과 성과를 측정한 다음 성과수준에 따라 보상과 처벌을 제공하는 것
- **파트너십 전략** : 중간상과 기업이 공동으로 최종고객에 관해 학습하고 서비스전달 기준을 세우고 서비스전달프로세스의 개선을 통해 기업과 중간상의 능력을 공유·활용하는 데 도움을 주며 상호 간에 신뢰감을 구축할 수 있는 전략
- **탈중간상화(Disintermediation)** : 인터넷을 통한 유통경로가 구성됨에 따라 기업과 고객은 모두 중간상을 배제하고 싶은 욕구를 갖는 현상
- **물질적 증거** : 모든 서비스 기업은 사람, 제품, 정보를 대상으로 변환활동을 수행하는 데 사람이 아닌 기계, 설비, 도구 등과 같은 여러 종류의 물질적 요소에 의존하고 있는데, 이때 서비스 생산공정에서 활용되는 모든 물질적 요소들을 의미하는 것

Part 04 Module B 출제유형문제

01 서비스와 연계된 유통경로가 창출하는 효과의 내용으로 적합하지 않은 것은?

① 소비자를 위한 가치창출
② 거래에서의 효율성 증가
③ 통합기능의 수행
④ 반복화에 대한 비용절감
⑤ 정보탐색 과정의 촉진

> 해설) 분류기능의 수행이다.

02 서비스와 고객의 특성에 따라 다른 유통채널 현상으로 옳지 않은 것은?

① 복잡하고 고위험인 서비스인 경우 고객은 인적 채널에 의존하는 경향이 있다.
② 기술수용에 우호적인 고객은 셀프서비스 기술의 사용에 대해 긍정적이다.
③ 거래의 기능적 측면을 추구하는 고객은 편리함을 선호한다.
④ 사회적 동기를 가진 고객은 인적 채널을 선호한다.
⑤ 편리함은 채널의 선택요인과는 크게 상관없다.

> 해설) 편리함은 대다수 고객이 중요하게 여기는 채널의 선택요인이다.

03 전통적 서비스 유통경로인 다이렉트 채널의 장점과 거리가 먼 것은?

① 모든 지점에 대한 완전한 통제가 가능해 고객에게 일관된 서비스품질을 제공할 수 있다.
② 고객관계를 직접 관리할 수 있어 고객서비스에 문제가 발생할 경우 즉각적인 대응조치가 가능하다.
③ 다이렉트 채널유형에서는 중간상들이 존재하지 않으므로 조직 간 관리와 같은 전형적인 경로관리 문제는 발생되지 않는다.
④ 유형제품의 최적 경로구조를 설계하는 데 있어 고려되어야 하는 경로길이, 중간상들에 대한 동기부여 등과 같은 요인들은 이 경우 크게 문제되지 않는다.
⑤ 직영 채널을 운영하는 데 필요한 재무적 비용을 분담할 수 있다.

> 해설) 다이렉트 채널의 단점은 직영 채널을 운영하는 데 필요한 재무적 비용을 서비스 기업 단독으로 부담해야 한다는 것이다.

04 서비스의 유통 및 제공에 있어 고접촉서비스의 관리방법에 대한 설명으로 옳은 것은?

① 시설입지 - 서비스직원에 근접
② 직원기술 - 기능적 인력이 요구
③ 수요예측 - 장기적 관점에서 생산량 기준
④ 설비배치 - 고객의 물적·심리적 니즈 충족
⑤ 과정설계 - 고객을 분리한 과정설계

해설 ①·②·③·⑤ 저접촉서비스의 서비스 유통 관리방법이다.

05 전자채널의 장점으로 볼 수 없는 것은?

① 표준화된 서비스를 일관성 있게 전달할 수 있다.
② 고객의 선택폭을 좁혀 획일화된 결정을 하도록 유도한다.
③ 시간과 공간의 제약을 벗어나 고객의 접근성을 높이고 있다.
④ 저렴하게 광범위한 지역의 고객들에게 서비스를 전달할 수 있다.
⑤ 신속한 고객피드백을 얻을 수 있어 고객에 대한 대응성을 높여준다.

해설 기업의 서비스 전달은 고객과의 직접적인 접촉이 아니라 전자매체를 통해 이루어질 수 있으며, 사전에 설계된 서비스 콘텐츠로 고객의 선택의 폭을 넓혀 더 수준 높은 고객맞춤화를 가능하게 한다.

06 성공적 유통채널의 특성으로 옳지 않은 것은?

① 공동의 목표를 갖는 고객지향성
② 효과적이고 효율적인 커뮤니케이션
③ 명확한 통제시스템(보상제도 포함)
④ 독자노선 확립으로 유통채널 독식
⑤ 공동목표 달성을 위한 유통관련 기업 간의 협조

해설 ④ 원만한 유통채널관리를 위해서는 적절한 유통파트너의 선정과 서로 긴밀한 관계를 유지함으로써 상생의 모습을 보여야 한다.

정답 ▶ 04 ④ 05 ② 06 ④

07 서비스 유통채널의 권력 관계에서 권력의 원천과 그 정의로 옳지 않은 것은?

① 준거적 권력 – 서비스 제공자가 논리적으로 시장 상황을 설명할 수 있는 능력
② 보상적 권력 – 중간상에 대한 보상을 중재할 수 있는 능력
③ 강제적 권력 – 중간상을 처벌할 수 있는 능력
④ 합법적 권력 – 중간상을 통제할 수 있는 법적권리
⑤ 전문적 권력 – 해당분야에 대한 뛰어난 지식 혹은 통찰력

해설 ① 정보적 권력에 대한 설명이다. 준거적 권력은 중간상이 서비스 제공자를 따르고자 하는 욕구를 말한다.

08 전자적 유통채널의 도입은 유통단계의 축소와 유통단계별 부가되는 비용감소로 판매기능을 고객에게 이전시켰다. 이러한 변화로 인한 새로운 중간상의 역할과 기능으로 거리가 먼 것을 고른 것은?

① 정보수집의 역할
② 마케팅 커뮤니케이션 활동의 축소
③ 기존 채널에 비해 향상된 고객맞춤서비스를 제공
④ 파이낸싱의 역할 수행
⑤ 물적 유통의 역할 수행

해설 마케팅 커뮤니케이션 활동이 향상되었다.

09 서비스 구매과정에서의 물리적 환경의 역할로 옳지 않은 것은?

① 패키지　　　　　　　　　② 편의 제공
③ 사회화　　　　　　　　　④ 차별화
⑤ 단순화

> 해설) 기업에게 물리적 환경의 역할은 패키지, 편의 제공, 사회화, 차별화를 하는 것이다.

10 서비스 구매과정에서 물리적 환경이 미치는 영향으로 옳은 것은?

① 서비스의 무형성을 극복하도록 도움을 준다.
② 서비스 기업에 대한 충성도에 직접적인 영향을 미친다.
③ 직원의 생산성, 직무만족 등에 부정적인 영향을 미친다.
④ 물리적 환경은 서비스 기업의 분위기와는 관련이 없다.
⑤ 서비스 기업에 대한 이미지 형성에는 영향이 미미하다.

> 해설) ② 서비스 기업에 대한 충성도에 직접적인 영향을 미치지 않는다.
> ③ 바람직한 물리적 환경은 직원의 생산성, 직무만족 등에 긍정적인 영향을 미친다.
> ④ 물리적 환경은 서비스 기업의 분위기에 영향을 미친다.
> ⑤ 서비스 기업에 대한 이미지 형성에 물리적 환경은 매우 중요하다.

작은 기회로부터
종종 위대한 업적이 시작된다.

– 데모스테네스 –

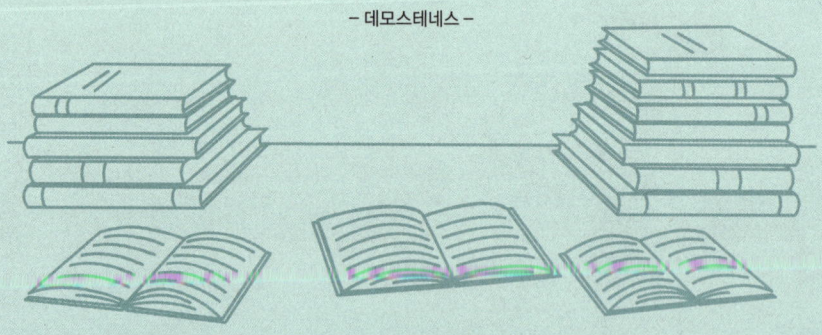

PART 5

성인학습자의 교육훈련 및 코칭, 멘토링

01 성인교육과 성인학습의 이해
02 교육훈련(Education Training)
03 코칭과 코칭스킬
04 리더십과 멘토링
05 감정노동과 직무스트레스
06 동기부여의 이해
07 서비스 마케팅과 내부마케팅

무언가를 위해 목숨을 버릴 각오가 되어 있지 않는 한
그것이 삶의 목표라는 어떤 확신도 가질 수 없다.

– 체 게바라 –

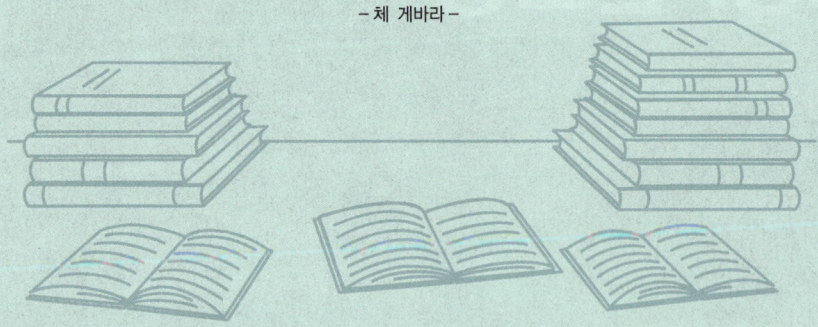

CHAPTER 01 성인교육과 성인학습의 이해

▶ 무료 동영상 강의가 있는 SMAT Module B 서비스 마케팅·세일즈

1 성인교육의 이해

(1) 개 념 ★★중요

① 성인교육의 아버지라 불리는 미국의 사회교육학자 말콤 노울즈(Malcolm. S. Knowles)는 '안드라고지(Andragogy)'라는 말을 '성인학습을 도와주는 기술(Art)로서의 과학'이라고 정의하여 성인교육이라는 용어를 대중화하였고, 성인학습이 아동들의 학습과 다른 방법이어야 함을 주장하며 성인학습과 학령기 학습을 구분하였다.
② '성인'을 의미하는 그리스어 안드로스[Andros(Man)]와 '이끌다'를 의미하는 아게인[Agein(to lead)]의 합성어로 성인을 교육하는 활동들을 의미한다.
③ 안드라고지(Andragogy)는 성인교육론을 뜻하는 것으로, 성인들의 학습을 돕기 위하여 성인교육의 이론, 과정, 기법을 연구하는 학문분야이다.
④ 성인교육(Adult Education)은 교육대상을 분류기준으로 한 용어로서 성인을 대상으로 하는 모든 형태의 교육활동을 총칭한다.
⑤ 계속교육(Continuing Education), 평생교육(Long Life Education)과 같은 의미로 쓰이는데 정규교육을 마친 개인이 계속하여 교육을 받을 수 있으며, 연장교육이라는 의미와 함께 쉬지 않고 교육을 받는다는 의미이다.

(2) 성인교육자로서 갖추어야 할 특성

① 전문성 : 지식과 준비의 힘
② 명확성 : 조직과 언어의 힘
③ 감정이입 : 이해와 동정의 힘
④ 열정 : 헌신과 감정표현의 힘
⑤ 문화적 감수성 : 존중과 사회적 책임의 힘

(3) 필요성 ★★중요

인구학적 변화	• 고령화 사회 • 고학력화 사회로 다양한 학습경험의 요구 증가
글로벌 경제	• 성인교육 내용 : 역량 중심 • 성인교육 방향 : 문화 소비
과학 기술 발전	• 지식정보화 사회의 가속화 • 기업의 학습 조직화와 학습 능력이 강조되는 환경

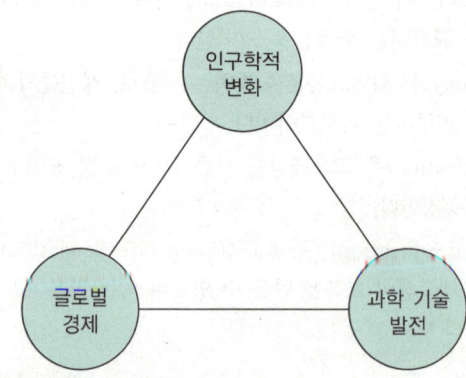

2 성인학습의 이해

(1) 정 의

① 보편적 정의 : 스스로 문제를 해결하고 창의적 생산을 할 수 있는 능력을 기르는 학습체제
② 구체적 정의
 ㉠ 학습과정에 초점 : 개인이 자발적 주도권을 가지고 학습과정에 있어 교육을 계획, 자원(교수자, 교육장, 교육시간 등)탐색, 학습평가, 요구진단 등의 기회를 가짐
 ㉡ 프로그램에 초점 : 성인학습자 스스로 교수자의 도움 없이 자신의 속도로 교육을 진행할 수 있는지의 여부
 ㉢ 개인적 특성에 초점 : 자율성이 있는 성인학습자가 개별적으로 학습하는 기회를 마련하는 것

(2) 성인학습자의 특성

① 성인의 특성 ★★ 중요

신체적 특성	노 화
심리적 특성	중심성 경향 및 경직성, 내향성 및 조심성 등
사회적 특성	발달단계 및 발달과업, 사회계층의 영향, 사회적 규범, 사회문화적 요소, 생활사건 등

② 학습자로서의 성인의 특성
  ㉠ 선수학습 수준 및 경험의 다양성
  ㉡ 학습과정의 개별성
  ㉢ 능동적 학습참여자
  ㉣ 관계의 요구(협력 학습)
  ㉤ 환경요인의 영향

③ 성인의 교육참여 동기

목표지향적 학습자	다른 목적을 달성하기 위하여 교육을 수단으로 이용하는 학습자
활동지향적 학습자	학습활동 자체, 사회적 교제를 위하여 교육에 참여하는 학습자
학습지향적 학습자	지식 혹은 앎 자체를 위하여 교육에 참여하는 학습자

㉠ 고학력자, 저연령자, 미혼자, 대도시 거주자, 전문기술직 종사자의 평생 교육 참여율이 높다.
㉡ 교육참여 동기는 주로 자신의 경력과 직업에 매우 연관되어 있다.

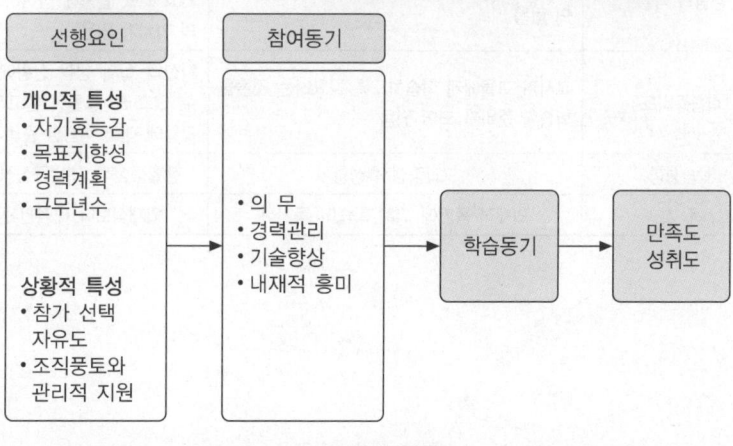

[Nease의 모형]

④ 성인의 교육참여 저해요인

외적 상황적 저해요인		비용과 시간 부족이 가장 큰 요인
내적 성향적 저해요인	사회심리적 저해요인	신념, 가치, 태도, 지각요인
	정보적 저해요인	관심 부족, 가능한 교육기회 탐색을 제한하는 요인
제도적 저해요인		일터의 관행과 절차

⑤ 성인학습의 원리

참여의 자발성	• 학습자 스스로 자기의 학습목적에 맞는 학습활동을 선택하고 참여함 • 의미나 강압이 아닌 스스로 자신의 흥미나 관심에 맞는 학습활동에 참여하는 자발성의 원칙 • 학습자가 학습의 필요성을 깨닫고 학습에 참여할 수 있는 욕구를 갖도록 학습내용을 조직하고 구성해야 함
현실지향과 능률성	• 실생활이나 직장생활에서 필요한 교육을 목적으로 함 • 학습목적이나 내용이 현실생활에 활용할 수 있는 유용성 강조 • 현실지향적이고 문제해결 중심의 능력을 향상시키는 데 목적
다양성과 창의성	• 연령, 직업, 학업정도, 지역성 등 다양한 배경의 학습자들을 대상으로 다양한 방법과 창의성이 요구됨 • 학습자의 대상, 학습목적, 욕구, 필요성 등 특성을 고려하여 다양하고 융통성 있도록 교육을 구성함으로써 즐겁게 참여하고 학습욕구를 충족
상호협동성	• 학습자와 교수자, 학습자와 학습자 간의 평등한 관계로 교수자는 조언자, 안내자, 격려자의 역할을 함을 원칙으로 함 • 상호 신뢰, 존중, 자유로운 의사소통, 상호협력하는 학습을 전제로 함

[교육의 기본가정] ★★ 중요

기본가정	페다고지(학령기 교육)	안드라고지(성인교육)
알고자 하는 욕구	교사가 가르치는 것을 학습해야만 한다고 인식함	그들이 학습하기 전에 왜 그것을 학습할 필요가 있는지 알고자 함
학습자의 자아개념	의존적 성격	자기 자신의 결정과 삶에 책임을 진다는 자아개념
경험의 역할	학습자의 경험은 학습자원으로서의 가치가 거의 없음	질적으로나 양적으로 훨씬 풍부한 경험을 가지고 교육 활동에 참여하므로 학습자원으로서의 가치가 있음
학습준비도	교사가 그들에게 학습하도록 강요하는 것들을 학습할 준비가 되어 있음	자신의 실제 생활 상황에 효율적으로 대처할 수 있고 또 그들이 알고자 하는 욕구가 있는 것들에 대해 학습 준비가 되어 있음
학습성향	교과중심적 성향	생활중심적, 과업중심적, 문제중심적 성향
동기	외재적 동기에 의해 학습이 동기화	외재적보다 내적인 동기에 의해 반응

3 성인학습이론

(1) 전통적 학습이론

① 행동주의적

실제 교육현장에 많은 영향을 주며 교수의 체계적 디자인, 행동주의적 교육목표, 프로그램 학습 등 많은 것이 행동주의의 학습이론에 근거함

손다이크(Thorndike)의 시행착오설	학습은 자극과 반응 사이의 결합이 반복되는 시행착오적 학습을 통해 강해지거나 약해짐 (효과법칙, 연습법칙, 준비성법칙)
파블로브(Pavlov)의 고전적 조건화	조건 자극에 대한 조건 반응의 결합(학습에 대한 만족감, 보람, 칭찬 등의 자극을 통해 즐거운 경험)
스키너(Skinner)의 조작적조건화	자극에 의해 유발된 반응보다는 유기체에 의해 스스로 방출되는 반응은 더욱 적극적이고 능동적이며 의도적 성격을 지님

② 인지주의적
　㉠ 지식의 구조와 밀접할 때 효과적
　㉡ 관찰된 자신의 구조를 재설정
　㉢ 목표는 기존의 개념을 수정하는 것

게슈탈트(Gestalt)현상	내적인지과정	정신적 과정
부분보다는 전체에, 독립된 사건보다는 패턴에 관심을 둠	피아제(Piaget) 인지심리학(인간의 지적 능력은 개인이 주어진 환경에 효과적으로 적응할 수 있는 능력을 의미함)	정보처리 이론, 기억, 초인지, 전이이론, 전문가에 대한 연구 등

③ 인본주의적

인간의 자유의지와 자기실현에 초점을 두고 인간을 각자의 실존적인 경험과 주관적인 감정을 통해 세상을 지각하는 자유롭고 능동적인 존재라 여기며, 이를 바탕으로 자신에게 의미 있는 학습을 함

매슬로(Maslow) 자아실현	욕구의 위계에 기초한 인간의 동기이론을 제안
로저스(Rogers) 학습자 중심	학습을 전적으로 학습자에 의해서 통제되는 내적과정이며, 학습자가 전체적으로 자신이 지각하는 대로 자신의 환경과 상호작용 하는 것으로 봄

④ 사회학습이론

다른 사람을 관찰함으로써 사람들이 학습한다는 입장이며 이와 같은 관찰이 사회적 맥락에서 일어나기 때문에 이를 사회학습이라고 함

반두라(Bandura) 관찰학습	• 결과로 나타난 행동보다 관찰에 포함된 인지과정에 더 초점을 맞추었으며 모방행동으로부터 관찰을 분리함 • 교수자는 의도하지 않아도 모델이 되어 학습자에게 영향을 줌

⑤ 구성주의
구성주의에서는 '학습'이 '의미'를 구성하는 과정이라고 보며 현실의 성격, 경험의 역할, 관심 있는 지식, 의미를 만드는 과정에서 개인적 또는 사회적 구성으로 구분, 경험으로부터 지식을 구성하여 실제 세상의 문제를 현실적인 상황하에서 다루고 학습자가 상호작용을 통해 서로 협동하여 문제를 해결하도록 하는 데 초점을 둠

개인적 구성주의	교수자가 인지적 갈등을 유발하는 경험을 제공해서 학습자가 경험에 더 잘 적응할 수 있는 새로운 스키마를 개발하도록 격려하는 데 중점을 둠
사회적 구성주의	지식이란 개인이 사회적으로 공유하는 문제나 과제에 관해서 말하고 행동할 때 형성된다고 함

캔디(Candy)는 구성주의자의 입장이 자기주도성의 개념에서 성인학습이론과 조화를 이룬다고 주장하였음(활동적 탐구, 독립성, 그리고 학습과제에서의 개인성의 조합)

[전통적 학습이론 도표]

비교점	이론가	학습과정 견해	학습의 중심	교육 목적	교수자 역할	성인학습에 공헌
행동주의	• Hull • Pavlov • Skinner • Thorndike • Tolman • Watsom	행동의 변화	외적 환경의 자극	바람직한 방향으로 행동의 변화를 유발	바람직한 반응 유발을 위한 환경 조성	능력주의 교육, 기술발달과 훈련
인지주의	• Bruner • Gagne • Piaget	내적정신과정 (통찰, 기억, 지각, 정보처리 등)	내적 인지구조	더 잘 학습하기 위한 능력과 기술을 개발	학습활동의 내용을 구조화	학습, 기억, 학습하는 방법의 학습, 인지발달 등
인본주의	• Maslow • Rogers	잠재력을 충분히 발휘하려는 개인의 행동	정서적, 인지적 욕구	자아실현과 자율성의 성취	전인적 발달을 촉진	성인학습자의 이해, 자기주도적 학습
사회학습 이론	• Bandura • Rottr	사회적 맥락에서 다른 사람을 관찰, 그들과 상호작용	개인, 행동, 환경의 상호작용	새로운 역할과 행동의 모방	새로운 역할, 행동을 이끌고 모델이 됨	사회화, 사회적 역할, 통제 부위
구성주의	• Dewey • Rogoff • Vygotsky	경험으로부터 의미를 구성	개인에 의한 현실의 내적 구성	지식의 구성	학습자에게 의미를 촉진	경험학습, 자기주도적 학습, 관점 전환, 반성적 실천 등

(2) 근대 학습이론

① 사회적 학습이론

관찰하여 모방한 결과로 새로운 행동이 일어나며 인간의 행동은 강화와 기대에 의해 결정되지만, 직접적인 강화가 없더라도 행동은 학습이 되며 내적 만족도에 의해서도 학습이 이루어진다.

자기조절	외적인 환경을 분석하고 판단해서 대응방식을 결정하는 것
자기효능	어떤 행동을 할 수 있는지 없는지에 대한 자신감(성취감, 대리경험. 잘 해낼 수 있다는 말을 얼마나 자주 들었는가의 정도, 정서적 각성)

② 경험학습이론

삶의 수많은 사소한 중요한 경험이 '학습'이 되기 위해서 능동적이고 자발적인 경험들로부터 얻은 정보를 자기반성적 사고를 통해 성찰, 일상에 적용하고 경험학습을 '경험의 전환(Transformation)'을 통해 지식이 창조되는 과정으로 정의하였다(콜브 – D. A. Kolb).

경험학습이 효과적으로 이루어지기 위해 학습자에게 요구되는 4가지 능력	
1단계	**구체적 경험능력** 새로운 경험에 대한 편견 없이 개방적으로 대하는 능력
2단계	**성찰적 관찰능력** 경험한 사실을 다양한 관점에서 생각해 보고 관찰하는 능력
3단계	**추상적 개념화능력** 관찰한 사실들로부터 논리적으로 타당한 이론과 개념을 만들어 내는 능력
4단계	**적극적 실험능력** 개발한 이론을 실제상황에 적용하며 문제해결을 시도하는 능력

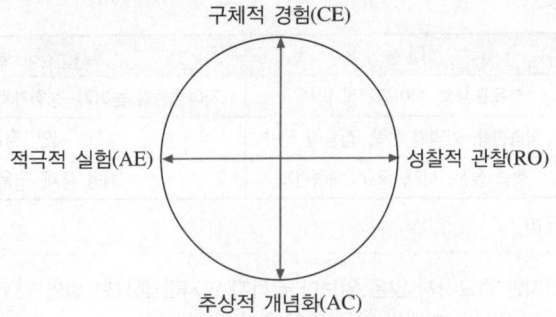

[Kolb의 경험학습 하위단계 연계모형]

③ 자기주도학습이론 및 자기조절학습 ★★중요
　㉠ 자기주도학습이론
　　• 노울즈(Knowles)가 최초로 사용한 자유의지를 강조한 학습 개념
　　• 학습자가 스스로 학습의 참여 여부에서부터 목표설정 및 학습 목표 달성을 위한 학습계획의 수립, 교육프로그램의 선정, 실행, 평가에 이르기까지 자발적 의사에 따라 선택, 결정, 조절과 통제를 행하게 되는 학습형태
　　• 자기주도학습자의 특징

> 1. 자기효능감이 높음
> 2. 내재적 동기가 강함
> 3. 자율적인 성격을 가지고 있음
> 4. 자기평가자

　　• 자기주도학습의 전제조건

> 1. 자신의 학습 동기와 욕구를 정확하게 파악
> 2. 학습의 목표를 설정
> 3. 학습을 위한 자원 확인 인적자원, 물적자원 등
> 4. 학습 전략의 선택
> 5. 학습결과의 평가와 자기성찰 등의 과정에서 학습자 본인이 주도권을 갖는 것

　㉡ 자기조절학습
　　• 짐머만(Zimmerman)의 '학습자의 자유통제권'을 강조하여 학습자 스스로 학습을 조절해 나가는 것
　　• 구성요소

요소	내용	방법
동기	목표설정, 자아정체성 탐색	자아효능감 높이기, 성취가치 인식, 숙달 목표지향성 높이기
인지	학습전략, 기억력 전략, 집중력 전략	시연, 정교화, 조직화
행동	학습 실천, 시간, 목표, 체력관리	행동 통제, 도움 구하기, 시간관리

　　• 시간매트리스

> 1. 급하지만 중요하지 않은 일보다 급하지 않지만 중요한 일을 먼저 한다.
> 2. 과거의 일보다 미래의 일을 먼저 한다.
> 3. 부분적인 일보다는 핵심적인 일을 먼저 한다.
> 4. 작은 일보다 큰 일을 먼저 한다.
> 5. 쉬운 일보다 어려운 일을 먼저 한다.

	낮음	긴급	높음
높음	**긴급하진 않지만 중요한 일** 관계 구축, 심신단련, 취미, 혁신, 기획, 동기부여, 준비, 예방, 가치 명료화, 계획, 자기계발 및 학습		**긴급하고 중요한 일** 급박한 위기/당면한 문제, 마감시한 임박 프로젝트, 긴급한 모임/회의 준비, 응급사태
중요성			
낮음	**긴급하지도 중요하지도 않은 일** 단순 반복적인 일, 논쟁, 수다, 과도한 잡담, 지나친 휴식/과도한 TV 시청, 휴일 오전 늦잠, 사소한 소일거리		**긴급하지만 중요하지 않은 일** 불필요한 방해물/보고서, 중요하지 않은 회의, 매일 울리는 전화, 계획에 없던 갑작스런 일, 사소하지만 바쁜 일

④ 성인학습에의 시사점

강화이론	• 어떤 행위로 발생된 과거의 결과에 의하여 그 행위가 수정되거나 회피되도록 동기부여된다.
	• 학습 행위의 지속성을 위하여 다음을 행한다.
	  - 정적 강화(Positive Reinforcement, 유쾌한 사건 첨가) : 바람직한 행동에 대해 바람직한 결과를 제공함으로써 행동의 빈도를 높이는 것
	    예) 칭찬, 보상, 승진 등
	  - 부적 강화(Negative Reinforcement, 불쾌한 사건 제거) : 바람직하지 않은 결과를 회피시 켜줌으로써 바람직한 행동의 빈도를 늘리는 것
	    예) 주중에 결과물을 제출하면 주말에 근무하지 않아도 되도록 빼줌 등
	  - 소거(Extinction, 유쾌한 사건 제거) : 바람직하지 않게 된 행동에 대해 바람직한 결과를 소거시킴으로써 행동의 빈도를 줄이는 것
	    예) 잦은 발표의 실수를 일으키는 직원에게 발표기회를 박탈하여 가능성을 표현할 기회를 줄임
	  - 벌(Punishment, 불쾌한 사건 첨가) : 바람직하지 않은 행동에 대해 바람직하지 않은 결과를 제시함으로써 그 행동이 야기될 확률을 낮추는 것
	    예) 감봉, 인사고과 반영 등

사회학습이론	• 인간은 그들이 훌륭하다고 생각하거나 지식이 많다고 여기는 타인을 관찰하면서 학습한다. • 행동 모델링을 활용한 교육훈련에 중요한 영향을 미친다.
목표설정이론	• 인간은 목적달성이라는 결과를 위해 행동한다. • 학습상황에서 구체적이고 도전적인 목표제시는 학습활동을 강화할 수 있다.
욕구이론	• 사람들이 어떠한 결과물에 대하여 부여하는 가치를 설명하는 데 유용, 즉 다양한 수준의 욕구(예) 매슬로의 욕구 단계별)를 만족시키기 위해 행동한다. • 학습의 관점에서 학습자의 요구를 규명하고 그 요구를 학습프로그램 설계에 연계시킬 때 학습활동이 강화될 수 있다.
기대이론	기대한 어떠한 행위를 실행하려고 시도하는 것과 실제로 행위를 잘하는 것 간의 연계성에 대한 믿음(훈련관점에서 직원들이 프로그램의 내용을 학습할 수 있다는 믿음을 가질 때, 학습이 보다 나은 직무수행, 급여의 증대, 동료의 인정 등과 같은 결과와 관련된다고 믿을 때, 직원들은 이러한 결과에 가치를 두고 학습이 잘 이루어질 수 있음)이다.

CHAPTER 02 | 교육훈련(Education Training)

▶ 무료 동영상 강의가 있는 SMAT Module B 서비스 마케팅 · 세일즈

1 교육훈련의 이해

(1) 의 의

① '교육'이란 인간의 행동을 계획적으로 변화시키는 것으로, 기업에서의 교육은 조직구성원이 그 기업이 추구하는 가치관, 목표를 이해하고 바람직한 행동 즉, 업무 성과를 산출할 수 있도록 변화시키는 계획적 활동이다.
② '훈련'이란 조직이 그 목표를 보다 효율적으로 달성하기 위해 직무 수행에 필요한 지식, 기술을 연마케 하는 활동이다.
③ 지식, 기술, 능력, 태도 등의 습득을 통해 조직원의 전문능력을 향상, 성취동기를 유발하여 근로의욕을 증진시키며, 조직의 활성화를 촉진함으로써 조직 목표달성과 개인 목표달성에 공헌토록 하는 활동이다.

(2) 중요성 ★★ 중요

① 인재 육성의 필요성 증대
② 조직 내 업무의 다양화와 고도화
③ 조직 간 경쟁의 격화
④ 노동력 부족과 인력절감의 경향
⑤ 인적자원관리 시스템의 변화

(3) 목적과 목표

① 목 적
㉠ 인재 육성을 위한 기술 축적
㉡ 커뮤니케이션의 원활화를 통한 조직 협력
㉢ 자기발전의 욕구 충족을 통한 동기유발

기업의 경제적 효율성	종업원의 사회적 효율성
• 생산성 향상과 지속 성장 • 기업 이미지 개선 • 필요한 인력 확보	• 보다 수준 높은 직무수행 기회를 통해 성장욕구 충족 • 노동시장에서 경쟁력 강화

② 목표 및 효과

구 분	교 육	훈 련
목 표	인간적, 보편적, 장기적 목표 (기본이론 및 소양과 태도 등)	직무고유의 단기적 목표 (직무지식, 기능 등)
효 과	보편적 시기의 학습, 장기적 효과	특정직무기능의 습득과 숙달, 단기적 효과
	1. 낭비와 불량률의 감소 3. 결근율과 노동이동률감소 5. 감독자의 부담감소 7. 사무유지비 감소 9. 품질의 개선 11. 사고율 감소 13. 사기의 앙양 등	2. 직무방법의 개선 4. 습득기간 단축 6. 초과근무시간 감소 8. 불평의 감소 10. 승진에 대한 자극 12. 커뮤니케이션의 개선

③ 필요성 ★★ 중요

조직적 측면	• 내부인력을 혁신함으로써 필요한 지식이나 기능을 유지시키는 데 훈련과 개발이 요구 • 조직의 경영전략, 조직의 장·단기 목표, 조직에 영향을 미치는 환경, 조직 분위기나 이미지 고려 • 새로운 모델의 정립, 태도형성, 행동수정 등
직무적 측면	• 현재의 직무나 앞으로 담당할 직무에 필요한 지식, 기능, 태도, 행동과 현재 조직원이 소유하고 있는 지식, 기능, 태도, 행동에 차이가 있는 경우 차이를 보완하기 위하여 훈련, 개발
개인적 측면	• 자신의 능력을 개발하여 승진, 임금상승을 기대 • 훈련의 성과를 측정 평가함으로써 새로운 훈련과 개발의 목표를 설정

기업의 측면	직원의 측면
• 능력과 자질을 겸비한 인재의 확보 • 직원의 잠재력 및 능력 개발 • 자질 향상을 통한 인력배치의 유연성 제고 • 외부 노동시장에 대한 의존도 감소 • 기업의 이미지 개선 • 학습문화의 정착 • 경영전략 제고 및 기업의 장·단기 목표 확립 • 새로운 모델의 정립, 태도 형성, 행동 수정	• 자신의 능력을 개발하여 승진, 임금상승을 기대 • 노동시장에서 경쟁력 확보와 강화 • 직무적 지식, 기능, 태도, 행동 등의 비교 및 보완 • 높은 수준의 직무수행 기회를 통한 성장 욕구 충족 • 직장 내·외 인간관계 및 커뮤니케이션 활성화 • 조직몰입도 및 직무만족 증가 • 훈련의 성과를 평가함으로써 새로운 훈련과 개발의 목표를 설정

(4) 교육훈련의 내용과 방법 ★★ 중요

교육훈련 내용의 결정은 다음과 같이 한다.

[대상 / 장소 / 내용에 따른 분류]

분류기준		교육훈련종류
대 상	신분별	신입직원, 경력직, 임시직
	계급별	작업자, 감독자, 경영자
장 소	사내교육훈련	직장 내 교육훈련(OJT ; On the Job Training)
		직장 외 교육훈련(OFF OJT ; Off the Job Training)
	사외교육훈련	대학, 관련교육기관
내 용	신입사원	입직훈련, 기초직무교육
	경력직원	직무훈련 : 직업학교 훈련, 도제훈련, 실습장 훈련
		교양훈련 : 일반교양강좌, 기초교양교육

[계층별 / 직능별 분화에 따른 분류]

계층별 수직적분화	기업의 책임과 권한의 계층적 체계 기준
직능별 수평적분화	인사, 재무, 회계, 마케팅, 생산 등 기업의 특성 및 직능 자체의 성격에 의해 분류

[교육훈련의 체계에 따른 분류]

신입사원	직무를 수행하는 데 필요한 정보 제공, 태도와 표준, 가치기준 그리고 행동유형 등을 주입시키는 연속적인 과정		
현장직원	감독자	관리자	경영자

직업훈련	• 식무관련 지식
	• 직위관련 지식
	• 직무지도의 기능
	  (JI ; Job Instruction)
	• 직무개선의 기능
	  (JM ; Job Method)
	• 통솔의 기능
	  (JR ; Job-relation)
		• 관리관련 지식
		• 직무의 개선
		• 직무의 관리
		• 부하의 훈련
		• 인간관계
		• 관리의 전개
			• 사업방침
			• 관리실무
			• 조직과 사회
			• 원가와 재무관리
			• 마케팅 관리
			• 노사관계관리

① 직장 내 교육훈련(OJT ; On the Job Training)
  ㉠ 정의 : 업무현장에서 선임자가 후배사원의 직무숙달 및 향상을 위한 교육계획을 세워 지도, 평가하여 후배의 지도육성에 관한 책임을 체계적으로 수행하는 기업 내 교육훈련
  ㉡ 목 적

기업의 입장	경제적 효율성 예 필요인력 사내확보 가능, 근로자 수준향상, 후계자 양성, 인력배치 유연성, 외부노동시장 의존도 축소, 비용절감 등
근로자 입장	사회적 효율성 예 승진기회, 경쟁력 강화, 성장욕구, 만족도 등

  ㉢ 장 · 단점

장 점	단 점
• 훈련이 추상적이지 않고 실제적임 • 실시가 사외교육훈련보다 용이함 • 훈련으로 진척도를 알 수 있어 종업원의 동기를 유발시킬 수 있음 • 상사나 동료 간의 이해와 협조정신을 강화, 촉진시킴 • 저비용으로 할 수 있음	• 우수한 상사가 반드시 우수한 교사는 아님 • 일과 훈련의 양쪽에 철저하지 못할 가능성이 있음 • 다수의 종업원을 한꺼번에 훈련할 수 없음 • 통일된 내용, 정도의 훈련을 할 수 없음

② 직장 외 직무현장 훈련(Off-JT ; Off the Job Training)
  ㉠ 정의 : 직장 외 훈련 또는 직무 외 훈련으로 기업 외의 전문 훈련기관에 위탁하기도 하며, 직장 내 교육훈련 이외의 모든 훈련
  ㉡ 장 · 단점

장 점	단 점
• 많은 직원들에게 동시에 통일적인 교육실시 가능 • 직무부담에서 벗어나 새로운 교육훈련에 전념 가능 • 전문가의 지도 아래 교육훈련에 전념 가능 • 참가자 간의 선의의 경쟁을 통해 교육효과 증대	• 업무수행과정에 즉시 활용의 어려움 • 현업 중단의 어려움 • 경제적 부담

③ 하위관리자 교육훈련
  ㉠ 새로운 환경에 대한 적응과 회사에 대한 친근감, 직무에 대한 흥미 유도
  ㉡ 직장생활을 통한 장래의 발전가능성에 대한 희망 부여
  ㉢ 회사의 경영이념과 분위기 등 조직문화를 익히는 기회
  ㉣ 직무수행능력의 제고

교육훈련 내용	교육훈련 기법
• 조직의 기본목표 • 조직에서 기대되는 역할과 역할행동 • 동료, 상사 및 고객에 대한 매너교육 • 조직생활의 규칙 및 규범 • 직업생활의 공통적 일반지식 • 조직생활의 협동의지 제고 • 조직몰입의 제고	• 멘토링 • 강의식

④ 작업자 교육훈련
부여받은 직무의 성공적인 수행을 목적으로 하며 구성원에 주어진 직무관련 지식, 기능, 태도의 향상을 위한 교육

교육훈련 내용	교육훈련 기법
• 직무관련 지식 • 기 능 • 태도향상	• 실 습 • OJT • 강의식 • 직업학교 및 대학 위탁교육

⑤ 관리자 교육훈련
기업경영과 관련된 의사결정과 지위 및 기업으로부터 부여받은 권한과 책임을 행사하고, 부하직원에 대한 관리감독을 수행하기 위한 다양한 훈련을 실시

교육훈련 내용	교육훈련 기법
• 리더십 • 조직관리 • 목표관리	• 모의훈련 • 사례연구법 • 역할연기법 • 행동모델법 • 감수성훈련

[관리자 교육훈련의 내용]

구 분	내 용
하위관리자	• 작업지도, 작업방법개선 등 기술적 능력에 대한 교육 • 직장의 다양한 인간관계에 대한 교육
중간관리자	• 비교적 광범위한 경영문제 취급 • 경영원칙과 관리자로서 필요한 관리기술의 지도 • 하위관리자보다 인간관계능력에 대한 교육이 많이 요구됨
최고경영층	• 중간관리자보다 경영의 개념적 능력에 대한 교육이 많이 요구됨

2 교육훈련프로그램

(1) 설 계

계 획	실 천	결과분석
• 조직목표 설정 • 조직목표에 의한 교육훈련의 필요성 분석과 목표설정	• 교육훈련 내용의 기획과 확정 • 교육훈련대상자 선정 • 교육훈련기법의 선정 • 사내외 전문가 대상으로 강사선정	• 교육훈련의 평가 • 교육훈련의 피드백

(2) 교육훈련의 방법

① 지시적 교육훈련 방법 ★★ 중요

㉠ 강의(Lecture) : 강사가 지식을 말로 전달하는 방법으로 특정 대상, 분야 또는 주제와 관련하여 많은 사람들을 동시에 훈련시켜야 할 때 사용되는 방법

장 점	• 시간이나 비용을 절약
단 점	• 피교육자들이 소극적으로 훈련에 임할 수 있음 • 집단사고가 부족하여 교육내용을 망각하기 쉬움 • 교육훈련 절차가 하향적, 피드백이 없음

㉡ 실연(Demonstration) : 직무수행방법을 실연해 보임으로써 직무수행을 위해 필요한 지식을 습득하는 방법

장 점	• 흥미유발 • 많은 감각기관을 사용하여 수업에 참여 • 직무의 역할을 훈련해 봄으로써 예상되는 문제를 미리 바라볼 수 있어 불안감이 줄고, 자신감 고취
단 점	• 다수의 교육에는 부적합 • 비용이 많이 들고, 이동이 불편함

㉢ 시청각 교육방법(Audio-Visual Method) : 영화, TV, 사진, 모형, 그래프 등의 시청각교재를 이용하여 훈련을 실시하는 방법

장 점	강의만으로는 이해하기 어려운 경우에 효과를 거둘 수 있음
단 점	경비가 많이 들고 내용이 고정되어 있음

㉣ 직무순환방법(Job Rotation Method) : 일정한 교육 계획에 따라 차례로 직무를 교대시킴으로써 조직의 직무 전반을 이해하고 지식과 기술, 경험을 풍부하게 만드는 방법

㉤ 프로그램식 학습 방법(Programmed Method) : 일반적인 교육 + 기술 훈련에 사용하여 행동을 반복시켜 성과를 높이는 방법

② **시뮬레이션 교육훈련 방법** : 주로 관리자가 문제해결능력을 향상시키기 위한 방법으로 실무적인 문제를 모형화하여 개발시키는 방식
  ㉠ 인바스켓 기법(In-Basket Method) : 실제 상황과 비슷하게 설정하는 방법으로 주로 문제해결능력이나 계획능력을 향상시키기 위한 개발방법
  ㉡ 사례연구법(Case Study Method) : 실제 일어난 여러 가지 사례를 토의시킴으로써 현실 문제를 이해시키는 것에 유용한 방법

> **Tip** 사례연구법의 공통적인 절차
> 1. 경영사례 제시
> 2. 해결의 전제가 되는 자료 수집
> 3. 해결책을 세우기 위한 연구준비
> 4. 집단토의에 의한 해결책의 발견과 검토

  ㉢ 비즈니스 게임법(Business Games) : 훈련대상자 개개인의 팀이 주어진 목표를 달성하기 위해 구성원 상호, 그들이 접한 환경에 대해 어떤 태도를 가져야 할 것인가를 통찰해 볼 수 있도록 하기 위해 채택하는 훈련방법
  ※ 강의실의 모의실행기법이 주된 훈련방법 – 실제 상황에서 야기되고 있는 여건을 반영할 수 있어야 함

③ **경험적 교육훈련 방법** ★★중요
  ㉠ 역할연기법(Role Playing, 롤플레잉)
    주제에 따르는 역할을 실제 연기를 해 봄으로써 행동의 옳고 그름을 판단, 공감과 체험을 통하여 교육훈련을 높이는 방법이다.

> **장 점**
> • 실습에 의한 학습 강조
> • 훈련의 결과를 즉시 알 수 있음
> • 피훈련자들의 관심과 몰입이 높음

> **진행방법**
> • 1단계(동기유발) : 롤플레잉 교육의 필요성을 설명하고 직원들 간의 공감대를 형성
> • 2단계(진행절차 확정) : 총 소요시간, 총 필요인원, 개선이 필요한 요소 등 진행절차를 확정하고 상황에 따라 그룹을 지정
> • 3단계(실습시간) : 실제 롤플레잉을 시연하기 전 연습시간을 갖되, 신입직원이나 현장직원이 없는 경우에 활용
> • 4단계(발표) : 프레젠테이션하는 내용이나 고객 상황 등을 미리 알 수 있도록 공유하고, 직원들이 노력한 결과에 대해 인정하고 적극적으로 참여할 수 있도록 유도
> • 5단계(피드백) : 피드백은 전체구성원, 발표직원, 교육자 모두에게서 받는 것이 이상적이며, 피드백 순서는 전체구성원 → 발표직원 → 교육자 순으로 함

○ 감수성 훈련(Sensitivity Training)
- 소집단 모임의 상호작용을 통하여 인간관계에 대한 이해와 기술을 향상시키고자 하는 사회성 훈련 기법이다.
- 훈련 참가자들이 자신들의 감정과 그 감정이 상대방에 미치는 영향, 그리고 집단 상호작용과정의 역학을 보다 잘 이해할 수 있다.
- T-그룹기법(Training Group)이라고도 하며 비교적 자유로운 소집단을 중심으로 정해진 주제나 방향 없이 시작되어 '지금, 여기'의 문제를 중심으로 각자의 감정과 생각을 표현, 관찰, 분석, 평가하며 서로에 대해 피드백을 주고 받도록 한다.
- 1946년 미국에서 인종 편견을 없애기 위해 시작되어 리더십 훈련, 조직에서도 수직관계, 수평관계에 중요하게 활용되고 있다.

④ 기타 교육훈련 방법
㉠ 인턴사원제 : 현장경험 기회를 제공하는 것으로서, 정식 입사 전 잠정적인 수습기간 동안 조직의 가치와 개인의 가치가 적합한지를 검증, 특별한 결격사유가 없는 한 정식사원으로 채용하는 제도
㉡ 멘토시스템 : 가까우며, 신뢰받는 풍부한 경험을 가진 상담자 또는 신뢰받는 교사라는 멘토의 정신을 기업에 도입, 경험이 많은 선배가 멘토가 되어 부하 직원인 멘티에게 조직과 직무에 관한 많은 기술들을 전수, 상담과 심리적 지원을 통해 자신감을 부여하는 시스템
㉢ 모험학습 : 일존의 극기훈련 방식으로서, 자기인식, 문제해결, 갈등관리, 위기관리와 같은 집단 유효성과 관련된 능력을 개발하는 데 목적이 있는 방법
㉣ 온라인학습 : 웹 기반으로 가상 강의실에서 원거리 학습을 시키는 방법
㉤ 교수이수학점제 : 각 직급별, 직종별로 이수해야 할 교육학점을 설정해 놓고, 그 결과를 승진이나 승격 시 일정부분 반영시키는 제도
㉥ 대학학위 위탁교육제 : 국내외 학위과정에 위탁시켜 정식학위를 취득하도록 지원하는 제도
㉦ 브레인스토밍 : 여러 사람이 모여 집단 회의를 열고 문제해결을 위한 다양한 아이디어를 창출함으로써 질보다는 양에 치중한 아이디어를 개발하는 제도

사내교육 사례 기사 - 사내교육 고급화 "이거 공짜 맞아?"
주한 외국기업들이 종종 '일하고 싶은 직장'으로 꼽히는 이유 중 하나가 활발하고 체계적인 직원 계발 프로그램이다. 자신의 경쟁력을 높이려는 욕구가 왕성한 요즘 직장인들은 기업이 직원을 '똑똑하게' 교육시켜 주길 원하기 때문이다. 상당수 주한 외국기업은 리더십, 비즈니스 매너, 미니 경영학석사(MBA) 과정 등 실속 있는 프로그램을 갖추고 있다.

• "점심시간 아껴 공부해요"
20일 오전 서울 강남구 삼성동 다국적 홍보대행사 플래시먼힐러드코리아 대회의실.
이 회사 최○○(31) 과장이 자신이 담당하는 기업의 홍보 사례를 파워포인트로 발표하자 설명을 듣던 동료 직원들이 여기저기서 질문을 쏟아냈다.
주 1회 오전에 열리는 이 회사의 공부모임은 직원들이 업무 노하우를 공유하는 자리로 전체 직원의 절반 가까이 참여할 정도로 호응이 높다.
이 밖에도 플래시먼힐러드코리아는 매주 목요일 점심에 각 분야 외부 전문가를 초청해 강연을 듣는 '워킹 런치', 격주 수요일 점심에 외국인 강사가 영어 e-메일 에티켓 등을 강의하는 '영어나라' 등 점심시간을 활용한 직원 계발 프로그램을 활발히 운영한다.
최 과장은 "점심식사를 회사에서 도시락으로 재빨리 해결하고 1시간 정도 공부하면 시간도 아끼고 역량도 강화돼 만족감으로 뿌듯하다"고 말했다.

• 인재를 만드는 기업
한국노바티스는 중간 간부급 이상의 리더십 개발을 위해 '리딩 앳 더 프런트 라인(Leading at the Front Line)'이라는 프로그램을 운영한다.
상사, 부하, 동료에게서 받은 360도 피드백 결과를 바탕으로 교육 대상자의 정확한 인성과 유형을 파악한 뒤 1년 동안 맞춤식으로 리더십과 코칭을 가르친다. 복장, 식사 예절, 와인 지식 등 비즈니스 매너 교육도 수시로 실시한다.
한국GSK가 최근 개설한 3개월 과정의 '미니 MBA'는 경영교육 전문 기업 '휴넷'과 제휴한 알찬 프로그램으로 직원의 호응이 높다. 온라인과 오프라인 강좌를 병행하며 모두 영어로 진행된다. 물론 직원들은 따로 수강료를 내지 않는다.
모토로라코리아의 직원 계발 프로그램 '모토로라 대학'에는 세계 유명 대학의 수준 높은 MBA 과목부터 가장 기초적인 자료 정리법까지 있다.
한국노바티스 임○○(40) 부장은 "글로벌 경쟁 사회에서 사내 직원 계발 프로그램은 시대의 요구이며, 직원들도 이러한 필요를 느껴 자발적으로 참여하고 있다"고 말했다.

출처 : 김선미 기자 2005년 9월 21일자 동아일보

CHAPTER 03 | 코칭과 코칭스킬

▶ 무료 동영상 강의가 있는 SMAT Module B 서비스 마케팅·세일즈

1 코칭의 이해

(1) 개 념 ★★중요

① 코칭이란 개인의 잠재능력을 최대한 개발하고 뛰어난 결과를 성취할 수 있도록 하는 협력적인 관계로, 관리자나 상사가 성과관련 문제를 해결하거나 직원의 능력을 개발하기 위한 상호과정이다.
② 빠르게 변해가는 사회에서 스스로 생각하고 움직이는 인재를 양성하는 데 코칭이 매우 중요한 관리방법이며, 인적자원이 경쟁력이 되는 오늘날에 핵심인재 양성에 가장 효과적인 방법이다.
③ 관리자에게 직원들의 능력을 함양하고 촉진시키기 위해 직원들을 격려하고 학습시키는 새로운 관리역량, 즉 코칭이 요구된다.

(2) 정 의

① 개인잠재력 실현을 위한 학습과 성장관점의 정의
  ㉠ 구성원의 성과를 최대화하기 위해 개인의 잠재능력을 깨우는 것
  ㉡ 조직의 조직과 관련된 업무를 위해 조직원이 학습하는 것을 도와주는 것
  ㉢ 개인능력을 함양함으로써 개인과 조직의 목표를 달성할 수 있도록 지원하는 것
② 목표 및 업무달성 등의 목적관점의 정의
  ㉠ 조직원들이 최대의 성과를 올릴 수 있도록 영향력을 발휘하는 것
  ㉡ 조직목표 달성을 위해 개인의 학습을 촉진하는 것
③ 코칭 일련의 과정과 상사와 직원 간의 관계중시 관점의 정의
  ㉠ 개인과 팀이 과거 자신들의 성과를 능가할 수 있도록 권한을 위임하여 파트너관계를 형성해 가는 것
  ㉡ 학습이 쉽게 일어날 수 있도록 관계를 만들어 가는 과정

ⓒ 직원들에게 업무와 관련한 직무나 경험에 노출시켜 학습기회와 피드백을 제공함으로써 개인능력과 업무성과를 체계적으로 향상시키는 과정

> **Tip** 코치(Coach)
>
> • 유 래
> 코치의 어원은 헝가리의 도시 콕스(Kocs)라는 지명에서 유래한다. 이곳은 15세기경 최초로 네 마리의 말이 끄는 마차가 발명된 곳이다. 이 마차를 영국에서는 '코치(Coach)'라고 불렀고 지금도 영국에서는 택시를 '코치'라고 부르기도 한다. 마차의 일종인 코치는 고객을 출발지로부터 그가 원하는 위치까지 이동시켜주는 운송수단의 기능을 수행했다. 이처럼 마차로부터 시작된 코치라는 개념은 1880년경부터 스포츠에 적용되어 운동선수를 지도하는 사람을 코치라 부르게 되었다.
>
> • 정 의
> 프레드릭 허드슨은, 코치는 다른 사람을 안내하여 역량을 증대시키고 더 깊이 헌신하게 하며 자신감을 키우도록 훈련받은 사람이라고 하였다.
>
> • 역할에 따른 코치의 종류
> – 후원자(Sponsor) : 직원들이 개인적인 성장과 경력상 목표를 달성하는 데 도움이 되는 업무가 무엇인지 결정하는 것을 도와주는 사람
> – 멘토(Mentor) : 어떤 분야에서 존경받는 조언자이며 기업의 정치적 역학관계에 대처하는 방법 및 영향력을 행사해서 파워를 형성하는 방법을 알고 있는 사람
> – 평가자(Appraiser) : 특정한 상황하에서 직원의 성과를 관찰하여 적절한 피드백이나 지원을 하기로 직원과 약속한 사람
> – 롤모델(Role Model) : 역할모델은 맡은 바를 행동으로 보여주는 역할을 수행하면서 직원들의 기업문화에 적합한 리더십 유형을 제시하는 사람
> – 교사(Teacher) : 직원들이 자신의 업무를 효과적으로 수행할 수 있도록 업무상 비전, 전략, 서비스 및 제품, 고객 등에 관한 정보를 제공하는 사람

(3) 철 학

① 인간은 누구나 사랑받고 존중받기를 원하며 소중한 존재가 되기를 원하므로 코치는 개인의 성장을 지원하기 위해 무조건적인 사랑을 지녀야 한다.

② 인간은 무언가에 기여하고자 하므로 코칭을 통해 개인들이 이러한 삶의 의미를 느끼고 기여할 수 있도록 격려하고 촉진시켜 주어야 한다.

③ 코칭은 타인의 문제에 대한 호기심으로 그 문제를 고객과 함께 탐구하고 고객 스스로 문제를 찾도록 해야 한다.

④ 인간은 누구나 자기이익을 좇아 행동하는데, 자기이익을 추구한다는 것은 다른 사람의 이익도 존중하면서 자신에게 도움되는 쪽으로 행동을 선택한다는 것을 의미한다. 다른 사람의 이익보다 자기만의 이익만 생각하는 것은 옳지 않다.

⑤ 인간은 자기인식의 기초에서 살아가므로 자신만의 시각을 통해 세상과 사람을 인식한다.

⑥ 사람들은 연결과 관계를 통해 성장한다.

⑦ 인간은 가치를 추구한다.

⑧ 사람들은 선택하는 능력이 있다.

(4) 장점과 어려움

코칭은 여러 가지 장점을 가지고 있는 반면 다양한 어려움이 있으므로, 장점은 좀더 활용하고 어려움은 좀더 개선할 수 있도록 해야 한다.

장 점	어려움
• 코칭은 직원 스스로가 진실되게 만든다. • 직원이 전체적인 관점에서 문제와 맥락을 이해하도록 도와준다. • 직원을 좀 더 새롭게 만들 수 있다. • 과거에 초점을 두기보다는 미래변화에 초점을 맞추는 미래지향적이 될 수 있다. • 행동변화를 중시한다.	• 시간적 제약과 관리자의 태도 : 코칭의 장점을 알고는 있지만 현재 직면하고 있는 긴급한 업무 또는 문제들에 매몰되어 코칭을 활용하지 못하고 있다. • 관리자의 태도 : 관리자들은 지시하고 감독하는 데 익숙하여 코치로서의 역할에 부정적인 태도를 갖기 쉽다. • 경직된 조직문화 : 관리자들은 부하직원을 육성하는 데에 적절한 보상을 받고 있지 못하여 코칭이 활성화되기에 부족하다.

(5) 구 성

① 코치(Coach) : 좋은 성품과 역량을 갖춘 사람으로서 효과적인 코칭을 진행하는 데 필요한 전문가이다.
② 코치이(Coachee) : 코칭을 받는 사람으로 피코치, 고객, 내담자 등으로 부른다.
③ 코칭 시스템 : 코치와 코치이 사이에 코칭 모델과 대화 프로세스를 사용하는 시스템이다.

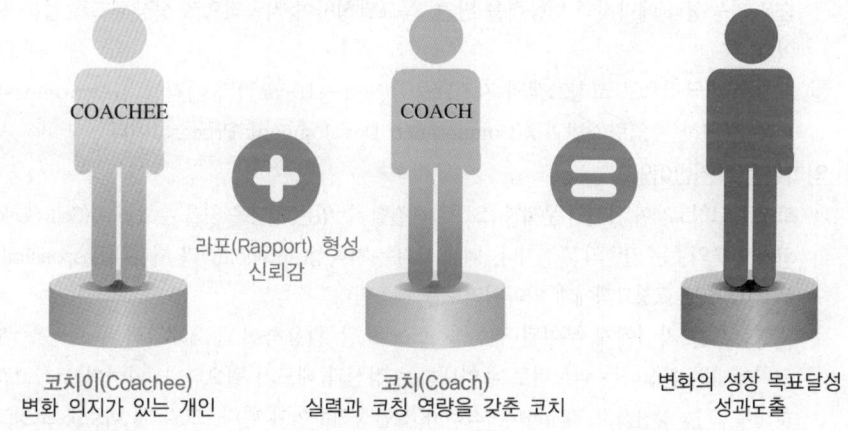

(6) 기본자세

① 코칭은 대화를 필요로 하며, 경청, 피드백, 그리고 질문을 통해 최선안을 탐색하는 것이 중요하다.
② 코칭은 친밀감을 높이고 개방적인 분위기를 유도하기 위해 열린 마음, 따뜻한 자비심, 겸허한 자세로 응대하는 것이 필요하다.
③ 코칭은 대화에 바탕을 두고 상호 간의 이해를 증진시켜가며 자신의 주장을 내세우되 서로 배움의 과정을 갖는 것이다.
④ 코칭은 업무성과와 인간관계의 균형뿐만 아니라, 훈련을 받는 구성원들이 일을 잘하도록 가정, 재정, 일 등에 조화와 균형을 요구한다.

⑤ 코칭은 인간관계에 초점을 맞추어 신뢰를 전제로 한 프로세스이다. 상대방과 개방적이고 신뢰적인 인간관계를 맺어야 효과적이며 이를 위한 의사소통은 중요하다.
⑥ 코칭은 객관적인 데이터가 기반이 되어야 한다.
⑦ 코칭은 당면한 문제를 구성원 스스로 해결하는 과정을 중시하며 그 과정을 서두르지 않는다.
⑧ 코칭은 조직 구성원의 행동변화를 통해 성과향상을 꾀한다.
⑨ 코칭은 자기 책임을 요구한다.

(7) 핵심가치

① 쌍방향 커뮤니케이션
  ㉠ 코칭은 코치가 코치이와 함께 상호작용을 통해 '의미 있는' 의사소통을 함으로써 생산적인 커뮤니케이션을 하는 활동이다. 코치이가 가지고 있는 무한한 잠재력과 가능성을 깨닫도록 지원하는 것이다.
  ㉡ 다른 무엇보다 상호 신뢰가 가장 중요하며 코치는 적극적이고 헌신적으로 코칭에 임한다.

② 성 장
  ㉠ 코칭은 성장과 발전을 지향하는 프로세스이다.
  ㉡ 궁극적으로 자신이 원하는 방향으로 성장, 발전하도록 지원하는 과정으로 코치이가 자신 속에 숨은 가능성과 에너지의 원동력을 발견, 목표달성하여 지속적으로 성장하도록 돕는 창조적인 활동이다.
  ㉢ 코칭은 궁극적으로 코칭고객의 자기효능감(Self-efficacy)과 자각능력(Awareness)을 개발시키도록 지원하는 역량개발과정(Competence Development Process)이다.

③ 임파워먼트(권한이양)
  ㉠ 코칭은 코칭고객이 자신의 문제를 스스로 해결할 수 있는 해답을 찾을 수 있도록(Self Seeking Solution) 코치가 도와주는 일련의 과정이다. 이때 코치는 자율성(Autonomy)과 책임감(Responsibility)이 전제가 된 상태에서 코칭고객에게 임파워먼트를 제공한다.
  코칭고객은 자신에게 부여된 권한을 스스로 잘 활용하여 문제해결의 주도권을 쥐게 된다.
  ㉡ 코치에게는 헌신하는 파트너로서 인내하는 정신과 태도가 필요하다. 나아가 코칭고객이 자신감을 갖도록 그를 칭찬하고 지지하며, 격려하고 인정해주어야 한다. 그럴 때 비로소 코칭고객은 코치와 진정한 신뢰관계를 형성할 수 있다.

2 코칭스킬

(1) 코칭의 5가지 스킬 ★★ 중요

질문스킬	부하의 잠재력을 끌어올리기 위해 특정질문을 확대질문으로, 과거질문을 미래질문으로, 부정질문을 긍정질문으로 바꿔 질문한다.
경청스킬	코칭을 위해서는 피코치에게 마음을 열고, 눈으로 보며, 귀로는 잘 새겨들을 수 있는 경청스킬이 필요하다.
직관스킬	코치는 자신의 직관을 활용하여 코칭기술로 승화시키되, 생각하지 않고, 예측하지 않으며, 리드하지 않는다.
자기관리스킬	코치는 자기 자신부터 스스로 관리할 수 있어야 한다.
확인스킬	피코치에게 있어서 중요한 사항을 확인하기 위한 기술로서, 피코치의 미래와 현재, 과거를 확인한다.

(2) GAPS 코칭모델과 단계별스킬 ★★ 중요

> GAPS 코칭모델
> 1단계 - 목표 설정하기(Goal Setting)
> 2단계 - 현재진행과정 평가하기(Assessing Current Progress)
> 3단계 - 다음단계 계획하기(Planning the Next Steps)
> 4단계 - 변화행동 지원하기(Supporting the Action)

① 1단계 - 목표 설정하기(Goal Setting)

목표 설정하기는 구성원의 개인 또는 업무와 연관된 비전과도 관련이 있으며, 구성원 스스로 목표를 설정할 수 있도록 이끌어 주면서 목표나 방향을 명확히 제시해주어야 한다.

SMART기법
목표설정 시 5가지 조건이 잘 조직되어야 한다.

- Specific : 구체적
- Measurable : 측정가능
- Achievable, Action-oriented : 달성가능, 행동지향적
- Realistic, Result-oriented : 현실적, 결과지향적
- Time Specific, Time-bound : 주어진 기한, 시간제한적

질문하기
피드백을 주고 그에 대한 영향과 이해도를 점검하기 위한 기술로서, 직원의 가능성을 끌어내기 위한 질문을 사용할 수 있어야 한다.

- 특정질문 → 확대질문
- 부정질문 → 긍정질문
- 과거질문 → 미래질문
- 폐쇄형질문 → 개방형질문

경청하기
상대방의 시각에 대해 탐색하고 경청하려는 태도를 취하고, 당신이 이를 정확히 들은 것인지 이해한 바를 점검해야 한다. 또한 상대방이 이야기한 내용의 중요성을 인식하고 있다는 것을 보여주며 이야기 속에 숨겨져 있는 감정과 필요에 대해 공감해주어야 한다.

말하기
상대방에게 당신의 이야기가 미치는 영향에 대해 인식하고, 의도하는 메시지가 제대로 전달되었는지를 확인한다. 이야기의 페이스를 조절해가며, 상대방이 잘 수용할 수 있을 만한 가능한 한 중립적이고 명료한 언어를 사용해야 한다.

② 2단계 - 현재진행과정 평가하기(Assessing Current Progress)

구성원이 수행한 결과에 진지하고 공정하게 평가하고 피드백하는 것으로, 건설적인 피드백을 통하여 행동실행과정 및 결과 그리고 개선점을 확인하고 구성원 스스로 마무리하도록 이끌어야 한다.

자료수집	피코치의 성과에 대해 다양한 시각을 가지고 고려해 볼 수 있는 자료를 수집해야 하는데, 자료를 광범위하게 얻을수록 피코치에 대해 더 정확한 평가가 가능하다. 피코치 스스로의 자기평가는 자신의 학습에 책임을 지게 되는 효과가 발생하며, 타인의 피드백은 질문을 통해 수집하고, 공식 및 비공식적 관찰의 기회를 다양하게 만들어야 한다.	
피드백 제공	피드백 제공은 학습의 핵심적 부분이며, 명확한 성과와 발전을 가져온 노력에 대해 긍정적으로 강화시키고 성과에 대한 격려와 방향을 재조정할 수 있도록 해준다. 또한 성과부진이나 중요한 실수에 대해 보다 공감적인 교정을 하는 피드백의 제공은 조직문화, 팀 구성원이 해야 할 우선순위의 일이며, 개인적인 꿈과 성과를 강화할 수 있는 기회이다.	
이유탐색	피코치는 어떻게 성과를 달성하였는지, 좋은 성과를 가져온 피코치의 구체적인 행동은 무엇인지, 왜 기대된 성과가 달성되지 못했는지 등 가능할 때마다 '왜?'라는 핵심적인 원인을 파악해야 한다.	
피코치가 성과를 내지 못하는 이유	역량이슈	자신의 능력을 제대로 파악하지 못하고 너무 많은 양의 일을 수행하거나 자신의 시간을 효율적으로 관리하지 못하는 상황
	능력이슈	필요한 지식과 스킬을 보유하지 못한 상황
	태도이슈	다른 업무나 개인적인 문제가 특정 도전과제에 대한 태도나 마음가짐에 영향을 주는 상황에는, 내면에 있는 좌절감이나 분노감의 원인을 파악하거나 피코치에게 동기부여가 되는 적합한 일인지 확인 필요
	자원이슈	필요한 시간이나 자금, 지원인력이나 도구의 보유여부 등 피코치가 수행하는데 있어 어떤 것이 필요한 것인지를 확인
	문제구성이슈	코치와 피코치가 문제를 구성하는 방법의 불일치 상황으로 코치가 생각하는 문제와 피코치가 해결하려고 하는 문제가 다른 경우

> **Tip** 피드백 스킬
> - 당신이 피드백을 제공하는 이유는 무엇인지, 피드백이 중요한 이유를 기억하라.
> - 처음에 합의했던 목표에 대해 다시 이야기하라.
> - 부정적인 피드백보다 긍정적인 피드백을 더 많이 제공하라.
> - 피드백 제공을 너무 미루지 마라.
> - 피코치가 미래에 무엇을 할 수 있고, 해나갈 것인지에 대해 집중하라.
> - 당신과 다른 사람들이 관찰한 내용을 이야기할 때에는 구체적으로 말하라.
> - 피코치의 행동이 미치는 영향을 설명하라.
> - 코칭과정에 피코치를 참여시켜라.
> - 피코치가 잘 이해하고 있는지를 점검해 보라.

③ 3단계 - 다음단계 계획하기(Planning the Next Steps)

목표를 수정할 것인지, 더 많은 지원을 할 것인지에 대해 논의하는 단계로, 발전되지 않은 원인과 대안전략을 찾아내기 위해 브레인스토밍을 하는 것이다.

계획을 통한 의사소통
다음 단계에 무엇을 할지, 어떻게 할지에 대해 고려하고 계획할 수 있는 기회로, 현재상태를 점검하고 다음에 어떤 것을 해야 하는지 실행 가능한 대안을 찾기 위한 기준을 세우고 대안의 범위를 좁혀나간다.
현재상태 점검
현재의 성과와 결과에 대한 평가와 밀접한 연관이 있다. 피코치가 성과를 증대시킬 수 있었던 기회는 어떤 것인지, 잘 이루어졌던 것과 잘 안되었던 일은 무엇이며, 그 이유들은 무엇인지 점검해야 한다.
대안에 대한 브레인스토밍
다양한 아이디어와 당장은 분명하게 보이지 않지만 실행 가능한 대안을 만들어 낼 수 있는 방법을 찾아야 한다. 이때 새로운 아이디어와 잠재적인 해결방안 및 미래에 초점을 맞추어야 하며, 피코치가 이제까지 어떤 것에 대해 고민을 해왔는지 파악하고 피코치의 모든 대안을 인정하며 또 다른 대안을 제시해야 한다.
선택범위 좁히기
선택 대안들의 폭을 좁혀서 현재의 상황이나 문제를 해결할 수 있는 가장 좋은 대안을 고려해야 하는데, 피코치의 관심과 목표에 초점을 맞추어 여러 대안을 통합하거나 절충안을 찾아야 한다. 피코치가 다음 단계에서 해야 할 것들을 상세하게 제안하고 격려해주어야 하며, 피코치는 자신이 해야 할 일에 대해 책임을 지고 다음 단계에 대해 합의해야 한다. 이때, 합의한 것에 대하여 피코치의 동의가 필요하다.
행동변화가 필요한 시기
바람직한 코칭성과를 위하여 보다 직접적인 방법을 사용할 경우 발생하며, 지시나 조언, 제안 등이 있다. 이는 피코치가 충분한 경험이 없는 경우에도 발생하며 이러한 경우는 그에 따른 설명이 필요하다.

④ 4단계 - 변화행동 지원하기(Supporting the Action)

구성원의 재능, 역량, 기술 등을 향상하여 더 높은 성과를 올릴 수 있도록 도와주는 것으로, 코치는 구성원에게 배우는 환경을 조성해주고 정보나 자료를 제공해주어야 하며 필요한 지식을 잘 가르쳐주어야 한다.

지원의 수준과 방향
코칭은 성공을 위한 환경을 창조하는 일이며, 성공의 핵심요소는 코칭과정에서 피코치가 받는 지원이다. 이때 지원의 정도는 코칭목표의 유형, 현재 업무수행과 목표와의 차이, 각 개인의 특성에 따라 차이가 있다. • 코치는 항상 피코치에게 도움을 줄 수 있는 곳에 있어야 한다. • 코치는 점검해야 할 사항을 명확하게 한다. • 피코치가 가장 필요로 하는 지원이 무엇인지를 확인해야 한다. • 피코치를 직접 지도할 수도 있고 구체적인 역할 모델이 되어 줄 수도 있다. • 코치의 분야가 아닌 문제를 해결하거나 지원을 얻기 위해서는 피코치와 코치가 파트너가 되어 해결방안을 함께 모색해야 한다.
피코치를 이해하고 있음을 표현하기
피코치 개개인은 이해수준이나 형태, 욕구, 기대 등에 차이가 있기 때문에 각자에게 맞는 방법으로 이해하고 있음을 표현해야 하고 솔직해질 필요가 있으며, 피코치들이 자신의 노력을 인식할 수 있도록 격려해주어야 한다.
역할모델 되어주기
코치는 롤모델의 기능을 함으로써 간접적인 영향을 주어, 피코치는 코치의 행동을 관찰하고 따라한다. 따라서 코칭은 피코치의 역량을 개발하고 업무수행을 향상시키는 방법뿐 아니라 창조하기를 원하는 문화를 전수하고 육성시키는 방법이다.

(3) GROW 코칭모델과 단계별 질문 ★★ 중요

① GROW 코칭모델 : 성공적인 코칭을 위한 4단계 질문 프로세스를 제시한 모델이다.
  ㉠ Goal : 목표설정, 코칭주제 설정
  ㉡ Reality : 현실점검, 변화를 위한 현재위치 파악
  ㉢ Option : 대안탐구, 실행가능한 대안 브레인스토밍 진행
  ㉣ Will 또는 Wrap up : 실행의지확인 / 결론, 하나 이상의 옵션들을 선택해 행동에 옮김

② 단계별 질문예시
  ㉠ 목표(Goal) : 단기, 장기 목표설정 및 회기별 목표 설정
    • 어떻게 되기를 원하십니까?
    • 목표를 성취했을 때의 모습을 설명해 보시겠습니까?
    • 당신이 목표를 달성했는지 파악하기 위해 목표를 계량화할 수 있습니까?
  ㉡ 현실(Reality) : 현재 어떤 상황에 있으며 어떤 일이 일어나고 있는가를 탐색
    • 자신의 현재 위치에 대해 어떻게 생각합니까?
    • 무엇을 개선하고 싶고 무엇을 할 수 있다고 생각합니까?
    • 무엇에 가장 열정을 느끼고 당신을 즐겁게 만듭니까?
  ㉢ 선택(Option) : 목표 달성을 위한 구체적인 세부방법 작성
    • 실행가능한 해결책은 무엇이고 그 중 가장 중요한 것은 무엇입니까?
    • 해결책을 시행하기 위해 어떠한 자원이 필요하십니까?
    • 구체적인 실행 계획은 무엇입니까?
  ㉣ 의지 / 결론(Will / Wrap-up) : 미래지향적 의지와 결론 도출
    • 어떤 해결책을 언제까지 할 수 있다고 생각하십니까?
    • 예상되는 장애나 위협요인은 무엇입니까?
    • 당신 스스로 평가한 후, 이를 개선하기 위해 어떤 지원이 필요하십니까?

3 상황별 코칭스킬

(1) 피코치가 저항하는 경우

① 피코치의 저항 유형

피코치의 개인적 저항	코치에 대한 피코치의 저항	조직문화와 관련된 저항
• 거만함 • 변화의 필요성 불인식 • 조언거부 • 작업량 • 두려움 • 오 해 • 불편감	• 관리자의 능력 • 관리자의 가용성 • 관리자의 작업량 • 접근가능성 • 관리자의 태도 • 다른 코치에 대한 선호	• 코칭제도가 조직문화에 흡수되지 못했을 때 • '죽느냐 사느냐'의 조직문화 • 지나치게 위험을 감수하는 조직문화 • 자원의 부족 • 학습조직이 아닌 경우

② 다양한 저항의 방식
　　㉠ 약속된 시간에 나타나지 않는다.
　　㉡ 코칭대화에 적극적으로 참여하지 않는다.
　　㉢ 코칭진행에 대해 저항한다.
　　㉣ 코칭을 통해 제안된 점들을 거부한다.
③ 코치의 대처스킬
　　㉠ 피코치가 저항하는 근본적인 원인을 이해하려고 노력한다.
　　㉡ 코치가 자기중심적인 시각을 버리고 스스로가 피코치에게 진정 잘 맞는 코치인지를 생각한다.
　　㉢ 피코치에 맞추려면 코치의 접근방법 중 변화시켜야 될 것을 결정한다.
　　㉣ 피코치의 이슈가 코칭에 적합한 문제인지 확인한다.
　　㉤ 코치로서 적합하고 이슈가 코칭에 적절할 경우 창의적인 접근법이 필요하다.
　　㉥ 더 많은 시간을 투자하여 신뢰기반을 구축해야 한다.
　　㉦ 존경할 만한 사람에게 조언을 구하는 것이 좋다.
　　㉧ 피코치의 전임상사와 비공식적으로 미팅을 하는 것도 좋다.
　　㉨ 코치 자신의 진로발달 과정, 실수들, 시각들 등에 대해 폭넓게 이야기한다.
　　㉩ 간접적으로 제안한 것들의 효과를 세심하게 점검한다.
　　㉪ 마음속 깊이 근본적인 문제에 대해 개방적으로 대화한다.
　　㉫ 부드러운 태도를 유지한다.

(2) 자기효능감에 대한 코칭문제의 경우

자기효능감과 관련된 원인
• 비현실적 수행기준 • 관점상실 • 능력부족 • 역량부족 • 효율적 및 효과적인 도구와 업무체계의 부재 • 담당자와의 업무 부조화 • 개발기회의 부족과 충족되지 않는 꿈
코치의 대처스킬
• 피코치에게 문제점이나 걱정이 존재한다는 것을 인식한다. • 스스로의 문제를 모른 척 넘어가거나 혼자 해결하려는 상황을 인식한다. • 기대, 관점, 구조적인 문제, 능력개발이나 자원의 필요성 등 현재 어떤 일이 일어나고 있는지와 그 이유는 무엇인지 탐색한다. • 개인적 효능감에 대한 어려운 도전 사례를 리뷰한다. • 코치의 공감능력과 우수한 의사소통 스킬이 특히 중요하며, 조언해 줄 수 있는 조직 내 자원들의 활용이 필요하다.

(3) 상사코칭

상사코칭의 특징
모든 사람은 코칭이 필요함을 인식하고, 상사들이 부하직원들에게 코칭을 받을 수 있는 환경의 조성이 필요하다. 조직에서 성공하기 위한 확실한 방법 중 하나는 당신의 상사가 최대한 훌륭한 업무수행을 하도록 도울 수 있는 방법을 찾는 것이다.
코치의 대처스킬
• 상사가 어떤 것을 잘하고 있는지 알려주어라. • 피드백이나 건설적인 제안을 제공할 때, 상사의 강점이나 상사가 가치 있게 생각하는 목표와 연결하는 것이 좋다. • 부정적인 피드백의 제공 시, 그 피드백이 얼마나 중요하고 적절한지, 상사가 해당문제에 대해 변화행동을 할 수 있을지에 대해 생각해 보아라. • 상사가 피드백을 어느 정도 수용할 수 있을지에 대해 미리 파악한다. • 상사가 스스로 아이디어를 생각한 것처럼 만들어 주는 것이 바람직하다.

(4) 동료코칭

동료코칭의 특징
동료코칭은 코칭방법의 하나이다. 서로 지원과 경쟁 모두를 해주는 관계로서, 동료와 함께 새로운 것을 시도하면서 성장할 수 있으며, 비슷한 압력과 도전과제, 유사한 과제를 경험하기 때문에 동료들을 잘 이해할 수 있는 위치에 있다는 것이 장점이다.
코치의 대처스킬
• 상대방에게 코칭이 필요한지, 코칭을 원하고 있는지, 당신을 적절한 코치로 생각하고 있는지 파악하기 위해 개인적인 접근이 필요하다. • 고민과 도전과제들을 편안하게 공유할 수 있는 수준에서 관계를 형성해야 한다. • 자연스러운 만남의 기회를 만든다. • 상대방에게 도움을 받을 의향이 있는지 물어본다. • 코칭의 목적에 대해 명확히 하는 것이 좋다. • 당신에 대해 이야기를 해야 한다.

CHAPTER 04 리더십과 멘토링

▶ 무료 동영상 강의가 있는 SMAT Module B 서비스 마케팅·세일즈

1 리더십의 이해

(1) 리더십과 리더의 개념 ★★중요

① 리더십의 대가인 스토그딜(R. M. Stogdill)은 리더십이란 집단의 구성원들로 하여금 특정목표를 지향하게 하고 그 목표달성을 위해 실제행동을 하도록 영향력을 행사하는 것이라고 정의했다.
② 리더(Leader)는 조직의 비전과 인간적 신뢰, 충성과 지지 3가지 조건을 모두 갖추어야 훌륭한 리더라 할 수 있으며, 이러한 리더는 관리자(Manager)와 차이가 있다.

[Manager와 Leader의 차이]

관리자(Manager)	리더(Leader)
• 공식적, 사무적 • 목표지향 • 기계적 의사결정 • 감동 및 통제 • 계획적, 공식적 업무설계 • 계획에 따른 업무관리	• 인간적 • 적극적 목표수행 • 모험적 의사결정 • 직관적, 영감적 결정 • 변화와 혁신 • 비전제시

(2) 전통적 리더십이론

① 리더십 특성이론
특성이론의 리더십 유형은 리더의 특성이 결정한다고 본다. 즉, 리더 개인이 가진 성격이나 자질이 남다르기 때문에 성공할 수 있는 것이며 훌륭한 리더가 되는 특성은 타고 난다고 보는 것이다.
  ㉠ 카리스마(Kharisma)
  카리스마의 그리스 어원은 'Kharisma(신이 주신 재능, 신성한 은혜)'로서, 개인이 소지하고 있는 심적, 영적, 초자연적 특질을 집단구성원들이 신봉함으로써 생기는 리더십이다.
  ㉡ 위인이론(The Great Man Theory)
  위인이론이 나오게 된 전제는, 위인은 보통 사람과 다른 그 무엇이 있을 것이라는 것이었다. 그러나 미국을 중심으로 훌륭한 위인들의 신체, 성격, 사회적 배경, 지능, 인간관계 능력, 업무능력 등을 조사했으나 이론적으로 위인모형이 별도로 있는 것은 아니며, 리더십의 원천이 위인 자신에게 있다고 단정지을 수 없다고 보았다.

② 리더십 행동이론
행동이론의 리더십 유형은 리더가 부하들 앞에서 보여주는 행동이 바로 리더십 스타일이라고 본다. 즉, 어떤 자질을 가졌는지가 중요한 것이 아니라 어떤 행동이 바람직한 행동인지를 보는 이론이다. 이는 다시 인간중심행동과 과업중심행동으로 나뉜다.

③ 리더십 상황이론
피들러(F. E. Fiedler)는 리더와 상황의 조화를 강조하며, '리더십의 효율성은 리더에 달렸다'고 보았다. 즉, 이상적 리더의 유형은 부하, 조직, 과업에 따라 상황에 알맞은 리더십이 높은 성과를 올릴 수 있다는 것이다.

④ 허시 · 블랜차드 3차원모형
허시와 블랜차드(P. hersey & K. Blanchard)가 리더십 차원을 인간중심과 과정중심으로 나누고 부하의 능력과 모티베이션의 상황변수를 고려한 리더십이다. 즉, 부하의 성숙도(상황) 수준변화에 맞추어 계속해서 리더십 유형을 조절하는 3차원리더십 모형이다.

⑤ 브룸 · 이튼 리더 · 참여모형
브룸과 이튼(V. H. Vroom & P. W. Yetton)은 의사결정의 상황에 따라 리더의 간섭과 참여정도가 달라져야 한다고 주장하였다. 특히 시간문제로 결정이 급할수록 리더의 독재적 간섭이 유효할 것이며, 부하의 자질이 높을수록 부하들의 참여가 높아야 하는 등, 감지되는 상황에 따라 리더는 자신의 간섭과 부하의 참여허락 정도를 조절해야 한다는 점이 중요하다.

⑥ 하우스 경로 – 목표모형
하우스(R. House)는 리더의 역할을, 부하가 목적지(Goal)에 이르도록 길(Path)과 방향을 가르쳐주고 따라가며 지름길과 가기에 좋은 길을 코치해주며 도와주는 것이라 하며, 부하의 능력수준이 증가함에 따라 리더십 행동이 순차적으로 필요하다고 하였다. 즉, 리더의 성공은 부하들의 특성에도 달렸지만 리더 스스로가 주어진 환경에 얼마나 잘 대처하는지에 달렸다는 상황이론을 재입증하였다.

(3) 현대적 리더십이론 ★★ 중요

① 변혁적 리더십(Transformation Leadership)
㉠ 조직구성원들로 하여금 리더에 대한 신뢰를 갖게 하는 카리스마는 물론, 조직 변화의 필요성을 감지하고 그러한 변화를 이끌어 내며 새로운 비전을 제시할 수 있는 능력이 요구되는 리더십이다.
㉡ 낮은 수준의 신체적인 필요에 대한 구성원들의 관심을 높은 수준의 정신적인 필요로 끌어 올린다.
㉢ 미래 수준의 비전을 가치 있게 만드는 변화의 의지를 만드는 방법으로 의사소통한다.
㉣ 구성원에게 소속감, 몰입감, 응집력, 효능감, 직무만족을 안겨 준다.

② 윤리적 리더십
㉠ 최근에는 리더십에 윤리성(Ethics)을 추가해야 한다는 주장이 대두되고 있으며, 이러한 추세는 기업윤리나 환경윤리 혹은 기업의 사회적 책임이 점차 중시되고 있기 때문이기도 하다. 이러한 시대적 요구에 따라 조직윤리 혹은 기업윤리를 도외시하는 리더가 부하직원들로부터 호응을 받을 리 없다.
㉡ 리더가 정직하고 남 앞에 떳떳해야 부하들이 리더를 신뢰할 것이며, 부하가 리더를 신뢰한다면 리더십의 효과가 클 수밖에 없다는 것이다.

③ 셀프리더십
- ㉠ 셀프리더십(Self Leadership)은 부하들 각자가 자기 자신을 리드하는 방식으로, 훌륭한 리더는 부하들이 각자 맡은 직무에 대해 스스로 총 책임을 지고 자신의 행동을 통제 및 리드할 수 있는 여건을 만들어주고 지원할 수 있어야 한다.
- ㉡ 규정이나 강제에 의해서보다 자율적으로 솔선수범하는 태도가 강하고, 자신 스스로를 통제하는 능력이 있다는 것이 셀프리더십의 바탕이다.

④ 수퍼리더십
- ㉠ 수퍼리더(Super leader)란 부하들 스스로 자신을 리드하도록 만드는 진정한 리더이며, 부하들에게 최대한의 자율권을 부여하고 자신은 지배자나 감독자가 아닌 코치와 상담자의 역할만 한다.
- ㉡ 결국 부하들 스스로 활동하는 단계에 가면 리더는 관리행위로부터 자유로워지고 관리자가 아닌 충고자 및 조언자로 남게 되는 것이다.

⑤ 언리더십(Un-leadership)
- ㉠ 닐스플레깅(Niels Pflaeging)이 주장한 베타리더십의 개념으로, 현대기업경영에서 보편적으로 정의된 수직적이고 영웅적인 리더십에 반기를 들었다.
- ㉡ 자본주의 4.0시대의 리더십은 위에 앉아 관리하거나 평가하지 말고 조직원 스스로 알아서 일을 하도록 옆에서 도와주는 역할에 그쳐야 한다는 것을 주장하는 리더십이다.
- ㉢ 언리더십을 가능하게 하는 '동료집단으로부터 받는 사회적 압력(Peer Pressure)'은 상사지시를 통한 압박이 아닌 동료들끼리 받는 압력을 뜻하는데, 이러한 압력은 그룹 내에 속한 조직원들의 행동, 가치, 태도를 그 그룹의 표준에 순응하도록 영향을 미친다.

2 멘토링의 이해

(1) 개 념

멘토(Mentor)는 그리스 신화인 호머의 '오딧세이(Odyssey)'에 나오는 인물로서, BC 1200년경 오디세우스가 트로이전쟁에 나갈 때 자신의 아들을 잘 가르쳐서 왕국을 잘 보전하게 해 달라고 하며 자신의 친구 멘토(Mentor)에게 지도를 부탁한 데에서 유래되었다.

멘토(Mentor)	멘티(Mentee)	멘토링(Mentor + ing : 활동)
도움을 주는 자	도움을 받는 자	도움 활동

① 멘토(Mentor)
- ㉠ 오늘날에는 교사, 충고자, 조언자, 상담자, 스승 또는 교수 등 포괄적인 뜻
- ㉡ 멘토는 조직 내에서 경험이 많은 사람으로, 멘티에게 경력계획과 대인관계개발을 위한 후원, 지시, 피드백을 제공하여 그들의 경력계획에 영향을 미치는 사람이며 경험과 지식을 전수하는 사람이기도 함
- ㉢ 조직에서 멘티의 행동에 대한 역할모델(Role Model)이 되어줄 수 있는 사람

[멘토의 자질 7가지]

대인관계기술	언어적·비언어적으로 자신의 감정이나 생각을 명확히 표현하고, 상대방이 하는 말의 의미와 느낌을 들을 수 있어야 함. 비판적이지 않은 자세로 멘티의 말을 경청하고, 수용하며, 반응하는 의사소통 기술은 매우 중요함
헌 신	멘토는 멘티에게 들여야 하는 시간과 지켜야 할 개인적 책임을 명확히 인식하고 동의해야 함. 구체적으로 정기적인 멘티와의 만남에 필요한 시간을 기꺼이 낼 수 있어야 함
성숙도	멘토는 스스로 현실적이고 책임 있는 결정을 할 수 있는 심리적 성숙도를 지니고 있어야 함. 멘티가 갖고 있는 문제들에 대해 당황하거나 무조건 외부 도움에 의존하지 않고 나름대로의 대안을 제시할 수 있어야 함. 어려움을 이해하는 포용력, 개방적 자세, 멘티의 변화를 기다릴 수 있는 인내심 등
동 기	멘토링 프로그램 활동에 대한 지나친 환상을 가지고 있는지, 멘토활동을 자신의 능력에 대한 시험대 정도로 여기고 있는지 등이 검토되어야 함
경 험	멘토가 삶에 있어 어떠한 경험을 했는지에 따라 멘티의 문제를 이해하고 접근하는 방식이 달라질 수 있음
감 각	문화를 이해하고 함께할 수 있는 감각은 멘티와 친밀한 관계를 맺는 데 큰 도움을 줌
통솔력	멘티가 성장을 하는 동안 앞에서 잘 이끌어나갈 수 있는 통솔력이 중요

[멘토의 요건]

능력요건	• 학습촉진 능력 • 커뮤니케이션 능력 • 진실한 마음과 열정 • 코칭 기술 • 조직의 역사 및 문화적 배경에 대한 지식 • 풍부한 내용지식과 경험
성격요건	• 호의성 • 개방성 • 감각적 안정성 • 성실성
감성역량	• 자아인식능력 • 자기관리능력 • 동기부여능력 • 타인의식능력 • 타인관리능력

② 멘티(Mentee) 또는 멘터(Menter), 프로테제(Protese)
㉠ 멘토를 통해서 도움을 받아 자신의 역량을 개발하고 발전하는 사람
㉡ 멘토의 지도와 도움을 받는 피교육자, 즉 지도받는 자

멘티의 특징
• 자신의 성장과 발전을 위해 책임을 지겠다는 의지 • 자기평가 또는 외부의 평가에 기초한 성장 잠재력 • 한 가지 이상의 기술 수행능력 • 도전과제와 새로운 책무를 찾고 있었다는 기록 • 피드백과 코칭의 수용 능력

③ 멘토링(Mentoring) ★★ 중요
  ㉠ 풍부한 경험을 가진 유능한 경험자가 조직생활을 시작하는 사회초년생에게 공식 규범적응과 업무 관련문제 및 비공식적인 업무 외의 문제를 해결할 수 있도록 도와주는 특별하고 강한 인간관계
  ㉡ 멘티에게 여러 가지 도움을 주기 위해 감정적 책임관계에 의해 지속력 있게 결속된 멘토와 멘티 간의 상호 관계

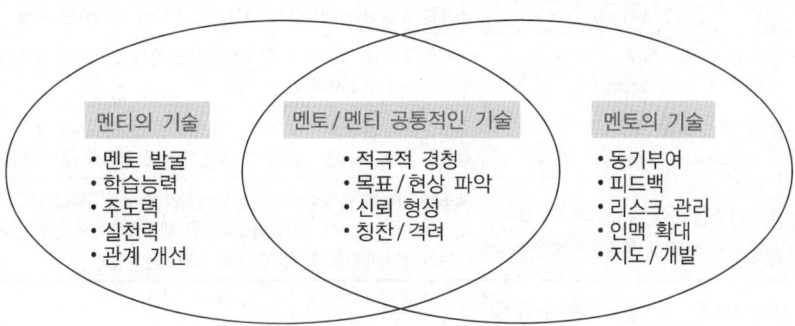

[멘토링의 핵심 기술]

(2) 멘토링 실천방법

① 경력개발을 위한 멘토링

후원 (Sponsorship)	멘티가 조직 내에서 바람직한 역할로 수평적 이동이나 나아질 수 있도록 추천해 주거나 기회를 제공해주는 등 도움을 주는 기능
지도 (Coaching)	멘티가 부여된 업무를 성공적으로 수행하고 다른 사람들로부터 인정받으며 경력 목표를 달성하는 데 필요한 지식 및 기술을 전해주는 기능
보호 (Protection)	정해진 목표를 달성하기 위해 수행하는 중에 멘티에게 부정적인 영향을 끼칠 요인들로부터 보호하여 주는 기능
노출 및 소개 (Exposure and Visibility)	경력발전에 영향을 미칠 가능성이 있는 다른 관리자들과 문서상, 또는 직접적인 접촉을 통해 소개를 시켜주며 능력 향상에 기회를 주는 기능
도전적 업무부여 (Challenging Assignments)	새로운 기술을 습득할 수 있는 도전적인 업무를 부여하고 그에 필요한 기술지원과 계속적인 성과에 대한 피드백들을 제공함으로써 성취감과 자신감을 갖고 더 나아가 경력개발을 할 수 있도록 도와주는 기능

② 심리사회적 안정을 위한 멘토링

수용 및 지원 (Acceptance and Confirmation)	멘토와 멘티 서로 간의 공유되는 긍정적인 신뢰를 바탕으로 상호 간의 호의와 상호 존중을 통하여 멘티의 자아의식을 높여주는 기능
상담 (Counseling)	멘티가 가지고 있는 고민, 두려움, 혼란, 불안 등과 같은 내적 갈등을 멘토에게 상의하고 멘토는 자신의 경험에 비추어 해결방법을 제시하거나 함께 고민함으로써 효과적으로 대처할 수 있도록 도와주는 것이며, 서로 생각과 관심을 나눔으로써 심리적인 안정과 만족을 고양시키는 기능
우정 (Friendship)	서로 호의적인 관계를 갖고 서로를 이해하며, 업무와 업무경험들 이외의 사항에 대해 즐거운 비공식적인 교환의 결과를 낳는 사회적 상호작용

③ 역할모형 기능의 멘토링 : 멘토링 과정에서 멘토의 적절한 행동양식과 태도, 가치관 등을 전달하여 하나의 역할모델로 멘티들이 닮아가는 기능

(3) 멘토링의 효과 ★★^{중요}

멘토 차원에서의 효과	멘티 차원에서의 효과	조직 차원에서의 효과
• 새로운 지식과 기술 확보 • 다양한 인간관계 형성 • 리더십 역량강화 및 경력향상 • 회사로부터 인정과 보상 • 정보 재확인 및 점검의 기회	• 담당분야에 대한 전문지식 및 노하우 습득 • 회사생활에 대한 자신감 • 경력개발과 경력에 대한 열망 • 폭넓은 대인관계 형성 • 멘토와의 관계로 인한 안정감	• 회사의 비전, 가치관, 조직문화의 강화 및 유지 • 조직의 의사소통 향상 • 성장가능성이 높은 핵심인재 육성 및 유지 • 구성원들의 학습촉진 및 지식이전을 통한 경쟁력 강화 • 신입사원의 신속한 적응 유도 • 개인과 조직목표의 통합 • 이직감소 및 생산성향상

CHAPTER 05 | 감정노동과 직무스트레스

▶ 무료 동영상 강의가 있는 SMAT Module B 서비스 마케팅·세일즈

1 감정노동

(1) 정 의 ★★

감정 (Emotions)	어떤 사람 또는 대상을 향한 강렬한 느낌
감정노동 (Emotional Labor)	조직의 목표를 달성하기 위해 감정과 표현을 조절하는 과정에 노출된 노동활동
감정노동근로자 (Emotional Labor Employee)	서비스 노동자들이 고객들과의 원활한 상호작용을 진행시킬 목적으로 조직에서 제시하는 감정규칙에 따라 "외부적으로 관찰가능한 표정과 신체적 표현을 만들어 내기 위하여 자신의 느낌"을 관리하는 것(Hochschild, 1983) 감정문화 → 감정규칙 → 자아연출 감정이데올로기 표현규칙 감정관리(사적영역) 감정노동(공적영역)

※ 'The Managed Heart'라는 책에서 감정노동(Emotional Labor)의 개념을 처음으로 사용하면서 감정을 노동의 유형으로 인식 - 앨리 러셀 혹쉴드 Hochschild(1983) 캘리포니아 주립대 사회학과교수

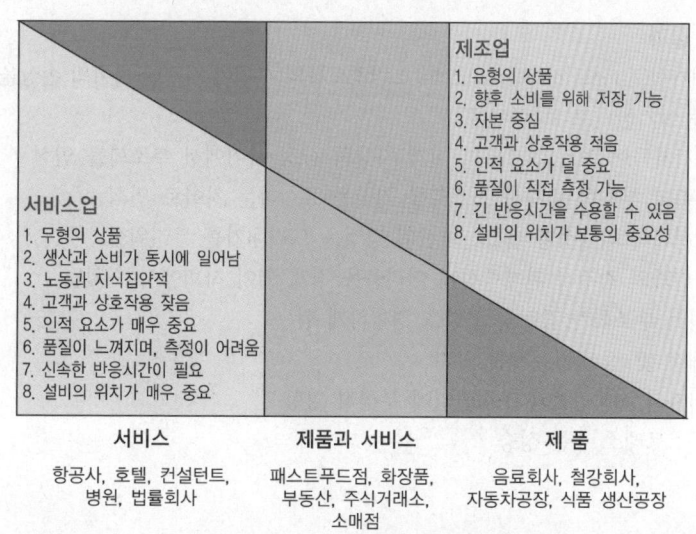

서비스업
1. 무형의 상품
2. 생산과 소비가 동시에 일어남
3. 노동과 지식집약적
4. 고객과 상호작용 잦음
5. 인적 요소가 매우 중요
6. 품질이 느껴지며, 측정이 어려움
7. 신속한 반응시간이 필요
8. 설비의 위치가 매우 중요

제조업
1. 유형의 상품
2. 향후 소비를 위해 저장 가능
3. 자본 중심
4. 고객과 상호작용 적음
5. 인적 요소가 덜 중요
6. 품질이 직접 측정 가능
7. 긴 반응시간을 수용할 수 있음
8. 설비의 위치가 보통의 중요성

서비스 / 제품과 서비스 / 제 품

항공사, 호텔, 컨설턴트, 병원, 법률회사 / 패스트푸드점, 화장품, 부동산, 주식거래소, 소매점 / 음료회사, 철강회사, 자동차공장, 식품 생산공장

[서비스업과 제조업의 특성]

출처 : Reichheld, F. and Sasser, W. Jr., 1991; Bowen, D., Siehl, C., and Schneider, B., 1989; Daft, 2007에서 재인용

(2) 감정노동자의 상황 및 문제점

① 서비스에 대한 고객의 요구 수준이 높아지면서 가중된 대인업무 스트레스와 열악한 처우에서 오는 어려움 호소
   예 인격무시, 폭언, 성희롱 등
② 감정노동의 문제점 : 근로자들의 감정을 억제함으로써 실제 감정으로부터 소외시켜 직무스트레스를 유발, 정신적・육체적 건강에 치명적 손상을 가져옴
   예 우울증, 수면장애, 음주, 공황장애, 화병 등

> **Tip** 감정노동자와 전시적 감정
> - 감정노동자 : 고객과의 대면이나 음성교류를 하는 직무특성을 가진 서비스 종사자, 경찰관, 소방관, 간호사 등 직무나 타인에게 도움을 주는 분야의 종사자를 감정노동자로 볼 수 있다.
> - 전시적 감정 : 기업이 근로자에게 요구하는 감정상태 및 감정노동자들에게 요구되는 감정을 전시적 감정(Displayed Emotion)이라 한다.
> - 직무차원에서 적절한 감정표현을 준수하면 기업의 성과를 향상시킨다.

(3) 감정노동의 5가지 요인 ★★중요

감정노동의 빈도	
감정표현의 지속기간	
감정표현의 강도	※ 서비스 상호작용에 따라 감정노동 차원에는 차이가 있다.
감정표현의 다양성	
감정 부조화	

(4) 결 과

① 부정적 결과
   ㉠ 소외가설(Alienation Hypothesis) : 감정노동의 수행이 진정한 자아의 손상을 가져오므로 자기소외를 야기한다고 보는 이론
      - 종사자들이 조직의 요구와 실제 자신의 감정 사이에서 부조화를 인식
      - 지속된 부조화는 자신 스스로를 거짓을 표현하는 자아로 인식
      - 평상시의 감정상황에서도 자신의 감정을 드러내기를 두려워함
      - 타인과의 감정적 관계형성에 어려움을 겪게 되어 사회에서 소외됨
   ㉡ 감정적 부조화가 감정적 고갈을 경험하게 함
   ㉢ 신체적 및 정신적 문제를 야기
   ㉣ 종사자의 직무만족과 조직몰입에 부정적 영향
   ㉤ 직무스트레스 수준 상승

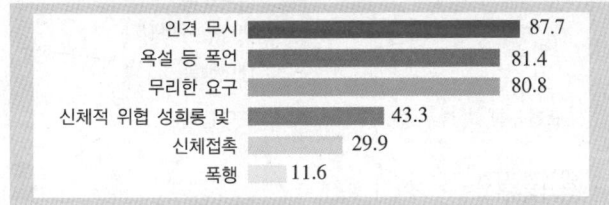

감정노동종사자 건강실태조사

- 인격 무시: 87.7
- 욕설 등 폭언: 81.4
- 무리한 요구: 80.8
- 신체적 위협 성희롱 및: 43.3
- 신체접촉: 29.9
- 폭행: 11.6

자료출처 : 노동환경건강연구소(※ 2,250명 대상 실시)

② 긍정적 결과
- ㉠ 안면환류가설(Facial Feedback Hypothesis) : 특정한 감정표현을 위한 안면 표정이 생리적 기제를 통하여 실제로 표현된 감정과 유사한 감정을 유발한다고 보는 이론
- ㉡ 종사자의 심리적인 긍정적 영향으로, 얼굴에서 드러나는 표현상 변화는 현재의 감정이 표면화된 것일 뿐 아니라 반대로 감정의 변화를 유발함
- ㉢ 감정과 인지 사이의 관계가 양방향으로 작용함
- ㉣ 감정노동을 지각하는 종사자들 간에는 상호 관계를 더욱 돈독하게 해주어 결국 직무만족에 긍정적인 효과가 있음
- ㉤ 감정노동이 익숙해지면 종사자들이 스스로 불쾌한 상황에서 심리적인 거리를 두기 때문에 스트레스를 감소시켜주고 만족감을 증가시킬 수 있음

(5) 감정노동의 관리

커뮤니케이션	다른 직원들과의 대화를 통해 긴장감을 해소하고 조직 내 유대감을 형성
조직문화	감독자의 지원과 동료들의 지원 그리고 교육훈련과 상담제도 운영 등의 정확한 기준이 필요하며, 자율성을 가진 조직의 문화와 분위기 조성
직무특성	감정의 요구, 시간적 압박, 직무의 자율성, 직무책임감 등에 유연하게 대처할 수 있어야 하며 표현규칙이 명확
개인특성	개인의 성격과 감정의 적절한 관리가 필요하며, 개인의 자아통제력을 향상시키고 업무에 대한 진정성을 회복

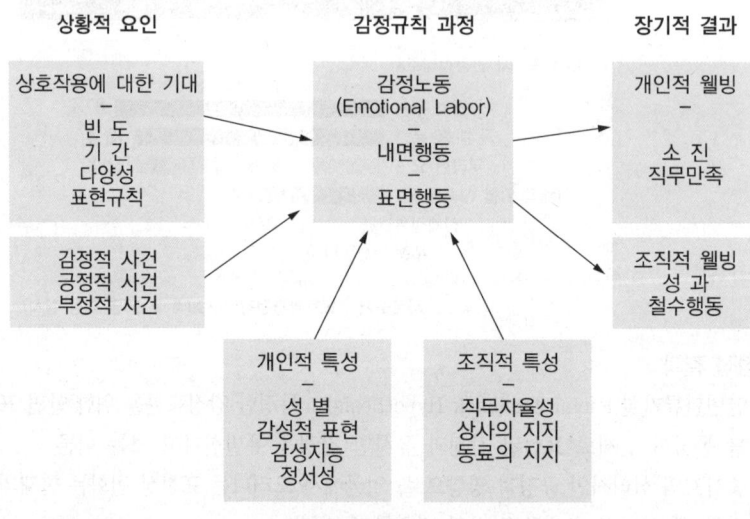

[감정노동 모형]

(6) 감성지능(Emotional Intelligence)

자기 자신의 감정을 인식하고 관리하는 과정으로, 타인에게 반응하고 영향을 주며 자신의 동기부여를 평가하고 직관과 양심 및 윤리적인 행동을 주입하는 것이다. 자신의 정서에 대해 인식하는 능력과 자신의 정서를 조절하고 관리하는 능력, 그리고 타인과의 관계능력이다.

2 직무스트레스

(1) 개 념 ★★ 중요

① 직무와 관련된 스트레스 요인에 의해 경험하게 되는 모든 스트레스를 의미한다.
② 조직 내에서 상호작용하는 과정에서 조직의 목표와 개인의 욕구 사이에 불균형이 생길 때 발생한다.
③ 물리적 환경, 조직관련 스트레스 요인, 직무관련 스트레스 요인, 개인관련 스트레스 요인, 조직 외 관련 스트레스 요인이 있다.

> **Tip** 스트레스
> 스트레스(Stress)란 라틴어의 'Stringere'에서 유래된 말로 '팽팽하게 죄다'라는 의미를 가진다. 본래 물리학에서 사용된 용어로서 어떤 물체에 외부압력이 가해질 때 그 물체의 내부에서 생기는 압박상태를 말한다. 구체적으로는 개인과 환경의 상호작용을 말하는 것으로 개인에게 지나친 신체적, 심리적 요구를 부과하는 외적인 행동이나 상황의 결과로 생리적 반응이나 행동적 반응을 일으키는 것이다.

(2) 요 인

역할 특성	• 역할 모호성 • 역할 과다와 과소	• 역할갈등 • 업무 난이도
직무적 특성	• 책 임 • 직무의 위험성	• 지위불일치
인사관리상 특성	• 승 진 • 평 가 • 감사와 징계	• 인사이동 • 임금체계
관계 갈등적 특성	• 수직조직과 수평조직과의 관계 • 외부조직과의 관계	• 공식조직과 비공식조직과의 관계 • 고객과의 관계
조직 구조적 특성	• 직위, 참여, 책임의 과정과 조직 구조, 형태, 운영방법 등	
기업문화	• 기업 특유의 가치, 신념, 태도, 관습, 도덕 등 개인이 인지하고 있는 기업문화 간의 불일치	
개인의 특성	• 업무를 수행하더라도 개인의 특성에 따라 반응의 차이가 크고 성별, 나이, 결혼, 교육에 있어 남성보다는 여성이, 나이가 적을수록, 미혼자가, 고학력자에게 직무 소진 발생 확률이 높음	

(3) 중요성

① 직무스트레스는 같은 상황이나 환경에 처해 있는 모든 사람들이 동일하게 지각하지 않는다(개인의 지적수준, 성격, 필요, 관심 등 다양한 이유에서의 차이가 있음).
② 조직관리에서 항상 역기능적인 측면만을 갖는 것은 아니며 순기능적인 측면도 있다(적정수준의 스트레스는 바람직한 일상 및 조직생활을 위해 필요하며, 지속적으로 창조적 행위와 문제해결을 가능하게 보는 측면도 있음).

(4) 역기능과 순기능 ★★ 중요

① **순기능의 유스트레스(Eustress)** : 그리스어의 좋다는 의미의 'Eu'와 'Stress'의 합성어로, 긍정적이며 건설적인 결과를 나타내는 바람직하고 좋은 스트레스를 의미한다. 바람직한 직무배치, 도전적인 직무이동과 같은 조직적응성, 또는 높은 수준의 성과달성 등 개인 및 조직의 만족스러운 감정적 반응현상이 포함된다.

② **역기능의 디스트레스(Distress)** : 부정적이고 파괴적인 측면의 스트레스로 개인적, 조직적 역기능이 나타날 수 있으며 불안, 우울, 원망, 좌절 등을 경험하게 하여 결근율이나 이직률을 높여 결국에는 경영의 실패로 이어질 수도 있는 요인이 된다.

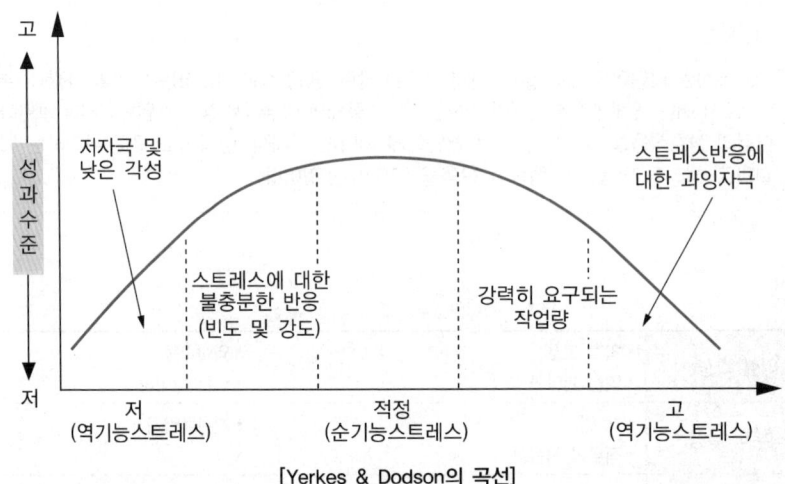

[Yerkes & Dodson의 곡선]

(5) 반 응

① **생리적 증세** : 심장박동의 증가, 위장기능 저하 등 식욕부진, 두통, 위궤양, 심장병, 심장마비, 요통 등 신체의 적응능력을 약화시켜 다양한 질병에 노출된다.
② **심리적 증세** : 수면장애, 정서적 불안, 우울증 등 긴장, 심리적 피로, 사기저하, 소외감, 억압감, 불만, 지루함, 노여움, 집중력 상실 등을 초래한다.
③ **행동적 증세** : 음주와 흡연량의 증가, 약물남용 등 더 나아가 폭력적인 행동을 유발시키기도 한다.

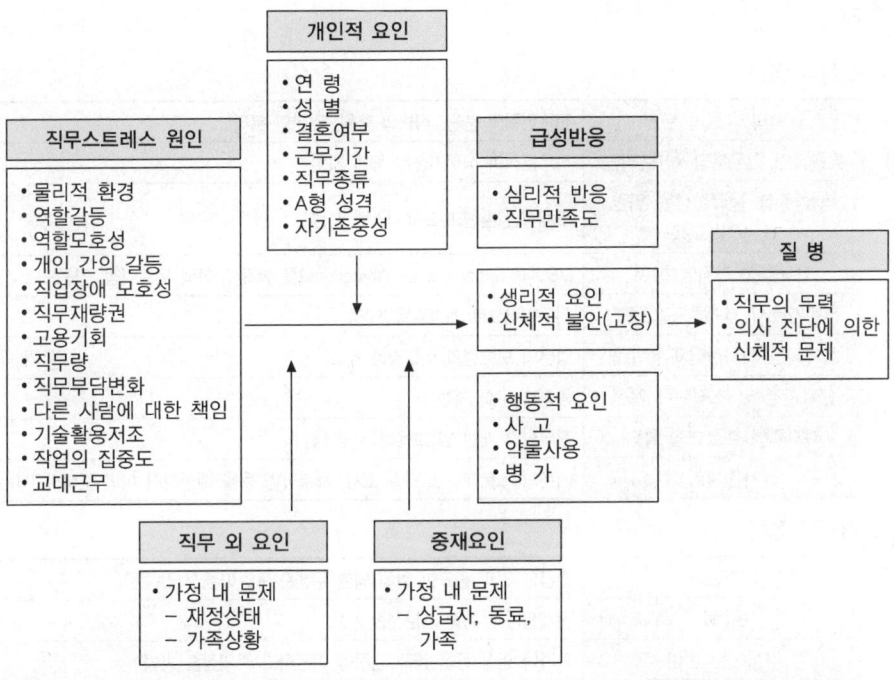

출처 : G. H, Huang, Michael Feurstein and S. L. Sauter(2002)

(6) 직무스트레스가 조직에 미치는 영향

직무불만족	직무에 대한 부정적 감정과 불만족은 질적인 직무수행을 기대하기 어렵게 함
조직헌신의 감소	조직에 대한 충성심의 감소로 불신의 감정으로 돌아섬
조직 몰입도 감소	조직목표와 가치와의 일체감, 애착심의 감소로 내적 갈등을 일으킴
업무효과성의 하락	업무의 효율성이 떨어지므로 좋은 결과를 기대하기 어려움
이 직	-

[직무스트레스에 대한 비용 요소]

직접비용 요소	간접비용 요소
• 참여와 소속 　- 지각, 결근 / 파업과 작업정지 / 이직 • 직무성과 　- 산출의 질과 양 / 고충 토로 / 사고 / 장비의 고장 • 보 상 　- 스트레스 피해 직원에 대한 책임보상	• 활력의 상실과 분위기 저하 　- 사기저하 / 동기감소 / 부정적 감정 팽배(불신, 경멸, 증오) • 의사소통의 비효율성 　- 직원 간 접촉빈도 하락 / 정보 왜곡 • 의사결정의 과오 • 기회상실 　- 기회비용

(7) 관리

① 조직적 접근

인력의 충원과 분권	전문인력의 충원, 직원의 충원, 권한의 분리
효율적인 업무분장 체계 확립	직무분석과 직무기술서 체계 지원
역할 수행 능력향상을 위한 훈련 및 교육	구체적인 훈련과 교육시스템 지원
의사결정 과정에 참여	MBO(Management By Objectives)를 통해 공동의 목표설정, 공동노력 지원
전문가로서 자기효능감 증진	전문인력으로 계속교육 지원
효과적인 의사전달체계 수립	업무의 모호성과 역할갈등 감소
근로환경 및 조직문화 개선	환경과 문화 개선
복지후생 프로그램 확립	근무환경 개선 및 교육비 지원 등
사전계획	기존의 스트레스 요인을 조사, 해결방안 등을 예상하여 미리 준비하고 대처

② 개인적 접근

시간관리	긴급한 일과 중요한 일에 의한 우선순위에 따른 시간 관리
운동	신체활동을 통한 기분전환 시도
긴장이완 훈련	요가나 명상 등을 통해 긴장을 이완하고 주의집중 방법
약물 복용과 음식조절	• 의사의 진단이나 처방에 따라 약물을 신중하게 복용 • 커피, 당분이 많은 각성 긴장음식 조절
직무 외의 관심	취미 등의 활동을 통해 관심의 방향을 전환
주변 활용	정서적·정보적 지원 가능한 친구, 가족, 동료와의 시간을 보냄

CHAPTER 06 | 동기부여의 이해

▶ 무료 동영상 강의가 있는 SMAT Module B 서비스 마케팅·세일즈

1 동기부여

(1) 개 념 ★★ 중요
① 동기부여(Motivation)는 '움직인다(to move)'는 의미를 지닌 라틴어 'Movere'에서 유래했으며 무엇인가를 움직이는 과정을 포함하는 개념이다.
② 어떤 목적을 달성하도록 또는 특정한 행동을 추구하도록 열의와 지속성을 각성시키는 인간의 내적인 또는 외적인 힘을 의미한다.
③ 동기부여는 개인 및 조직의 목적을 달성하기 위해 자신과 타인을 움직이는 과정이며, 사람들의 잠재력을 깨워 행동할 수 있도록 하는 영향력이다.

> 능력 + 동기부여 + 작업환경 = 성과

(2) 구 분
동기를 심리학적으로 구분해보면 크게 내재적 동기와 외재적 동기로 나뉜다.
① 내재적 동기부여 : 칭찬, 격려 등
② 외재적 동기부여 : 포상, 승진 등

(3) 중요성
① 동기부여는 고용된 자신의 과업을 창조적이고 자발적으로 수행할 수 있도록 격려해 줄 수 있는 효과적인 방안으로, 인적자원을 효과적으로 관리할 수 있는 수단이 된다.
② 유효한 조직을 만들기 위해서는 참여와 일하려는 의사를 자극할 수 있는 동기부여의 문제를 해결해야 한다.
③ 동기부여는 목표지향적인 행동과 관련되므로 일반적으로 동기가 부여된 직원은 그렇지 않은 직원보다 훌륭한 업무성과를 위해 더욱 노력하게 되므로 업무성과를 향상시킬 수 있다.

2 동기부여이론

내용이론 (Content Theory)	동기를 일으키는 근본 내용(욕구)에 관한 이론	①	욕구단계이론 – 매슬로
		②	E.R.G이론 – 알더퍼
	어떤 것(What) 때문에 동기부여되는가?	③	2요인 이론 – 허즈버그
		④	X이론과 Y이론 – 맥그리거
		⑤	성취동기이론 – 맥클리랜드
과정이론 (Process Theory)	행동이 어떻게 유도되고 어떤 단계로 진행되는지 과정을 연구한 이론	①	기대이론 – 파울로
	어떤(How) 과정을 통해 동기부여되는가?	②	공정성 이론 – 아담스
		③	목표설정이론 – 에드윈로크
		④	강화이론 – 스키너

(1) 동기부여 내용이론 ★★ 중요

욕구단계이론	E.R.G이론	2요인이론	X이론과 Y이론	성취동기이론

① **Maslow의 욕구단계이론**
  ㉠ 에브러햄 매슬로(A. H. Maslow)는 인간은 5가지의 욕구단계를 가진다고 가정하였고, 각 단계별 욕구가 충분히 만족될 때 그 다음 단계의 욕구가 커진다고 하였다.
  ㉡ 5가지 욕구계층
  • 1단계 생리적 욕구 : 배고픔, 갈증, 거주, 성욕 등의 신체적인 욕구와 관련된 인간의 가장 기본적인 욕구로서, 인간의 생존이 달린 가장 절대적이고 강력한 욕구
  • 2단계 안전욕구 : 물리적이고 감정적인 해로움으로부터의 신체적 안전과 심리적 안정욕구로, 외부로부터 자신을 보호하고 사회적 위협으로부터 자유롭고 싶은 욕구
  • 3단계 사회적 욕구 : 다른 사람들과의 상호 관계에 의한 애정, 소속감, 인정과 우정 등에 대한 욕구로, 외식이나 여가활동이 이러한 사회적 맥락에서 발생
  • 4단계 존경욕구 : 자존심, 자율, 성취감과 같은 내재적 요소와 위상, 인정, 주목과 같은 외재적 요소에 대한 욕구로, 인간은 타인에게 자신의 능력과 존재를 인정받고 존경받기를 희망
  • 5단계 자아실현욕구 : 가능성 실현, 성장, 자기충족감 등을 포함하여 개인이 되고자 하는 바를 이루어지도록 만들어주는 원동력으로, 자신의 능력과 자신이 추구하는 최종가치를 실현시키고자 하는 욕구

② E.R.G이론 : 클레이튼 알더퍼(C. P. Alderfer)는 매슬로의 욕구단계설이 직면한 문제점들을 극복하고자 실증적인 연구에 기반을 두어 제시한 수정이론을 주장하였다. E.R.G이론은 욕구단계이론과 많은 공통점이 있지만, 개인이 3가지 욕구를 동시에 다 경험할 수 있음을 설명한다.

존재욕구 (E : Existence)	인간의 생명과 존재를 보장하는 데 필요한 기본적 욕구
관계욕구 (R : Relatedness)	지인들과 의미있는 인간관계를 형성하고 감정공유하려는 욕구
성장욕구 (G : Growth)	개인이 자신의 능력을 개발하여 자율과 성공을 이루려는 욕구

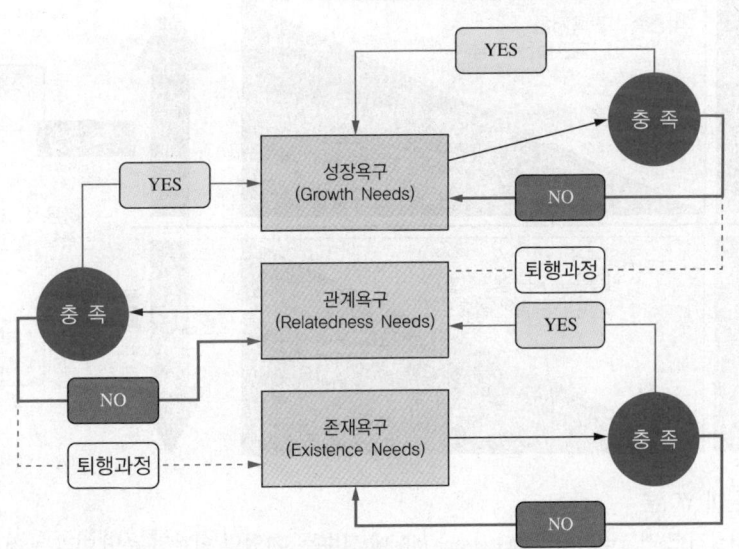

[욕구단계이론과 E.R.G이론의 차이점]

[클레이튼 알더퍼의 E.R.G이론(1972)]

③ 2요인이론
  ㉠ 프리데릭 허즈버그(F. Herzberg)는 동기부여 관련요인들을 불만요인(위생요인)과 만족요인(동기요인)으로 분류하여 2개의 요인이 있다고 보고, 불만제거를 목적으로 할 때와 동기부여를 목적으로 할 때가 다르다고 주장하였다.
  ㉡ 그에 따르면 인간의 동기를 자극하는 요인에는 만족도를 증대시켜 성과와 연결시키는 요인과, 불만족을 감소시키는 데 관여하는 요인이 있다.

[위생요인과 동기요인]

구 분	위생요인	동기요인
역 할	불만족에 주로 관여하는 요인으로서, 부족한 경우 불만족을 심화시키고 충분해도 만족도를 향상시키지는 못함	만족도에 관여하는 요인으로서, 충분한 경우 만족도를 향상시키고 부족해도 불만족을 초래하지는 않음
초 점	직무불만족	직무만족
요 인	• 회사정책 및 제도 • 감독 및 지시량 • 월급액수 • 인간관계 • 작업조건 • 안전도 등	• 상사 및 동료의 인정 • 책임감 기회 • 성취감 기회 • 도전감 기회 • 성장과 발전의 기회 • 자아실현

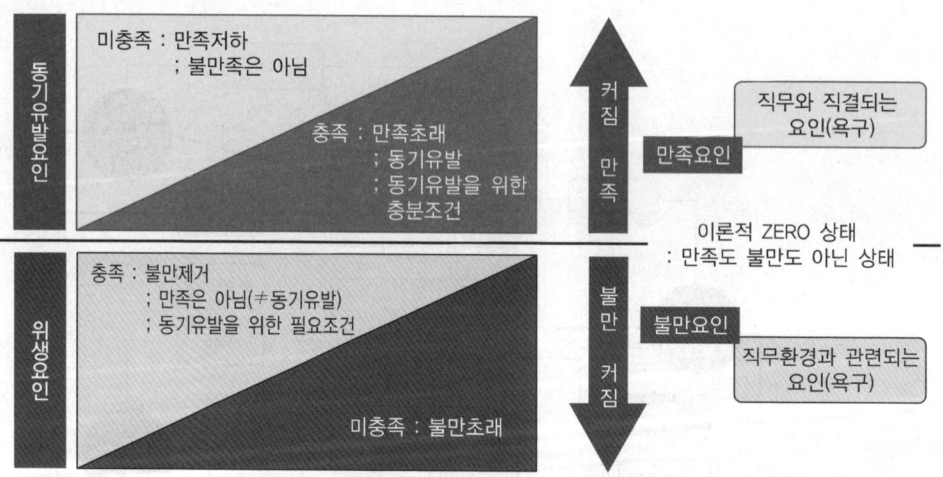

④ X이론과 Y이론
  ㉠ 더글러스 맥그리거(D. McGregor) MIT대 교수는 '기업의 인간적 측면'이라는 저서에 "모든 경영의 의사결정이나 행동의 배후에는 인간본성과 행동에 대한 가정이 깔려있다."라고 주장하였다.
  ㉡ 이 세상에 X형 인간, Y형 인간이 따로 있다기보다는 한 사람 속에 X형 기질, Y형 기질이 모두 있다고 봐야 옳지만, 맥그리거 이전의 사람들은 X형 기질만 있다고 착각했다면 맥그리거는 인간에게 Y형 기질이 많이 있다고 보았다.

[X이론과 Y이론 인간관]

구 분	X이론	Y이론
특 성	• 근본적으로 인간의 부정적인 측면을 바라보는 이론 • 인간이란 일을 싫어하고 게으르며, 책임을 회피하려고 하므로 항상 실천을 강요해야 함	• 근본적으로 인간의 긍정적인 측면을 바라보는 이론 • 인간은 일을 좋아하며 창의적이고, 책임을 질 줄 알고 자기에게 주어진 목표를 달성할 줄 앎
동기부여방식	• 통제와 지시 • 감독과 명령 • 물질적 보상 • 상 벌 • 수직적 조직	• 직원 존중 • 자긍심 제고 • 정신적 보상 • 수평적 조직

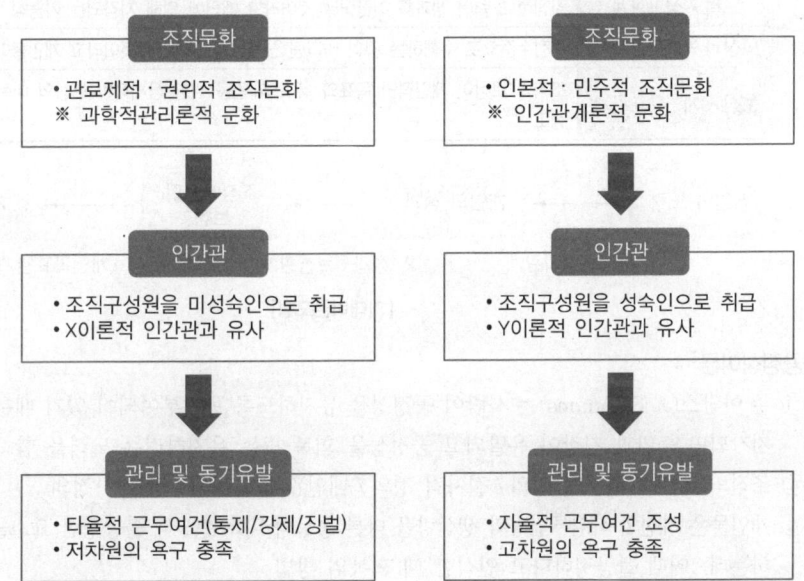

조직문화
• 관료제적·권위적 조직문화
※ 과학적관리론적 문화

조직문화
• 인본적·민주적 조직문화
※ 인간관계론적 문화

인간관
• 조직구성원을 미성숙인으로 취급
• X이론적 인간관과 유사

인간관
• 조직구성원을 성숙인으로 취급
• Y이론적 인간관과 유사

관리 및 동기유발
• 타율적 근무여건(통제/강제/징벌)
• 저차원의 욕구 충족

관리 및 동기유발
• 자율적 근무여건 조성
• 고차원의 욕구 충족

⑤ **성취동기이론** : 맥클리랜드의 성취동기이론은 인간은 자신이 사회에서 경험하며 살아가는 과정에서 획득하게 되는 특정 욕구들이 동기로 작용한다고 본다.

성취(달성)욕구	탁월한 수준의 목표를 달성하려는 욕구, 도전적인 업무 선호
관계(친교)욕구	다른 사람과 친밀한 개인적인 관계형성, 유지하려는 욕구, 사회적 관계, 협력
권력욕구	다른 사람들에게 영향력을 행사하고 통제하려는 욕구

(2) 과정이론

| 기대이론 | 공정성이론 | 목표설정이론 | 강화이론 |

① 기대이론
- ㉠ 파울로 외(G. Poulos et al.)에 의해 처음 만들어진 이 이론의 기초는 목표 – 수단연계(Goals-Means Chain) 모델, 즉 개인에게 동기를 부여하려면 그가 바라는 최종목표와 그 목표에 이르는 중간 수단들과의 '연결'의 확률이 높아야 된다는 것을 강조한 이론
- ㉡ 노력이 높은 성과평가를 이끈다고 믿을 때, 좋은 성과평가가 보상을 이끌어내고 이러한 보상이 개인의 목표를 만족시켜준다는 이론

노력 – 성과관계	일정한 노력이 성과를 이끌어낼 것이라고 개인에 의해 지각되는 가능성
성과 – 보상관계	특정수준으로 수행하는 것이 바라던 산출물을 얻게 할 것이라고 개인들이 믿는 정도
보상 – 개인목표관계	조직의 보상이 개인적인 목표와 욕구, 개인을 위한 잠재적인 보상의 매력도를 만족시키는 정도

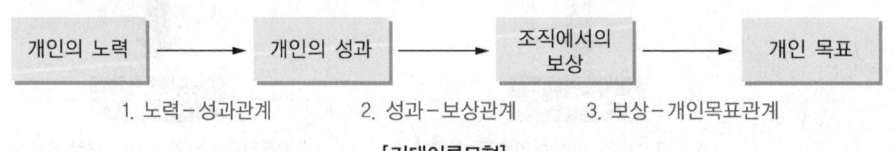

1. 노력–성과관계   2. 성과–보상관계   3. 보상–개인목표관계

[기대이론모형]

② 공정성이론
- ㉠ 존 아담스(J. S. Adams)는 사람이 공정성을 유지하도록 동기부여되어 있기 때문에 불공정성이 지각되면 불만과 긴장이 유발되고 공정성을 회복 또는 유지하려는 노력을 함
- ㉡ 조직의 정의 : 배분적 정의 / 절차적 정의 / 대인관계적 정의 / 정보적 정의
- ㉢ 개인들은 자신의 작업투입량과 생산량을 다른 동료와 비교했을 때 불공정한 요소들을 제거하려고 하는데, 이때 불공정하다고 인식할 때 회복의 방법
  - 투입물 또는 노력을 줄임
  - 산출물 또는 보상을 추가적으로 요구함
  - 이직과 같이 상황을 떠남
  - 비교 대상을 바꿈
  - 자신 또는 타인의 투입물이나 산출물에 대한 지각을 왜곡시키거나 합리화함
  - 비교대상의 투입물이나 산출물을 바꾸려고 노력함

③ 목표설정이론
  ㉠ 에드윈 로크(E. A. Locke)는 목표설정이론(Goal Setting Theory)의 발전에 중요한 공헌을 함으로써, 인간행동이란 가장 쾌락적인 쪽으로 동기화되기 마련이라는 기대이론의 가정을 인지적 쾌락주의라고 비판하면서 인간행동은 두 가지 인지, 즉 가치와 의도에 의해 결정된다고 주장
  ㉡ 목표는 개인에게 의도된 행동과 동기의 기초가 되고, 구체적이고 어려운 목표가 높은 성과를 유발한다는 이론

구체성	목표는 측정 가능하도록 구체적이고 명확할수록 더 많은 동기와 정확한 방향 제시
난이도	능력범위 내의 난이도
수용성	조직 위층에서 하달하는 목표가 아니라 참여하는 직원들이 설정, 수용성을 높이는 동기부여
피드백	노력의 정도와 방향을 적절하게 피드백
현실성	목표는 도전적이어야 하지만, 실현가능성도 반영해야 함

④ 강화이론
  ㉠ 스키너의 강화이론은 행동의 가능성을 높이기 위해 어떤 행동의 결과로서 보상이나 벌을 제공하는 것
  ㉡ 행동의 결과, 즉 보상이나 벌을 조작함으로써 행동을 수정하는 프로세스에 초점을 맞추고 행동의 결과를 통제하는 조작적 조건화를 전제로 함

강화의 유형	• 긍정적 강화[적극적 강화, 정적 강화(Positive Reinforcement)] – 유쾌한 사건 첨가 • 부정적 강화[소극적 강화, 부적 강화(Negative Reinforcement)] – 불쾌한 자극을 제거 • 소거(Extinction) – 유쾌한 사건 제거 예 기회박탈 등 • 벌(Punishment) – 불쾌한 사건 첨가 예 감봉 등
강화 스케줄	• 연속적 강화 • 간헐적 강화

  ㉢ 인간관계에서의 강화이론 – 대인 매력
    • 근접성 : 가까이 있는 사람과 관계 강화
    • 유사성 : 신념, 가치체계, 목적, 배경 등이 비슷할 때 더 매력을 느낌
    • 친숙성 : 자주 접하는 것을 좋아하는 경향
    • 개인적 특성 : 성격, 능력, 신체적 매력
    • 나에게 보상을 주거나 이익이 되는 사람
    • 신뢰하는 친구가 좋아하는 사람
    • 자기개방

3 동기부여의 실행방법

(1) 목표관리(MBO ; Management By Objectives)

① 개 념 ★★ 중요

  ㉠ 피터 드러커(P. Drucker)가 1954년 최초로 제안한 관리기법으로, 개인과 조직의 목표를 일치시켜 근로의욕을 향상시키고 기업의 목표를 달성하기 위한 경영기법
  ㉡ 효율적인 경영관리 체제를 실현하기 위한 경영관리의 기본수법으로 직무마다 개인이 설정하는 목표를 기본으로, 작업자로 하여금 스스로 관리를 하며 그 목표기준에 맞추어 직무를 완성해 가도록 하는 직무설계기법
  ㉢ 개인의 능력과 책임소재를 명확히 하고, 미래의 전망과 노력에 대한 지침을 제공하여 팀워크를 조정하게 해서 관리원칙에 따라 관리하고 자기통제하는 행위의 과정
  ㉣ 상호간의 신뢰와 성과의 중시, 그리고 개인목표와 조직목표의 통합을 지향하는 경영관리기법

② 성공 요건
  ㉠ 구성원의 인식변화 : 단순히 성과를 평가하는 관리방법이 아닌, 목표를 통해 조직 구성원이 함께 미래를 설계하며 조직을 만들어가는 총체적인 관리시스템적 성격을 인식
  ㉡ 적극적인 참여의지 : 관리자의 이해와 지지를 기반으로 구성원의 적극적 참여가 중요
  ㉢ 피드백 문화정착 : 조직 구성원 간의 의사소통과 피드백이 자연스럽게 이루어지는 문화정착

③ 핵심요소
  ㉠ 목표의 특수성(Goal Specificity) : 능력범위 내에서 약간 어려운 난도의 목표를 설정하는 것이 좋으며, 예상 성과에 대한 명확한 진술을 할 수 있어야 함
  ㉡ 참여적의사결정(Participative Decision Making) : 관리자와 부하직원이 함께 상의하에 목표를 선정하고 측정에 관해 합의해야 함
  ㉢ 명시적기간(An Explicit Time Period) : 완수되어야 할 구체적 기간을 정해야 함
  ㉣ 성과피드백(Performance Feedback) : 진행과정에 대한 지속적인 피드백

④ 기본성격
　㉠ 목표관리는 계획, 조직, 지휘, 통제 등의 총제적인 경영관리 시스템을 포함하고, 다양한 관리 활동들과 상호의존적이고 협력적인 통합적 과정이다.
　㉡ 업무수행과정에서 권한을 위임하고 자유재량을 허용하되 자율과 통제를 조화시켜야 하며, 개인목표와 조직의 목표를 연관시켜 조정한다.
　㉢ 목표설정단계에서부터 직원을 참여시켜 조직의 목표를 '나의 목표'로 하는 성취감과 도전의욕을 고취시키는 참여지향적 관리철학에 기초한다.
　㉣ 연봉제나 성과급, 인센티브와 같은 성과주의 보상시스템과 연계하고, 목표수행의 성과가 조직에 공헌했는가를 중시한다.
　㉤ 조직전체의 목표와 부문 또는 개인의 개별목표 사이의 연계성을 높이고, 면담이나 회합을 통해 하위수준의 목표를 상위수준의 목표와 연결시킨다.

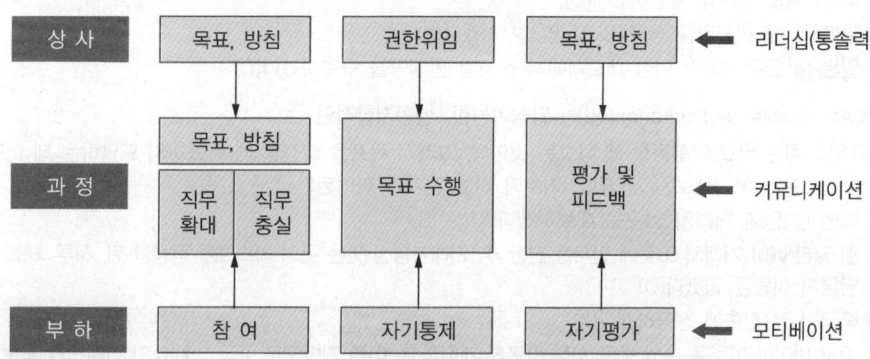

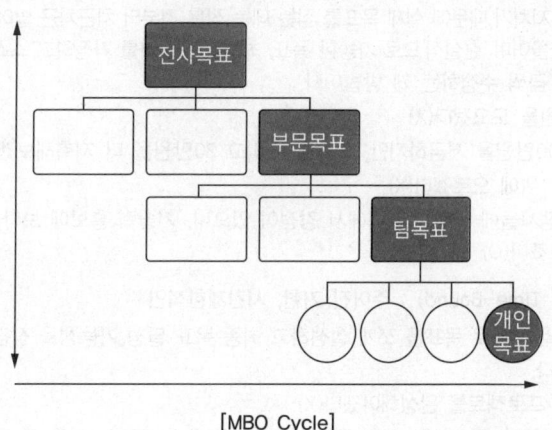

[MBO Cycle]

> **Tip** SMART 기법

- **S(Specific) : 구체적인 목표설정**

목표를 달성하고 싶다면, 명확한 기준과 수치를 내세워 구체화한다.

예 세상을 깜짝 놀라게 할 제품을 만들겠다(X)
　　기존보다 기능이 50% 향상된 제품을 만들겠다(O)
예 새 사업을 성공적으로 론칭할 것이다(X)
　　새 사업 론칭 후 1년 안에 손익분기점을 넘길 것이다(O)

- **M(Measurable) : 측정가능한 목표**

"측정할 수 없다면 관리할 수 없다"는 피터 드러커의 말처럼 목표는 측정할 수 있는 게 좋다. 측정이 힘든 정성적 파트도 최대한 수치화해 목표를 잡는 게 동기부여하는 데 좋다.

예 고객만족을 위해 최선을 다하겠다(X)
　　고객만족도 99%를 달성하겠다(O)
예 일본시장에 신사업을 성공적으로 안착시키겠다(X)
　　일본 내 인구 100만 이상 대도시에서 신사업 판매망을 구축하겠다(O)

- **A(Achievable, Action-oriented) : 달성가능한, 행동지향적인**

목표의 가치는 비로소 행동할 때 나오는 것이다. 그래서 목표를 설정할 때 목표까지 도달하는 데 어떤 과정을 거쳐야 하는지 생각해보는 게 좋다. 거쳐야 하는 단계가 파악된다.

예 이번 달 안에 거래처 50곳을 확보하겠다(X)
　　한 달간 예비 거래처 50곳에 인사를 전한 후, 거래가능성 있는 곳의 리스트를 작성한 뒤, 하루 최소 한 군데씩 담당자 미팅을 잡겠다(O)
예 중국 시장 진출에 성공하겠다(X)
　　중국 바이어 미팅을 통해 중국 시장 활로를 개척하고, 이를 기반으로 중국 업체들의 커넥션을 확보하겠다(O)

- **R(Realistic, Result-oriented) : 현실적, 결과지향적인**

허황된 목표는 쉽게 지치기 때문에 실제 목표를 잡는 데는 작은 것부터 차근차근 밟아 올라가는 게 좋다. 그렇다고 너무 쉬운 목표도 금물이며 '현실적'으로 가능한 목표, 최대한의 성과를 가정하고 스스로 그 성과의 배경과 근거를 찾아보며 목표를 조금씩 수정하는 게 방법이다.

예 올해 안에 1억 원을 모으겠다(X)
　　현재 한 달에 100만원을 저금하지만, 외식을 줄이고 20만원을 더 저축해보겠다(O)
예 내일 안에 업계 1위에 오르겠다(X)
　　우리 회사는 경쟁사들에 비해 기술력에서 강점이 있으니, 기술력 홍보에 보다 많은 투자를 해서 3년 안에 업계 1위에 오르겠다(O)

- **T(Time Specific, Time-Bound) : 주어진 기한, 시간제한적인**

월 단위, 주 단위, 일 단위로 목표를 쪼개 설정하고 최종 목표 달성 가능성을 점검하면 더 효과적으로 목표를 향해 나아갈 수 있다.

예 최대한 빨리 이 프로젝트를 완성해야겠다(X)
　　프로젝트 마감 기한이 1달이므로, 이번 주 안에 시장조사를 완료하고, 다음 주 중으로 보고서를 작성해야겠다 (O)
예 언젠가는 최고의 연구원이 되겠다(X)
　　올해 안에 기술 서적 50권을 읽고, 5년간 관련 분야를 연구하면서 최고의 연구원으로 인정받을 수 있게 역량을 키우겠다(O)

(2) 임파워먼트(Empowerment)

① 개 념 ★★ 🔵중요
- ㉠ 임파워먼트란 '파워(Power)를 부여하는 것'으로 '권한을 부여하다(Give Authority to)'와 '능력을 부여하다(Give Ability to)'의 의미를 가지고 있다.
- ㉡ 관리자들이 지니고 있는 권한을 실무자에게 이양하여 그들의 책임 범위를 확대함으로써 직원들이 보유하고 있는 잠재능력 및 창의력을 최대한 발휘하도록 하는 방법이다.
- ㉢ 조직구성원의 직무만족, 조직몰입 및 조직의 성과를 추구하기 위하여 기존의 동기부여이론 및 기법의 한계를 극복하고 기업조직의 혁신과 유효성을 설명하는 이론이다.

② 목 적
- ㉠ 임파워먼트는 단순히 구성원을 의사결정과정에 참여시키는 것이 아니고 최선의 의사결정방법을 발견하도록 하는 것이 목적이다.
- ㉡ 직원들의 상호작용을 통한 문제해결과 새로운 아이디어 창조능력을 증대시킨다.
- ㉢ 조직구성원들이 자신이 담당하고 있는 일의 중요성과 사명감을 제고하게 한다.
- ㉣ 자신의 일에 대한 의사결정권을 가짐으로써 강한 업무의욕과 성취감을 고취한다.

③ 과정관리
임파워먼트는 과정의 개념이기 때문에 그 목적을 달성하기 위해서는 임파워먼트의 과정관리의 전반적인 내용이 필요하다.

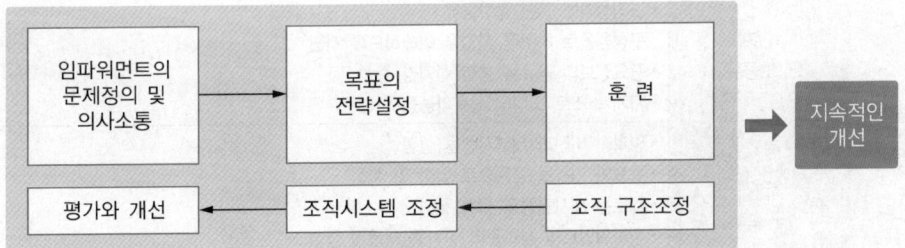

[임파워먼트 과정관리 모델]

자료 : Clutterbuck, D.(1994). The Power of Empowerment. Kogan Page. P.24

④ 구 성
- ㉠ 의미성 : 개인의 신념, 태도, 가치 등의 적합성, 개인적으로 의미 있는 과업활동들은 목적의식이나 열정에너지를 창출시킨다.
- ㉡ 역량 : 과업을 수행하는 데에 내적으로 보유할 수 있는 잠재력, 개인의 잠재성은 업무능력을 향상시킬 수 있다는 자기효과성을 갖게 한다.
- ㉢ 자기결정성 : 개인이 자신의 행위를 스스로 결정하는 것. 자기결정성은 행동의 시작과 통제에 대한 선택자유를 의미한다.
- ㉣ 영향력 : 통제와는 다른 개념으로 개인이 조직의 성과나 타인의 업무에 영향을 미칠 수 있는 정도이며, 목적을 달성하는 과정에서 그 진전 상황을 인식하게 한다.

⑤ 수준

개인수준의 임파워먼트	• 개인의 직무수행에 필요한 제반 역량의 증진을 의미하며 조직구성원들이 자기효능감(Self-efficacy)을 가질 수 있도록 함으로써 무력감을 해소시키는 과정 • 개인의 사고변화와 역량 증대
집단수준의 임파워먼트	• 두 사람 이상의 상호 관계가 있을 때 존재하는 개념으로, 조직 내 무력감을 제거하는 권한의 생성·발전·증대에 초점을 맞추어 상대방의 저항을 극복하는 능력과 관련된 개념 • 권한이전과 관계증진
조직수준의 임파워먼트	• 조직의 변화를 통하여 경쟁력을 구축하고 강화하려는 경영 흐름으로, 새로운 지식, 신념, 가치, 능력을 탐색 및 창출하고 이용하는 과정, 즉 조직의 각종 규정, 제도, 구조 등에서의 변화가 필요함 • 제도, 구조변화를 통한 임파워먼트 의향과 행동정착

[임파워먼트의 수준 및 주요내용]

개인 임파워먼트	• 개인의 자기신뢰감, 자긍심 증진 • 개인의 사고변화와 역량 증대	Micro 수준	Meso 수준	Macro 수준
집단 임파워먼트	• 역량확산(타인, 구성원의 역량증대) • 권한이전과 관계증진			
조직 임파워먼트	• 집단 임파워먼트의 조직확산 • 제도, 구조변화를 통한 임파워먼트의 의향과 행동정착			

⑥ 실천방법

1단계 정보공유	• 조직성과에 관한 정보공유 • 구성원들로 하여금 사업을 이해하도록 지원 • 중요정보의 공유를 통한 신뢰감 증진 • 자기 스스로 모니터하는 가능성 형성
2단계 구조화	• 명확한 비전과 세부사항을 설정 • 목표와 역할을 공동으로 설정 및 확정 • 새로운 의사결정의 절차 형성 • 임파워먼트의 성과관리 절차를 새롭게 형성 • 훈련을 강화
3단계 팀제도입	• 새로운 방향과 필요훈련 제공 • 변화를 북돋우고 지원 • 점차적으로 관리자의 통제를 줄임 • 리더십 부재상황에서 작업을 진행 • 두려움의 요소를 인정 및 수용

CHAPTER 07 서비스 마케팅과 내부마케팅

▶ 무료 동영상 강의가 있는 SMAT Module B 서비스 마케팅·세일즈

1 서비스 마케팅

(1) 의 의 ★★ 중요

서비스 마케팅이란 서비스를 통해 고객의 필요와 욕구를 충족시킴으로써 마케팅 목표를 달성하려는 기업활동을 의미한다. 서비스 마케팅은 금융, 부동산, 여행, 통신 등 서비스산업이 발달함에 따라 서비스 분야에서도 마케팅 전략의 중요성이 강조되면서 등장하였다.

(2) 구 성

서비스 마케팅은 고객에 대한 기업의 마케팅노력을 의미하는 '외부마케팅', 직원이 고객에게 최상의 서비스를 제공할 수 있도록 교육훈련시키고 동기부여를 하는 '내부마케팅', 그리고 고객과 직접 접촉하여 서비스를 제공하는 직원과 고객 간의 '상호작용마케팅'으로 구성되어 있다.

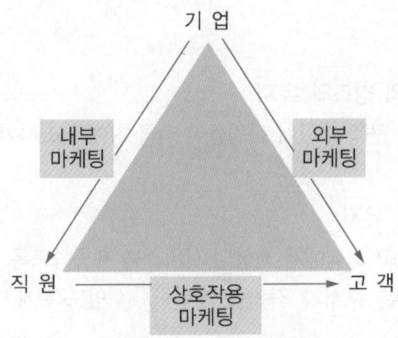

[서비스 마케팅의 삼각형]

구 분	내부마케팅	외부마케팅	상호작용마케팅
대 상	직원, 내부고객	소비자, 외부고객	
수 단	직원의 욕구충족	고객의 욕구충족	
제공물	직무에 대한보상	제품 및 서비스	인적서비스
가 격	노동력의 대가	제품 및 서비스의 대가	무형적서비스의 대가
커뮤니케이션	기업과 직원	기업과 고객	직원과 고객
목 표	직원의 고객지향적 사고를 통한 고객만족	고객만족을 통한 이윤획득	직원의 고객지향적 서비스를 통한 고객만족

2 내부마케팅

(1) 배경

오늘날 기업의 지속적 경쟁우위는 유형의 재화보다는 무형의 서비스 차별화를 통해 달성될 수 있으며 서비스를 창출하고 제공하는 내부고객들에 의해 좌우된다. 이에 따라 기업은 외부환경 분석의 중요성보다는 내부역량 강화와 조직의 경쟁우위 창출을 강조하고 있으며, 어떻게 하면 내부고객을 서비스지향적으로 변화시킬 것인지에 대한 대안과 경쟁우위 확보의 수단으로 활용할 수 있는지에 대한 내부마케팅이 제시되었다.

(2) 의의

내부마케팅은 서비스 마케팅의 한 부분으로, 기업과 직원 간에 이루어지는 마케팅이다. 내부마케팅은 직원이 시장지향적 태도를 지니게 하기 위한 경영철학이며, 서비스품질관리를 위해 직원을 교육훈련하고 동기를 부여하는 활동이다.

(3) 목표

내부마케팅의 목표는 외부고객의 만족에 앞서 내부고객의 만족을 달성하고, 직원의 고객지향적 사고를 통해 최종소비자인 외부고객을 만족시키는 것이다.

(4) 역할

① 조직 내 서비스문화의 창조와 유지
강력한 서비스 문화의 구축에 있어 직원들이 적극 참여하고 자기개발을 도모할 수 있게 조직을 유연하게 만든다.
② 서비스품질의 향상과 유지
직원이 고객의식을 갖고 고객에게 최상의 서비스를 제공하도록 자신의 서비스역량을 개발하고자 하는 동기를 부여한다. 다른 부서가 직원을 지원할 수 있도록 내부서비스 체제를 갖추어야 한다.
③ 조직적 통합
내부마케팅을 통해 조직의 모든 직원들이 서로 한마음으로 조직의 성공을 위해 창조력과 열의를 갖고 일할 수 있도록 지원한다.

> **Tip** Schlesinger & Heskett(1991)의 서비스 이윤고리
>
> 서비스기업의 직원지향 및 고객지향을 실현하려면 여러 기업의 내부활동이 통합적으로 구축되어야 한다. Schlesinger & Heskett(1991)의 서비스 이윤고리에 따르면 '고객의 만족은 직원의 만족에서 온다'고 한다.
>
>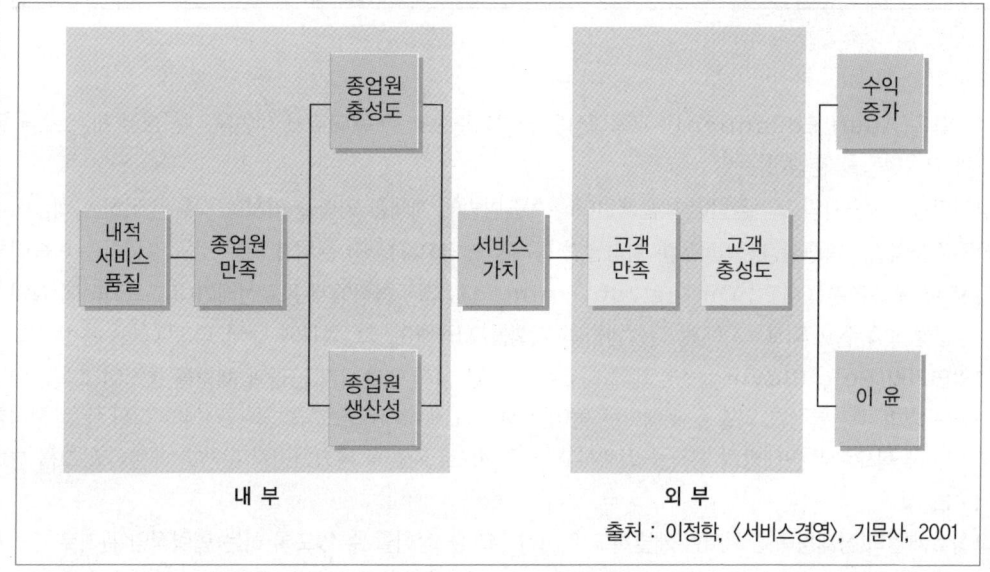
>
> 출처 : 이정학, 〈서비스경영〉, 기문사, 2001

(5) 내부마케팅의 성공전략

① 직원의 역할과 중요성 인식

직원만족(ES ; Employee Satisfaction)은 고품질의 서비스로 이어지며 이러한 고품질의 서비스는 바로 고객만족(CS ; Customer Satisfaction)과 직결된다.

② 직원의 만족도 측정

직원만족을 위해서는 우선적으로 직원만족도의 수준을 측정해야하며, 직원만족도는 품질 지향적인 기업전략에 있어서 핵심요소이다.

③ 통합적인 인적자원의 관리

고품질서비스를 위하여 직원의 능력개발과 자발적인 동기에 의한 서비스태도향상 노력이 필요하며, 이를 위해 기업은 인력의 선발에서부터 역량개발, 평가, 보상에 이르는 전 과정을 통합적으로 관리해야 한다.

④ 경영층의 적극적인 지원

최고경영층, 중간관리자, 감독자 등의 경영층은 직원에게 적절한 수준의 재량권을 부여함으로써 직원이 고객의 요구를 확인하고 신속하게 대응할 수 있게 하는 인적자원관리 역할이 필수적이다. 이로써 직원이 주인의식과 책임감을 가지고 고객과 상호작용할 수 있게 해야 한다.

Part 05 Module B 서비스경영 전문가가 꼭 알고 있어야 하는 전문용어

- **성인교육(Adult Education)** : 교육대상을 분류기준으로 한 용어로서 성인을 대상으로 하는 모든 형태의 교육활동을 총칭하는 말
- **경험학습** : 학습자의 과거경험이 학습패턴이나 학습방법에 지대한 영향을 미치는 것을 주목하는 학습이론
- **자기주도학습** : 학습환경, 학습과정, 학습결과 등에서 학습자 자신이 주체가 되는 것을 주목하는 학습이론
- **직장 내 교육훈련(OJT ; On the Job Training)** : 업무현장에서 동료선배가 피교육자에게 과업수행방법을 보여주고 피교육자에게 실행연습의 기회를 제공하며, 그 결과에 대해 피드백하는 훈련기법
- **역할연기법(Role Playing)** : 주제에 따르는 역할을 실제 연출시켜 공감과 체험을 통하여 교육훈련을 높이는 방법. 즉, 특정한 역할을 수행하는 놀이를 통해 고객 및 서비스직원의 성격이나 상황 등을 형성한 후 연출해 봄으로써 상대방의 성격을 이해하고, 객관적으로 자신을 통찰하면서 문제를 해결하고 그를 통해 배우는 것
- **코칭** : 개인의 잠재능력을 최대한 개발하고 뛰어난 결과를 성취할 수 있도록 하는 협력적인 관계로 관리자나 상사가 성과 관련 문제를 해결하거나 직원의 능력을 개발하기 위한 상호과정
- **서비스마케팅** : 서비스를 통해 고객의 필요와 욕구를 충족시킴으로써 마케팅 목표를 달성하려는 기업활동
- **내부마케팅** : 서비스마케팅의 한 부분으로, 기업과 직원 간에 이루어지는 마케팅이며, 직원이 시장지향적 태도를 지니게 하기 위한 경영철학으로 서비스품질관리를 위해 직원을 교육훈련하고 동기를 부여하는 활동
- **감정노동** : 외적으로 관찰 가능한 표정이나 몸짓을 만들기 위한 느낌의 관리, 또는 조직이 요구하는 감정을 표현함에 있어서 기울이게 되는 노력, 계획 및 통제정도
- **유스트레스** : 긍정적이고 건설적인 측면의 스트레스로, 개인과 조직의 복리와 관련된 성장성, 적응성, 높은 성과 수준과 관련이 있음
- **디스트레스** : 부정적이고 파괴적인 측면의 스트레스로, 다양한 질병, 높은 결근율과 같은 개인적·조직적인 역기능적 결과를 포함

- **동기부여(Motivation)** : '움직인다(to move)'는 의미를 지닌 라틴어 'Movere'에서 유래한 말로, 무엇인가를 움직이는 과정을 포함하는 개념이며, 목표를 달성하기 위한 개인의 집념, 방향, 그리고 목표 달성을 위해 노력하는 지속성을 설명하는 과정
- **2요인이론** : 인간의 동기를 자극하는 요인에는 만족도를 증대시켜 성과와 연결시키는 요인과, 불만족을 감소시키는 데 관여하는 요인이 있다고 주장
- **매슬로의 욕구단계이론** : 인간은 5가지의 욕구단계를 가진다고 가정하였고, 각 단계별 욕구가 충분히 만족될 때 그 다음 단계의 욕구가 커진다고 하였음
- **X이론** : 근본적으로 인간의 부정적인 측면을 바라보는 이론으로, 인간이란 일을 싫어하고 게으르며, 책임을 회피하려고 하므로 항상 실천을 강요해야 한다는 이론
- **Y이론** : 근본적으로 인간의 긍정적인 측면을 바라보는 이론으로, 인간은 일을 좋아하며 창의적이고, 책임을 질 줄 알고 자기에게 주어진 목표를 달성할 줄 안다고 하는 이론
- **E.R.G이론** : 클레이튼 알더퍼(C. P. Alderfer)가 매슬로의 욕구단계설이 직면한 문제점들을 극복하고자 실증적인 연구에 기반을 두어 제시한 수정이론을 주장한 것으로, 매슬로의 기초적 욕구와 안전욕구를 존재(E : Existence)욕구로, 사회적 욕구와 존경욕구를 관계(R : Relatedness)욕구로, 자아실현욕구를 성장(G : Growth)욕구로 분류한 이론
- **기대이론** : 파울로 외(G. Poulos et al.)에 의해 처음 만들어진 이 이론의 기초는 목표-수단 연계(Goals-means Chain) 모델 즉, 개인에게 동기를 부여하려면 그가 바라는 최종목표와 그 목표에 이르는 중간 수단들과의 '연결'의 확률이 높아야 된다는 것을 강조한 이론
- **공정성이론** : 존 아담스(J.S. Adams)는 조직이 공정성을 실천함으로써 구성원들을 동기화시킬 수 있다고 주장함. 즉 사람들은 타인과 비교하면서 조직공정성 혹은 조직정의(Organizational Justice)가 실현되지 않았다고 판단되면 불만이 쌓인다는 이론
- **목표관리(MBO ; Management By Objectives)** : 직무마다 목표를 정해놓고 작업

Part 05 / Module B 출제유형문제

01 성인교육자로서 갖추어야 할 특성으로 옳지 않은 것은?

① 전문성
② 명확성
③ 감정통제
④ 열 정
⑤ 문화적 감수성

해설) 이해와 동정의 힘인 감정이입이 필요하다.

02 성인학습자의 특성으로 옳은 것은?

① 조명을 약간 어둡게 유지해야 한다.
② 작은 소리로 천천히 발음해야 한다.
③ 심리적으로 유연성과 외향성이 증가한다.
④ 사회문화적인 책임이 축소된다.
⑤ 책임이행 의미의 성인교육을 요구한다.

해설) ① 조명을 밝고 일정하게 유지해야 한다.
② 큰 소리로 천천히 발음해야 한다.
③ 경직성, 내향성 및 조심성이 증가한다.
④ 다양한 사회문화적인 책임이 부여된다.

03 관리자의 교육훈련 기법으로 가장 적절하지 않은 것은?

① 세미나
② 모의훈련
③ 행동모델법
④ 사례연구법
⑤ 멘토링시스템

> **해설** 관리자의 교육 훈련 과목으로는 경영과 관련한 교육이 주를 이룬다. 세미나, 모의훈련, 행동모델법, 사례연구법은 교육진행의 기법으로 관리자, 신입사원, 중간관리자 모두에 활용될 수 있지만 멘토링시스템은 신입사원에 한해 이루어진다.

04 직장 내 교육훈련(OJT ; On the Job Training)의 장점으로 볼 수 없는 것은?

① 직무수행과 동시 실시로 내용이 현실적이다.
② 교육훈련과 업무가 직결된다.
③ 상사나 동료 간의 이해와 협동정신이 강화된다.
④ 구성원의 능력과 그에 상응한 훈련이 가능하다.
⑤ 많은 직원을 동시에 훈련하기 용이하다.

> **해설** 많은 직원을 동시에 훈련하기 어렵다.

05 역할에 따른 코치의 종류 중에서 멘토를 설명한 것은?

① 직원들이 개인적인 성장과 경력상 목표를 달성하는 데 도움이 되는 업무가 무엇인지 결정하는 것을 도와주는 사람
② 특정한 상황하에서 직원의 성과를 관찰하여 적절한 피드백이나 지원을 하기로 직원과 약속한 사람
③ 맡은 바를 행동으로 보여주는 역할을 수행하면서 직원들의 기업문화에 적합한 리더십 유형을 제시하는 사람
④ 직원들이 자신의 업무를 효과적으로 수행할 수 있도록 업무상 비전, 전략, 서비스 및 제품, 고객 등에 관한 정보를 제공하는 사람
⑤ 어떤 분야에서 존경받는 조언자이며 기업의 정치적 역학관계에 대처하는 방법 및 영향력을 행사해서 파워를 형성하는 방법을 알고 있는 사람

> **해설** ① 후원자, ② 평가자, ③ 역할모델, ④ 교사이다.

06 코칭의 5가지 스킬에 해당하지 않는 것은?

① 질문스킬
② 경청스킬
③ 감각스킬
④ 자기관리스킬
⑤ 확인스킬

> **해설** 감각스킬이 아니라 직관스킬이다. 코치는 자신의 직관을 활용하여 코칭기술로 승화시키되 생각하지 않고, 예측하지 않으며, 리드하지 않는다.

07 내부마케팅에 대한 설명과 거리가 먼 것은?

① 대상 – 직원, 내부고객
② 수단 – 직원의 욕구충족
③ 가격 – 노동력의 대가
④ 커뮤니케이션 – 직원과 고객
⑤ 목표 – 직원의 고객지향적 사고를 통한 고객만족

> **해설** 내부마케팅의 커뮤니케이션은 기업과 직원을 대상으로 한다.

08 직무스트레스를 관리하기 위한 접근방법 중 조직적 접근으로 알맞은 것은?

① 구체적이면서 현실적인 목표설정 및 적극적인 피드백
② 중요성과 긴급성에 의한 행동의 우선순위에 따른 시간관리
③ 기분전환할 수 있는 수단으로서 경쟁적이지 않은 신체적 운동
④ 명상 등 평화로운 정신상태의 유지를 위한 긴장완화 트레이닝
⑤ 스트레스 상황에서 대화를 할 수 있는 친구나 가족, 동료 또는 다양한 정보획득

> **해설** ②·③·④·⑤ 개인적 접근에 해당한다.

09 매슬로(A. H. Maslow)의 욕구단계이론 중 상위욕구로서 두번째 단계에 해당하는 욕구는?

① 생리적 욕구 ② 안전욕구
③ 사회적 욕구 ④ 존경욕구
⑤ 자아실현욕구

> 해설 1단계 생리적 욕구 → 2단계 안전욕구 → 3단계 사회적 욕구 → 4단계 존경욕구 → 5단계 자아실현욕구

10 멘토 차원에서 얻게 되는 멘토링의 효과로 가장 적절한 것은?

① 폭넓은 대인관계 형성 ② 회사 생활에 대한 자신감
③ 담당분야에 대한 노하우 습득 ④ 경력 개발과 경력에 대한 열망
⑤ 회사로부터 인정과 보상

> 해설 ①·②·③·④ 멘티 차원에서 얻게 되는 멘토링의 효과

남에게 이기는 방법의 하나는
예의범절로 이기는 것이다.

- 조쉬 빌링스 -

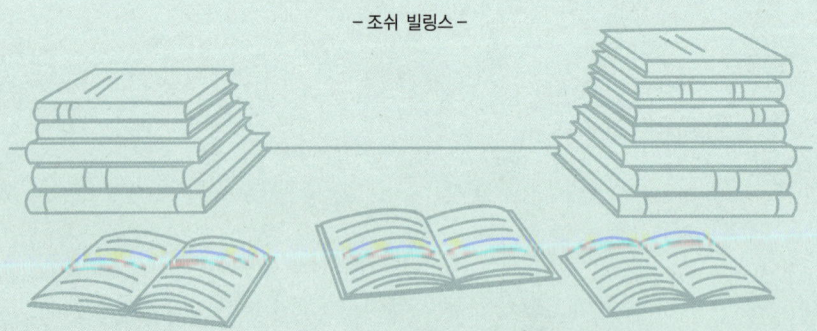

부록

고공행진 모의고사

제1회 고득점 공략 행진 모의고사

모든 전사 중 가장 강한 전사는
이 두 가지, 시간과 인내다.

– 레프 톨스토이 –

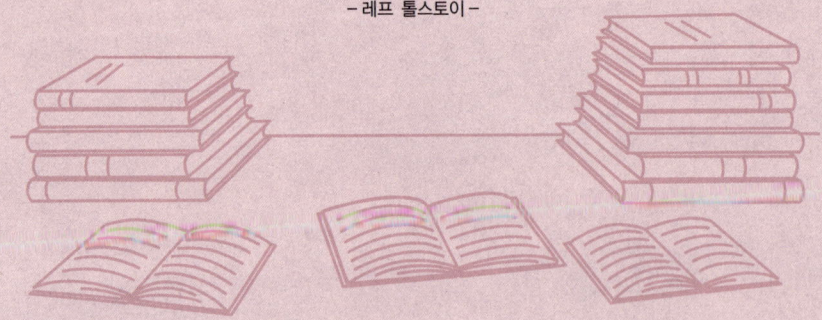

  **끝까지 책임진다! 시대에듀!**
QR코드를 통해 도서 출간 이후 발견된 오류나 개정법령, 변경된 시험 정보, 최신기출문제, 도서 업데이트 자료 등이 있는지 확인해 보세요! **시대에듀 합격 스마트 앱**을 통해서도 알려 드리고 있으니 구글 플레이나 앱 스토어에서 다운받아 사용하세요. 또한, 파본 도서인 경우에는 구입하신 곳에서 교환해 드립니다.

제 1 회 고득점 공략 행진 모의고사

📋 일반형 24문항

01 서비스 세일즈의 특징으로 적절하지 않은 것은?

① 서비스 세일즈의 핵심은 서비스직원이다.
② 직원에 투자하는 것이 상품개발과 같은 것이다.
③ 서비스직원은 고객의 판매촉진 수단이 될 수도 있다.
④ 서비스직원은 서비스라는 상품을 바로 생산해 내기도 한다.
❺ 서비스 세일즈는 판매 전 활동과 판매 시의 활동까지만 포함한다.

해설 서비스 세일즈는 판매 전 활동과 판매 후 활동까지 모두 포함하는 것으로 고객관리를 위한 사전, 사후활동이 모두 이루어지는 것이다.

02 다음 중 고객 상황별 상담기법에 대한 설명으로 적절하지 않은 것은?

① 고객이 말이 없을 때는 편안한 분위기를 조성한다.
② 동행인에게도 상품의 설명이나 칭찬 등을 어필한다.
❸ 가격이 비싸다고 할 때는 먼저 고객의 말을 인정하고 할인정책을 설명한다.
④ 고객이 망설이고 있을 때는 고객의 기호를 정확하게 파악하고 자신감 있게 권한다.
⑤ 어린이를 동반했을 때는 어린아이의 특징을 재빨리 파악하여 칭찬을 하는 것이 좋다.

해설 가격이 비싸다고 할 때는 먼저 고객의 말을 인정하고, 다른 제품과의 차이점을 설명하여 본 제품의 기능을 돋보이도록 설명한다.

03 고객의 생각을 바꾸기 위한 방법으로 적절하지 않은 것은?

① 고객을 만족시킬 수 있는 창조적 대안을 제시한다.
② 고객의 결정 기준을 조사해 그 이면에 있는 것을 밝혀낸다.
③ 고객의 중요 기준 충족 시 오는 제한이나 불이익을 설명한다.
❹ 고객의 중요한 기준을 충족시키기 어려울 때는 그 기준이 중요하지 않다고 설득한다.
⑤ 고객이 중요하게 생각하는 기준의 중요성을 부각시켜 가격보다 핵심적인 기준으로 만든다.

> **해설** 고객이 중요하다고 말하는 기준은 바꾸기 어려우며, 이를 충족시키기 어려울 때 고객에게 그것이 중요하지 않다고 설득하려는 실수를 범해서는 안 된다. 그러한 시도는 대부분 실패로 끝나며, 오히려 기준을 더욱 강화하는 결과를 초래한다.

04 고객과의 올바른 상담원칙에 해당하지 않는 것은?

① 고객의 말을 끝까지 듣고 경청한다.
② 중요 포인트마다 간단히 메모하고 반복하여 확인한다.
❸ 고객의 주장에 논리적으로 설득하면서 자신의 입장을 명확히 한다.
④ 상담 중에 수시로 칭찬과 공감함으로써 고객을 신명나게 만든다.
⑤ 감정적인 말에도 미소로 응대하며 고객이 원하는 것이 무엇인지 파악한다.

> **해설** 고객의 주장에 동조하면서 상대방의 입장을 파악하며 탐색한다.

05 다음 중 우유부단한 고객을 상담하는 기법으로 가장 적절한 것은?

① 상대를 높여주고 친밀감을 조성한다.
② 고객의 말에 지나치게 동조하지 않는다.
③ 질문법을 활용하여 고객의 의도를 이끌어 낸다.
❹ 몇 가지 선택사항을 전달하고, 의사결정 과정을 안내한다.
⑤ 감정 조절을 잘 하여 고객의 의도에 휘말리지 않도록 주의한다.

> **해설** ① 전문가적인 고객, ② 장시간 같은 말을 되풀이하는 고객, ③·⑤ 빈정거리는 고객

06 장기적이고 지속적인 거래관계가 기업에게 주는 이점으로 가장 적절하지 않은 것은?

① 고객화서비스 제공
② 교차판매나 Up-sales를 통한 거래관계의 확대
③ 마케팅 비용의 감소
❹ 서비스 요청단계의 간소화
⑤ 고객에 대한 이해 증가

> **해설** 서비스 요청단계의 간소화는 장기적이고 지속적인 거래관계가 '고객'에게 주는 이점이다. '기업'에게 주는 이점은 서비스 제공단계의 간소화이다.

07 '고객관계관리(CRM)'는 단순히 제품을 팔기보다는 '고객과 어떤 관계를 형성해 나갈 것인가' 혹은 '고객들이 어떤 것을 원하는가' 등에 주안점을 둔 방법론이다. 이러한 CRM을 기업에 성공적으로 도입하기 위한 전략으로 가장 적절하지 않은 것은?

❶ CRM은 우선적으로 회사 자체의 내부 목표, 즉 수익 증대, 영업 생산성 향상, 영업 프로세스 개선 등에 도움을 주도록 설계되어야 하며, 고객이나 자사 영업사원에 대한 고려는 CRM 구축 완료 이후 반영하면 된다.

② CRM 전담조직 전문가에 의한 CRM 전략의 실행방법은 다른 조직의 구성원들로부터 무관심을 유발할 수 있으므로 기업전체의 전종업원이 참여하는 전사적 CRM 활동으로 확대되어야 한다.

③ 어느 서비스 기업이 소매 유통점과의 수직적 통합에 의한 공동의 통합 CRM 전략을 실행할 수 있는 환경이 준비되어 있다면, 고객과의 장기적 관계를 발전시킬 수 있는 CRM의 실행이 용이할 것이다.

④ CRM 활동은 정보기술을 담당하는 조직과 마케팅을 담당하는 관련 부서에서만 관심을 가지는 것은 곤란하며, 전사적인 관심과 지원하에 이루어져야 한다.

⑤ 소매유통점을 통한 간접판매가 많은 부분을 차지하는 제조 기업에 비해 고객정보를 직접적으로 수집할 수 있는 서비스 기업이 CRM을 도입하는 데 용이한 편이다.

해설 CRM은 고객이나 자사 영업사원(유통소매점 포함)의 입장이 최우선적으로 고려되어 설계되어야 한다.

08 고객관계관리(CRM)에 대한 설명으로 가장 적절하지 않은 것은?

① CRM은 고객가치 향상을 통한 기업 수익성의 극대화가 목적이다.

❷ CRM은 새로운 정보가치를 발견하는 방식으로 순간순간의 고객정보를 취한다.

③ CRM활동은 전사적으로 접근하여야 한다.

④ CRM은 가치 있는 고객을 분별하고 세분화한다.

⑤ CRM은 전사적인 관점에서 통합된 마케팅, 세일즈 및 고객서비스 전략을 통하여 개별 고객의 평생가치를 극대화하는 것이다.

해설 ② DB마케팅에 대한 설명이다. CRM은 신규고객의 획득, 기존고객의 개발, 우수고객 유지와 같은 순환적 프로세스를 통하여 고객을 적극적으로 관리한다.

09 CRM(고객관계관리)의 일반적인 실패 원인이 아닌 것은?

① CRM을 기술에 기반한 것이라고 보는 시각 ② 고객 중심 사고의 부족
③ 최고경영층의 적절치 못한 지원 ④ 데이터 통합의 과소평가
❺ 빅데이터가 주는 방대한 양의 정보

해설 CRM 실행의 일반적인 실패원인
- CRM을 기술에 기반한 것이라고 보는 것
- 고객 중심 사고의 부족
- 고객생애가치에 대한 이해가 충분치 않음
- 최고경영층의 적절하지 못한 지원
- 협업의 부족
- 비즈니스 과정을 재설계하는 데 실패
- 데이터 통합의 과소평가

10 서비스 실패를 체계적으로 분석하기 위해 보다 중요하게 고려해야 하는 실패요소는?

① 서비스 제공 시간의 실패, 서비스 제공 방법의 실패
❷ 서비스 제공 과정의 실패, 서비스 제공 결과의 실패
③ 서비스 제공 종업원의 실패, 서비스 제공 시간의 실패
④ 서비스 제공 과정의 실패, 서비스 제공 환경 조성의 실패
⑤ 서비스 제공 상황의 실패, 서비스 제공 요소의 구성 실패

해설 서비스의 실패를 체계적으로 분석하기 위해서는 서비스 제공 과정과 결과의 실패 모두 분석해야만 한다.

11 다음 중 컴플레인 발생 원인이 아닌 것은?

① 전문가 해설 판매 ② 약속에 따른 불이행
③ 상품 관리의 부주의 ④ 성의가 없는 접객 서비스
❺ 예약 확인 해피콜 서비스

해설 해피콜로 미리 예약 확인을 하는 서비스는 좋은 서비스에 해당한다.

12 고객 불만 관리의 성공 포인트로 적절하지 않은 것은?

① 고객의 기대 수준을 뛰어넘어라.
② 고객 불만 관리시스템을 도입하라.
③ 고객만족도에 직원 보상을 연계하라.
④ 진실의 순간(Moment Of Truth)을 관리하라.
❺ 스스로 가장 뛰어난 고객 서비스를 제공하고 있다는 생각을 가져라.

해설 고객서비스에 대한 오만을 버려야 한다. 고객 불만 관리의 최대 적은 고객서비스에 대한 '오만'이다. 기업들은 자신의 서비스 수준을 과신하는 경향이 있는데 자신들이 생각하는 자사 제품과 서비스의 수준 간에 큰 차이가 존재한다는 사실에 주목할 필요가 있다.

13 다음 중 고객 불만을 야기하는 직원의 태도로 볼 수 없는 것은?

① 고객과 같이 흥분하기
❷ 고객의 이야기 경청하기
③ 고객 의심하기
④ 고객 무시하기
⑤ 정당화하기

해설 고객 불만을 야기하는 직원의 태도에는 고객과 같이 흥분하기, 고객 의심하기, 정당화하기, 개인화하기, 고객 무시하기 등이 대표적이다. 고객 이야기 경청하기는 서비스 품질을 높여서 궁극적으로는 고객만족도를 향상시킬 수 있는 좋은 태도이다.

14 다음 중 기업 측의 서비스 실패 원인으로 적절한 것은?

① 제품, 상표, 매장, 회사 등에 대한 잘못된 인식
❷ 충분하지 않은 설명이나 의사소통의 미숙
③ 거래를 중단하거나 바꾸려는 심리
④ 고객의 고압적인 자세와 감정적 반발
⑤ 고객의 기억 착오로 인한 마찰

해설 ①·③·④·⑤ 고객 측의 원인으로 인해 발생하는 서비스 실패

15 다음 중 MTP 기법에 대한 설명으로 옳은 것은?

① 불만은 발생한 장소에서 끝까지 해결하는 것이 일관성 있는 행동이다.
② 고객의 불만은 담당직원이 해결할 때까지 개입하지 않는다.
❸ 고객에게 이성적으로 생각할 수 있는 시간을 준다.
④ 고객에게 컴플레인 발생에 대한 자세한 설명을 계속한다.
⑤ 담당직원이 상황에 대해 잘 알기 때문에 책임자는 개입하지 않는다.

해설 MTP 기법은 사람(Man), 시간(Time), 장소(Place)를 바꾸어 컴플레인을 처리하는 방법이다.
① 불만발생 시 서비스매장에서 사무실이나 소비자상담실로 바꾼다.
②·⑤ 불만발생 시 담당 직원에서 책임자 또는 판매사원에서 판매담당원으로 바꿔 응대한다.
④ 고객이 진정할 때까지 기다리고 잠잠히 듣는다.

16 다음 중 물리적 환경이 미치는 영향에 관한 설명으로 가장 적절한 것은?

① 서비스의 비분리성을 극복하도록 도움을 준다.
② 특정 서비스 기업에 대한 고객의 충성도를 향상시킬 수 있다.
❸ 서비스 기업에 대한 이미지 형성에 있어서 물리적 환경이 중요하다.
④ 물리적 환경은 외부고객에 대해서 주로 영향을 미치며, 내부직원에 대한 영향은 매우 적다.
⑤ 물리적 환경은 서비스 기업의 분위기에 영향을 미치지만, 고객의 구매결정에 영향을 미치지 않는다.

> 해설 ① 서비스의 무형성을 극복하도록 도움을 준다.
> ② 서비스 기업에 대한 충성도에 직접적인 영향을 미치지 않는다.
> ④ 바람직한 물리적 환경은 직원의 생산성, 직무만족 등에 긍정적인 영향을 미친다.
> ⑤ 물리적 환경은 서비스 기업의 분위기에 영향을 미치며, 고객의 구매결정에 영향을 미친다.

17 브로커와 에이전트에 관한 설명 중 옳은 것은?

① 에이전트는 구매자와 판매자 간의 협상을 돕고 이들 간의 거래 관계를 맺어주는 역할을 수행하는 중간상이다.
② 판매에이전트는 일반적으로 하나의 서비스공급자만을 대행한다.
③ 브로커는 기업이나 고객 중 한 쪽을 대신해 기업과 고객 간의 거래를 활성화시키는 역할을 한다.
④ 브로커는 구매자와 판매자를 지속적으로 대리한다.
❺ 브로커는 자금 조달과 같은 거래에 따른 위험부담을 지지 않는다.

> 해설 ① 브로커에 대한 설명이다.
> ② 판매에이전트는 일반적으로 하나의 서비스공급자만을 대행하는 것이 아니라 다양한 서비스공급자의 상품을 취급하여 선택의 폭이 넓어진다. 구매에이전트의 경우도 유사하다.
> ③·④ 에이전트에 대한 설명이다.

18 다음 중 멀티마케팅 전략에 관한 설명으로 가장 적절한 것은?

① 복수 점포 전략은 전문적인 서비스에 적합하지 않다.
② 가격은 멀티마케팅 전략의 중요한 다양화 대상에 포함된다.
❸ 복수 서비스 전략은 기존 서비스에 새로운 서비스를 추가하는 것이다.
④ 멀티마케팅 전략에 포함된 다양한 전략을 혼합하는 전략은 바람직하지 않다.
⑤ 현재의 설비를 충분히 활용하지 못하고 있는 기업에게 복수 점포 전략이 적합하다.

> 해설 ① 복수 점포 전략은 전문적인 서비스에 적합하다.
> ② 멀티마케팅의 중요한 다양화 대상에는 서비스, 점포, 표적시장 등이 포함된다.
> ④ 필요한 경우 멀티마케팅 전략에 포함된 다양한 전략을 혼합하는 것이 필요하다.
> ⑤ 복수 점포 전략이 아닌 복수 시장 전략이 적합하다.

19 중간상을 이용한 서비스 유통경로가 아닌 것은?

① 프랜차이징 ② 에이전트
❸ 다이렉트 채널 ④ 브로커
⑤ 전자채널

> 해설 중간상 단계를 없앤 것을 다이렉트 채널이라고 한다. 현대의 많은 기업들은 다이렉트로 직접 움직이는 것보다 특정과업에 대해 외주를 주는 것이 더 비용효과적인 것으로 판단하고 있다.

20 유통채널 간에 마찰이 발생했을 때 이를 해결하기 위해 지켜야 할 원칙으로 적절하지 않은 것은?

❶ 중복 투자를 막기 위해서 하나의 채널에 집중해야 한다.
② 채널별 수익 / 비용을 분석한 객관적 자료를 기반으로 결정한다.
③ 비용이 수익을 초과한다면 신중하게 디마케팅 전략을 고려한다.
④ 채널 간 갈등 발생 시에는 수익성을 기준으로 의사결정을 해야 한다.
⑤ 일반적으로 비용 측면에서는 전자 채널이 유리하나 수익 측면에서는 오히려 기존 채널이 우수한 경우가 많다.

> 해설 하나의 채널만으로 고객에게 접근하기는 점점 어려워지고 있다. 특정 산업군이 아닌 이상 복수의 채널을 고려해야 한다.

21 다음 중 관리자 교육훈련에 대한 설명으로 적절한 것은?

❶ 광범위한 경영문제와 관련한 교육훈련
② 직업생활상의 공통적 일반지식에 관한 교육훈련
③ 조직에 존재하는 규칙 및 규범에 관한 교육훈련
④ 상위관리자로부터 지시받은 직무의 성공적인 수행을 위한 교육훈련
⑤ 직장생활을 통한 장래의 발전가능성에 대한 희망부여를 위한 교육훈련

> 해설 ② · ③ · ⑤ 신입사원 교육훈련에 대한 설명이다.
> ④ 작업자 교육훈련에 대한 설명이다.

22 피코치의 행동의 변화를 지원할 수 있는 코치의 코칭스킬로 적절하지 않은 것은?

① 점검해야 할 사항을 명확하게 한다.
② 피코치가 가장 필요로 하는 지원이 무엇인지를 확인한다.
③ 코치는 항상 피코치에게 도움을 줄 수 있는 곳에 있어야 한다.
❹ 코치의 분야가 아닌 문제에 대한 지원은 코칭의 범위에서 제외한다.
⑤ 직접 피코치를 지도할 수도 있고, 구체적인 역할모델이 되어 줄 수도 있다.

> 해설 코치의 분야가 아닌 문제를 해결하거나 지원을 얻기 위해서는 피코치와 파트너가 되어 함께 해결방안을 모색해야 한다.

23 다음 중 직장 내 교육훈련의 장점에 대한 설명으로 가장 거리가 먼 것은?

① 비용이 감소한다.
② 교육훈련과 업무가 직결되어 있다.
③ 직무수행과 동시에 실시하므로 내용이 현실적이다.
④ 상사나 동료 간의 이해와 협동 정신이 강화된다.
❺ 참가자 간 선의의 경쟁을 통해 교육효과가 증대된다.

> 해설 ⑤ 직장 외 교육훈련의 장점이다.

24 집단수준의 임파워먼트(Empowerment)에 대한 설명으로 가장 거리가 먼 것은?

① 핵심은 구성원 간의 상호작용이다.
② 상대방의 저항을 극복하는 능력과 관련된 개념이다.
③ 두 사람 이상의 상호 관계가 있을 때 존재하는 개념이다.
④ 조직 내 무력감을 제거하는 파워의 생성, 발전, 증대에 초점을 둔다.
❺ 무력감에 빠진 조직구성원들이 자기효능감을 가질 수 있도록 함으로써 무력감을 해소시키는 과정이다.

> 해설 ⑤ 개인수준의 임파워먼트에 대한 설명이다.

O/X형 5문항

25 서비스의 가장 민감한 현장인 MOT에서는 곱셈의 법칙이 적용되지 않는다.

(① O ❷ X)

> 해설 서비스의 전체 만족도는 MOT 각각의 만족도 합이 아니라 곱에 의해서 결정됨을 주지해야 한다.

26 고객포트폴리오 관리는 시장과 고객에 대한 분석과 기업이 지닌 서비스 역량을 분석하여 불량고객을 찾아내기 위한 것이다.

(① O ❷ X)

> 해설 고객포트폴리오 관리는 시장과 고객에 대한 분석과 기업이 지닌 서비스 역량을 분석하여 최적의 고객을 찾아내기 위한 것이다.

27 서비스 실패로 인한 불만족한 경험을 한 고객이라도 특별한 이해관계가 없는 한 주변의 잠재고객에게 영향을 미치지 않는 것으로 나타난다.

(① O ❷ X)

> 해설 서비스 실패는 주변의 잠재고객에 영향을 미쳐 미래의 고객을 잃게 하는 결과를 초래한다.

28 고객경험관리가 필요한 목적은 접점에서 고객에게 형성되는 다양한 경험이 고객의 구매의사 결정에 영향을 미치기 때문이다.

(❶ O ② X)

> 해설 접점에서 고객이 만족스러운 경험을 하도록 기업은 Base 형성에 주저하는 일이 없어야 한다.

29 인터넷을 통한 유통경로가 구성됨에 따라 기업과 고객은 모두 중간상을 배제하고 싶은 욕구를 갖는 탈중간상화의 현상이 나타나고 있다.

(❶ O ② X)

> 해설 전자적 유통채널의 도입은 유통단계의 축소와 유통단계별 부가되는 비용감소로 판매기능을 고객에게 이전시켰다.

연결형 5문항

[30~34] 다음 보기 중에서 각각의 설명에 알맞은 것을 골라 넣으시오.

> ① MGM 기법 ② MTP 기법 ③ 100 − 1 = 0의 법칙 ④ ERG이론 ⑤ 파레토 법칙

30 전체 서비스의 20%에 해당하는 서비스 상품이 총매출의 80%를 차지한다는 법칙

(   )

해설 ⑤ 파레토 법칙은 핵심적인 20%의 요소가 원인의 80%를 차지한다는 법칙이다.

31 깨진 유리창의 법칙을 설명해 주는 수학식으로, 사소해 보이는 것 하나가 중요한 결과를 초래할 수 있다는 법칙

(   )

해설 ③ 100가지 서비스 접점 중 어느 한 접점에서 느끼는 불만족이 서비스 전체에 커다란 영향을 미칠 수 있다.

32 기업의 기존고객으로부터 신규고객이 될 가능성이 있는 사람의 정보를 받아 새로이 고객을 유치하는 기법

(   )

해설 ① 고객확보전략인 MGM(Member Get Member) 기법이다.

33 불만고객 응대 시 사람(Man), 시간(Time), 장소(Place)를 바꾸어 컴플레인을 처리하는 방법

(   )

해설 ② MTP 기법으로 응대하는 사람, 시간, 장소를 바꾸면 교착 상태에 빠진 컴플레인의 새로운 돌파구를 만드는 계기가 된다.

34 인간행동의 동기가 되는 욕구를 존재(Existence), 관계(Relatedness), 그리고 성장(Growth)으로 구분하는 이론

(   )

해설 ④ ERG이론은 욕구단계이론과 많은 공통점이 있지만 근본적인 차이점은 분명히 있다.

사례형 10문항

35 다음은 '저돌적인 고객'이 변호사 사무실에 전화하여 사무장과 통화하는 장면이다. 이 상황에서 사무장의 고객 응대 방법으로 적절하지 않은 것은?

> 고 객 : "변호사님과 상담하고 싶습니다."
> 사무장 : "죄송합니다만 변호사님은 재판 준비 때문에 바빠서 전화 상담까지 일일이 하실 수가 없습니다."
> 고 객 : (짜증나는 말투로) "그럼 누구와 상담해야 합니까?"
> 사무장 : "사무장인 저와 상담하시면 됩니다. 고객님이 알고 싶으신 법률적인 정보를 저도 얼마든지 제공해 드릴 수 있습니다."
> 고 객 : "그래도 저는 사무장님이 아니라 변호사님과 직접 상담하고 싶은데요. 사무장님을 못 믿어서가 아니라, 제가 전에 변호사가 아닌 다른 분하고 상담하고 소송 진행하다가 낭패를 본 경험이 있어서 그럽니다."
> 사무장 : "그렇다면 저희 사무실을 한번 방문해 주시겠습니까?"
> 고 객 : (약간 흥분된 어조로) "제 기분이 좀 나쁘네요. 변호사 사무실이 여기만 있는 것도 아닌데, 왜 그렇게 까다롭습니까?"

① 고객이 충분히 말할 수 있도록 기회를 준다.
② 부드러운 분위기를 유지하며 정성스럽게 응대한다.
③ 침착함을 유지하고 자신감 있는 자세로 정중하게 응대한다.
④ 흥분된 고객의 감정 상태를 스스로 조절할 수 있도록 유도한다.
❺ 자신의 법률적 지식이 부족하지 않음을 사례로 선보이며 고객이 신뢰할 수 있도록 유도한다.

해설 자신의 전문적인 지식으로 상대방을 가르치려는 식의 상담을 하면 흥분을 더욱 고조시켜 일을 그르치기 쉽다.

36 다음은 맛집으로 소문난 식당에 가서 식사 후 나누는 친구 간의 대화 내용이다. 대화 마지막 부분에서 영민이가 언급한 것을 지칭하는 용어는?

> 영민 : "이 집 삼계탕 맛 어때?"
> 철수 : "소문대로 맛이 일품이야. 네가 나를 여기까지 데리고 온 이유를 알겠어. 정말 오길 잘 했어."
> 영민 : "나는 내심 걱정했어. 일부러 시간 냈는데 네가 맛이 없다고 하면 어떻게 하나 하고 말이야."
> 철수 : "이 집은 직접 나서서 광고하지 않아도 왔던 손님들이 알아서 입소문을 많이 내줄 것 같은데…"
> 영민 : "사실 입소문의 효과가 광고보다도 훨씬 큰 경우가 많지. 이처럼 긍정적 입소문으로 제품이나 서비스를 구매하게 되어 마케팅 활동 전개 없이 확보된 신규고객의 가치는 정말 크다고 할 수 있어."

① 고객 구매력
② 고객 점유율
③ 공헌마진
④ 고객 추천가치
❺ 고객들의 간접적 기여가치

해설 입소문이나 추천으로 인하여 확보된 신규고객은 기업의 비즈니스 활동에 큰 영향을 미친다. 이는 기업의 마케팅 자원 투자 없이도 나타나는 '고객들의 간접적 기여가치'라고 할 수 있다.

37 다음은 컴퓨터 세일즈맨이 신규거래처를 공략하기 위하여 노력한 사례이다. 이 사례는 서비스 세일즈 단계별 상담전략의 어느 단계에 해당되는가?

> 대기업 L사에서 사용 중인 컴퓨터를 1년 후에 대대적으로 교체할 것이라는 첩보를 입수한 컴퓨터 세일즈맨인 H과장은 가슴이 뛰기 시작했다. 예상 물량을 대략 추정해보니 자신의 연간 판매 목표량에 이르는 엄청난 양이다. 그는 L사의 구매팀장이 어떤 사람이고, 특히 그가 가장 좋아하는 운동이 무엇인가를 파악했다. 알고 보니 구매팀장은 학생 때부터 볼링을 쳤고 지금도 시간만 나면 볼링을 즐긴다는 것이다. 초기 H과장은 초보 수준의 볼링 실력을 가지고 있었지만 6개월간 틈틈이 노력하여 실력을 키웠다. 컴퓨터 제안 상담을 본격적으로 하기 전에 팀장에게 넌지시 "팀장님, 혹시 즐기는 운동 있으세요?"라고 물었더니 예상대로 볼링이라는 대답을 했다. "저도 볼링을 무척 즐기는데 시간되면 언제 저와 게임 한번 하시죠."라고 말했다. 이렇게 해서 어느 날 첫 게임이 시작되었으며, 그 날 이후 두 사람의 관계는 돈독해졌다.

① Needs(파악)
② Closing(상담 마무리)
❸ Approaching(고객 접근)
④ Presentation(상품 설명)
⑤ Prospecting(잠재고객 발굴)

해설 Approaching은 타깃 고객에게 다가가는 것인데, 이때 관계 형성을 위한 친밀감을 유도하는 것이 매우 중요하다.

38 다음은 신차를 계약한 40대 남성 고객이 세일즈맨인 박과장에게 출고 지연에 대한 컴플레인을 제기하는 장면이다. 이 상황에서 박과장의 컴플레인 대응 방법 중 적절하지 못했던 것은?

> 고 객 : (화난 말투로) "박과장님, 어떻게 된 거예요? 늦어도 15일 정도면 차를 탈 수 있게 해준다고 했는데 벌써 계약한 지 1개월이 지났어요."
> 박과장 : (진심어린 표정으로) "죄송합니다. 저도 최선을 다하고 있지만 워낙 계약 차량이 많이 밀려 있어서 그렇습니다. 저도 피가 마릅니다."
> 고 객 : "오죽 답답하면 제가 과장님을 만나러 여기까지 왔을까요. 제 입장도 이해해 주세요."
> 박과장 : "저도 사장님 마음 잘 압니다. 다시 한 번 사과드립니다."
> 고 객 : "저도 참을 만큼 참았어요. 그럼 언제까지 가능하겠어요?"
> 박과장 : "딱 일주일만 여유를 주시면 무슨 수를 써서라도 반드시 해결하겠습니다. 제 이름을 걸고 약속합니다."
> 고 객 : "과장님 이름을 거신다고 하니 저도 마지막으로 믿어 보겠습니다."
> 박과장 : (목소리 톤이 높아지면서) "네, 저를 믿어주셔서 감사합니다!"

① 자신의 노력만으로는 어쩔 수 없다는 것을 이해시킴
② 진심어린 마음으로 고객의 흥분을 가라앉히려고 노력함
③ 고객과의 약속을 지키지 못한 것에 대하여 정중히 사과함
❹ 난처한 상황에서 벗어나려고 지나치게 과장된 약속을 성급하게 함
⑤ 고객 입장에서 접근하는 역지사지의 원칙을 지키려고 노력하며 공감하려 함

해설 불만고객과의 난처한 상황을 모면하기 위하여 지나치게 과장된 약속을 하게 되면 자칫 더 큰 문제를 야기할 수 있으므로 유의해야 한다.

39 다음 질문 사례를 통하여 적합한 질문유형을 고르시오.

> 가. 상품 특징에 대한 효과는 어느 정도입니까?
>   그동안 우리 제품을 사용하시면서 불편했던 점은 무엇입니까?
> 나. 현재 마음에 들지 않은 부분은 어떤 것입니까?
>   현재 사용하고 계신 컴퓨터에 대한 문제점을 질문해도 되겠습니까?
> 다. 그런 문제로 인해 향후 예상되는 손실은 얼마나 될까요?
>   시스템 안정이 품질상승뿐만 아니라 원가절감에도 도움이 되겠지요?
> 라. 시스템 효율을 증가시킨다면 생산과 품질에는 어떤 영향을 줄까요?
>   부장님은 A상품이 왜 더 좋다고 생각하십니까?

① 가. 상황질문 나. 문제질문 다. 해결질문 라. 확대질문
② 가. 문제질문 나. 상황질문 다. 확대질문 라. 해결질문
❸ 가. 상황질문 나. 문제질문 다. 확대질문 라. 해결질문
④ 가. 확대질문 나. 해결질문 다. 문제질문 라. 상황질문
⑤ 가. 해결질문 나. 확대질문 다. 상황질문 라. 문제질문

해설 상황(정보)질문 – 문제질문 – 확대질문(문제확대질문, 해결확대질문) – 해결질문

40 다음은 서비스 직원 대상 '컴플레인 처리 스킬 향상 교육'에서 강사가 서비스 실패의 원인에 대하여 설명한 내용이다. 이 중에서 '고객 측 원인'에 해당되는 사항으로만 구성된 것은 어느 것인가?

> 가. 서비스 직원이 고객 감정을 제대로 살펴서 배려를 잘 해야 하는데, 그렇게 하지 않으면 서비스 실패가 되기 쉽습니다.
> 나. 매일 반복되는 일을 하다보면 자칫 고객응대를 무성의하게 해서 고객의 기분을 상하게 하는 경우가 있습니다.
> 다. 거래를 중단하거나 바꾸려는 심리로 의도적인 불만 제기를 하는 경우도 간혹 있습니다.
> 라. 매출목표 압박으로 인하여 무리하게 판매를 권유하게 되면 그 후유증이 나타날 수 있습니다.
> 마. 구매 전의 지나친 기대심리나 자신의 기억 착오로 직원과 마찰이 생겨서 서비스가 나쁘다고 하는 경우도 많습니다.

① 가 – 나　　　　　　　② 나 – 다
❸ 다 – 마　　　　　　　④ 다 – 라
⑤ 라 – 마

[해설] 서비스 실패는 고객 측 원인보다 기업 측 원인이 훨씬 많지만 고객 측 원인도 무시할 수 없다. 고객 측 원인 중에서 거래 중단과 바꾸려는 심리로 의도적인 불만 제기를 하게 되면 담당 직원은 매우 난감해진다. 또한 구매 전의 지나친 기대나 자신의 기억 착오로 직원과 마찰이 생겨서 서비스가 나쁘다고 하는 경우도 의외로 많다.

41 다음은 어느 보험회사의 서비스 품질 향상을 위한 워크숍에서 서비스 회복에 대한 토론을 했던 주요 내용이다. 이 중에서 '서비스 회복' 현상과 거리가 먼 것은 어느 것인가?

> 가. 우리가 이번 기회에 불만족한 고객을 만족한 고객으로 전환시켜 우리 회사 아군의 숫자를 늘려 보면 어떨까요?
> 나. 서비스 회복은 우리 회사의 경쟁우위 확보와 그다지 상관관계가 없으니 크게 신경쓰지 않아도 될 것 같습니다.
> 다. 신규고객 확보가 기존고객 유지보다 5배 이상 노력해야 한다고 하니 우리가 기존고객 관리에 좀더 신경을 씁시다.
> 라. 고객 유지율을 20% 향상시키면 10%의 비용절감 효과가 있다고 하니 이 점을 특히 주목합시다.
> 마. 서비스 회복은 고객을 우리 회사의 의사소통에 참여시킴으로써 충성도를 강화시키는 좋은 기회가 될 수 있습니다.

① 가　　　　　　　　　❷ 나
③ 다　　　　　　　　　④ 라
⑤ 마

[해설] 서비스 실패를 경험하지 않고 일상적인 서비스를 경험한 고객보다 서비스 회복을 통해 만족 고객으로 전환된 고객이 더 호의적인 이미지를 형성할 수 있으므로, 서비스 회복은 기업의 경쟁우위 확보에 매우 중요한 수단이 된다.

42 다음은 국내 취업포털 기업의 서비스 마케팅 사례이다. 고객관계관리 측면에서 이 회사의 성공요인과 거리가 먼 것은?

> J사는 150만 기업회원과 1,000만 여명의 개인회원, 60%의 시장점유율을 확보하고 있는 국내 취업포털 1위 기업이다. 하루 평균 33만 여명의 방문과 1일 평균 채용공고 등록건수가 1만 건 이상으로 경쟁사와는 비교되지 않을 정도로 가장 많은 채용정보를 제공하고 있다. 이처럼 막강한 경쟁력의 기반에는 높은 서비스 상품 품질과 차별화된 고객관계관리 등이 자리 잡고 있다. 고객니즈를 파악하는 데 상당한 투자를 하여 고객이 진정으로 원하는 새로운 서비스 상품을 경쟁사보다 한발 앞서 선보임으로써 고객들의 좋은 반응을 얻고 있다. 고객이 가려운 곳을 찾아내 긁어주어 시원하게 해주니, 반응은 항상 기대 이상이며 긍정적 구전효과가 빠르게 나타난다. 그래서 이 회사가 새롭게 선보이는 서비스 상품마다 '업계 최초'라는 수식어가 붙는다. 경쟁사들은 J사의 구축된 서비스를 모방하는 데 급급한 실정이다. J사의 경영진에서는 고객관계관리의 중요성을 실감하고 고객과 상호 만족하는 관계 형성을 하는 데 자원을 집중하고 있다. 그 결과 J사의 충성고객은 오늘도 계속 증가하고 있다.

① 고객 니즈 파악을 위하여 상당한 투자를 한 것
② 경쟁사보다 우월한 서비스 상품을 한 발 앞서 출시한 것
③ 시장 선도자답게 업계 최초를 지향하는 마케팅 활동을 한 것
❹ 불만고객들의 컴플레인 내용을 새로운 마케팅 기회로 삼은 것
⑤ 고객의 기대 이상 반응으로 긍정적 구전효과가 빠르게 나타난 것

해설 불만고객들의 컴플레인 내용을 잘 경청하면 회사가 미처 파악하지 못한 사항을 발견할 수 있기도 하지만, 이 사례에서는 언급되지 않았다.

43 다음은 초등학교 6학년 학생의 엄마인 고객이 학습지 회사 지점장에게 교사 문제로 컴플레인을 제기하는 전화 내용이다. 이 상황에서 지점장의 컴플레인 대응 방법 중 적절하지 않은 것은?

> 고 객 : "우리 애를 가르치는 선생님이 한 달밖에 안 되었는데 곧 그만둔다면서요? 6학년인데 선생님이 이렇게 자주 바뀌면 어떻게 합니까?"
> 지점장 : "죄송합니다. 입이 열 개라도 드릴 말씀이 없습니다."
> 고 객 : "그전에는 안 그랬는데 무슨 특별한 이유가 있나요?"
> 지점장 : "요즘 젊은 사람들은 입사해서 조금만 힘들면 그만두고 다른 직장을 찾기 때문에 선생님들의 이직이 빈번해서 그렇습니다."
> 고 객 : "저는 학습지 업계 1위 기업이라 안심했는데, 매우 실망스럽네요."
> 지점장 : "구조적인 문제라 저로서도 지금 당장은 명쾌한 답을 드릴 수가 없습니다. 죄송합니다."
> 고 객 : "그렇다고 손 놓고 기다릴 수만은 없죠. 다른 학습지 회사를 알아봐야겠네요."
> 지점장 : "조금만 참고 기다려 주시면 조만간 본사 차원의 획기적인 대책이 있을 것입니다."
> 고 객 : "지점장님 말을 믿을 수 있나요?"
> 지점장 : "네, 한 번만 저를 믿고 기다려 주세요."

① 현재 가르치고 있는 교사를 설득하여 이직을 최대한 막아본다.
② 지점의 조직구성원들과 문제 해결을 위하여 방안을 모색한다.
③ 경쟁사에서 사직한 교사 중에서 입사 가능성이 있는 사람을 알아본다.
❹ 구조적인 문제이기에 본사가 문제를 해결해 줄 때까지 독촉하면서 계속 기다린다.
⑤ 본사 차원의 대안 제시가 있을 때까지 교사 출신인 지점장 자신이 직접 나서서 교사 역할을 수행하는 적극성을 보인다.

해설 불만고객 응대는 어려운 직무이다. 특히 이 사례처럼 구조적인 문제를 안고 있는 경우는 더더욱 그렇다. 그렇다고 해서 문제가 해결될 때까지 마냥 손 놓고 기다려서는 안 된다.

44 다음은 건강식품회사인 K사의 고객관계관리 사례이다. 이 회사 / 사장의 판단이라고 볼 수 없는 것은?

> 창업 20주년을 맞이한 건강식품회사인 K사는 '회원제'라는 남다른 고객관계관리를 하고 있어서 주목받고 있다. 경쟁사들이 일반 유통채널을 활용하여 마케팅 활동을 하고 있는 데 반해, 이 회사는 회원을 대상으로 하는 직접 판매를 고수하고 있다. 현재 K사는 40~60대 연령층의 80만 여명의 회원을 확보하고 있는데, 그 숫자는 계속 늘어나고 있다. 그 중에서 70만 명 정도가 구매활동을 활발히 하고 있다.
> 회원들의 재구매율이 90%에 이를 정도로 강력한 브랜드 파워를 구축하고 있어서 매출과 영업이익 모두 동업계 선도자 위치를 차지하고 있다. 회원제는 동질적 욕구를 가진 집단으로 형성되기 때문에 밀착관리가 쉽고 다른 유통 단계를 거치지 않아서 가격을 낮출 수 있다. 물론 이 회사도 설립 후 5년간 상당히 고전한 적이 있다. 경쟁사에 비해 월등히 우수한 제품력을 가지고 있었지만 인지도가 낮아 회원확보가 제대로 되지 않았다. 회사 내에서는 회원제만 고집할 것이 아니라 경쟁사와 같이 백화점, 대형마트 등과 같은 일반 유통채널을 이용하자고 했지만 사장의 의지는 확고했다. 건강식품은 결국 재구매가 성패를 좌우하는데, 이를 위해서는 회원제가 가장 좋은 방법이라고 믿고 사장이 직접 나서서 직원들을 설득했다. K사의 회원제는 회원들에게 주는 혜택이 매우 크기 때문에 거의 이탈하지 않고 있으며, 회원들을 통한 구전마케팅은 시간이 지날수록 빛을 발하고 있다. 앞으로도 K사는 회원제를 통한 직접판매 방식만을 고집스럽게 이어나갈 계획이다.

① 사장은 일반 유통채널에 대한 부정적 생각을 가지고 있다.
② 사장은 구매 사이클의 '인지 단계'의 벽을 넘는 데 5년 정도 투자했다.
③ 사장은 회원제가 앞으로도 제품 판매에 크게 기여할 것이라고 믿고 있다.
❹ 사장은 회원제가 재구매율을 높이는 데 도움이 되지 않는 것으로 판단했다.
⑤ 사장은 구매 사이클의 '최초구매 단계'만 넘어서면 승산이 있다고 판단했다.

해설 회원제는 회원들의 정보수집과 활용이 가능해서 밀착관리가 쉽기 때문에, 제품력만 뒷받침된다면 재구매율을 높이는 것이 그다지 어렵지 않다.

통합형 6문항

[45~46] 다음은 휴대폰 판매점에 방문한 어느 고객의 상담 내용 중 일부이다. 읽고 물음에 답하시오.

> 저는 지난 8월에 ○○ 지역으로 여행을 다녀온 사람입니다.
> 추억에 남는 여행을 준비하고 들뜬 마음으로 시간을 내고 경비를 들여서 다녀온 여행인데 아쉬움이 많이 남아 이렇게 글을 올립니다. 우선, 호텔 객실이 사진에서 보였던 것과는 너무 달랐습니다. 어느 정도 다를 수 있다는 것은 상식적으로 알고 있었지만, 화가 나고 기분이 상할 만큼 다르다면 문제가 있는 것 아닌가요? 일단 여기까지는 어쩔 수 없어서 기분 좋게 여행을 마무리 하고 싶었지만 제 불만사항을 들은 여행 가이드의 반응 때문에 기분이 더 나빠졌네요. 원래 다 그런 거라는 식으로 이야기하니 무시당하는 기분까지 들어서 당황스러웠습니다. 뭐가 해결해 달라고 이야기한 것도 아닌데 그런 반응을 보이는 이유는 무엇인가요? ○○ 여행사의 가이드는 여행객들이 얼마나 소중한 시간을 내서 설레는 마음으로 여행을 하는지 모르는 건가요? 그 외에도 이미 마음이 상한 저는 이후 여행 스케줄 내내 기분이 잘 풀리지 않았습니다. 여행을 다녀오자마자 여행사에서 계약을 진행해 준 담당자에게 이야기를 하려고 했지만 흔히들 한다는 해피콜조차 한 번 없네요. 굳이 기분 나쁜 여행을 떠올리며 전화하려니 업무 시간 중에는 망설여지고 저녁에는 여행사도 통화가 안 되니 이렇게 게시판에 남깁니다. 여행사에서는 어떻게 보상해 주실 건가요? 제가 다시 이 여행사를 이용하지 않으면 되는 거겠죠?

45 서비스 제공자는 고객의 컴플레인을 어떻게 이해해야 하는가에 대한 설명으로 적절치 않은 것은?

① 고객이 기대했던 수준에 못 미치는 상황에서 서비스 실패가 발생하게 되었다.
❷ 고객 서비스 실패의 가장 큰 원인은 고객 불만족을 즉각 해결할 수 있는 현실적이고 구체적인 방법이 없었던 데에 있다.
③ 고객은 실제와 다른 사진이 게시된 것은 판매만을 목적으로 하고 있을 거라는 생각으로 이어져 여행사에 대한 불만이 커지게 된 것이다.
④ 고객 컴플레인이 1차적인 서비스 현장에서 해소 혹은 완화될 수 있는 기회가 있었으나, 가이드의 서비스 응대 실패로 인해 고객 컴플레인은 더욱 강화되고 말았다.
⑤ 이 고객에게 여행은 매우 귀중한 시간에 대한 투자였으므로 특별히 더 큰 의미가 있었으며, 이러한 고객의 상황이 더욱 강한 컴플레인을 유발하게 된 계기가 되었다.

> **해설** 고객 서비스의 실패를 해결하는 구체적 방법의 문제보다는 고객 감정에 대한 배려의 부족이 더욱 중요한 포인트였다고 할 수 있다.

46 고객 컴플레인에 대한 담당자의 응대에 대한 설명이다. 효과적인 응대가 아닌 것은?

① 고객의 상황에서는 불만이 야기될 수 있음을 인정하고 경청·공감하는 것이 우선이다.
❷ 여행사 입장에서 어쩔 수 없었던 부분을 설명하여 고객이 상황을 이해할 수 있도록 한다.
③ 불만족 고객의 부정적 구전을 사전에 예방할 수 있는 기회가 제공되었으므로, 고객의 불만족을 최소화할 수 있는 방안을 강구해야 한다.
④ 불만 사항을 알려준 데 대해 감사의 뜻을 전하고 고객에게 여행사의 서비스 개선 노력에 대해 추후 조치 결과를 신속하고 자세하게 알려준다.
⑤ 고객이 제시한 불만 사항을 향후 고객 서비스 개선에 적용하여 해피콜 제도의 도입, 가이드 서비스 응대 지침 전달 등의 방법을 도입한다.

해설 정당화하는 듯한 응대법으로 고객의 초기 컴플레인 처리 시 고객의 불만이 더 증대되는 대표적인 응대이다.

[47~48] 다음은 ○○ 통신사의 고객 센터에서의 고객 불만 접수 상담내용이다.

고 객 : 인터넷을 신규로 가입했는데 계속 끊어지고 ARS로 고장 접수를 하려고 해도 전화연결도 잘 안되고요. 계속 단말기를 재부팅해야 하는데 불편해서 어떻게 사용하죠?
상담원 : 네... 고객님 죄송합니다. 인터넷 사용 중에 자꾸 끊어지시면 많이 불편하셨을 것 같은데 저희가 신속히 조치해 드리지 못해 죄송합니다. 게다가 전화 연결도 잘 안 되었으니 더 불편하셨을 것 같습니다.
고 객 : 빨리 고쳐주시거나 해지해 주세요.
상담원 : 죄송합니다. 빠르게 조치할 수 있도록 방법을 찾아 보겠습니다.
고 객 : ARS는 정말 문제가 많은 것 같아요. 고장 접수는 고객이 불편한 상황인데 계속 안내 멘트만 나오면 어떡합니까?
상담원 : 죄송합니다. 말씀하신 것처럼 고장 접수만큼은 가장 신속하게 처리될 수 있어야 하죠. 이 부분에 대해서 개선점을 찾아보겠습니다. 문제점을 지적해 주셔서 감사합니다. 우선, 고장 관련 문제는 오늘 가장 가까운 기사님께서 30분 이내에 전화 드리고, 두 시간 내에 찾아 뵙게 해드릴 것입니다. 특별히 고객님 상황을 기사님께도 전달해서 빠르게 서비스 받으실 수 있도록 해 두겠습니다.
고 객 : 알겠습니다.
상담원 : 고객님, 다시 한번 죄송하다는 말씀을 드리고 우선 이후 인터넷 서비스에 동일한 문제가 재발하지 않는지에 대해 저희가 기사님 방문 이후에 점검을 위해 확인 전화를 다시 한번 드리겠습니다. ARS를 이용하시지 않더라도 혹시 그때 문제가 있으시면 저희에게 바로 말씀하실 수 있도록 하기 위해서입니다. 괜찮으시겠습니까?
고 객 : 네, 그렇게 알겠습니다.
상담원 : (   )

47 상기 상담원의 고객불만의 처리 과정을 설명한 것이다. 적절치 않은 것은?

① 고객의 불만 사항에 대해 정중한 사과와 경청과 공감을 통해 적절히 응대하였다.
② 고객이 제시한 불만과 문제점 제시에 대해 감사의 표현을 하여 고객 존중을 극대화하였다.
❸ 상담원이 직접 수행할 수 없는 서비스 품질 개선에 대해 언급하는 것은 적절치 않은 대응이다.
④ 불만 사항의 처리에 대한 사후 확인 절차를 안내함으로써 고객 불만의 확대를 사전에 예방하고자 했다.
⑤ 사과와 함께 신속하게 해결 방안을 찾아서 안내하고 고객에게 특별한 조치를 시행하였음을 알려 최선의 지원을 하고 있음을 표현하였다.

> **해설** 고객 불만 처리의 이상적인 모습으로 본 사례를 관련 부서 등에 공유하고 재발을 방지하는 것은 매우 중요한 불만 처리 프로세스의 일부이다.

48 고객불만 처리 과정의 응대 마무리인 괄호 안에 들어갈 수 있는 응대 화법이다. 괄호 안에 들어가기 적합하지 않은 것은 무엇인가?

❶ 고객님께서 말씀해 주신 사항이 사실인지 확인 후 사실이라면 조치해 드리겠습니다.
② 다시 한 번 죄송하다는 말씀 드리고, 같은 불편을 또 다시 겪지 않으실 수 있게 최선을 다해 조치하도록 하겠습니다.
③ 이해해 주셔서 감사합니다. 최대한 불편하신 점을 빠르게 조치하도록 하겠습니다. 혹시 그밖에 다른 불편 사항은 없으십니까?
④ 감사합니다. 그리고 오늘 말씀 주신 ARS 건에 대해서는 저희 회사 서비스 품질 개선에 반영하여 원인을 찾아서 재발되지 않도록 조치하겠습니다.
⑤ 감사합니다. 저는 상담원 ○○○이었습니다. 혹시 조치 사항이 제대로 이행되지 않으셨다면 제 직통전화 ○○○-○○○○으로 직접 전화 주시면 빠르게 연결되어 제가 직접 해결해 드리겠습니다.

> **해설** 사실 확인에 대한 응대는 고객에게 의심의 메시지로 전달되므로 피해야 한다.

[49~50] ○○가구회사는 신규 대리점주를 대상으로 본사의 정책을 전달하기 위한 세미나 개최를 준비하고 있다. 다음은 세미나에서 전달할 내용을 정리한 것이다. 읽고 물음에 답하시오.

1. 본사 현황 및 역사, 미래 비전
   - ○○가구점의 유통 및 제품 개발의 철학 – 비전에 대한 공유
   - Win-Win의 파트너십에 대한 약속

2. 각종 제도에 대한 안내
   - 성과 보상 정책 : 기본 유통 마진을 제외한 추가 인센티브 등 안내
   - 정찰제 안내 : 본사의 정찰제에 대한 의의 및 시행 방식 안내
   - 고객만족지수 평가 제도 : 본사의 고객 해피콜 등을 통한 고객만족지수 조사 안내, 항목별 체크사항 안내, 고객만족지수 우수 대리점 포상제도 안내
   - 각종 유의사항 안내 : 대리점 유통 계약서상에 금지, 유의사항 발생 시 조치 내용의 안내(공정성, 명확성)

3. 지원제도 안내
   (   )

4. 기 타
   - 신제품 개발 및 품질 개선 자문단 활동(대리점주 및 현장 판매원)
   - 주요 제도, 정책 변경 시 사전 협조 시스템 구성
   - 향후 정기적인 제품 및 서비스 품질 관련 지역별 회의 확대 및 상시 정보 공유 기구 창설

49 ○○가구회사는 유통채널을 성공적으로 관리하기 위한 다양한 제도, 메시지를 준비하고 있다. 성공적인 유통채널을 확보하기 위한 활동에 대한 설명으로 옳지 않은 것은?

① 중간상인 대리점이 기업 경영에 효과적인 의견을 개진하고 주인의식을 가지기 위한 다양한 권한을 제공한다.
② 고객 만족 및 서비스 품질에 대한 책임감, 의무 등을 명확하고 공정한 통제 시스템을 활용하여 통제할 수 있도록 한다.
③ 회사가 추구하는 고객 지향성 및 유통의 철학이 대리점 현장에서 고객에게 효과적으로 전달되기 위해 다양한 제도를 활용한다.
④ 파트너십을 성공적으로 구성하기 위해 회사는 공동의 목표를 설정하고 이를 각자의 이익에 부합할 수 있음을 전달하려 한다.
❺ 대리점주는 독립적인 사업주이므로 자체적인 유통 전략을 수립하고 이를 통해 경쟁력을 확보, 본사의 매출에 기여할 수 있도록 한다.

해설 중간상을 통한 서비스 유통채널 관리의 이슈는 일관성과 통일된 품질 통제에 있다.

50 ○○가구점이 대리점 중간상의 효과적인 서비스 전달을 위해 다양한 지원제도를 통해 권한을 부여하고자 한다. 3번의 지원 제도에 해당되지 않는 것은?

① 대리점의 신규 채용 판매사원의 신입사원 교육을 본사 집합교육으로 지원한다.
② 본사는 시장 조사 및 판매 마케팅에 관련한 다양한 연구를 통해 대리점을 지원한다.
❸ 대리점별 판매 목표를 월별 부여하여 이를 통해 대리점의 매출과 수익향상을 촉진한다.
④ 업무를 효율적으로 전개할 수 있는 재고 확인, 주문, 출고 등의 온라인 시스템을 지원한다.
⑤ 대리점주 및 대리점 판매 사원의 효과적인 고객 응대를 위한 정기적인 교육 프로그램을 진행한다.

해설 일종의 통제 전략으로 본사의 강력한 파워를 활용하는 전략이다.

SMAT Module B 참고도서

- 구자룡, 〈지금 당장 마케팅 공부하라〉, 한빛비즈, 2012
- 나일주, 〈교육공학관련이론〉, 교육과학사, 2007
- 박경종 외, 〈서비스경영〉, 이프레스, 2014
- 배장오, 〈사회교육론〉, 서현사, 2007
- 안광호 외, 〈소비자행동-마케팅전략적 접근〉 5판, 법문사, 2010
- 안상현, 〈모든 것을 고객 중심으로 바꿔라〉, 살림, 2004
- 윤양석, 〈서비스 식스시그마 101〉, 네모북스, 2003
- 이재연, 〈소셜스타일-커뮤니케이션도 스타일이다〉, 책나무, 2011
- 이정학, 〈서비스경영〉, 기문사, 2001
- 이종목, 〈직무스트레스의 이해와 관리전략〉, 전남대학교출판부, 2008
- 임창희, 〈조직행동〉 4판, 비앤엠북스, 2008
- Christopher Lovelock 외 저, 김재욱 외 역, 〈서비스마케팅〉, 시그마프레스, 2011
- CS 리더스관리연구소 저, 〈CS Leaders Master 되기〉, 시대에듀, 2018
- CS 리더스관리연구소 저, 〈CS리더스관리사 한권으로 끝내기〉, 시대에듀, 2023
- James A. Fitzsimmons 외, 서비스경영연구회 역, 〈지속가능시대의 서비스경영〉 8판, 2014
- LG경제연구원 저, 주간경제 918호, 2007.01.05
- Michael Levy & Barton A. Weitz 저, 박진용 외 역, 〈소매경영〉, 한올출판사, 2011

미래는 자신이 가진 꿈의 아름다움을
믿는 사람들의 것이다.
– 엘리너 루스벨트 –

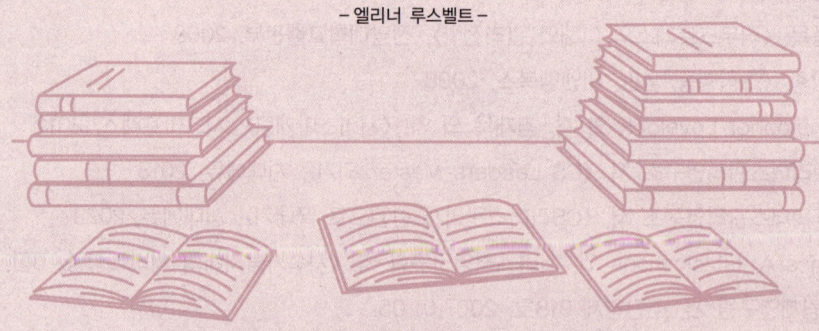

2025 유선배 SMAT Module B 서비스 마케팅·세일즈 과외노트

개정10판1쇄 발행	2025년 04월 15일 (인쇄 2025년 02월 18일)
초 판 발 행	2015년 06월 05일 (인쇄 2015년 04월 14일)
발 행 인	박영일
책 임 편 집	이해욱
저 자	한국서비스경영연구소
편 집 진 행	박종옥·이수지
표지디자인	김도연
편집디자인	하한우·최미림
발 행 처	(주)시대고시기획
출 판 등 록	제10-1521호
주 소	서울시 마포구 큰우물로 75 [도화동 538 성지 B/D] 9F
전 화	1600-3600
팩 스	02-701-8823
홈 페 이 지	www.sdedu.co.kr
I S B N	979-11-383-8809-2(13320)
정 가	17,000원

※ 이 책은 저작권법의 보호를 받는 저작물이므로 동영상 제작 및 무단전재와 배포를 금합니다.
※ 잘못된 책은 구입하신 서점에서 바꾸어 드립니다.

서비스 분야 자격 Master를 원한다면?

CS Leaders
국가공인 CS리더스관리사

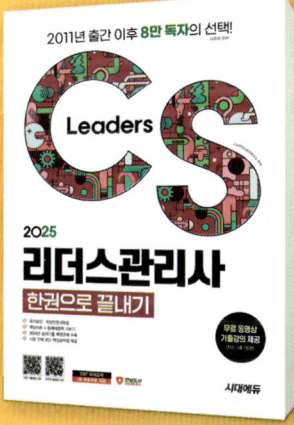

CS리더스관리사
한권으로 끝내기

CS리더스관리사
적중모의고사 900제

Win-Q CS리더스관리사
단기합격

CS리더스관리사
총정리 문제집

※ 도서의 이미지 및 구성은 변경될 수 있습니다.

MAT (경영능력시험) 전국 지역센터

구분	지역센터	연락처	시험시행 담당지역	주소
수도권 (11곳)	서울남부	02-2607-9402	강서구, 양천구, 구로구, 동작구, 금천구, 영등포구, 관악구, 서초구	서울시 양천구 목동동로 293, 18층 1802호
	서울동부	02-972-9402	도봉구, 강북구, 노원구, 중랑구, 성동구, 동대문구, 광진구	서울시 중랑구 동일로946 신도브래뉴오피스텔 4층 420호
	서울서부	02-719-9402	은평구, 종로구, 서대문구, 마포구, 중구, 용산구, 성북구	서울시 서대문구 신촌로 119 신영스카이텔 4층(401호)
	서울강남	02-2226-9402	강남구, 송파구, 강동구	서울시 송파구 백제고분로 509 대종빌딩 13층 1308호
	인천	032-421-9402	인천시(강화군 제외)	인천광역시 남동구 남동대로935 리더스타워 A동 902호
	경기북부	031-853-9408	고양시, 의정부, 동두천, 파주, 연천, 포천, 남양주, 가평, 양주, 양평, 구리	경기도 의정부시 추동로 9 휴먼시티빌딩 509호
	경기동부	031-781-9401	성남시, 용인시, 하남시, 광주시, 이천시, 여주시	경기도 성남시 분당구 판교로 592번길 33, 1층
	경기남부	031-236-9402	수원시, 평택시, 오산시, 화성시, 안성시	경기도 수원시 영통구 영통로 217번길 11 명성빌딩 4층
	경기중부	031-429-9402	안양시, 과천시, 군포시, 의왕시, 안산시	경기도 군포시 군포로787-1 세화빌딩 3층
	경기서부	032-323-9402	인천광역시 강화군, 부천시, 김포시, 시흥시, 광명시	경기도 부천시 부흥로 339 (중동, 스타팰리움) 101동 스타오피스센터 B101호
	강원	033-731-9402	강원도 내 전지역	강원도 원주시 황금로 2, 5층 404호(반곡동, 센트럴파크원)
대전·충청 (3곳)	대전	042-222-9402	대전시, 공주시, 청양군, 보령시, 부여군, 논산시, 계룡시, 서천군, 금산군, 세종시	대전광역시 중구 대흥로 20 선교빌딩 602호
	충청북부 (천안)	041-903-9402	천안시, 아산시, 당진시, 예산군, 서산시, 홍성군, 태안군	충남 천안시 서북구 오성2길 30 코스모빌딩 203호
	충북	043-265-9402	진천군, 증평군, 청주시, 청원군, 보은군, 옥천군, 영동군 이상 7개 시군지역	충북 청주시 흥덕구 월명로 212 (봉명동 2449), 가동 A156호

구 분	지역센터	연락처	시험시행 담당지역	주소
부산·경남 (4곳)	부산동부	051-313-9402	금정구, 동래구, 해운대구, 수영구, 남구, 기장군	부산광역시 해운대구 재송1로 60번길 43 2층
	부산서부	051-465-9402	부산진구, 북구, 사상구, 강서구, 동구, 서구, 중구, 사하구, 연제구, 영도구	부산광역시 연제구 명륜로 10, 한양타워빌 801호
	경 남	055-762-9402(진주) 055-287-9402(창원)	경상남도 내 전지역(밀양, 양산시 제외)	경남 진주시 범골로 54번길 30-9 드림IT밸리 B동 515호
	울 산	052-223-9402	울산시 전지역	울산광역시 남구 굴화4길 시그마빌딩 4층
대구·경북 (4곳)	대 구	053-622-9402	경산시(경북), 대구시(달서구, 동구, 남구, 중구, 수성구)	대구광역시 달서구 달구벌대로 301길 14 3층
	대구경북서부	054-451-9402	구미시, 김천시, 상주시, 칠곡군, 고령군, 대구시(북구), 대구시(서구), 성주군, 청도군	경북 구미시 신시로 14, 진덕빌딩 6층
	경북북부	054-841-9402	대구광역시 군위군, 문경시, 봉화군, 안동시, 영양군, 영주시, 예천군, 의성군, 청송군	경북 안동시 경북대로 391
	경북동부	054-277-9402	경주시, 영덕군, 영천시, 울릉군, 울진군, 포항시	경북 포항시 북구 양학로 70-22 보성아파트 상가 2층
광주·호남 (6곳)	전 북	063-286-9402	전라북도 내 전지역	전북 전주시 완산구 우전로 334 노스페이스 신도시점 3층
	광 주	062-603-4403	광주광역시(남구, 동구, 북구, 서구)	광주광역시 서구 매월2로 53 광주산업용재유통센터 29동 209호
	전남서부	061-283-9402	목포시, 무안군, 영암군, 장흥군, 강진군, 해남군, 완도군, 진도군, 신안군	전남 목포시 통일대로 37번길 38 2층
	전남동부	061-745-9402	순천시, 광양시, 보성군, 고흥군, 여수시	전남 광양시 광양읍 인덕로 993 2층
	광주전남북부	062-973-9402	광주광역시(광산구), 장성군, 담양군, 화순군, 영광군, 함평군, 곡성군, 구례군, 나주시	광주광역시 북구 첨단과기로208번길 43-22, 와이어스파크B동 1901호
	제 주	064-726-9402	제주도 내 전지역	제주특별자치도 서광로 289-1 하나빌딩 1층

전국 총 28개 MAT 지역센터 (상기 지역 외 거주자는 가까운 지역센터를 통해서 시험문의 가능)

※ 주소 및 연락처는 변경될 수 있습니다.

나는 이렇게 합격했다

자격명: 위험물산업기사
구분: 합격수기
작성자: 배*상

나는 할 수 있다
69년생 50중반 직장인 입니다. 요즘 자격증을 2개 정도는 가지고 입사하는 젊은 친구들에게 일을 시키고 지시하는 역할이지만 정작 제자신에게 부족한 점이 많다는 것을 느꼈기 때문에 자격증을 따야겠다고 결심했습니다. 처음 시작할 때는 과연 되겠냐? 하는 의문과 걱정이 한가득이었지만 시대에듀 인강을 우연히 접하게 되었고 잘 차려진 밥상과 같은 커리큘럼은 뒤늦게 시작한 늦깎이 수험생이었던 저를 합격의 길로 인도해주었습니다. 직장생활을 하면서 취득했기에 더욱 기뻤습니다.

합격은 시대에듀

감사합니다!♥

당신의 합격 스토리를 들려주세요.
추첨을 통해 선물을 드립니다.

QR코드 스캔하고 ▷▷▶
이벤트 참여해 푸짐한 경품받자!

베스트 리뷰	상/하반기 추천 리뷰	인터뷰 참여
갤럭시탭/버즈 2	상품권/스벅커피	백화점 상품권

합격의 공식
시대에듀